MASTER

발행일 2021. 11. 25. **1쇄 인쇄일** 2021. 11. 18.
신고번호 제2017-000193호 **펴낸곳** 한국교육방송공사 경기도 고양시 일산동구 한류월드로 281
기획 및 개발 송아롬 김나진 윤영란 이상호 이원구 이재우 최영호
표지디자인 ㈜무닉 **편집** 더 모스트 **인쇄** 팩컴코리아㈜
인쇄 과정 중 잘못된 교재는 구입하신 곳에서 교환하여 드립니다.

수학 마스터

교재의 난이도 및 활용 안내

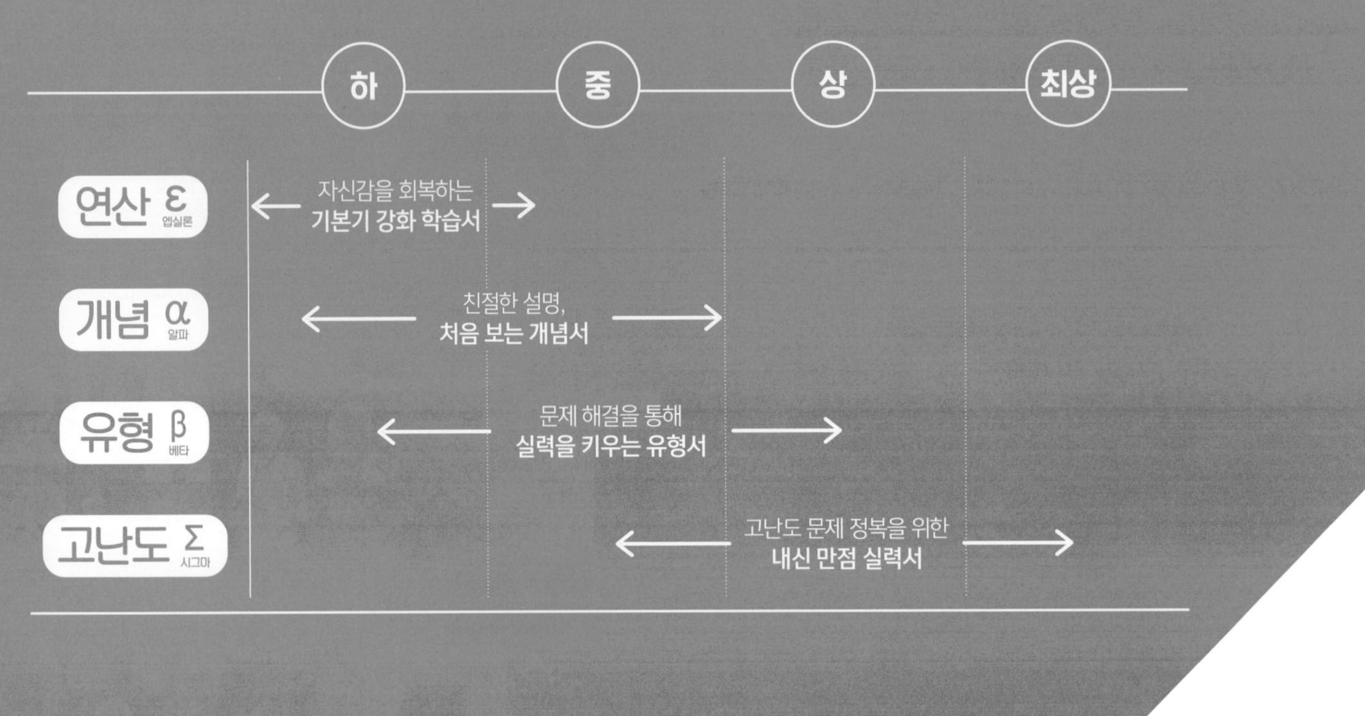

수학 마스터

중학 수학의 기초력 강화

연산 ε 엡실론

중학 수학 3·1

정답과 풀이는 EBS 중학사이트(mid.ebs.co.kr)에서 다운로드 받으실 수 있습니다.

교재 내용 문의	교재 내용 문의는 EBS 중학사이트 (mid.ebs.co.kr)의 교재 Q&A 서비스를 활용하시기 바랍니다.
교재 정오표 공지	발행 이후 발견된 정오 사항을 EBS 중학사이트 정오표 코너에서 알려 드립니다. **교재학습자료 → 교재 → 교재 정오표**
교재 정정 신청	공지된 정오 내용 외에 발견된 정오 사항이 있다면 EBS 중학사이트를 통해 알려 주세요. **교재학습자료 → 교재 → 교재 선택 → 교재 Q&A**

수학 마스터

중학 수학의 기초력 강화

연산 ε 엡실론

중학 수학 3·1

Structure 이 책의 구성과 특징

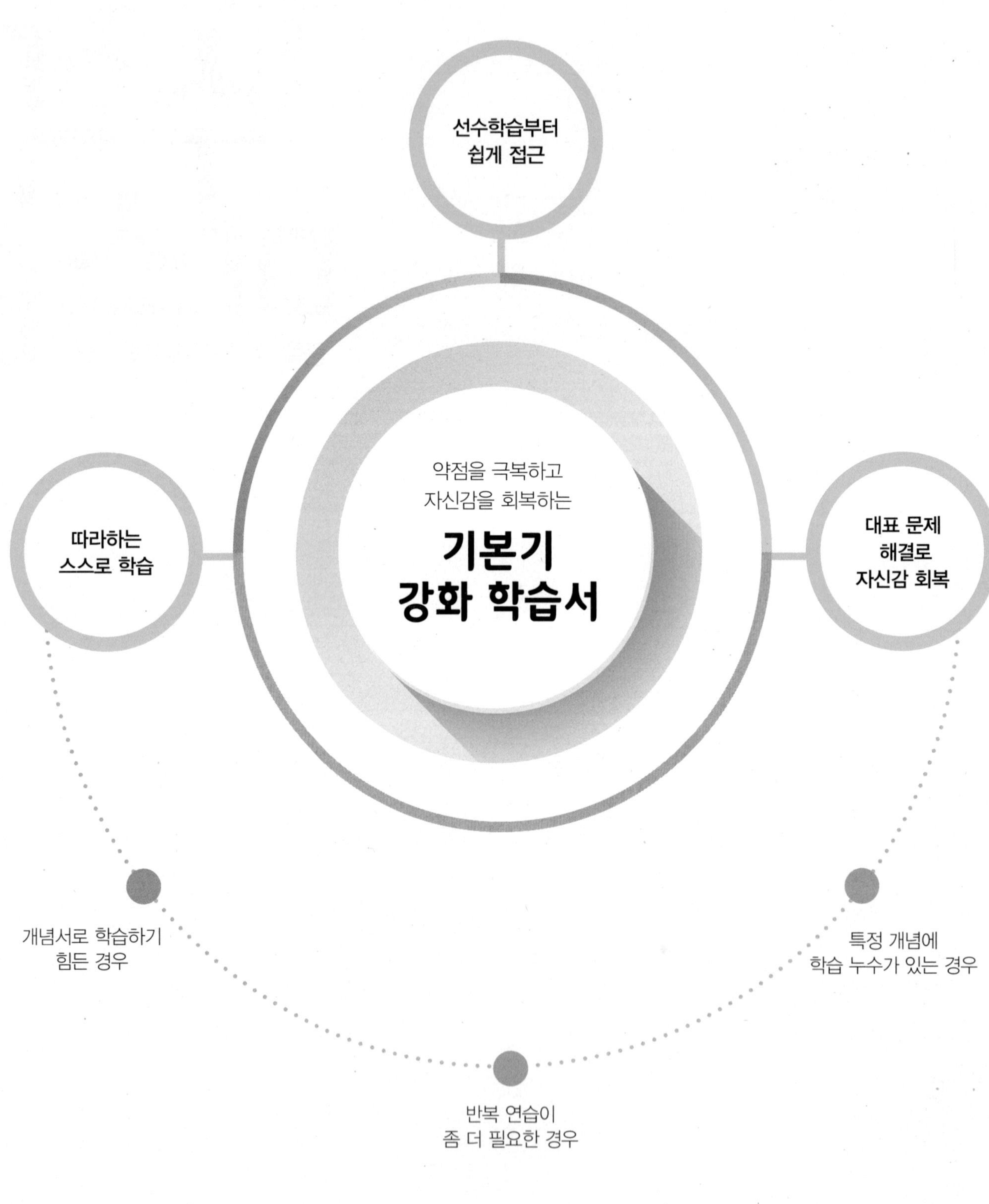

1 개별 문제 연습

❶ **개념 이해**: 학습의 누수가 없이 쉽게 따라갈 수 있도록 개념을 잘게 쪼개어 점진적으로 학습하는 스몰 스텝 학습

❷ **ε 따라하기**: 유형별로 자세하고 친절하게 문제 해결을 안내하여 풀이 방법을 습득, 적용할 수 있게 하는 스스로 학습 시스템

❸ 유형별 집중 연습 문제

❹ **대표 문제**: 계산 연습으로만 끝마치는 것이 아니라 개념이 적용된 핵심 문제의 형태를 경험하고 학습하는 내공 다지기 시스템

1. 제곱근의 뜻과 성질

❶ **01 제곱근의 뜻** 정답과 풀이 2쪽

(1) **제곱근**: 어떤 수 x를 제곱하여 a가 될 때, 즉 $x^2=a(a\geq 0)$일 때, x를 a의 제곱근이라 한다.

예 $2^2=4, (-2)^2=4$이므로 4의 제곱근은 $2, -2$이다.

(2, −2 —제곱→ 4, 4 —제곱근→ 2, −2)

(2) **제곱근의 개수**: 양수의 제곱근은 양수와 음수의 2개, 0의 제곱근은 0의 1개, 음수의 제곱근은 없다. (제곱하여 음수가 되는 수는 없다.)

제곱근 구하기

다음 수의 제곱근을 구하시오.

❷ ε 따라하기

$16 \rightarrow 4^2=16, (-4)^2=16$ ← 제곱하여 16이 되는 수를 찾는다.

→ 16의 제곱근은 $4, -4$

❸ **01** 25

02 36

03 $\frac{1}{9}$

04 $\frac{25}{64}$

05 0.04

06 0.16

07 9^2

Tip 거듭제곱으로 주어진 수는 먼저 거듭제곱을 계산한 후 제곱근을 구한다.

08 $\left(-\frac{3}{4}\right)^2$

제곱근의 개수

다음 설명이 옳은 것은 ○표, 옳지 않은 것은 ×표를 ( ) 안에 써넣으시오.

09 9의 제곱근은 3 하나이다. ( )

10 -121의 제곱근은 없다. ( )

11 0의 제곱근은 없다. ( )

12 144의 제곱근은 2개이다. ( )

13 $\left(-\frac{2}{5}\right)^2$의 제곱근은 $-\frac{2}{5}$뿐이다. ( )

14 모든 수의 제곱근은 2개이다. ( )

❹ **15** 대표 문제

다음 설명 중 옳은 것은?

① -1은 -1의 제곱근이다.
② $(-3)^2$의 제곱근은 없다.
③ $\frac{1}{4}$의 제곱근은 $\frac{1}{2}$의 1개이다.
④ -9의 제곱근은 없다.
⑤ $\left(-\frac{3}{7}\right)^2$의 제곱근은 $-\frac{3}{7}$뿐이다.

6 ★ 수학 마스터 연산 ε(엡실론)

2 소단원 확인 문제

교과서 핵심 실전 문제로 소단원별 개념 학습 수준을 파악하는 이해도 평가 문제

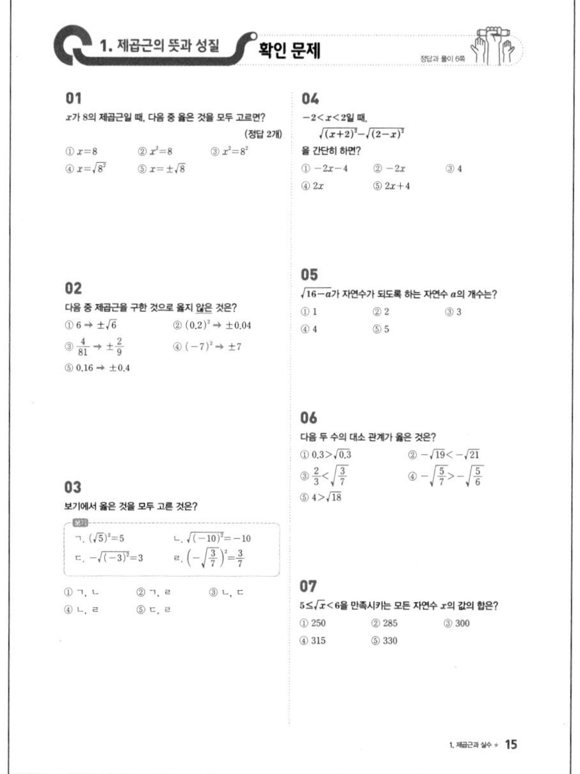

1. 제곱근의 뜻과 성질 확인 문제

정답과 풀이 6쪽

01

x가 8의 제곱근일 때, 다음 중 옳은 것을 모두 고르면? (정답 2개)

① $x=8$ ② $x^2=8$ ③ $x^2=8^2$
④ $x=\sqrt{8^2}$ ⑤ $x=\pm\sqrt{8}$

02

다음 중 제곱근을 구한 것으로 옳지 않은 것은?

① $6 \rightarrow \pm\sqrt{6}$ ② $(0.2)^2 \rightarrow \pm 0.04$
③ $\frac{4}{81} \rightarrow \pm\frac{2}{9}$ ④ $(-7)^2 \rightarrow \pm 7$
⑤ $0.16 \rightarrow \pm 0.4$

03

보기에서 옳은 것을 모두 고른 것은?

보기
ㄱ. $(\sqrt{5})^2=5$ ㄴ. $\sqrt{(-10)^2}=-10$
ㄷ. $-\sqrt{(-3)^2}=3$ ㄹ. $\left(-\sqrt{\frac{3}{7}}\right)^2=\frac{3}{7}$

① ㄱ, ㄴ ② ㄱ, ㄹ ③ ㄴ, ㄷ
④ ㄴ, ㄹ ⑤ ㄷ, ㄹ

04

$-2<x<2$일 때,

$\sqrt{(x+2)^2}-\sqrt{(2-x)^2}$

을 간단히 하면?

① $-2x-4$ ② $-2x$ ③ 4
④ $2x$ ⑤ $2x+4$

05

$\sqrt{16-a}$가 자연수가 되도록 하는 자연수 a의 개수는?

① 1 ② 2 ③ 3
④ 4 ⑤ 5

06

다음 두 수의 대소 관계가 옳은 것은?

① $0.3>\sqrt{0.3}$ ② $-\sqrt{19}<-\sqrt{21}$
③ $\frac{2}{3}<\sqrt{\frac{3}{7}}$ ④ $-\sqrt{\frac{5}{7}}>-\sqrt{\frac{5}{6}}$
⑤ $4>\sqrt{18}$

07

$5\leq\sqrt{x}<6$을 만족시키는 모든 자연수 x의 값의 합은?

① 250 ② 285 ③ 300
④ 315 ⑤ 330

1. 제곱근과 실수 ★ 15

Contents

이 책의 차례

1

제곱근과 실수

1. 제곱근의 뜻과 성질

2. 무리수와 실수

1. 제곱근의 뜻과 성질

01 제곱근의 뜻

정답과 풀이 2쪽

(1) **제곱근:** 어떤 수 x를 제곱하여 a가 될 때, 즉 $x^2=a(a\geq0)$일 때, x를 a의 제곱근이라 한다.

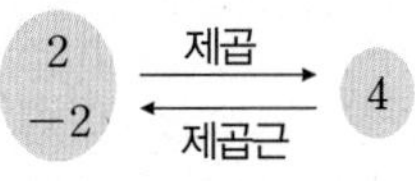

예 $2^2=4, (-2)^2=4$이므로 4의 제곱근은 $2, -2$이다.

(2) **제곱근의 개수:** 양수의 제곱근은 양수와 음수의 2개, 0의 제곱근은 0의 1개, 음수의 제곱근은 없다.
제곱하여 음수가 되는 수는 없다.

제곱근 구하기

다음 수의 제곱근을 구하시오.

ε 따라하기

$16 \rightarrow 4^2=16, (-4)^2=16$ ← 제곱하여 16이 되는 수를 찾는다.
→ 16의 제곱근은 $4, -4$

01 25

02 36

03 $\frac{1}{9}$

04 $\frac{25}{64}$

05 0.04

06 0.16

07 9^2

Tip 거듭제곱으로 주어진 수는 먼저 거듭제곱을 계산한 후 제곱근을 구한다.

08 $\left(-\frac{3}{4}\right)^2$

제곱근의 개수

다음 설명이 옳은 것은 ○표, 옳지 않은 것은 ×표를 (　　) 안에 써넣으시오.

09 9의 제곱근은 3 하나이다. (　　)

10 -121의 제곱근은 없다. (　　)

11 0의 제곱근은 없다. (　　)

12 144의 제곱근은 2개이다. (　　)

13 $\left(-\frac{2}{5}\right)^2$의 제곱근은 $-\frac{2}{5}$뿐이다. (　　)

14 모든 수의 제곱근은 2개이다. (　　)

15 대표 문제

다음 설명 중 옳은 것은?

① -1은 -1의 제곱근이다.
② $(-3)^2$의 제곱근은 없다.
③ $\frac{1}{4}$의 제곱근은 $\frac{1}{2}$의 1개이다.
④ -9의 제곱근은 없다.
⑤ $\left(-\frac{3}{7}\right)^2$의 제곱근은 $-\frac{3}{7}$뿐이다.

02 제곱근의 표현

정답과 풀이 2쪽

(1) 제곱근은 기호 $\sqrt{\ }$를 사용하여 나타낸다. 이때 기호 $\sqrt{\ }$를 근호라 하고, '제곱근' 또는 '루트(root)'라고 읽는다.

(2) 양수 a의 제곱근 중 양의 제곱근은 $\sqrt{a}$, 음의 제곱근은 $-\sqrt{a}$로 나타낸다.
$\sqrt{a}$, $-\sqrt{a}$를 한꺼번에 $\pm\sqrt{a}$로 나타내기도 한다.

예 5의 양의 제곱근은 $\sqrt{5}$, 음의 제곱근은 $-\sqrt{5}$이다. → 5의 제곱근은 $\pm\sqrt{5}$

(3) a의 제곱근과 제곱근 a (단, $a>0$)

	a의 제곱근	제곱근 a
뜻	제곱하여 a가 되는 수	a의 양의 제곱근
표현	$\sqrt{a}$, $-\sqrt{a}$	$\sqrt{a}$

근호를 사용하여 제곱근 나타내기

다음 수의 제곱근을 근호를 사용하여 나타내시오.

따라하기

7 → 7의 양의 제곱근은 $\sqrt{7}$
7의 음의 제곱근은 $-\sqrt{7}$
→ 7의 제곱근은 $\pm\sqrt{7}$

01 5

02 12

03 27

04 57

05 $\frac{1}{6}$

06 $\frac{7}{15}$

07 0.1

08 1.3

a의 제곱근과 제곱근 a

다음을 근호를 사용하여 나타내시오.

09 8의 양의 제곱근

10 13의 음의 제곱근

11 제곱근 $\frac{2}{17}$

12 0.05의 제곱근

다음을 근호를 사용하지 않고 나타내시오.

따라하기

$\sqrt{64}$ → 64의 양의 제곱근 → 8
근호 안의 수가 어떤 유리수의 제곱일 때, 근호를 사용하지 않고 나타낼 수 있다.

13 $\sqrt{25}$

14 $-\sqrt{100}$

15 $-\sqrt{\frac{4}{121}}$

16 $\sqrt{0.81}$

17 대표 문제

다음 중 나머지 넷과 값이 다른 하나는?

① 2 또는 -2
② 제곱근 4
③ 4의 제곱근
④ 제곱하여 4가 되는 수
⑤ $x^2=4$를 만족시키는 x의 값

03 제곱근의 성질

정답과 풀이 2쪽

(1) 제곱근의 제곱: $a>0$일 때, $(\sqrt{a})^2=a$, $(-\sqrt{a})^2=a$ ← a의 제곱근을 제곱하면 a이다.

예 $(\sqrt{5})^2=5$, $(-\sqrt{5})^2=5$ ← $\sqrt{5}$, $-\sqrt{5}$는 5의 제곱근

(2) 제곱의 제곱근: $a>0$일 때, $\sqrt{a^2}=a$, $\sqrt{(-a)^2}=a$ ← 근호 안의 수가 어떤 유리수의 제곱이면 근호를 사용하지 않고 나타낼 수 있다.

예 $\sqrt{3^2}=\sqrt{9}=3$, $\sqrt{(-3)^2}=\sqrt{9}=3$

제곱근의 제곱

다음 값을 구하시오.

01 $(\sqrt{7})^2$

02 $(-\sqrt{3})^2$

03 $(\sqrt{37})^2$

04 $\left(-\sqrt{\frac{1}{5}}\right)^2$

05 $(-\sqrt{0.5})^2$

06 $\left(\sqrt{\frac{3}{10}}\right)^2$

07 $-\left(\sqrt{\frac{2}{7}}\right)^2$

08 $-(-\sqrt{0.02})^2$

제곱의 제곱근

다음 값을 구하시오.

09 $\sqrt{7^2}$

10 $\sqrt{(-9)^2}$

11 $\sqrt{\left(\frac{2}{3}\right)^2}$

12 $-\sqrt{15^2}$

13 $\sqrt{(-1.5)^2}$

14 $-\sqrt{\left(-\frac{3}{7}\right)^2}$

제곱근의 성질을 이용한 계산

다음을 계산하시오.

따라하기

$\sqrt{8^2}+(-\sqrt{5})^2$

→ $\sqrt{8^2}=8$ (제곱의 제곱근), $(-\sqrt{5})^2=5$ (제곱근의 제곱)이므로

$\sqrt{8^2}+(-\sqrt{5})^2=8+5=13$

15 $(\sqrt{3})^2+(-\sqrt{2})^2$

16 $-(-\sqrt{13})^2+\sqrt{3^2}$

17 $\sqrt{(-5)^2}-(\sqrt{6})^2$

18 $\sqrt{11^2}-(-\sqrt{7})^2$

19 $-\sqrt{\frac{1}{64}}\times(-\sqrt{8})^2$

20 $\sqrt{0.64}\div(-\sqrt{0.1})^2$

21 대표 문제

다음 중 그 값이 나머지 넷과 다른 하나는?

① $(-\sqrt{3})^2$ ② $-\sqrt{3^2}$ ③ $-\sqrt{(-3)^2}$ ④ $-(\sqrt{3})^2$ ⑤ $-(-\sqrt{3})^2$

04 $\sqrt{A^2}$의 성질

정답과 풀이 3쪽

$\sqrt{A^2}=|A|=\begin{cases} A\geq 0일\ 때, & A \\ A<0일\ 때, & -A \end{cases}$ 양수

예 $\sqrt{2^2}=2$, $\sqrt{(-2)^2}=-(-2)=2$

$\sqrt{(양수)^2}=(양수)$

$\sqrt{(음수)^2}=-(음수)$ ← $-(음수)$: 양수

$\sqrt{A^2}$ 꼴 간단히 하기

❖ $a>0$일 때, 다음을 근호를 사용하지 않고 나타내시오.

따라하기

$\sqrt{(3a)^2}$ → $3a>0$이므로 $\sqrt{(3a)^2}=3a$

└ $3a$의 부호를 확인한다.

01 $\sqrt{(5a)^2}$

02 $\sqrt{(-2a)^2}$

03 $-\sqrt{(9a)^2}$

04 $-\sqrt{(-6a)^2}$

❖ $a<0$일 때, 다음을 근호를 사용하지 않고 나타내시오.

05 $\sqrt{(7a)^2}$

06 $\sqrt{(-4a)^2}$

07 $-\sqrt{(3a)^2}$

08 $-\sqrt{(-5a)^2}$

$\sqrt{A^2}$의 성질을 이용한 계산

❖ $a>0$일 때, 다음 식을 간단히 하시오.

따라하기

$\sqrt{(8a)^2}+\sqrt{(-2a)^2}$

→ $8a>0$, $-2a<0$이므로

└ $8a$, $-2a$의 부호를 확인한다.

$\sqrt{(8a)^2}+\sqrt{(-2a)^2}=8a-(-2a)$

$=8a+2a=10a$

09 $\sqrt{(2a)^2}+\sqrt{(5a)^2}$

10 $\sqrt{(-5a)^2}-\sqrt{(4a)^2}$

11 $-\sqrt{49a^2}+\sqrt{(6a)^2}$

Tip 근호 안이 $(\quad)^2$ 꼴이 아닐 때는 근호 안을 먼저 $(\quad)^2$ 꼴로 변형한다.

12 $-\sqrt{(11a)^2}+\sqrt{144a^2}$

❖ $a<0$일 때, 다음 식을 간단히 하시오.

13 $\sqrt{(-a)^2}+\sqrt{9a^2}$

14 $-\sqrt{(12a)^2}-\sqrt{(5a)^2}$

15 $\sqrt{(-11a)^2}-\sqrt{169a^2}$

$\sqrt{(\text{일차식})^2}$ 꼴 간단히 하기

다음을 근호를 사용하지 않고 나타내시오.

ε 따라하기

$x>2$일 때, $\sqrt{(x-2)^2}$

→ $\underline{x-2>0}$이므로 $\sqrt{(x-2)^2}=x-2$
└ $x-2$의 부호를 조사한다.

16 $x<3$일 때, $\sqrt{(x-3)^2}$

17 $a<-1$일 때, $-\sqrt{(a+1)^2}$

18 $x>-2$일 때, $-\sqrt{(2+x)^2}$

19 $x<-4$일 때, $-\sqrt{(4+x)^2}$

20 $a>5$일 때, $\sqrt{(5-a)^2}$

21 $x>2$일 때, $-\sqrt{(x-2)^2}$

22 $a<7$일 때, $\sqrt{(-a+7)^2}$

23 $a<-9$일 때, $-\sqrt{(9+a)^2}$

24 $x>-1$일 때, $\sqrt{(-x-1)^2}$

$\sqrt{(\text{일차식})^2}$의 성질을 이용한 계산

다음 식을 간단히 하시오.

ε 따라하기

$-1<a<2$일 때, $\sqrt{(1+a)^2}+\sqrt{(a-2)^2}$

→ $\underline{1+a>0,\ a-2<0}$이므로
└ $1+a$, $a-2$의 부호를 조사한다.

$\sqrt{(1+a)^2}+\sqrt{(a-2)^2}=1+a-(a-2)$
$=1+a-a+2=3$

25 $-2<a<-1$일 때, $\sqrt{(a+2)^2}-\sqrt{(a+1)^2}$

26 $1<x<3$일 때, $-\sqrt{(x-3)^2}+\sqrt{(x-1)^2}$

27 $0<a<5$일 때, $\sqrt{(a-5)^2}-\sqrt{(-a)^2}$

28 $-7<a<2$일 때, $\sqrt{(a-2)^2}+\sqrt{\{-(a+7)\}^2}$

29 $x>0$, $y<2$일 때, $-\sqrt{(-3x)^2}+\sqrt{(y-2)^2}$

30 $x<5$, $y>-2$일 때, $\sqrt{(5-x)^2}+\sqrt{(y+2)^2}$

31 대표 문제

$a<0$일 때, $\sqrt{(-15a)^2}-\sqrt{9a^2}$을 간단히 하면?

① $-15a$ ② $-12a$ ③ $-9a$
④ $-6a$ ⑤ $-3a$

05 제곱수를 이용하여 근호 없애기

정답과 풀이 4쪽

(1) 제곱수: $1(=1^2)$, $4(=2^2)$, $9(=3^2)$, …와 같이 자연수의 제곱인 수

(2) 근호가 포함된 식이 자연수가 될 조건: 근호 안의 수가 제곱수이면 근호를 사용하지 않고 자연수로 나타낼 수 있다.

$\sqrt{(\text{제곱수})}=\sqrt{(\text{자연수})^2}=(\text{자연수})$

① $\sqrt{Ax}$, $\sqrt{\dfrac{A}{x}}$ (A는 자연수)가 자연수가 되도록 하는 자연수 x의 값 구하기

➜ A를 소인수분해한 후 Ax, $\dfrac{A}{x}$의 소인수의 지수가 모두 짝수가 되도록 자연수 x의 값을 정한다.

② $\sqrt{A+x}$ (A는 자연수)가 자연수가 되도록 하는 자연수 x의 값 구하기

➜ $A+x$가 A보다 큰 제곱수가 되도록 x의 값을 정한다.

③ $\sqrt{A-x}$ (A는 자연수)가 자연수가 되도록 하는 자연수 x의 값 구하기

➜ $A-x$가 A보다 작은 제곱수가 되도록 x의 값을 정한다.

$\sqrt{Ax}$가 자연수가 되도록 하는 x의 값 구하기

다음 수가 자연수가 되도록 하는 가장 작은 자연수 x의 값을 구하시오.

따라하기

$\sqrt{45x}$

45의 소인수 중 지수가 홀수인 것을 찾는다.

➜ $45=3^2\times5$이므로 $x=5\times(\text{자연수})^2$ 꼴이어야 한다.

따라서 가장 작은 자연수 x의 값은

$x=5\times1^2=5$

01 $\sqrt{12x}$

02 $\sqrt{20x}$

03 $\sqrt{27x}$

04 $\sqrt{40x}$

05 $\sqrt{48x}$

06 $\sqrt{75x}$

$\sqrt{\dfrac{A}{x}}$가 자연수가 되도록 하는 x의 값 구하기

다음 수가 자연수가 되도록 하는 가장 작은 자연수 x의 값을 구하시오.

따라하기

$\sqrt{\dfrac{18}{x}}$

18의 소인수 중 지수가 홀수인 것을 찾는다.

➜ $18=2\times3^2$이므로 $x=2\times(\text{자연수})^2$ 꼴이면서 18의 약수이어야 한다.

따라서 가장 작은 자연수 x의 값은

$x=2\times1^2=2$

07 $\sqrt{\dfrac{24}{x}}$

08 $\sqrt{\dfrac{50}{x}}$

09 $\sqrt{\dfrac{54}{x}}$

10 $\sqrt{\dfrac{68}{x}}$

11 $\sqrt{\dfrac{80}{x}}$

$\sqrt{A+x}$가 자연수가 되도록 하는 x의 값 구하기

❋ 다음 수가 자연수가 되도록 하는 가장 작은 자연수 x의 값을 구하시오.

ε 따라하기

$\sqrt{5+x}$

→ $5+x>5$이므로 $5+x$는 5보다 큰 제곱수이어야 한다.

즉, $5+x=9, 16, 25, \cdots$이므로 가장 작은 자연수 x의 값은

└ $5+x$의 값이 가장 작을 때 x의 값도 가장 작다.

$x=9-5=4$

12 $\sqrt{x+3}$

13 $\sqrt{x+11}$

14 $\sqrt{20+x}$

15 $\sqrt{45+x}$

❋ $x<100$일 때, 다음 수가 자연수가 되도록 하는 가장 큰 자연수 x의 값을 구하시오.

16 $\sqrt{x+8}$

17 $\sqrt{15+x}$

18 $\sqrt{24+x}$

19 $\sqrt{x+70}$

$\sqrt{A-x}$가 자연수가 되도록 하는 x의 값 구하기

❋ 다음 수가 자연수가 되도록 하는 가장 작은 자연수 x의 값을 구하시오.

ε 따라하기

$\sqrt{20-x}$

→ $0<20-x<20$이므로 $20-x$는 20보다 작은 제곱수이어야 한다.

즉, $20-x=16, 9, 4, 1$이므로 가장 작은 자연수 x의 값은

└ $20-x$의 값이 가장 클 때 x의 값은 가장 작다.

$x=20-16=4$

20 $\sqrt{15-x}$

21 $\sqrt{28-x}$

22 $\sqrt{37-x}$

23 $\sqrt{50-x}$

❋ 다음 수가 자연수가 되도록 하는 자연수 x의 개수를 구하시오.

24 $\sqrt{32-x}$

25 $\sqrt{70-x}$

26 대표 문제

$\sqrt{28a}$가 자연수가 되도록 하는 가장 작은 자연수 a의 값을 m, $\sqrt{60-b}$가 자연수가 되도록 하는 가장 큰 자연수 b의 값을 M이라 할 때, $m+M$의 값은?

① 62 ② 64 ③ 66 ④ 68 ⑤ 70

06 제곱근의 대소 관계

정답과 풀이 5쪽

(1) 제곱근의 대소 관계: $a>0$, $b>0$일 때

① $a>b$이면 $\sqrt{a}>\sqrt{b}$, $-\sqrt{a}<-\sqrt{b}$
　└ $a>b$에서 $\sqrt{a}>\sqrt{b}$이므로 양변에 -1을 곱하면 부등호의 방향이 바뀐다.

② $\sqrt{a}>\sqrt{b}$이면 $a>b$

(2) a와 $\sqrt{b}$의 대소 비교: $a>0$, $b>0$일 때

방법 1 $a=\sqrt{a^2}$임을 이용하여 근호가 없는 수를 근호가 있는 수로 나타낸 후 $\sqrt{a^2}$과 $\sqrt{b}$의 대소를 비교한다.

방법 2 a와 $\sqrt{b}$를 각각 제곱하여 a^2과 b의 대소를 비교한다.

$\sqrt{a}$, $\sqrt{b}$의 대소 비교

다음 ○ 안에 > 또는 <를 써넣으시오.

따라하기

$\sqrt{2}$ ○ $\sqrt{3}$

→ $2<3$이므로 $\sqrt{2}<\sqrt{3}$
　└ 근호 안의 두 수의 대소를 비교한다.

01 $\sqrt{5}$ ○ $\sqrt{3}$

02 $\sqrt{6}$ ○ $\sqrt{8}$

03 $\sqrt{24}$ ○ $\sqrt{18}$

04 $\sqrt{\frac{1}{3}}$ ○ $\sqrt{\frac{2}{5}}$

Tip 근호 안의 수가 분수일 때는 통분하여 두 수의 대소를 비교한다.

05 $\sqrt{\frac{5}{4}}$ ○ $\sqrt{\frac{7}{6}}$

06 $\sqrt{0.1}$ ○ $\sqrt{0.5}$

07 $\sqrt{4.1}$ ○ $\sqrt{3.7}$

$-\sqrt{a}$, $-\sqrt{b}$의 대소 비교

다음 ○ 안에 > 또는 <를 써넣으시오.

따라하기

$-\sqrt{5}$ ○ $-\sqrt{2}$

→ $5>2$이므로 $\sqrt{5}>\sqrt{2}$
　└ 근호 안의 두 수의 대소를 비교한다.

양변에 -1을 곱하면 $-\sqrt{5}<-\sqrt{2}$
　└ 양변에 음수를 곱하면 부등호의 방향이 바뀐다.

08 $-\sqrt{7}$ ○ $-\sqrt{5}$

09 $-\sqrt{15}$ ○ $-\sqrt{20}$

10 $-\sqrt{45}$ ○ $-\sqrt{32}$

11 $-\sqrt{\frac{1}{4}}$ ○ $-\sqrt{\frac{1}{2}}$

12 $-\sqrt{\frac{7}{5}}$ ○ $-\sqrt{\frac{9}{7}}$

13 $-\sqrt{2.5}$ ○ $-\sqrt{2.1}$

14 $-\sqrt{1.85}$ ○ $-\sqrt{1.95}$

a, $\sqrt{b}$의 대소 비교

다음 ○ 안에 > 또는 <를 써넣으시오.

ε 따라하기

2 ○ $\sqrt{3}$

방법 1 $2=\sqrt{2^2}=\sqrt{4}$이고 $4>3$이므로
└ 근호가 없는 수를 근호가 있는 수로 변형한다.
$\sqrt{4}>\sqrt{3}$, 즉 $2>\sqrt{3}$

방법 2 $2^2=4$, $(\sqrt{3})^2=3$이고 $4>3$이므로
└ 제곱하여 근호가 있는 수를 근호가 없는 수로 변형한다.
$\sqrt{4}>\sqrt{3}$, 즉 $2>\sqrt{3}$

15 4 ○ $\sqrt{15}$

16 $\sqrt{41}$ ○ 7

17 5 ○ $\sqrt{27}$

18 $\frac{1}{6}$ ○ $\sqrt{\frac{1}{18}}$

19 $\sqrt{\frac{1}{3}}$ ○ $\frac{1}{3}$

20 0.1 ○ $\sqrt{0.1}$

21 $\sqrt{0.5}$ ○ 0.6

22 -8 ○ $-\sqrt{65}$

Tip 먼저 8, $\sqrt{65}$의 대소를 비교한다.

23 $-\sqrt{\frac{3}{4}}$ ○ $-\frac{2}{3}$

부등식을 만족시키는 자연수 x의 값 구하기

다음 부등식을 만족시키는 자연수 x의 개수를 구하시오.

ε 따라하기

$\sqrt{x}<3$

→ 양변을 제곱하면 $x<9$
└ $a>0$, $b>0$일 때, $a<b$이면 $a^2<b^2$

따라서 $x=1, 2, 3, \cdots, 8$이므로 자연수 x의 개수는 8이다.

24 $\sqrt{x}<2$

25 $\sqrt{x}\le 5$

26 $1\le\sqrt{x}<2$

Tip $a>0$, $b>0$, $c>0$일 때, $a<b<c$이면 $a^2<b^2<c^2$임을 이용한다.

27 $2<\sqrt{x}<3$

다음 부등식을 만족시키는 가장 큰 자연수 x의 값을 구하시오.

28 $\sqrt{3x}<6$

29 $\sqrt{18}<x<\sqrt{50}$

30 대표 문제

다음 중 두 수의 대소 관계가 옳지 않은 것은?

① $\sqrt{7}<\sqrt{10}$
② $-\sqrt{3}>-\sqrt{6}$
③ $\frac{6}{5}>\sqrt{\frac{5}{4}}$
④ $-\sqrt{\frac{3}{5}}>-\sqrt{\frac{1}{2}}$
⑤ $\sqrt{0.65}>\sqrt{0.59}$

확인 문제

정답과 풀이 6쪽

01

x가 8의 제곱근일 때, 다음 중 옳은 것을 모두 고르면? (정답 2개)

① $x=8$　② $x^2=8$　③ $x^2=8^2$
④ $x=\sqrt{8^2}$　⑤ $x=\pm\sqrt{8}$

02

다음 중 제곱근을 구한 것으로 옳지 않은 것은?

① $6 \rightarrow \pm\sqrt{6}$　② $(0.2)^2 \rightarrow \pm0.04$
③ $\frac{4}{81} \rightarrow \pm\frac{2}{9}$　④ $(-7)^2 \rightarrow \pm7$
⑤ $0.16 \rightarrow \pm0.4$

03

보기에서 옳은 것을 모두 고른 것은?

보기
ㄱ. $(\sqrt{5})^2=5$　ㄴ. $\sqrt{(-10)^2}=-10$
ㄷ. $-\sqrt{(-3)^2}=3$　ㄹ. $\left(-\sqrt{\frac{3}{7}}\right)^2=\frac{3}{7}$

① ㄱ, ㄴ　② ㄱ, ㄹ　③ ㄴ, ㄷ
④ ㄴ, ㄹ　⑤ ㄷ, ㄹ

04

$-2<x<2$일 때,

$$\sqrt{(x+2)^2}-\sqrt{(2-x)^2}$$

을 간단히 하면?

① $-2x-4$　② $-2x$　③ 4
④ $2x$　⑤ $2x+4$

05

$\sqrt{16-a}$가 자연수가 되도록 하는 자연수 a의 개수는?

① 1　② 2　③ 3
④ 4　⑤ 5

06

다음 중 두 수의 대소 관계가 옳은 것은?

① $0.3>\sqrt{0.3}$　② $-\sqrt{19}<-\sqrt{21}$
③ $\frac{2}{3}<\sqrt{\frac{3}{7}}$　④ $-\sqrt{\frac{5}{7}}>-\sqrt{\frac{5}{6}}$
⑤ $4>\sqrt{18}$

07

$5\le\sqrt{x}<6$을 만족시키는 모든 자연수 x의 값의 합은?

① 250　② 285　③ 300
④ 315　⑤ 330

2. 무리수와 실수

01 유리수와 무리수

정답과 풀이 7쪽

(1) 유리수: $\dfrac{(\text{정수})}{(0\text{이 아닌 정수})}$ 꼴로 나타낼 수 있는 수

→ 정수, 유한소수, 순환소수는 유리수이다.

└ 정수가 아닌 유리수를 소수로 나타내면 유한소수 또는 순환소수이다.

(2) 무리수: 유리수가 아닌 수

→ 순환소수가 아닌 무한소수는 무리수이다.

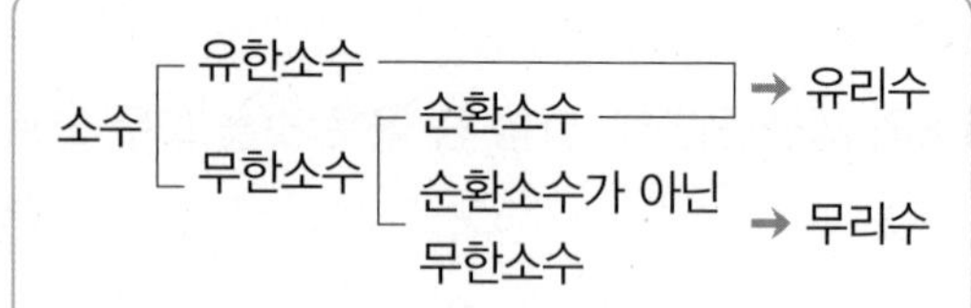

참고 근호를 사용하여 나타낸 수 중 근호를 없앨 수 있는 수는 유리수임에 주의한다.

└ 근호 안의 수가 어떤 유리수의 제곱인 수

예 $\sqrt{3}$ → 3이 제곱수가 아니므로 무리수이다.

$\sqrt{4}=\sqrt{2^2}=2$ → 근호를 없앨 수 있으므로 유리수이다.

유리수와 무리수의 구분

다음 수가 유리수이면 '유', 무리수이면 '무'를 ( ) 안에 써넣으시오.

01 $\dfrac{5}{9}$ ( )

02 $-\sqrt{6}$ ( )

Tip 근호를 사용하여 나타낸 수는 근호 안의 수가 제곱수인지 확인한다.

03 $\sqrt{0.49}$ ( )

04 $3.\dot{5}$ ( )

05 $-\sqrt{\dfrac{50}{3}}$ ( )

06 π ( )

다음 수를 유리수와 무리수로 구분하시오.

07

$-\sqrt{8},\quad 4.\dot{2},\quad \sqrt{64},\quad \dfrac{3}{7},\quad \sqrt{3}-1$

유리수: ______________

무리수: ______________

08

$\sqrt{81},\quad \sqrt{0.\dot{4}},\quad \sqrt{\dfrac{2}{5}},\quad 3.14,\quad \dfrac{\pi}{2}$

유리수: ______________

무리수: ______________

09

$-\sqrt{\dfrac{36}{25}},\quad 4.12369\cdots,\quad \pi-1,\quad 6.\dot{3}$

유리수: ______________

무리수: ______________

Tip 무한소수가 주어졌을 때에는 순환소수인지 아닌지 확인한다.

10

$-11,\quad 5.121212\cdots,\quad \sqrt{(-5)^2},\quad \sqrt{45}$

유리수: ______________

무리수: ______________

다음 수를 소수로 나타낼 때 순환소수가 아닌 무한소수가 되는 것은 ○표, 되지 않는 것은 ×표를 (　　) 안에 써넣으시오.

11 $\sqrt{5}$ (　　)

12 $\sqrt{0.09}$ (　　)

13 $0.\dot{3}$ (　　)

14 $5-\sqrt{3}$ (　　)

15 $\sqrt{1.21}$ (　　)

16 $\sqrt{\frac{5}{11}}$ (　　)

17 $7-\sqrt{\frac{1}{9}}$ (　　)

18 $\sqrt{\left(-\frac{6}{7}\right)^2}$ (　　)

19 $\sqrt{1.\dot{5}}$ (　　)

다음 중 옳은 것은 ○표, 옳지 않은 것은 ×표를 (　　) 안에 써넣으시오.

20 무한소수는 모두 유리수이다. (　　)

21 $\sqrt{7}$은 $\frac{(정수)}{(0이\ 아닌\ 정수)}$ 꼴로 나타낼 수 있다. (　　)

22 근호를 사용하여 나타낸 수는 모두 무리수이다. (　　)

23 $\sqrt{169}$는 유리수이다. (　　)

24 유리수이면서 무리수인 수가 있다. (　　)

25 제곱근은 모두 무리수이다. (　　)

26 대표 문제

다음 수 중에서 유리수의 개수를 a, 무리수의 개수를 b라 할 때, $a-b$의 값은?

$$-1.4\dot{8},\quad 2-\sqrt{7},\quad \sqrt{144},\quad 0,\quad \sqrt{\frac{9}{4}}$$
$$\pi+3,\quad \sqrt{0.\dot{9}},\quad \sqrt{0.32},\quad 9.454545\cdots$$

① -2　　② -1　　③ 1
④ 2　　⑤ 3

02 실수의 분류

정답과 풀이 7쪽

유리수와 무리수를 통틀어 실수라 한다.

- 실수
  - 유리수
    - 정수
      - 양의 정수(자연수): 1, 2, 3, ⋯
      - 0
      - 음의 정수: -1, -2, -3, ⋯
    - 정수가 아닌 유리수: $\frac{3}{2}$, $-\frac{1}{5}$, 4.1, $0.\dot{3}$, ⋯ ← 유한소수, 순환소수
  - 무리수: $\sqrt{3}$, $-\sqrt{5}$, π, 3.12345⋯ ← 순환소수가 아닌 무한소수

참고 특별한 말이 없을 때에는 수라고 하면 실수를 의미한다.

무리수와 실수의 이해

아래 수 중에서 다음에 해당하는 수를 모두 쓰시오.

$$\frac{5}{13},\ \sqrt{1.44},\ 0,\ -\sqrt{13},\ \sqrt{\frac{1}{81}}$$
$$-7.\dot{5},\ \sqrt{2.\dot{4}},\ \pi+5,\ 14,\ -\sqrt{(-7)^2}$$

Tip 근호를 사용하여 나타낸 수는 근호를 없앨 수 있는지 확인한다.

01 자연수

02 정수

03 유리수

04 무리수

05 실수

다음 중 옳은 것은 ○표, 옳지 않은 것은 ×표를 (　　) 안에 써넣으시오.

06 무리수는 실수가 아니다. (　　)

07 무한소수는 무리수이다. (　　)

08 실수는 유리수와 무리수로 이루어져 있다. (　　)

09 0은 유리수도 무리수도 아니다. (　　)

10 순환소수가 아닌 무한소수는 실수이다. (　　)

11 대표 문제

다음 중 옳은 것을 모두 고르면? (정답 2개)

① $\sqrt{5}-2$는 실수이다.

② 제곱근 9는 무리수이다.

③ 유리수와 무리수의 곱은 무리수이다.

④ 무리수와 무리수의 합은 무리수이다.

⑤ 실수에서 무리수가 아닌 수는 모두 유리수이다.

03 무리수를 수직선 위에 나타내기

정답과 풀이 7쪽

직각삼각형의 빗변의 길이를 이용하면 무리수를 수직선 위에 나타낼 수 있다.

예 무리수 $-\sqrt{2}$, $\sqrt{2}$를 수직선 위에 나타내어 보자.

① 수직선 위의 원점 O를 한 꼭짓점으로 하고 직각을 낀 두 변의 길이가 모두 1인 직각삼각형 OAB를 그리면 빗변 OA의 길이는 $\sqrt{2}$가 된다.

피타고라스 정리에 의하여 $\overline{OA}=\sqrt{1^2+1^2}=\sqrt{2}$

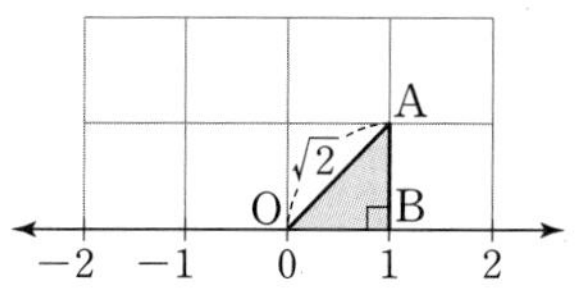

② 원점 O를 중심으로 하고 직각삼각형 OAB의 빗변 OA를 반지름으로 하는 원을 그려 수직선과 만나는 점을 각각 P, Q라 하면 점 P는 원점에서 왼쪽으로 $\sqrt{2}$만큼, 점 Q는 원점에서 오른쪽으로 $\sqrt{2}$만큼 떨어진 점이므로 두 점 P, Q에 대응하는 수는 각각 $-\sqrt{2}$, $\sqrt{2}$이다.

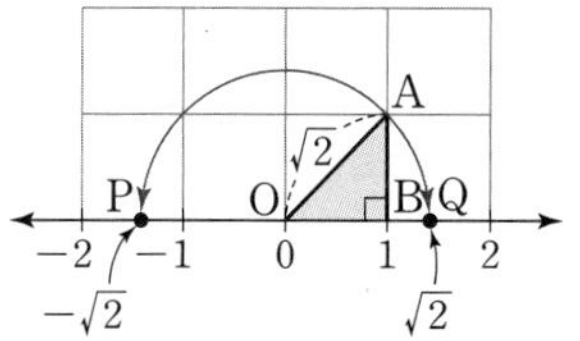

참고 직각삼각형 대신 정사각형이나 직사각형의 대각선의 길이를 이용하여 무리수를 수직선 위에 나타낼 수도 있다.

직각삼각형의 빗변의 길이 구하기

다음 그림과 같이 한 눈금의 길이가 1인 모눈종이 위에 직각삼각형 ABC가 있을 때, 빗변 AB의 길이를 구하시오.

따라하기

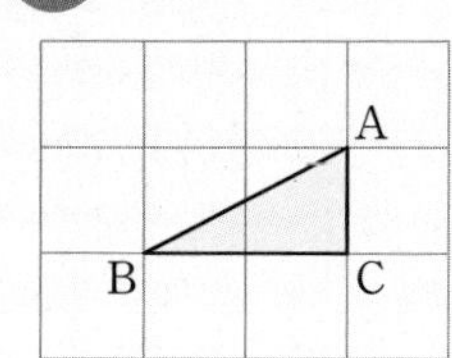

→ 피타고라스 정리에 의하여 ($\overline{AB}^2=\overline{BC}^2+\overline{AC}^2$)

$\overline{AB}=\sqrt{2^2+1^2}=\sqrt{5}$

01

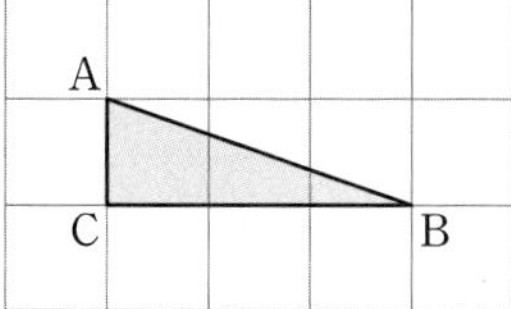

02

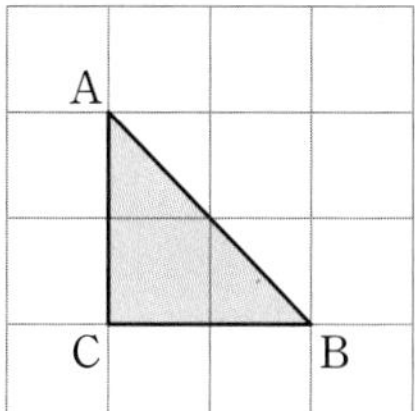

03

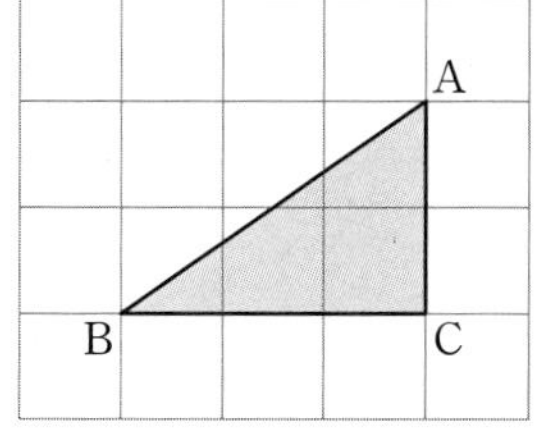

무리수를 수직선 위에 나타내기

다음 그림과 같이 한 눈금의 길이가 1인 모눈종이 위에 수직선과 직각삼각형 ABC를 그리고, 점 A를 중심으로 하고 $\overline{AC}$를 반지름으로 하는 원을 그렸다. 원이 수직선과 만나는 두 점 P, Q에 대응하는 수를 각각 구하시오.

04

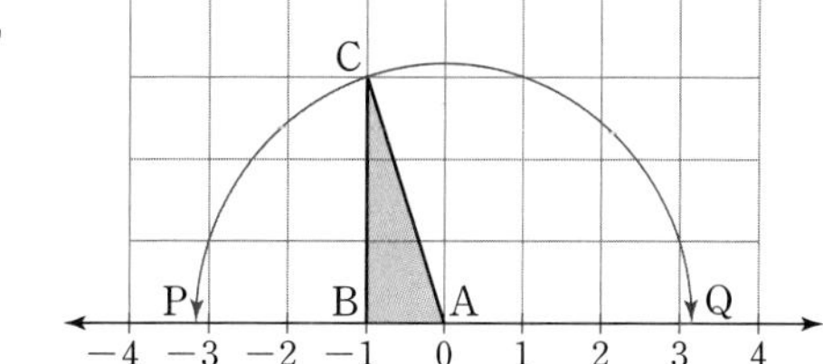

05

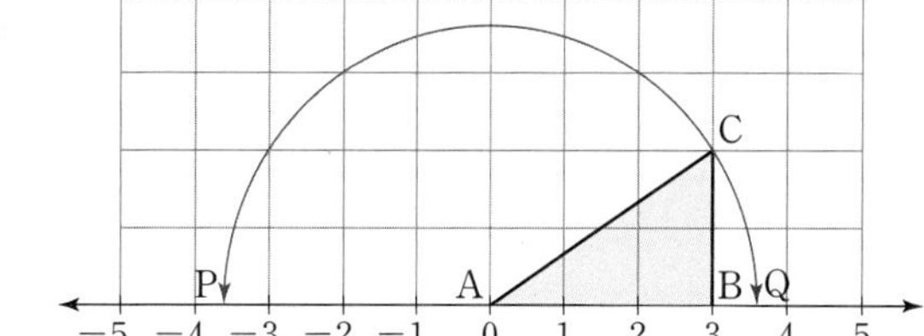

06

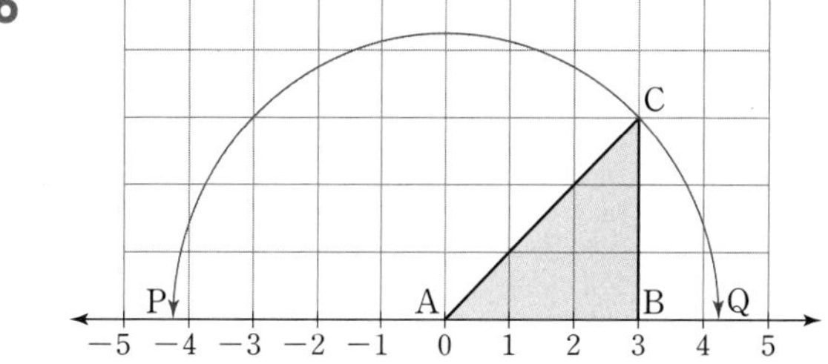

※ 다음 그림과 같이 한 눈금의 길이가 1인 모눈종이 위에 수직선과 직각삼각형 ABC를 그리고, 점 B를 중심으로 하고 $\overline{AB}$를 반지름으로 하는 원을 그렸다. 원이 수직선과 만나는 두 점 P, Q에 대응하는 수를 각각 구하시오.

ε 따라하기

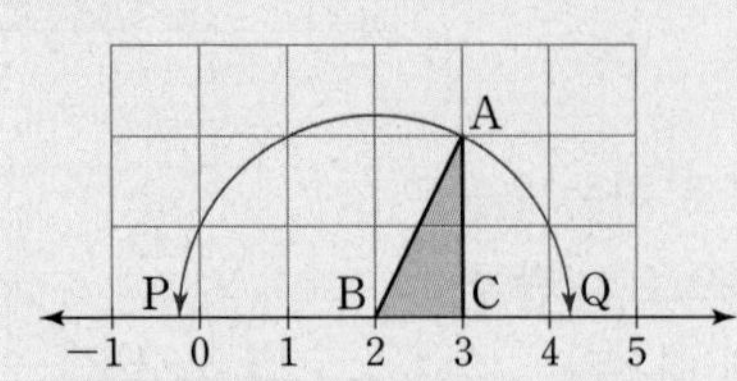

→ 피타고라스 정리에 의하여

$\overline{AB}=\sqrt{1^2+2^2}=\sqrt{5}$

점 P는 2를 나타내는 점에서 왼쪽으로 $\sqrt{5}$만큼 떨어진 점이므로 점 P에 대응하는 수는 $2-\sqrt{5}$ (기준점)

점 Q는 2를 나타내는 점에서 오른쪽으로 $\sqrt{5}$만큼 떨어진 점이므로 점 Q에 대응하는 수는 $2+\sqrt{5}$ (기준점)

07

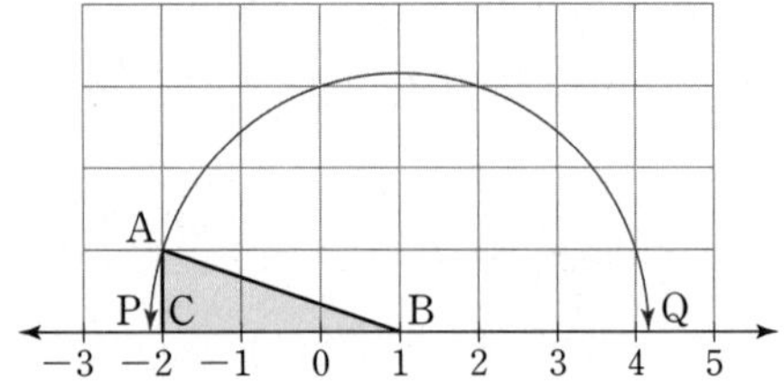

08

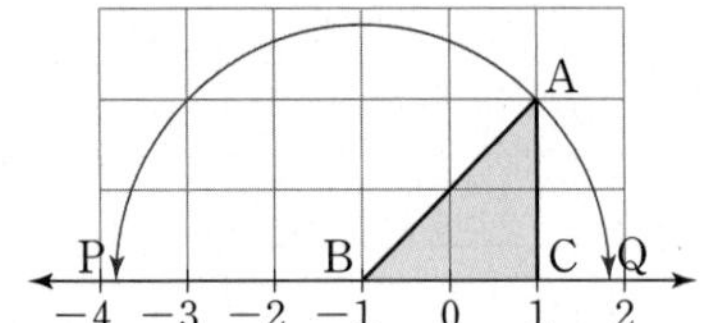

09

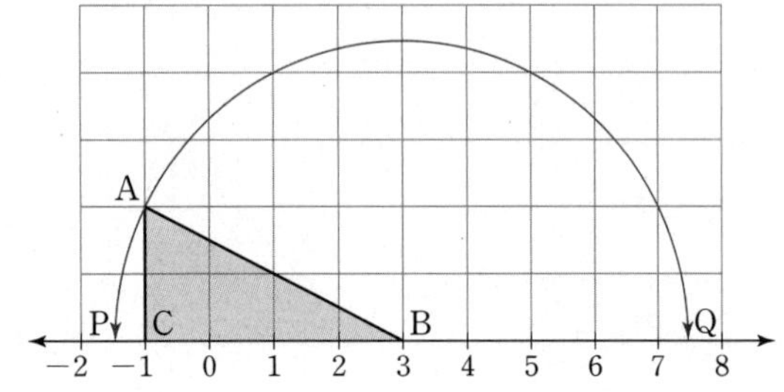

※ 다음 그림과 같이 한 눈금의 길이가 1인 모눈종이 위에 수직선과 정사각형 ABCD를 그렸다. $\overline{BC}=\overline{PC}$, $\overline{CD}=\overline{CQ}$일 때, 두 점 P, Q에 대응하는 수를 각각 구하시오.

10

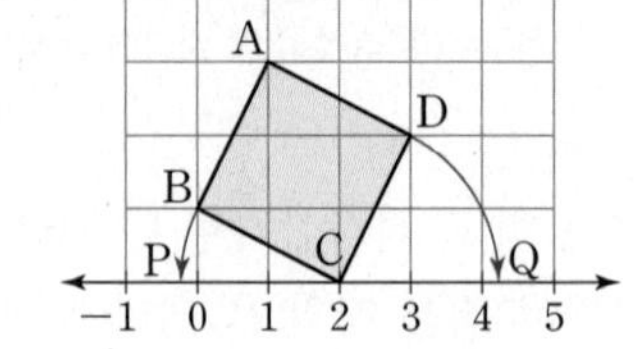

Tip 정사각형의 한 변의 길이를 구한다.

11

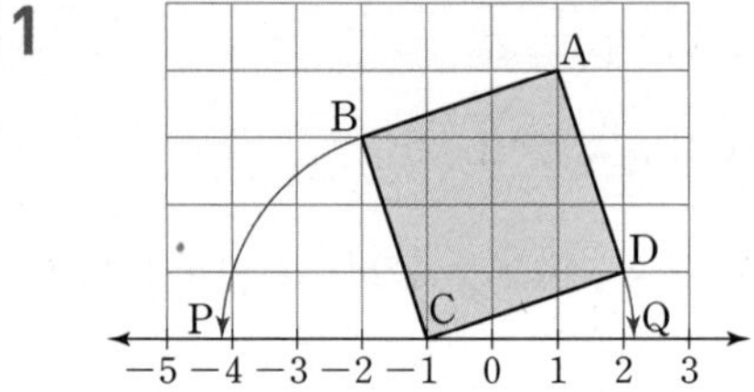

12

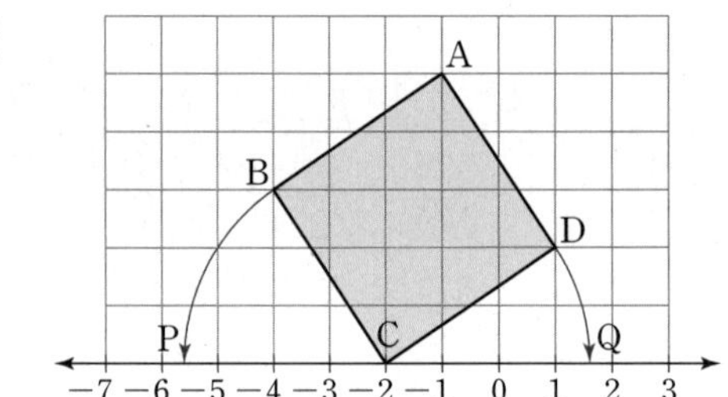

13 대표 문제

아래 그림과 같이 한 눈금의 길이가 1인 모눈종이 위에 수직선과 정사각형 ABCD를 그리고 $\overline{AB}=\overline{PB}$, $\overline{BC}=\overline{BQ}$가 되도록 수직선 위에 두 점 P, Q를 정할 때, 다음 중 옳지 않은 것은?

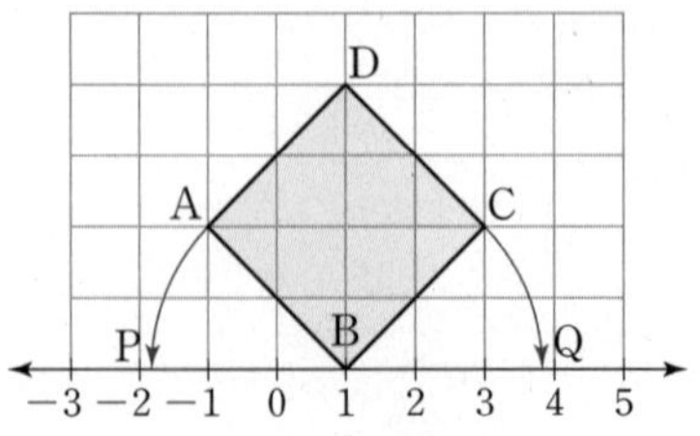

① $\overline{PB}=\sqrt{8}$ ② $\overline{BQ}=\sqrt{10}$

③ $P(1-\sqrt{8})$ ④ $Q(1+\sqrt{8})$

⑤ 정사각형 ABCD의 넓이는 8이다.

04 실수와 수직선

정답과 풀이 8쪽

① 수직선은 유리수와 무리수, 즉 실수에 대응하는 점들로 완전히 메울 수 있다.
② 모든 실수는 각각 수직선 위의 한 점에 대응하고, 수직선 위의 한 점에는 한 실수가 반드시 대응한다.
③ 서로 다른 두 실수 사이에는 무수히 많은 실수가 있다.
④ 수직선 위에서 원점의 오른쪽에 있는 점에는 양의 실수가 대응하고, 왼쪽에 있는 점에는 음의 실수가 대응한다.

주의 유리수(또는 무리수)에 대응하는 점만으로는 수직선을 완전히 메울 수 없다.

실수와 수직선

다음 설명이 옳은 것은 ○표, 옳지 않은 것은 ×표를 (　　) 안에 써넣으시오.

01 0과 1 사이에는 유리수가 없다. (　　)

02 $-\sqrt{3}$과 $-\sqrt{2}$ 사이에는 무리수가 무수히 많다. (　　)

03 수직선 위에 $2-\sqrt{2}$에 대응하는 점은 하나이다. (　　)

04 $\sqrt{6}$과 $\sqrt{8}$ 사이에 무리수는 $\sqrt{7}$뿐이다. (　　)

05 서로 다른 두 정수 사이에는 무수히 많은 정수가 있다. (　　)

06 $\sqrt{3}$에 가장 가까운 유리수를 찾을 수 있다. (　　)

07 무리수에 대응하는 점은 수직선 위에 나타낼 수 없다. (　　)

08 서로 다른 두 실수 사이에는 무수히 많은 유리수가 있다. (　　)

09 모든 실수는 수직선 위에 나타낼 수 있다. (　　)

10 수직선은 무리수에 대응하는 점들로 완전히 메울 수 있다. (　　)

11 서로 다른 두 무리수 사이에는 무리수만 있다. (　　)

05 실수의 대소 관계

정답과 풀이 8쪽

(1) 실수의 대소 관계

① 양수는 0보다 크고, 음수는 0보다 작다.

→ (음수) $<0<$ (양수)

② 양수끼리는 절댓값이 큰 수가 크다.

③ 음수끼리는 절댓값이 큰 수가 작다.

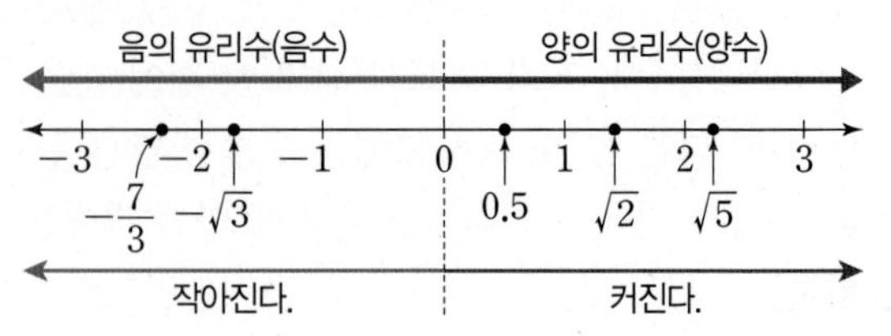

(2) 두 실수의 대소 관계: a, b가 실수일 때

① $a-b>0$이면 $a>b$

② $a-b=0$이면 $a=b$

③ $a-b<0$이면 $a<b$

참고 세 실수 a, b, c에 대하여 $a<b$이고 $b<c$이면 $a<b<c$

실수의 대소 관계

※ 다음 ○ 안에 > 또는 <를 써넣으시오.

01 $-\sqrt{2}$ ○ 0

02 $\sqrt{5}$ ○ $-\sqrt{3}$

03 $\sqrt{7}$ ○ $\sqrt{10}$

04 -5 ○ $-\sqrt{20}$

06 $\sqrt{5}-1$ ○ 2

07 4 ○ $\sqrt{3}+2$

08 $2+\sqrt{12}$ ○ 6

09 $\sqrt{7}-2$ ○ $\sqrt{5}-2$

10 -6 ○ $-\sqrt{11}-3$

두 실수의 대소 관계

※ 다음 ○ 안에 > 또는 <를 써넣으시오.

ε 따라하기

$3-\sqrt{2}$ ○ 2

→ $(3-\sqrt{2})-2=1-\sqrt{2}<0$이므로

$3-\sqrt{2}<2$

└ $1=\sqrt{1}$이고 $1<2$이므로 $1<\sqrt{2}$

05 5 ○ $\sqrt{26}-1$

11 대표 문제

다음 중 두 실수의 대소 관계가 옳은 것은?

① $1+\sqrt{2}>3$

② $5<4-\sqrt{3}$

③ $\sqrt{3}-2<-2+\sqrt{2}$

④ $\sqrt{10}+1<1+\sqrt{11}$

⑤ $2-\sqrt{13}>2-\sqrt{10}$

06 무리수의 정수 부분과 소수 부분

정답과 풀이 9쪽

(1) 무리수는 정수 부분과 소수 부분으로 나눌 수 있다.

→ (무리수)=(정수 부분)+(소수 부분)

$0<$(소수 부분)<1

(2) 소수 부분은 무리수에서 정수 부분을 뺀 것이다.

→ $\sqrt{a}$가 무리수이고 n이 정수일 때, $n<\sqrt{a}<n+1$이면

($\sqrt{a}$의 정수 부분)$=n$, ($\sqrt{a}$의 소수 부분)$=\sqrt{a}-n$

무리수의 정수 부분과 소수 부분

다음 수의 정수 부분과 소수 부분을 각각 구하시오.

따라하기

$\sqrt{2}$

→ $\sqrt{1}<\sqrt{2}<\sqrt{4}$에서 $1<\sqrt{2}<2$ ← $\sqrt{2}$의 값의 범위를 구한다.

따라서 $\sqrt{2}$의 정수 부분은 1, 소수 부분은 $\sqrt{2}-1$

01 $\sqrt{7}$

정수 부분: ________ 소수 부분: ________

02 $\sqrt{10}$

정수 부분: ________ 소수 부분: ________

03 $\sqrt{17}$

정수 부분: ________ 소수 부분: ________

04 $\sqrt{30}$

정수 부분: ________ 소수 부분: ________

05 $\sqrt{50}$

정수 부분: ________ 소수 부분: ________

다음 수의 정수 부분과 소수 부분을 각각 구하시오.

따라하기

$1+\sqrt{5}$

→ $2<\sqrt{5}<3$ ← $\sqrt{5}$의 값의 범위를 구한다.

$3<1+\sqrt{5}<4$ ← $1+\sqrt{5}$의 값의 범위를 구한다.

따라서 $1+\sqrt{5}$의 정수 부분은 3, 소수 부분은

$(1+\sqrt{5})-3=\sqrt{5}-2$

06 $\sqrt{3}+2$

정수 부분: ________ 소수 부분: ________

07 $2-\sqrt{2}$

정수 부분: ________ 소수 부분: ________

08 $\sqrt{8}-1$

정수 부분: ________ 소수 부분: ________

09 $4-\sqrt{5}$

정수 부분: ________ 소수 부분: ________

10 대표 문제

$1+\sqrt{2}$의 정수 부분을 a, $5-\sqrt{3}$의 정수 부분을 b라 할 때, $a+b$의 값은?

① 1 ② 2 ③ 3

④ 4 ⑤ 5

정답과 풀이 9쪽

01

다음 중 무리수인 것을 모두 고르면? (정답 2개)

① $-\sqrt{64}$　② $4+\sqrt{2}$　③ $\sqrt{1.69}$
④ $3-\pi$　⑤ $\sqrt{1.\dot{7}}$

02

보기에서 유리수인 것을 모두 고른 것은?

보기
ㄱ. 넓이가 5인 정사각형의 한 변의 길이
ㄴ. 넓이가 16인 정사각형의 한 변의 길이
ㄷ. 넓이가 8π인 원의 반지름의 길이

① ㄱ　② ㄴ　③ ㄷ
④ ㄱ, ㄴ　⑤ ㄱ, ㄷ

03

다음 중 무리수에 대한 설명으로 옳은 것은?

① 순환하는 무한소수이다.
② 유리수가 아닌 실수이다.
③ 무리수와 무리수의 합은 무리수이다.
④ $\frac{(\text{정수})}{(0\text{이 아닌 정수})}$ 꼴로 나타낼 수 있다.
⑤ 모든 무한소수는 무리수이다.

04

다음 그림과 같이 한 눈금의 길이가 1인 모눈종이 위에 수직선과 두 직각삼각형 ABC, DEF를 각각 그리고 $\overline{AC}=\overline{PC}$, $\overline{ED}=\overline{EQ}$가 되도록 수직선 위에 두 점 P, Q를 정할 때, 두 점 P, Q의 좌표는?

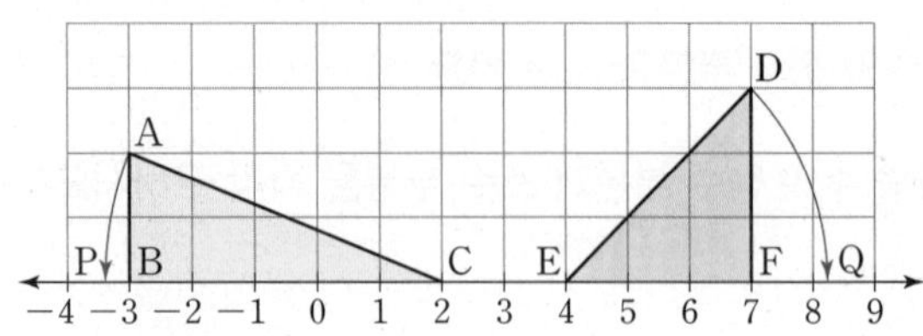

① $P(2-\sqrt{24})$, $Q(4+\sqrt{20})$
② $P(2-\sqrt{28})$, $Q(4+\sqrt{18})$
③ $P(2-\sqrt{29})$, $Q(4+\sqrt{18})$
④ $P(3-\sqrt{30})$, $Q(3+\sqrt{24})$
⑤ $P(3-\sqrt{28})$, $Q(3+\sqrt{20})$

05

다음 중 두 실수의 대소 관계가 옳은 것은?

① $\sqrt{5}+3<4$　② $\sqrt{8}+3>6$
③ $\sqrt{24}-2<3$　④ $\sqrt{7}+1>\sqrt{8}+1$
⑤ $\sqrt{15}-2<-3+\sqrt{15}$

06

다음 수직선에서 $\sqrt{15}-3$에 대응하는 점이 있는 구간은?

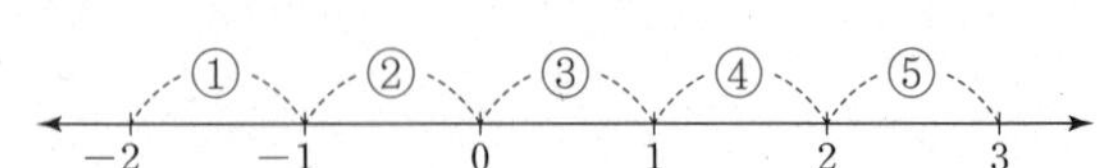

근호를 포함한 식의 계산

1. 근호를 포함한 식의 곱셈과 나눗셈

01 제곱근의 곱셈

정답과 풀이 10쪽

$a>0$, $b>0$이고 m, n이 유리수일 때

(1) $\sqrt{a}\times\sqrt{b}=\sqrt{a}\sqrt{b}=\sqrt{ab}$
└ 곱셈 기호를 생략하여 나타낼 수 있다.

(2) $m\sqrt{a}\times n\sqrt{b}=mn\sqrt{ab}$
근호 밖의 수끼리 곱한다.
근호 안의 수끼리 곱한다.

제곱근의 곱셈 (1)

다음을 계산하시오.

$\sqrt{2}\times\sqrt{3}=\sqrt{2\times3}=\sqrt{6}$
└ 근호 안의 수끼리 곱한다.

01 $\sqrt{3}\times\sqrt{5}$

02 $\sqrt{5}\times\sqrt{13}$

03 $\sqrt{7}\times\sqrt{11}$

04 $\sqrt{2}\times\sqrt{8}$

Tip 계산 결과를 근호를 사용하지 않고 나타낼 수 있는지 확인한다.

05 $\sqrt{27}\times\sqrt{\frac{1}{3}}$

06 $\sqrt{5}\times\sqrt{125}$

07 $\sqrt{24}\times\sqrt{\frac{2}{3}}$

다음을 계산하시오.

$3\sqrt{2}\times4\sqrt{3}=(3\times4)\sqrt{2\times3}=12\sqrt{6}$
└ 근호 안의 수끼리, 근호 밖의 수끼리 곱한다.

08 $2\sqrt{3}\times5\sqrt{5}$

09 $\frac{1}{2}\sqrt{7}\times12\sqrt{3}$

10 $3\sqrt{10}\times\left(-\frac{5}{3}\sqrt{7}\right)$

11 $(-2\sqrt{5})\times4\sqrt{8}$

12 $\frac{2}{5}\sqrt{2}\times\left(-\frac{15}{4}\sqrt{18}\right)$

13 대표 문제

다음 중 옳지 않은 것은?

① $\sqrt{12}\times\sqrt{3}=6$
② $\sqrt{2}\times\sqrt{6}=\sqrt{12}$
③ $4\sqrt{11}\times\sqrt{3}=4\sqrt{33}$
④ $\frac{1}{3}\sqrt{6}\times9\sqrt{\frac{1}{2}}=3\sqrt{3}$
⑤ $\left(-8\sqrt{\frac{3}{10}}\right)\times3\sqrt{30}=-24\sqrt{3}$

02 제곱근의 나눗셈

정답과 풀이 10쪽

$a>0$, $b>0$이고 m, n이 유리수일 때

(1) $\sqrt{a}\div\sqrt{b}=\frac{\sqrt{a}}{\sqrt{b}}=\sqrt{\frac{a}{b}}$

(2) $m\sqrt{a}\div n\sqrt{b}=\frac{m}{n}\sqrt{\frac{a}{b}}$ (단, $n\neq0$)

근호 밖의 수끼리 나눈다.
근호 안의 수끼리 나눈다.

제곱근의 나눗셈 (1)

다음을 계산하시오.

$\sqrt{10}\div\sqrt{2}=\sqrt{\frac{10}{2}}=\sqrt{5}$

└ 근호 안의 수끼리 나눈다.

01 $\frac{\sqrt{15}}{\sqrt{5}}$

02 $\frac{\sqrt{32}}{\sqrt{2}}$

03 $\sqrt{8}\div\sqrt{2}$

04 $\sqrt{18}\div\sqrt{3}$

05 $\sqrt{24}\div\sqrt{3}$

06 $\sqrt{15}\div\sqrt{75}$

07 $\sqrt{6}\div\sqrt{54}$

다음을 계산하시오.

따라하기

$2\sqrt{12}\div4\sqrt{2}=\frac{2}{4}\sqrt{\frac{12}{2}}=\frac{1}{2}\sqrt{6}$

└ 근호 안의 수끼리, 근호 밖의 수끼리 나눈다.

08 $10\sqrt{6}\div5\sqrt{2}$

09 $3\sqrt{20}\div\sqrt{5}$

10 $15\sqrt{35}\div3\sqrt{7}$

11 $(-8\sqrt{21})\div\frac{1}{\sqrt{3}}$

Tip 분수의 나눗셈은 나누는 수의 역수를 곱하여 계산한다.

12 $\sqrt{18}\div\left(-\frac{3}{\sqrt{2}}\right)$

13 대표 문제

$\sqrt{40}\times\sqrt{\frac{2}{5}}=a$, $\sqrt{28}\div\frac{1}{\sqrt{7}}=b$일 때, 실수 a, b에 대하여 $a-b$의 값은?

① -14 ② -10 ③ -6
④ -2 ⑤ 2

03 근호가 있는 식의 변형

정답과 풀이 11쪽

(1) 근호 안에 제곱인 인수가 있으면 근호 밖으로 꺼내어 나타낼 수 있다.

$a>0$, $b>0$일 때

① $\sqrt{a^2b}=a\sqrt{b}$ ② $\sqrt{\frac{b}{a^2}}=\frac{\sqrt{b}}{a}$

└ $a\sqrt{b}$ 꼴로 나타낼 때, 근호 안의 수 b는 가장 작은 자연수가 되게 한다.

(2) 근호 밖의 양수를 제곱하여 근호 안으로 넣을 수 있다.

$a>0$, $b>0$일 때

① $a\sqrt{b}=\sqrt{a^2b}$ ② $\frac{\sqrt{b}}{a}=\sqrt{\frac{b}{a^2}}$

참고 근호 밖에 음수가 있는 경우, 부호 '$-$'는 빼고 양수 부분만 제곱하여 근호 안으로 넣는다.

예) $-2\sqrt{3}=-\sqrt{2^2\times3}=-\sqrt{12}$

$a\sqrt{b}$ 꼴로 나타내기

다음 수를 $a\sqrt{b}$ 꼴로 나타내시오.

(단, b는 가장 작은 자연수)

ε 따라하기

$\sqrt{18}=\sqrt{2\times3^2}$ ← 근호 안의 수를 a^2b 꼴로 변형한다.

$=3\sqrt{2}$ ← 근호 안의 제곱인 인수를 근호 밖으로 꺼낸다.

01 $\sqrt{12}$

02 $\sqrt{28}$

03 $\sqrt{32}$

04 $-\sqrt{54}$

05 $\sqrt{72}$

06 $\sqrt{80}$

$\sqrt{a}$ 또는 $-\sqrt{a}$ 꼴로 나타내기

다음 수를 $\sqrt{a}$ 또는 $-\sqrt{a}$ 꼴로 나타내시오.

ε 따라하기

$4\sqrt{3}=\sqrt{4^2\times3}$ ← 근호 밖의 양수를 제곱하여 근호 안으로 넣는다.

$=\sqrt{48}$

07 $3\sqrt{3}$

08 $5\sqrt{6}$

09 $4\sqrt{7}$

10 $-2\sqrt{10}$

Tip 부호 '$-$'는 빼고 양수 부분만 제곱하여 근호 안으로 넣는다.

11 $-7\sqrt{5}$

12 $-8\sqrt{7}$

$\frac{\sqrt{b}}{a}$ 꼴로 나타내기

다음 수를 $\frac{\sqrt{b}}{a}$ 꼴로 나타내시오.

(단, b는 가장 작은 자연수)

따라하기

$\sqrt{\frac{3}{4}}=\sqrt{\frac{3}{2^2}}$ ← 근호 안의 수를 $\frac{b}{a^2}$ 꼴로 변형한다.

$=\frac{\sqrt{3}}{\sqrt{2^2}}=\frac{\sqrt{3}}{2}$ ← 근호 안의 제곱인 인수를 근호 밖으로 꺼낸다.

13 $\sqrt{\frac{5}{9}}$

14 $\sqrt{\frac{3}{16}}$

15 $\sqrt{\frac{17}{36}}$

16 $-\sqrt{\frac{15}{49}}$

17 $\sqrt{0.12}$

Tip 근호 안이 소수일 때는 분수로 고쳐서 계산하는 것이 편리하다.

18 $\sqrt{0.33}$

19 $-\sqrt{1.75}$

$\sqrt{\frac{b}{a}}$ 또는 $-\sqrt{\frac{b}{a}}$ 꼴로 나타내기

다음 수를 $\sqrt{\frac{b}{a}}$ 또는 $-\sqrt{\frac{b}{a}}$ 꼴로 나타내시오.

(단, a, b는 서로소인 자연수)

따라하기

$\frac{\sqrt{2}}{4}=\frac{\sqrt{2}}{\sqrt{4^2}}$ ← 근호 밖의 양수를 제곱하여 근호 안으로 넣는다.

$=\sqrt{\frac{2}{16}}=\sqrt{\frac{1}{8}}$ ← 근호 안의 분수는 기약분수로 나타낸다.

20 $\frac{\sqrt{7}}{3}$

21 $\frac{\sqrt{6}}{5}$

22 $-\frac{\sqrt{3}}{6}$

Tip 부호 '$-$'는 빼고 양수 부분만 제곱하여 근호 안으로 넣는다.

23 $-\frac{3\sqrt{2}}{4}$

Tip 분자가 $a\sqrt{b}$ 꼴이면 먼저 분자를 $\sqrt{a^2b}$ 꼴로 고친다.

24 $\frac{4\sqrt{5}}{5}$

25 대표 문제

$\sqrt{90}=a\sqrt{10}$, $\frac{\sqrt{2}}{6}=\sqrt{\frac{1}{b}}$일 때, 유리수 a, b에 대하여 $\frac{b}{a}$의 값은?

① 2 ② 4 ③ 6

④ 8 ⑤ 10

제곱근의 곱셈 (2)

다음을 계산하시오.

따라하기

$\sqrt{2}\times3\sqrt{10}=3\sqrt{2\times10}=3\sqrt{20}$
└ 근호 안의 수끼리, 근호 밖의 수끼리 곱한다.
$=3\sqrt{2^2\times5}=6\sqrt{5}$
└ 근호 안의 제곱인 인수를 근호 밖으로 꺼낸다.

26 $\sqrt{3}\times\sqrt{21}$

27 $(-\sqrt{8})\times3\sqrt{6}$

Tip 근호 안에 제곱인 인수가 있으면 $a\sqrt{b}$ 꼴로 고친 후 계산한다.

28 $3\sqrt{15}\times(-2\sqrt{18})$

29 $2\sqrt{15}\times\frac{1}{4}\sqrt{5}$

30 $\left(-\frac{5}{4}\sqrt{32}\right)\times(-8\sqrt{6})$

31 $\sqrt{3}\times\sqrt{6}\times\sqrt{8}$

Tip 세 개의 제곱근의 곱셈도 근호 안의 수끼리, 근호 밖의 수끼리 곱하여 계산한다.

32 $2\sqrt{12}\times\frac{4}{3}\sqrt{3}\times6\sqrt{5}$

33 $(-\sqrt{28})\times3\sqrt{21}\times(-2\sqrt{8})$

제곱근의 나눗셈 (2)

다음을 계산하시오.

따라하기

$6\sqrt{24}\div2\sqrt{3}$
$=6\sqrt{2^2\times6}\div2\sqrt{3}$
$=12\sqrt{6}\div2\sqrt{3}$) 근호 안에 제곱인 인수가 있으면 근호 밖으로 꺼낸다.
$=\frac{12}{2}\sqrt{\frac{6}{3}}=6\sqrt{2}$) 근호 안의 수끼리, 근호 밖의 수끼리 나눈다.

34 $\sqrt{60}\div\sqrt{5}$

35 $(-\sqrt{54})\div\sqrt{2}$

36 $\sqrt{\frac{7}{8}}\div\sqrt{84}$

Tip 바로 계산하기 힘든 경우는 나눗셈을 역수의 곱셈으로 고쳐서 계산한다.

37 $4\sqrt{120}\div2\sqrt{2}\div\sqrt{3}$

Tip 세 개의 제곱근의 나눗셈은 앞에서부터 차례로 계산하거나 나눗셈을 곱셈으로 고쳐서 계산한다.

38 $15\sqrt{126}\div(-5\sqrt{7})\div\frac{3}{2\sqrt{5}}$

39 대표 문제

$3\sqrt{12}\times2\sqrt{18}=a\sqrt{6}$, $4\sqrt{216}\div6\sqrt{3}=b\sqrt{2}$일 때, 유리수 a, b에 대하여 $\frac{a}{b}$의 값은?

① 4 ② 9 ③ 12
④ 15 ⑤ 20

04 분모의 유리화

정답과 풀이 12쪽

(1) **분모의 유리화:** 분수의 분모가 근호를 포함한 무리수일 때, 분모와 분자에 0이 아닌 같은 수를 각각 곱하여 분모를 유리수로 고치는 것

(2) **분모를 유리화하는 방법:** $a>0$이고 a, b, c가 유리수일 때

① $\frac{b}{\sqrt{a}}=\frac{b\times\sqrt{a}}{\sqrt{a}\times\sqrt{a}}=\frac{b\sqrt{a}}{a}$

② $\frac{c}{b\sqrt{a}}=\frac{c\times\sqrt{a}}{b\sqrt{a}\times\sqrt{a}}=\frac{c\sqrt{a}}{ab}$ (단, $b\neq0$)

$\frac{b}{\sqrt{a}}$ 꼴의 분모의 유리화

다음 수의 분모를 유리화하시오.

따라하기

$\frac{3}{\sqrt{5}}=\frac{3\times\sqrt{5}}{\sqrt{5}\times\sqrt{5}}=\frac{3\sqrt{5}}{5}$

└ 분모, 분자에 $\sqrt{5}$를 각각 곱한다.

01 $\frac{1}{\sqrt{2}}$

02 $\frac{4}{\sqrt{6}}$

03 $-\frac{3}{\sqrt{7}}$

04 $\frac{5}{\sqrt{10}}$

05 $-\frac{8}{\sqrt{14}}$

06 $\frac{9}{\sqrt{21}}$

$\frac{\sqrt{b}}{\sqrt{a}}$, $\sqrt{\frac{b}{a}}$ 꼴의 분모의 유리화

다음 수의 분모를 유리화하시오.

따라하기

$\sqrt{\frac{7}{3}}=\frac{\sqrt{7}}{\sqrt{3}}=\frac{\sqrt{7}\times\sqrt{3}}{\sqrt{3}\times\sqrt{3}}=\frac{\sqrt{21}}{3}$

└ 분모, 분자에 $\sqrt{3}$을 각각 곱한다.

07 $\frac{\sqrt{3}}{\sqrt{5}}$

08 $-\frac{\sqrt{2}}{\sqrt{7}}$

09 $\frac{\sqrt{5}}{\sqrt{2}}$

10 $\sqrt{\frac{18}{5}}$

Tip 근호 안에 제곱인 인수가 있으면 $a\sqrt{b}$ 꼴로 고친 후 분모를 유리화한다.

11 $-\sqrt{\frac{30}{14}}$

Tip 근호 안의 분수가 약분이 되면 약분한 후 분모를 유리화한다.

$\frac{c}{b\sqrt{a}}$ 꼴의 분모의 유리화

다음 수의 분모를 유리화하시오.

ε 따라하기

$$\frac{2}{3\sqrt{6}}=\frac{2\times\sqrt{6}}{3\sqrt{6}\times\sqrt{6}}=\frac{2\sqrt{6}}{18}=\frac{\sqrt{6}}{9}$$

└ 분모, 분자에 $\sqrt{6}$을 각각 곱한다.
└ 약분이 되면 약분하여 나타낸다.

12 $\frac{1}{3\sqrt{2}}$

13 $\frac{3}{4\sqrt{3}}$

14 $-\frac{5}{2\sqrt{20}}$

15 $\frac{4}{5\sqrt{32}}$

16 $-\frac{8}{3\sqrt{24}}$

17 $\frac{10}{7\sqrt{50}}$

18 $\frac{12}{5\sqrt{18}}$

19 $-\frac{11}{2\sqrt{33}}$

$\frac{\sqrt{c}}{b\sqrt{a}}$, $\frac{d\sqrt{c}}{b\sqrt{a}}$ 꼴의 분모의 유리화

다음 수의 분모를 유리화하시오.

ε 따라하기

$$\frac{6\sqrt{2}}{5\sqrt{3}}=\frac{6\sqrt{2}\times\sqrt{3}}{5\sqrt{3}\times\sqrt{3}}=\frac{6\sqrt{6}}{15}=\frac{2\sqrt{6}}{5}$$

└ 분모, 분자에 $\sqrt{3}$을 각각 곱한다.
└ 약분이 되면 약분하여 나타낸다.

20 $\frac{\sqrt{5}}{2\sqrt{3}}$

21 $\frac{\sqrt{2}}{4\sqrt{5}}$

22 $-\frac{3\sqrt{6}}{5\sqrt{12}}$

23 $\frac{7\sqrt{7}}{6\sqrt{18}}$

24 $\frac{9\sqrt{15}}{2\sqrt{20}}$

25 $-\frac{4\sqrt{3}}{3\sqrt{24}}$

26 대표 문제

$\frac{12}{\sqrt{3}}=a\sqrt{3}$, $\frac{30}{\sqrt{45}}=b\sqrt{5}$일 때, 유리수 a, b에 대하여 $a+b$의 값은?

① 3　② 4　③ 5
④ 6　⑤ 7

05 제곱근의 곱셈, 나눗셈의 혼합 계산

정답과 풀이 13쪽

① 앞에서부터 순서대로 계산한다.
② 나눗셈은 역수의 곱셈으로 고쳐서 계산한다.
③ 근호 안에 제곱인 인수가 있으면 근호 밖으로 꺼낸다.
④ 계산 결과에서 분모가 근호를 포함한 무리수이면 분모를 유리화한다.

제곱근의 곱셈, 나눗셈의 혼합 계산

다음을 계산하시오.

따라하기

$\sqrt{3}\times\sqrt{30}\div\sqrt{6}=\sqrt{3}\times\sqrt{30}\times\frac{1}{\sqrt{6}}$

나눗셈을 역수의 곱셈으로 고친다.

$=\sqrt{3\times30\times\frac{1}{6}}=\sqrt{15}$

근호 안의 수끼리 곱한다.

01 $\sqrt{6}\div\sqrt{3}\times\sqrt{5}$

02 $\sqrt{33}\times\sqrt{5}\div\sqrt{11}$

03 $\sqrt{10}\div\sqrt{15}\times\sqrt{6}$

04 $\sqrt{7}\times\sqrt{39}\div\sqrt{21}$

05 $\sqrt{35}\div\sqrt{14}\times\sqrt{6}$

06 $\sqrt{55}\div\sqrt{11}\times\sqrt{7}$

07 $\sqrt{42}\div\sqrt{35}\times\sqrt{5}$

다음을 계산하시오.

따라하기

$\sqrt{12}\div2\sqrt{6}\times\sqrt{2}=\sqrt{2^2\times3}\times\frac{1}{2\sqrt{6}}\times\sqrt{2}$

나눗셈을 역수의 곱셈으로 고친다.

$=2\sqrt{3}\times\frac{1}{2\sqrt{6}}\times\sqrt{2}=1$

근호 안의 제곱인 인수를 근호 밖으로 꺼낸다.

08 $\sqrt{52}\div\sqrt{26}\times\sqrt{18}$

09 $\sqrt{24}\times\sqrt{8}\div\sqrt{6}$

10 $4\sqrt{3}\div\sqrt{32}\times\sqrt{20}$

Tip 계산 결과에서 분모가 근호를 포함한 무리수이면 분모를 유리화한다.

11 $6\sqrt{5}\times\sqrt{48}\div2\sqrt{6}$

12 $\sqrt{28}\div\sqrt{50}\times4\sqrt{2}$

13 $5\sqrt{6}\div\sqrt{72}\times\sqrt{27}$

다음을 계산하시오.

ε 따라하기

$\dfrac{3}{2\sqrt{14}}\times\dfrac{\sqrt{70}}{4}\div\dfrac{\sqrt{15}}{7}$

$=\dfrac{3}{2\sqrt{14}}\times\dfrac{\sqrt{70}}{4}\times\dfrac{7}{\sqrt{15}}$ ← 나눗셈을 역수의 곱셈으로 고친다.

$=\left(\dfrac{3}{2}\times\dfrac{1}{4}\times7\right)\sqrt{\dfrac{1}{14}\times70\times\dfrac{1}{15}}$ ← 근호 안의 수끼리, 근호 밖의 수끼리 곱한다.

$=\dfrac{21}{8\sqrt{3}}=\dfrac{21\times\sqrt{3}}{8\sqrt{3}\times\sqrt{3}}$

$=\dfrac{21\sqrt{3}}{24}=\dfrac{7\sqrt{3}}{8}$ ← 분모를 유리화한다.

14 $\dfrac{4}{3\sqrt{3}}\times\dfrac{\sqrt{18}}{2}\div\dfrac{5\sqrt{2}}{\sqrt{6}}$

15 $(-\sqrt{80})\div\dfrac{4}{3\sqrt{5}}\times\dfrac{1}{\sqrt{45}}$

16 $\dfrac{7}{\sqrt{20}}\div\dfrac{\sqrt{5}}{2}\times\dfrac{2\sqrt{15}}{\sqrt{2}}$

17 $\dfrac{\sqrt{45}}{\sqrt{2}}\times\sqrt{35}\div\sqrt{63}$

18 $\sqrt{\dfrac{8}{3}}\div\sqrt{\dfrac{5}{2}}\times\sqrt{15}$

19 $\left(-\dfrac{\sqrt{3}}{\sqrt{125}}\right)\times\sqrt{56}\div\left(-\sqrt{\dfrac{42}{5}}\right)$

20 $\dfrac{\sqrt{30}}{\sqrt{8}}\div(-\sqrt{72})\times\dfrac{\sqrt{6}}{\sqrt{45}}$

21 $\sqrt{216}\times\dfrac{\sqrt{5}}{3\sqrt{21}}\div\left(-\dfrac{6}{\sqrt{20}}\right)$

22 $\left(-\sqrt{\dfrac{5}{27}}\right)\times\dfrac{6}{\sqrt{75}}\div\sqrt{\dfrac{5}{54}}$

23 $\dfrac{\sqrt{150}}{4}\div\left(-\dfrac{\sqrt{108}}{8}\right)\times\dfrac{\sqrt{15}}{5\sqrt{12}}$

24 $\sqrt{\dfrac{14}{9}}\times\dfrac{\sqrt{45}}{\sqrt{28}}\div\dfrac{\sqrt{18}}{2}$

25 대표 문제

$\dfrac{8}{\sqrt{10}}\times\dfrac{\sqrt{30}}{\sqrt{32}}\div\dfrac{\sqrt{20}}{\sqrt{45}}=a\sqrt{b}$일 때, 유리수 a, b에 대하여 ab의 값은? (단, b는 가장 작은 자연수)

① 9 ② 6 ③ 3
④ 2 ⑤ 1

06 제곱근표

정답과 풀이 14쪽

(1) **제곱근표:** 1.00부터 99.9까지의 수의 양의 제곱근의 값을 반올림하여 소수점 아래 셋째 자리까지 나타낸 표

(2) **제곱근표 읽는 방법:** 처음 두 자리 수의 가로줄과 끝자리 수의 세로줄이 만나는 곳에 적힌 수를 읽는다.

예) 오른쪽 제곱근표에서 $\sqrt{1.33}$의 값 구하기

왼쪽의 수 1.3의 가로줄과 위쪽의 수 3의 세로줄이 만나는 곳에 적힌 수를 읽는다.

즉, $\sqrt{1.33}=1.153$

수	0	1	2	3	…
⋮	⋮	⋮	⋮	⋮	…
1.2	1.095	1.100	1.105	1.109	…
1.3	1.140	1.145	1.149	1.153	…
1.4	1.183	1.187	1.192	1.196	…
⋮	⋮	⋮	⋮	⋮	⋮

참고 제곱근표에 있는 값은 대부분 제곱근의 값을 어림한 값이지만 등호를 사용하여 나타낸다.

(3) **제곱근표에 없는 수의 제곱근의 값 구하기**

1보다 작거나 100보다 큰 수의 제곱근의 값은 제곱근의 성질을 이용하여 구할 수 있다.

① 100보다 큰 수의 제곱근의 값: $\sqrt{100a}=10\sqrt{a}$, $\sqrt{10000a}=100\sqrt{a}$, … 꼴로 고친 후 구한다.

② 1보다 작은 수의 제곱근의 값: $\sqrt{\dfrac{a}{100}}=\dfrac{\sqrt{a}}{10}$, $\sqrt{\dfrac{a}{10000}}=\dfrac{\sqrt{a}}{100}$, … 꼴로 고친 후 구한다.

제곱근표를 이용하여 제곱근의 값 구하기

아래의 제곱근표를 이용하여 다음 제곱근의 값을 구하시오.

수	3	4	5	6	7	8	9
7.5	2.744	2.746	2.748	2.750	2.751	2.753	2.755
7.6	2.762	2.764	2.766	2.768	2.769	2.771	2.773
7.7	2.780	2.782	2.784	2.786	2.787	2.789	2.791
7.8	2.798	2.800	2.802	2.804	2.805	2.807	2.809
7.9	2.816	2.818	2.820	2.821	2.823	2.825	2.827

01 $\sqrt{7.67}$

02 $\sqrt{7.73}$

03 $\sqrt{7.85}$

04 $\sqrt{7.98}$

위의 제곱근표를 이용하여 x의 값을 구하시오.

05 $\sqrt{x}=2.804$

06 $\sqrt{x}=2.773$

07 $\sqrt{x}=2.816$

08 $\sqrt{x}=2.751$

제곱근표에 없는 수의 제곱근의 값 구하기

아래의 제곱근표를 이용하여 다음 제곱근의 값을 구하시오.

수	2	3	4	5	6	7	8
20	4.494	4.506	4.517	4.528	4.539	4.550	4.561
21	4.604	4.615	4.626	4.637	4.648	4.658	4.669
22	4.712	4.722	4.733	4.743	4.754	4.764	4.775
23	4.817	4.827	4.837	4.848	4.858	4.868	4.879
24	4.919	4.930	4.940	4.950	4.960	4.970	4.980

따라하기

$\sqrt{2450}$의 값

→ $\sqrt{2450}=\sqrt{100\times24.5}$
$=\sqrt{10^2\times24.5}$
$=10\sqrt{24.5}$

이때 $\sqrt{24.5}=4.950$이므로

$\sqrt{2450}=10\sqrt{24.5}=10\times4.950=49.5$

09 $\sqrt{2020}$

10 $\sqrt{237000}$

11 $\sqrt{0.248}$

12 $\sqrt{0.00225}$

01

다음 중 옳지 않은 것은?

① $\sqrt{15}\times\sqrt{3}=\sqrt{45}$

② $\sqrt{3}\times\sqrt{27}=9$

③ $3\sqrt{20}\times2\sqrt{\frac{3}{10}}=6\sqrt{6}$

④ $4\sqrt{\frac{5}{9}}\times2\sqrt{18}=8\sqrt{5}$

⑤ $\sqrt{\frac{14}{5}}\times5\sqrt{\frac{15}{21}}=5\sqrt{2}$

02

$\sqrt{\frac{8}{3}}\div\sqrt{\frac{2}{9}}=\sqrt{a}$일 때, 유리수 a의 값은?

① 3 ② 4 ③ 6 ④ 10 ⑤ 12

03

$\sqrt{192}=a\sqrt{3}$, $\frac{\sqrt{6}}{4}=\sqrt{b}$일 때, 유리수 a, b에 대하여 ab의 값은?

① 2 ② 3 ③ 6 ④ 8 ⑤ 9

04

다음 중 분모를 유리화한 것으로 옳지 않은 것은?

① $\frac{10}{\sqrt{5}}=2\sqrt{5}$

② $\frac{\sqrt{2}}{\sqrt{21}}=\frac{\sqrt{42}}{21}$

③ $\frac{6}{\sqrt{27}}=\frac{2\sqrt{3}}{3}$

④ $\frac{4\sqrt{3}}{\sqrt{128}}=\frac{\sqrt{3}}{4}$

⑤ $\frac{10\sqrt{2}}{\sqrt{80}}=\frac{\sqrt{10}}{2}$

05

다음 중 옳은 것은?

① $4\sqrt{2}\times\sqrt{8}\div\sqrt{20}=8\sqrt{5}$

② $3\sqrt{18}\div\sqrt{6}\times\sqrt{12}=9\sqrt{2}$

③ $5\sqrt{3}\div\frac{\sqrt{15}}{\sqrt{8}}\times\sqrt{30}=20\sqrt{3}$

④ $\sqrt{\frac{9}{8}}\times\frac{\sqrt{2}}{2\sqrt{24}}\div\sqrt{\frac{3}{4}}=\frac{\sqrt{2}}{4}$

⑤ $\frac{2\sqrt{6}}{\sqrt{48}}\times\frac{6\sqrt{3}}{7\sqrt{2}}\div\sqrt{\frac{3}{98}}=2\sqrt{3}$

06

$\sqrt{3}=1.732$, $\sqrt{30}=5.477$일 때, 다음 중 옳지 않은 것은?

① $\sqrt{300}=17.32$

② $\sqrt{3000}=173.2$

③ $\sqrt{0.3}=0.5477$

④ $\sqrt{0.03}=0.1732$

⑤ $\sqrt{0.003}=0.05477$

2. 근호를 포함한 식의 덧셈과 뺄셈

01 제곱근의 덧셈과 뺄셈

정답과 풀이 15쪽

다항식의 덧셈과 뺄셈에서 동류항끼리 모아서 계산한 것과 같은 방법으로 근호 안의 수가 같은 것끼리 모아서 계산한다.

$2a+3a=(2+3)a=5a$
$2\sqrt{5}+3\sqrt{5}=(2+3)\sqrt{5}=5\sqrt{5}$

$a>0$이고 m, n이 유리수일 때

(1) $m\sqrt{a}+n\sqrt{a}=(m+n)\sqrt{a}$

(2) $m\sqrt{a}-n\sqrt{a}=(m-n)\sqrt{a}$

참고 ① 근호 안에 제곱인 인수가 있으면 $\sqrt{a^2b}=a\sqrt{b}$를 이용하여 근호 밖으로 꺼낸 후 계산한다.
② 분모가 근호를 포함한 무리수이면 분모를 유리화한 후 계산한다.

주의 $\sqrt{2}+\sqrt{3}$과 같이 근호 안의 수가 다르면 더 이상 간단히 할 수 없다.

제곱근의 덧셈

다음을 계산하시오.

따라하기

$\sqrt{2}+2\sqrt{2}=(1+2)\sqrt{2}=3\sqrt{2}$
└ 근호 안의 수가 같은 것끼리 묶어서 계산한다.

01 $3\sqrt{3}+5\sqrt{3}$

02 $-2\sqrt{5}+4\sqrt{5}$

03 $5\sqrt{7}+7\sqrt{7}$

04 $-11\sqrt{2}+\frac{3}{2}\sqrt{2}$

05 $2\sqrt{3}+3\sqrt{3}+5\sqrt{3}$

06 $\frac{6}{5}\sqrt{2}+\frac{1}{3}\sqrt{2}+3\sqrt{2}$

07 $-14\sqrt{5}+6\sqrt{5}+3\sqrt{5}$

다음을 계산하시오.

따라하기

$\sqrt{2}+3\sqrt{3}+4\sqrt{2}+\sqrt{3}$
$=(\sqrt{2}+4\sqrt{2})+(3\sqrt{3}+\sqrt{3})$ ← 근호 안의 수가 같은 것끼리 모아서 계산한다.
$=5\sqrt{2}+4\sqrt{3}$

08 $6\sqrt{3}+2\sqrt{5}+3\sqrt{3}+4\sqrt{5}$

09 $2\sqrt{5}+\frac{3}{4}\sqrt{7}+\sqrt{7}+7\sqrt{5}$

10 $10\sqrt{10}+3\sqrt{2}+4\sqrt{10}+5\sqrt{2}$

11 $5\sqrt{2}+2\sqrt{5}+\frac{5}{2}\sqrt{2}+4\sqrt{5}$

12 $\frac{3}{5}\sqrt{6}+3\sqrt{3}+\frac{2}{5}\sqrt{6}+2\sqrt{3}$

13 $4\sqrt{7}+\frac{1}{6}\sqrt{11}+2\sqrt{7}+\frac{2}{3}\sqrt{11}$

다음을 계산하시오.

따라하기

$\sqrt{12}+\sqrt{48}=\sqrt{2^2\times3}+\sqrt{4^2\times3}$) 근호 안의 제곱인 인수를 근호 밖으로 꺼낸다.

$=2\sqrt{3}+4\sqrt{3}$

$=6\sqrt{3}$

14 $\sqrt{8}+10\sqrt{2}$

15 $-8\sqrt{5}+\sqrt{45}$

16 $\sqrt{27}+\sqrt{108}$

17 $\frac{8}{\sqrt{2}}+\sqrt{18}+4\sqrt{2}$

Tip 분모가 근호를 포함한 무리수이면 분모를 유리화한 후 계산한다.

18 $\sqrt{20}+\frac{6}{\sqrt{12}}+2\sqrt{5}+\sqrt{75}$

19 $3\sqrt{6}+\sqrt{90}+\sqrt{216}+\sqrt{40}$

20 $\frac{1}{\sqrt{8}}+\frac{3}{\sqrt{3}}+\sqrt{72}+\sqrt{48}$

21 $\frac{2}{\sqrt{10}}+\frac{\sqrt{5}}{\sqrt{6}}+\frac{4}{5}\sqrt{10}+3\sqrt{30}$

제곱근의 뺄셈

다음을 계산하시오.

따라하기

$3\sqrt{2}-5\sqrt{2}=(3-5)\sqrt{2}=-2\sqrt{2}$

└ 근호 안의 수가 같은 것끼리 묶어서 계산한다.

22 $3\sqrt{5}-10\sqrt{5}$

23 $-4\sqrt{10}-9\sqrt{10}$

24 $\frac{5}{3}\sqrt{6}-2\sqrt{6}$

25 $8\sqrt{3}-14\sqrt{3}$

26 $6\sqrt{7}-\frac{4}{3}\sqrt{7}-\frac{2}{3}\sqrt{7}$

27 $-5\sqrt{10}-7\sqrt{10}-3\sqrt{10}$

28 $\frac{2}{3}\sqrt{11}-\frac{5}{2}\sqrt{11}-\frac{1}{6}\sqrt{11}$

29 $3\sqrt{6}-\frac{1}{5}\sqrt{6}-\frac{3}{2}\sqrt{6}$

30 $5\sqrt{2}-12\sqrt{2}-\frac{11}{4}\sqrt{2}$

다음을 계산하시오.

따라하기

$\sqrt{8}-\sqrt{72}=\sqrt{2^2\times 2}-\sqrt{6^2\times 2}$
$=2\sqrt{2}-6\sqrt{2}$
$=-4\sqrt{2}$

근호 안의 제곱인 인수를 근호 밖으로 꺼낸다.

31 $\sqrt{32}-5\sqrt{2}$

32 $3\sqrt{5}-\dfrac{10}{\sqrt{5}}$

Tip 분모가 근호를 포함한 무리수이면 분모를 유리화한 후 계산한다.

33 $8\sqrt{6}-\dfrac{9}{\sqrt{54}}-\dfrac{2\sqrt{3}}{\sqrt{2}}$

34 $\sqrt{98}-\dfrac{12}{\sqrt{8}}-\sqrt{50}$

35 $\sqrt{28}-\dfrac{15}{\sqrt{3}}-5\sqrt{7}-\sqrt{27}$

Tip 근호 안의 제곱인 인수를 근호 밖으로 꺼내고, 분모를 유리화한 후 근호 안의 수가 같은 것끼리 묶어서 계산한다.

36 $-\sqrt{44}-\dfrac{20}{\sqrt{8}}-\sqrt{32}-8\sqrt{11}$

37 $\sqrt{40}-\dfrac{18}{\sqrt{3}}-\dfrac{\sqrt{8}}{\sqrt{20}}-5\sqrt{3}$

제곱근의 덧셈과 뺄셈의 혼합 계산

다음을 계산하시오.

따라하기

$\sqrt{2}+3\sqrt{2}-5\sqrt{2}=(1+3-5)\sqrt{2}=-\sqrt{2}$

근호 안의 수가 같은 것끼리 묶어서 계산한다.

38 $11\sqrt{3}-\sqrt{48}+\sqrt{75}$

39 $-9\sqrt{2}+\dfrac{5}{3}\sqrt{18}-\dfrac{4}{\sqrt{2}}$

40 $\sqrt{63}+\dfrac{21}{\sqrt{7}}-\sqrt{112}$

41 $\dfrac{8\sqrt{3}}{\sqrt{2}}-\sqrt{24}+\sqrt{54}$

42 $\dfrac{26}{\sqrt{13}}-\sqrt{128}+10\sqrt{2}-\sqrt{117}$

43 대표 문제

다음 중 옳지 않은 것은?

① $5\sqrt{3}-2\sqrt{3}=3\sqrt{3}$

② $-\sqrt{32}+4\sqrt{2}=-\sqrt{2}$

③ $\dfrac{18}{\sqrt{6}}-\sqrt{24}+3\sqrt{6}=4\sqrt{6}$

④ $\sqrt{125}-2\sqrt{5}+\sqrt{80}=7\sqrt{5}$

⑤ $\sqrt{48}-\sqrt{32}+5\sqrt{2}-\sqrt{75}=\sqrt{2}-\sqrt{3}$

02 근호를 포함한 식의 계산 – 분배법칙

정답과 풀이 17쪽

괄호가 있는 제곱근의 계산은 분배법칙을 이용하여 괄호를 푼다.

$a>0$, $b>0$, $c>0$일 때

(1) $\sqrt{a}(\sqrt{b}+\sqrt{c})=\sqrt{ab}+\sqrt{ac}$, $\sqrt{a}(\sqrt{b}-\sqrt{c})=\sqrt{ab}-\sqrt{ac}$

(2) $(\sqrt{a}+\sqrt{b})\sqrt{c}=\sqrt{ac}+\sqrt{bc}$, $(\sqrt{a}-\sqrt{b})\sqrt{c}=\sqrt{ac}-\sqrt{bc}$

근호를 포함한 식의 분배법칙

다음을 계산하시오.

$\sqrt{3}(\sqrt{2}-\sqrt{6})=\sqrt{6}-\sqrt{18}$

└ 분배법칙을 이용하여 괄호를 푼다.

$=\sqrt{6}-\sqrt{3^2\times2}$

$=\sqrt{6}-3\sqrt{2}$

) 근호 안의 제곱인 인수를 근호 밖으로 꺼낸다.

01 $\sqrt{2}(\sqrt{3}+\sqrt{5})$

02 $-2\sqrt{3}(\sqrt{2}-4)$

03 $(\sqrt{7}-\sqrt{2})\sqrt{5}$

04 $-\sqrt{5}(\sqrt{3}-\sqrt{2})$

05 $(2\sqrt{3}+\sqrt{10})\sqrt{2}$

06 $3\sqrt{2}(\sqrt{6}-\sqrt{5})$

07 $(2\sqrt{11}-3\sqrt{3})(-3\sqrt{2})$

08 $\frac{\sqrt{5}}{3}(6\sqrt{10}+3\sqrt{2})$

09 $(3\sqrt{2}+4\sqrt{5})(-\sqrt{10})$

10 $(4\sqrt{6}-3\sqrt{7})\sqrt{3}$

11 $\frac{\sqrt{5}}{3}(9\sqrt{2}-\sqrt{3})$

12 $-\sqrt{2}(5\sqrt{10}-3\sqrt{3})$

13 $(6\sqrt{7}+3\sqrt{14})\left(-\frac{\sqrt{2}}{3}\right)$

다음을 계산하시오.

따라하기

$(\sqrt{24}-\sqrt{15})\div\sqrt{3}$
$=(\sqrt{24}-\sqrt{15})\times\frac{1}{\sqrt{3}}$ — 나눗셈을 역수의 곱셈으로 바꾼다.
$=\frac{\sqrt{24}}{\sqrt{3}}-\frac{\sqrt{15}}{\sqrt{3}}$ — 분배법칙을 이용하여 괄호를 푼다.
$=\sqrt{8}-\sqrt{5}=\sqrt{2^2\times2}-\sqrt{5}$
$=2\sqrt{2}-\sqrt{5}$ — 근호 안의 제곱인 인수를 근호 밖으로 꺼낸다.

14 $(\sqrt{33}+\sqrt{27})\div\sqrt{3}$

15 $(\sqrt{50}-3\sqrt{10})\div\left(-\frac{1}{\sqrt{5}}\right)$

16 $(\sqrt{32}+\sqrt{20})\div\sqrt{2}$

17 $(5\sqrt{14}-\sqrt{21})\div(-\sqrt{7})$

18 $(6\sqrt{2}+3\sqrt{3})\div\frac{1}{\sqrt{3}}$

19 $\left(\frac{\sqrt{40}}{2}+\sqrt{20}\right)\div\sqrt{5}$

20 $(\sqrt{26}-\sqrt{39})\div\left(-\frac{1}{\sqrt{13}}\right)$

21 $(\sqrt{108}-\sqrt{18})\div(-\sqrt{6})$

22 $(2\sqrt{21}+5\sqrt{2})\div\left(-\frac{1}{\sqrt{7}}\right)$

23 $(4\sqrt{56}-3\sqrt{35})\div\frac{12}{\sqrt{7}}$

24 $(\sqrt{65}+\sqrt{78})\div(-\sqrt{13})$

25 $(5\sqrt{54}-\sqrt{48})\div\frac{\sqrt{6}}{10}$

26 대표 문제

$\sqrt{2}(\sqrt{3}-\sqrt{6})=\sqrt{6}+a\sqrt{3}$,
$(\sqrt{12}+\sqrt{15})\div\sqrt{3}=b+\sqrt{5}$일 때, 유리수 a, b의 값은?

① $a=-2$, $b=-4$ ② $a=-2$, $b=-2$
③ $a=-2$, $b=2$ ④ $a=2$, $b=2$
⑤ $a=2$, $b=4$

03 근호를 포함한 식의 계산 – 분모의 유리화

정답과 풀이 19쪽

$a>0$, $b>0$, $c>0$일 때

(1) $\dfrac{\sqrt{a}+\sqrt{b}}{\sqrt{c}}=\dfrac{(\sqrt{a}+\sqrt{b})\times\sqrt{c}}{\sqrt{c}\times\sqrt{c}}=\dfrac{\sqrt{ac}+\sqrt{bc}}{c}$

(2) $\dfrac{\sqrt{a}-\sqrt{b}}{\sqrt{c}}=\dfrac{(\sqrt{a}-\sqrt{b})\times\sqrt{c}}{\sqrt{c}\times\sqrt{c}}=\dfrac{\sqrt{ac}-\sqrt{bc}}{c}$

$\dfrac{\sqrt{a}\pm\sqrt{b}}{\sqrt{c}}$ 꼴의 분모의 유리화

다음 수의 분모를 유리화하시오.

따라하기

$\dfrac{\sqrt{5}-\sqrt{2}}{\sqrt{3}}=\dfrac{(\sqrt{5}-\sqrt{2})\times\sqrt{3}}{\sqrt{3}\times\sqrt{3}}$ ← 분모, 분자에 $\sqrt{3}$을 각각 곱하여 분모를 유리화한다.

$=\dfrac{\sqrt{15}-\sqrt{6}}{3}$

01 $\dfrac{\sqrt{3}-2}{\sqrt{2}}$

02 $\dfrac{3-\sqrt{5}}{\sqrt{6}}$

03 $\dfrac{\sqrt{2}+\sqrt{7}}{\sqrt{3}}$

04 $\dfrac{\sqrt{6}-\sqrt{3}}{\sqrt{5}}$

05 $\dfrac{\sqrt{2}+3\sqrt{3}}{\sqrt{7}}$

06 $\dfrac{2\sqrt{5}+\sqrt{3}}{\sqrt{2}}$

07 $\dfrac{\sqrt{7}-6\sqrt{2}}{2\sqrt{3}}$

08 $\dfrac{2\sqrt{15}-6\sqrt{3}}{3\sqrt{5}}$

Tip 계산 결과에서 근호 안에 제곱인 인수가 있으면 근호 밖으로 꺼낸다.

09 $\dfrac{\sqrt{3}-5\sqrt{2}}{2\sqrt{6}}$

10 $\dfrac{5\sqrt{2}+\sqrt{3}}{4\sqrt{7}}$

11 $\dfrac{6\sqrt{5}-3\sqrt{2}}{2\sqrt{3}}$

다음 수의 분모를 유리화하시오.

따라하기

$$\frac{\sqrt{27}-\sqrt{18}}{\sqrt{20}}=\frac{\sqrt{3^2\times3}-\sqrt{3^2\times2}}{\sqrt{2^2\times5}}$$
근호 안의 제곱인 인수를 근호 밖으로 꺼낸다.
$$=\frac{3\sqrt{3}-3\sqrt{2}}{2\sqrt{5}}$$
$$=\frac{(3\sqrt{3}-3\sqrt{2})\times\sqrt{5}}{2\sqrt{5}\times\sqrt{5}}$$
← 분모, 분자에 $\sqrt{5}$를 각각 곱하여 분모를 유리화한다.
$$=\frac{3\sqrt{15}-3\sqrt{10}}{10}$$

12 $\frac{\sqrt{8}-4}{\sqrt{27}}$

13 $\frac{5-\sqrt{5}}{\sqrt{8}}$

14 $\frac{3\sqrt{2}+\sqrt{48}}{\sqrt{24}}$

15 $\frac{\sqrt{22}+\sqrt{12}}{\sqrt{32}}$

16 $\frac{3\sqrt{2}-6\sqrt{7}}{\sqrt{54}}$

17 $\frac{\sqrt{50}+\sqrt{27}}{\sqrt{63}}$

18 $\frac{\sqrt{75}-\sqrt{125}}{\sqrt{98}}$

19 $\frac{6\sqrt{6}-3\sqrt{7}}{\sqrt{42}}$

20 $\frac{\sqrt{40}-\sqrt{45}}{\sqrt{50}}$

21 $\frac{\sqrt{32}+\sqrt{75}}{\sqrt{112}}$

22 $\frac{\sqrt{150}-2\sqrt{5}}{\sqrt{96}}$

23 $\frac{\sqrt{160}+\sqrt{72}}{\sqrt{80}}$

24 대표 문제

$\frac{5\sqrt{3}-\sqrt{5}}{10\sqrt{2}}=a\sqrt{6}+b\sqrt{10}$일 때, 유리수 a, b에 대하여 $a+b$의 값은?

① $\frac{1}{10}$ ② $\frac{1}{5}$ ③ $\frac{3}{10}$
④ $\frac{2}{5}$ ⑤ $\frac{1}{2}$

04 근호를 포함한 식의 혼합 계산

정답과 풀이 20쪽

① 괄호가 있으면 분배법칙을 이용하여 괄호를 푼다.
② 근호 안에 제곱인 인수가 있으면 근호 밖으로 꺼낸다.
③ 분모에 무리수가 있으면 분모를 유리화한다.
④ 제곱근의 곱셈, 나눗셈을 먼저 계산한 후 덧셈과 뺄셈을 계산한다.

근호를 포함한 식의 혼합 계산

다음을 계산하시오.

ε 따라하기

$\sqrt{5}\times\sqrt{15}-\sqrt{12}$
$=\sqrt{75}-\sqrt{2^2\times3}$ — 곱셈을 계산한다.
$=\sqrt{5^2\times3}-2\sqrt{3}=5\sqrt{3}-2\sqrt{3}$ — 근호 안의 제곱인 인수를 근호 밖으로 꺼낸다.
$=3\sqrt{3}$ — 뺄셈을 계산한다.

01 $\sqrt{3}\times\sqrt{6}+8\sqrt{2}$

02 $\sqrt{12}-\sqrt{21}\times\sqrt{7}$

03 $12\div\sqrt{6}+\sqrt{24}$

Tip 나눗셈을 계산한 후 덧셈을 계산한다.

04 $\sqrt{15}\times\sqrt{3}-\sqrt{40}\div\sqrt{2}$

Tip 곱셈과 나눗셈을 계산한 후 뺄셈을 계산한다.

05 $\sqrt{96}\div\sqrt{2}+\sqrt{32}\times\sqrt{6}$

06 $8\sqrt{35}\div2\sqrt{5}+3\sqrt{21}\times\sqrt{12}$

07 $\sqrt{70}\div\dfrac{2}{\sqrt{5}}+3\sqrt{2}\times\sqrt{28}$

08 $\sqrt{18}\times\sqrt{6}-\sqrt{54}\div\sqrt{2}$

09 $\dfrac{12}{\sqrt{2}}+2\sqrt{32}\times\sqrt{3}-\sqrt{54}$

10 $\sqrt{24}-\dfrac{18}{\sqrt{3}}\times\sqrt{6}+\sqrt{72}\div\sqrt{3}$

11 $\dfrac{\sqrt{15}}{\sqrt{5}}+\sqrt{27}\div\sqrt{3}-\sqrt{6}\times\sqrt{8}$

12 $2\sqrt{3}\times5\sqrt{6}-10\sqrt{30}\div2\sqrt{15}+\dfrac{\sqrt{32}}{2}$

13 $\sqrt{48}\div\sqrt{2}+3\sqrt{6}\times4\sqrt{2}-\sqrt{60}\div\sqrt{5}$

다음을 계산하시오.

따라하기

$\sqrt{2}(3\sqrt{6}-5)+20\div\sqrt{2}$) 괄호를 풀고 나눗셈을 계산한다.

$=3\sqrt{12}-5\sqrt{2}+\dfrac{20}{\sqrt{2}}$) 분모를 유리화한다.

$=3\sqrt{2^2\times3}-5\sqrt{2}+\dfrac{20\times\sqrt{2}}{\sqrt{2}\times\sqrt{2}}$) 근호 안의 제곱인 인수를 근호 밖으로 꺼낸다.

$=6\sqrt{3}-5\sqrt{2}+10\sqrt{2}$) 덧셈을 계산한다.

$=6\sqrt{3}+5\sqrt{2}$

14 $\sqrt{27}-\sqrt{5}(5-2\sqrt{15})$

15 $(\sqrt{12}+\sqrt{6})\sqrt{6}-\sqrt{50}$

16 $\sqrt{24}-(\sqrt{18}-4\sqrt{12})\div\sqrt{3}$

17 $(3\sqrt{30}-\sqrt{15})\div\sqrt{3}+\sqrt{18}\times\sqrt{10}$

18 $\dfrac{\sqrt{63}-\sqrt{14}}{\sqrt{7}}-\sqrt{2}(\sqrt{2}+3)$

19 $(\sqrt{27}-\sqrt{15})\sqrt{3}+\dfrac{4\sqrt{10}+\sqrt{8}}{\sqrt{2}}$

20 $\dfrac{\sqrt{80}+\sqrt{35}}{\sqrt{5}}-\sqrt{7}(\sqrt{28}-3)$

21 $\dfrac{6\sqrt{15}-9\sqrt{6}}{\sqrt{3}}-\sqrt{5}(6-\sqrt{10})$

22 $\sqrt{12}\left(\dfrac{1}{\sqrt{3}}-\dfrac{1}{\sqrt{2}}\right)+4(\sqrt{24}-3)$

23 $-\sqrt{15}(\sqrt{3}-2\sqrt{2})+\sqrt{6}(3\sqrt{5}+\sqrt{30})$

24 $\dfrac{6}{\sqrt{2}}(\sqrt{18}-\sqrt{56})+\sqrt{14}(\sqrt{2}-\sqrt{126})$

25 $\sqrt{54}\left(\sqrt{2}-\dfrac{6}{\sqrt{3}}\right)-(\sqrt{72}-\sqrt{48})\div\sqrt{6}$

26 $\dfrac{15-5\sqrt{30}}{\sqrt{5}}+(8\sqrt{10}-\sqrt{3})\times\left(-\dfrac{1}{\sqrt{2}}\right)$

27 대표 문제

$\dfrac{2\sqrt{27}-8\sqrt{2}}{4\sqrt{6}}+\sqrt{7}\div\sqrt{21}=a\sqrt{2}+b\sqrt{3}$일 때, 유리수 a, b에 대하여 $16ab$의 값은?

① -8 ② -4 ③ 1
④ 4 ⑤ 8

01

$7\sqrt{3}-8\sqrt{6}+3\sqrt{3}-4\sqrt{6}=a\sqrt{3}+b\sqrt{6}$일 때, 유리수 a, b의 값은?

① $a=10$, $b=-12$　② $a=12$, $b=-10$
③ $a=3$, $b=-5$　④ $a=-5$, $b=3$
⑤ $a=-1$, $b=-1$

02

$\sqrt{20}-\sqrt{48}-3\sqrt{45}+\sqrt{75}$를 계산하면?

① $-3\sqrt{5}+5\sqrt{3}$　② $-4\sqrt{5}+4\sqrt{3}$
③ $-5\sqrt{5}+3\sqrt{3}$　④ $-6\sqrt{5}+2\sqrt{3}$
⑤ $-7\sqrt{5}+\sqrt{3}$

03

$3\sqrt{27}-\dfrac{\sqrt{60}}{\sqrt{5}}+\sqrt{243}=k\sqrt{3}$일 때, 유리수 k의 값은?

① 1　② 4　③ 8
④ 12　⑤ 16

04

$A=\sqrt{6}-7\sqrt{18}$, $b=3\sqrt{2}-9\sqrt{24}$일 때, $\sqrt{6}A-\sqrt{2}B$를 계산한 값은?

① $-6\sqrt{3}$　② $-3\sqrt{3}$　③ $-\sqrt{3}$
④ $-6\sqrt{2}$　⑤ $-3\sqrt{2}$

05

$\dfrac{\sqrt{108}-2\sqrt{6}}{8\sqrt{8}}$의 분모를 유리화하면 $a\sqrt{6}+b\sqrt{3}$일 때, 유리수 a, b에 대하여 $16a+8b$의 값은?

① 1　② 2　③ 3
④ 4　⑤ 5

06

$\dfrac{\sqrt{96}+20}{\sqrt{12}}-(10\sqrt{2}-4\sqrt{12})\div\sqrt{6}=p\sqrt{2}$일 때, 유리수 p의 값은?

① $\dfrac{9}{2}$　② 5　③ $\dfrac{11}{2}$
④ 6　⑤ $\dfrac{13}{2}$

다항식의 곱셈

1. 곱셈 공식

01 다항식과 다항식의 곱셈

02 곱셈 공식 – 합의 제곱, 차의 제곱

03 곱셈 공식 – 합과 차의 곱

04 곱셈 공식 – x의 계수가 1인 두 일차식의 곱

05 곱셈 공식 – x의 계수가 1이 아닌 두 일차식의 곱

06 곱셈 공식에 관한 종합 문제

2. 곱셈 공식의 활용

01 곱셈 공식을 이용한 제곱수의 계산

02 곱셈 공식을 이용한 두 수의 곱의 계산

03 곱셈 공식을 이용한 근호를 포함한 식의 계산

04 곱셈 공식을 이용한 분모의 유리화

05 곱셈 공식의 변형

1. 곱셈 공식

01 다항식과 다항식의 곱셈

정답과 풀이 23쪽

① 분배법칙을 이용하여 전개한다.
② 동류항이 있으면 동류항끼리 모아서 계산한다.

$$(a+b)(c+d)=\underset{①}{ac}+\underset{②}{ad}+\underset{③}{bc}+\underset{④}{bd}$$

다항식과 다항식의 곱셈 (1) – 동류항이 없을 때

다음 식을 전개하시오.

ε 따라하기

$$(x+2)(y+1)=\underset{①}{xy}+\underset{②}{x}+\underset{③}{2y}+\underset{④}{2}$$

01 $(a+3)(b+4)$

02 $(x-1)(2y+3)$

03 $(3x+2)(y-5)$

04 $(a-b)(3c-2d)$

05 $(-x+4)(2y-5)$

06 $(-3x+y)(-4a+b)$

다항식과 다항식의 곱셈 (2) – 동류항이 있을 때

다음 식을 전개하시오.

ε 따라하기

동류항

$$(a+3)(a+2)=\underset{①}{a^2}+\underset{②}{2a}+\underset{③}{3a}+\underset{④}{6}$$
$$=a^2+5a+6$$

동류항끼리 계산한다.

07 $(x+1)(x+5)$

08 $(2a-1)(a+7)$

09 $(3y-2)(y-3)$

10 $(a+b)(a+2b)$

11 $(x+3y)(2x-y)$

12 $(4x+5y)(-x+y)$

13 $(5x-y)(3x+y)$

14 $(-2a+7b)(a-5b)$

다음 식을 전개하시오.

15 $(x+y)(2x-y+1)$

16 $(3x+2y)(x-y+3)$

17 $(2a-b)(a+4b-5)$

18 $(x+5y+1)(3x-4y)$

19 $(3a-2b+1)(-2a+b)$

전개식에서 특정한 항의 계수 구하기

다음 식을 전개하였을 때, xy의 계수를 구하시오.

따라하기

$$(x-3y)(3x+y)$$

①, ②

xy항이 나오는 부분만 전개하면

$\underset{①}{x\times y}+\underset{②}{(-3y)\times 3x}=xy-9xy=-8xy$

따라서 xy의 계수는 -8

20 $(x+4y)(2x-5y)$

21 $(3x+y)(4x+3y)$

22 $(5x-y)(7x-2y)$

23 $(4x+9y)(-2x+3y)$

24 대표 문제

$(3x-5)(-y+4)=axy+bx+cy-20$일 때, 상수 a, b, c에 대하여 $a+b+c$의 값은?

① 11 ② 12 ③ 13 ④ 14 ⑤ 15

02 곱셈 공식 – 합의 제곱, 차의 제곱

정답과 풀이 23쪽

(1) 합의 제곱 ← $(a+b)^2=(a+b)(a+b)=a^2+ab+ab+b^2=a^2+2ab+b^2$

$(a+b)^2=a^2+2ab+b^2$

→ $(x+3)^2=x^2+2\times x\times 3+3^2=x^2+6x+9$

(2) 차의 제곱 ← $(a-b)^2=(a-b)(a-b)=a^2-ab-ab+b^2=a^2-2ab+b^2$

$(a-b)^2=a^2-2ab+b^2$

→ $(x-2)^2=x^2-2\times x\times 2+2^2=x^2-4x+4$

곱셈 공식 – 합의 제곱

다음 식을 전개하시오.

ε 따라하기

제곱, 제곱, 곱의 2배

$(x+2)^2=x^2+2\times x\times 2+2^2$

$=x^2+4x+4$

01 $(a+5)^2$

02 $(2x+3)^2$

03 $(5b+1)^2$

04 $(7y+4)^2$

05 $(x+3y)^2$

06 $(2x+5y)^2$

07 $(5a+4b)^2$

08 $(-x-6)^2$

Tip $(-A-B)^2=\{-(A+B)\}^2=(A+B)^2$

09 $(-2a-7)^2$

10 $(-3x-4y)^2$

11 $(-5a-2b)^2$

곱셈 공식 - 차의 제곱

다음 식을 전개하시오.

따라하기

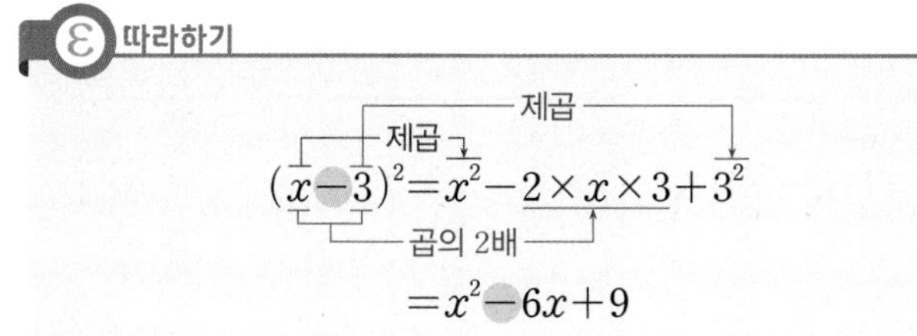

12 $(a-4)^2$

13 $(3x-1)^2$

14 $(4y-3)^2$

15 $(6b-5)^2$

16 $(x-4y)^2$

17 $(2a-7b)^2$

18 $(8x-3y)^2$

19 $(-2x+1)^2$

Tip $(-A+B)^2=\{-(A-B)\}^2=(A-B)^2$

20 $(-a+6)^2$

21 $(-3x+2y)^2$

22 $(-5a+3b)^2$

23 대표 문제

다음 중 옳은 것은?

① $(x+4)^2=x^2+12x+16$

② $(2a+b)^2=4a^2+2ab+b^2$

③ $(3x-7y)^2=9x^2-21xy+49y^2$

④ $(-2a+5)^2=4a^2-20a+25$

⑤ $(-6x-y)^2=36x^2-12xy+y^2$

03 곱셈 공식 – 합과 차의 곱

정답과 풀이 24쪽

$\underset{\text{합}}{(a+b)}\underset{\text{차}}{(a-b)}=\underset{\text{제곱의 차}}{a^2-b^2}$ ← $(a+b)(a-b)=a^2-ab+ab-b^2=a^2-b^2$

예 $(x+1)(x-1)=x^2-1^2=x^2-1$

곱셈 공식 - 합과 차의 곱

다음 식을 전개하시오.

따라하기

$(x+2)(x-2)=x^2-2^2=x^2-4$ (제곱, 제곱)

01 $(a+5)(a-5)$

02 $(x-4)(x+4)$

03 $(1+b)(1-b)$

04 $(6-y)(6+y)$

05 $(2x+3)(2x-3)$

06 $(3a+7)(3a-7)$

07 $(5-4y)(5+4y)$

08 $(x+2y)(x-2y)$

09 $(6a-5b)(6a+5b)$

10 $(-a+7)(-a-7)$

11 $(-2x-9)(-2x+9)$

12 $(-3x+8)(-3x-8)$

13 $(-b-9)(-b+9)$

14 $(-5y-2)(-5y+2)$

15 $(-4x+3y)(-4x-3y)$

16 $(-6a-7b)(-6a+7b)$

17 $(3a+5)(-3a+5)$

Tip (●+■)(●−■) 꼴이 되도록 변형한다.

18 $(6x+1)(-6x+1)$

19 $(4x+y)(-4x+y)$

20 $(3x+4y)(-3x+4y)$

21 $(-7a+2b)(7a+2b)$

22 $(4x-9y)(-4x-9y)$

23 대표 문제

다음 중 옳지 않은 것은?

① $(x+3)(x-3)=x^2-9$

② $(a-4b)(a+4b)=a^2-16b^2$

③ $(-3x+y)(-3x-y)=9x^2-y^2$

④ $(4a+5)(-4a+5)=25-16a^2$

⑤ $(8x-3y)(-8x-3y)=64x^2-9y^2$

04 곱셈 공식 – x의 계수가 1인 두 일차식의 곱

정답과 풀이 25쪽

$(x+a)(x+b)=x^2+(a+b)x+ab$ ← $(x+a)(x+b)=x^2+bx+ax+ab=x^2+(a+b)x+ab$

예 $(x+2)(x+3)=x^2+(2+3)x+2\times3=x^2+5x+6$

곱셈 공식 – x의 계수가 1인 두 일차식의 곱 (1)

다음 식을 전개하시오.

ε 따라하기

합

$(x+3)(x+5)=x^2+(3+5)x+3\times5$

곱

$=x^2+8x+15$

01 $(x+4)(x+1)$

02 $(x+2)(x+6)$

03 $(x+5)(x+4)$

04 $(x+7)(x-2)$

05 $(x+1)(x-8)$

06 $(x-6)(x+3)$

07 $(x-4)(x+7)$

08 $(x-1)(x-6)$

09 $(x-3)(x-4)$

10 $(x-7)(x-5)$

11 $(x-2)(x-9)$

곱셈 공식 – x의 계수가 1인 두 일차식의 곱 (2)

다음 식을 전개하시오.

합

$$(x+2y)(x+3y)=x^2+(2y+3y)x+2y\times 3y$$

곱

$$=x^2+5xy+6y^2$$

12 $(x+y)(x+6y)$

13 $(x+4y)(x+5y)$

14 $(x+3y)(x+7y)$

15 $(x+2y)(x-4y)$

16 $(x+6y)(x-5y)$

17 $(x-y)(x+8y)$

18 $(x-7y)(x+2y)$

19 $(x-3y)(x-9y)$

20 $(x-5y)(x-3y)$

21 $(x-4y)(x-7y)$

22 $(x-6y)(x-10y)$

23 대표 문제

$(x+a)(x-4)=x^2+bx-32$일 때, 상수 a, b에 대하여 $a+b$의 값은?

① 10 ② 11 ③ 12
④ 13 ⑤ 14

05 곱셈 공식 – x의 계수가 1이 아닌 두 일차식의 곱

정답과 풀이 26쪽

$(ax+b)(cx+d)=acx^2+(ad+bc)x+bd$ ← $(ax+b)(cx+d)=acx^2+adx+bcx+bd=acx^2+(ad+bc)x+bd$

예 $(2x+1)(3x+2)=(2\times3)x^2+(2\times2+1\times3)x+1\times2=6x^2+7x+2$

곱셈 공식 – x의 계수가 1이 아닌 두 일차식의 곱 (1)

다음 식을 전개하시오.

ε 따라하기

$(3x+1)(2x+5)$

$=(3\times2)x^2+(3\times5+1\times2)x+1\times5$

$=6x^2+17x+5$

01 $(2x+3)(4x+1)$

02 $(4x+3)(5x+2)$

03 $(2x+5)(3x-2)$

04 $(5x+3)(6x-5)$

05 $(7x-5)(3x+2)$

06 $(5x-3)(2x+7)$

07 $(4x-3)(2x-1)$

08 $(8x-3)(4x-5)$

09 $(-x+2)(3x-4)$

10 $(7x+3)(-2x-5)$

11 $(-5x-6)(-4x-3)$

곱셈 공식 - x의 계수가 1이 아닌 두 일차식의 곱 (2)

다음 식을 전개하시오.

따라하기

$(2x+3y)(3x+2y)$
$=(2\times3)x^2+(2\times2+3\times3)xy+(3\times2)y^2$
$=6x^2+13xy+6y^2$

12 $(2x+y)(4x+3y)$

13 $(5x+2y)(3x+4y)$

14 $(6x+y)(3x-2y)$

15 $(4x+5y)(6x-y)$

16 $(3x-7y)(5x+3y)$

17 $(5x-2y)(2x+9y)$

18 $(4x-7y)(5x-6y)$

19 $(7x-3y)(2x-5y)$

20 $(-x+4y)(5x-y)$

21 $(8x+3y)(-3x+2y)$

22 $(-2x-5y)(-4x+7y)$

23 대표 문제

$(3x+8)(-x-2)=ax^2+bx+c$일 때, 상수 a, b, c에 대하여 $a+b-c$의 값은?

① -9 ② -7 ③ -5
④ -3 ⑤ -1

06 곱셈 공식에 관한 종합 문제

정답과 풀이 27쪽

(1) 치환을 이용한 식의 전개
① 공통부분을 한 문자로 치환한다.
② 곱셈 공식을 이용하여 전개한 후, 원래의 식을 대입하여 정리한다.
(2) 곱셈 공식을 이용한 복잡한 식의 혼합 계산
곱셈 공식을 이용하여 전개한 후, 동류항이 있으면 동류항끼리 모아서 계산한다.

치환을 이용한 식의 전개

다음 식을 전개하시오.

ε 따라하기

$x+y=A$로 치환한다.

$(x+y-3)^2=(A-3)^2=A^2-6A+9$

$A=x+y$를 대입한다.

$=(x+y)^2-6(x+y)+9$

$=x^2+2xy+y^2-6x-6y+9$

01 $(x+2y-1)^2$

02 $(4a-b+2)^2$

03 $(2x-3y-3)^2$

04 $(x-y+2)(x-y-4)$

05 $(a+3b-2)(a+3b+1)$

06 $(3x+2y-5)(x+2y-5)$

07 $(a+b-3c)(a-b-3c)$

08 $(2x-4y+z)(2x+y+z)$

09 $(x+5y-2)(x-5y+2)$

Tip 치환이 가능하도록 적당한 항을 묶어 공통 부분을 찾는다.
→ $-5y+2=-(5y-2)$

10 $(4a-b+5)(4a+b-5)$

11 $(5x-2y-3z)(5x+2y+3z)$

곱셈 공식을 이용한 복잡한 식의 혼합 계산

다음 식을 전개하시오.

$(x+1)^2-(x+3)(x-2)$

$=x^2+2x+1-(x^2+x-6)$ 동류항끼리 계산한다.

$=x+7$

12 $(x-2)^2+(x+1)(x-4)$

13 $(x+4)^2-(x-5)(x+2)$

14 $(2x-1)^2-(x-4)(x-1)$

15 $(x+3)(x+1)+(x-3)^2$

16 $(x+6)(3x-2)-(2x+7)^2$

17 $(5x-3)(2x+3)-(x-5)^2$

18 $(4x-1)(2x-7)-(3x+2)^2$

19 $(x+4)(x-3)+(x+5)(x-5)$

20 $(x-7)(x+1)-(2x+3)(3x-1)$

21 $(5x-y)(3x+y)-2(-x+4y)(x-3y)$

22 $3(-2x+3y)(x-2y)-(5x-6y)(-x+y)$

23 대표 문제

$(-2x+5)(x-5)-2(3x-2)^2$을 계산하면 x의 계수는 a, 상수항은 b이다. 이때 $a+b$의 값은?

① -6　② -3　③ -1

④ 3　⑤ 6

확인 문제

정답과 풀이 28쪽

01

$(2x-y)(Ax+4y)$를 전개한 식이 $6x^2+Bxy-4y^2$일 때, 상수 A, B에 대하여 $B-A$의 값은?

① -2 ② -1 ③ 1
④ 2 ⑤ 3

02

$(3x+ay)^2$의 전개식에서 xy의 계수가 -24일 때, 상수 a의 값은?

① -6 ② -4 ③ -2
④ 2 ⑤ 4

03

다음 중에서 전개식이 나머지 넷과 다른 하나는?

① $(a+1)(a-1)$ ② $(1+a)(-1+a)$
③ $(a-1)(-a+1)$ ④ $(1-a)(-1-a)$
⑤ $-(1+a)(1-a)$

04

다음 중에서 옳지 않은 것은?

① $(x+5y)^2=x^2+10xy+25y^2$
② $(3a-4)^2=9a^2-24a+16$
③ $(2a+7b)(2a-7b)=4a^2-49b^2$
④ $(x+4y)(x-6y)=x^2-2xy-24y^2$
⑤ $(4x+5y)(-x+3y)=-4x^2-7xy+15y^2$

05

$(x-4y-1)^2$의 전개식에서 xy의 계수는 a, y의 계수는 b이다. 이때 $a+b$의 값은?

① -2 ② -1 ③ 0
④ 1 ⑤ 2

06

다음 식을 전개하시오.

$$(2x+3y)(-x+y)-3(x+4y)(3x-2y)$$

2. 곱셈 공식의 활용

01 곱셈 공식을 이용한 제곱수의 계산

정답과 풀이 29쪽

곱셈 공식 $(a+b)^2=a^2+2ab+b^2$ 또는 $(a-b)^2=a^2-2ab+b^2$을 이용한다.

예 $101^2=(100+1)^2$
$=100^2+2\times100\times1+1^2$ ← $(a+b)^2=a^2+2ab+b^2$ 이용
$=10000+200+1=10201$

$99^2=(100-1)^2$
$=100^2-2\times100\times1+1^2$ ← $(a-b)^2=a^2-2ab+b^2$ 이용
$=10000-200+1=9801$

제곱수의 계산

곱셈 공식을 이용하여 다음을 계산하시오.

따라하기

$102^2=(\overset{a}{100}+\overset{b}{2})^2$
$=100^2+2\times100\times2+2^2$ ← $(a+b)^2=a^2+2ab+b^2$ 이용
$=10000+400+4$
$=10404$

01 103^2

02 52^2

03 81^2

04 203^2

05 10.2^2

06 5.1^2

07 98^2

Tip 곱셈 공식 $(a-b)^2=a^2-2ab+b^2$을 이용하는 것이 더 편리하다.

08 49^2

09 77^2

10 298^2

11 9.9^2

12 4.7^2

13 대표 문제

곱셈 공식을 이용하여 9.7^2을 계산하려고 할 때, 다음 중에서 이용하면 가장 편리한 곱셈 공식은?

① $(a+b)^2=a^2+2ab+b^2$
② $(a-b)^2=a^2-2ab+b^2$
③ $(a+b)(a-b)=a^2-b^2$
④ $(x+a)(x+b)=x^2+(a+b)x+ab$
⑤ $(ax+b)(cx+d)=acx^2+(ad+bc)x+bd$

02 곱셈 공식을 이용한 두 수의 곱의 계산

정답과 풀이 29쪽

곱셈 공식 $(a+b)(a-b)=a^2-b^2$ 또는 $(x+a)(x+b)=x^2+(a+b)x+ab$를 이용한다.

예 $101\times99=(100+1)(100-1)$ ← $(a+b)(a-b)=a^2-b^2$ 이용

$=100^2-1^2$

$=10000-1=9999$

$101\times102=(100+1)(100+2)$ ← $(x+a)(x+b)=x^2+(a+b)x+ab$ 이용

$=100^2+(1+2)\times100+1\times2$

$=10000+300+2=10302$

두 수의 곱의 계산

곱셈 공식을 이용하여 다음을 계산하시오.

ε 따라하기

$103\times97=(\overset{a}{100}+\overset{b}{3})(\overset{a}{100}-\overset{b}{3})$ ← $(a+b)(a-b)=a^2-b^2$ 이용

$=100^2-3^2$

$=10000-9$

$=9991$

01 104×96

02 55×45

03 71×69

04 87×93

05 10.2×9.8

06 2.7×3.3

07 101×103

Tip 곱셈 공식 $(x+a)(x+b)=x^2+(a+b)x+ab$를 이용하는 것이 더 편리하다.

08 53×54

09 37×42

10 76×79

11 10.4×10.5

12 4.7×4.9

13 대표 문제

곱셈 공식을 이용하여 $102\times98-96\times97$을 계산하면?

① 564 ② 604 ③ 644
④ 684 ⑤ 724

03 곱셈 공식을 이용한 근호를 포함한 식의 계산

정답과 풀이 30쪽

제곱근을 문자로 생각하고 곱셈 공식을 이용한다.

① $(\sqrt{a}+\sqrt{b})^2=a+2\sqrt{ab}+b$

② $(\sqrt{a}-\sqrt{b})^2=a-2\sqrt{ab}+b$

③ $(\sqrt{a}+\sqrt{b})(\sqrt{a}-\sqrt{b})=a-b$

근호를 포함한 식의 계산

곱셈 공식을 이용하여 다음을 계산하시오.

따라하기

$(\sqrt{3}+\sqrt{5})^2$ — $(a+b)^2=a^2+2ab+b^2$ 이용

$=(\sqrt{3})^2+2\times\sqrt{3}\times\sqrt{5}+(\sqrt{5})^2$

$=3+2\sqrt{15}+5$

$=8+2\sqrt{15}$

01 $(\sqrt{2}+\sqrt{3})^2$

02 $(\sqrt{3}+\sqrt{7})^2$

03 $(\sqrt{6}+2)^2$

04 $(1+2\sqrt{5})^2$

05 $(\sqrt{5}-\sqrt{3})^2$

Tip $(a-b)^2=a^2-2ab+b^2$을 이용한다.

06 $(\sqrt{7}-\sqrt{2})^2$

07 $(\sqrt{10}-3)^2$

08 $(5-3\sqrt{2})^2$

09 $(\sqrt{5}+\sqrt{2})(\sqrt{5}-\sqrt{2})$

Tip $(a+b)(a-b)=a^2-b^2$을 이용한다.

10 $(\sqrt{11}+2)(\sqrt{11}-2)$

11 $(-3+2\sqrt{7})(-3-2\sqrt{7})$

12 $(2\sqrt{3}+4)(-2\sqrt{3}+4)$

13 대표 문제

$(3\sqrt{2}+2)^2$을 계산하면 $a+b\sqrt{2}$일 때, 유리수 a, b에 대하여 $a-b$의 값은?

① 8 ② 10 ③ 12 ④ 14 ⑤ 16

04 곱셈 공식을 이용한 분모의 유리화

정답과 풀이 30쪽

분모가 $a+\sqrt{b}$ 또는 $\sqrt{a}+\sqrt{b}$ 꼴인 분수는 곱셈 공식 $(x+y)(x-y)=x^2-y^2$을 이용하여 분모를 유리화한다.
$b>0$이고 a, b는 유리수, c는 실수일 때,

① $\dfrac{c}{a+\sqrt{b}}=\dfrac{c(a-\sqrt{b})}{(a+\sqrt{b})(a-\sqrt{b})}=\dfrac{ac-c\sqrt{b}}{a^2-b}$

② $\dfrac{c}{\sqrt{a}+\sqrt{b}}=\dfrac{c(\sqrt{a}-\sqrt{b})}{(\sqrt{a}+\sqrt{b})(\sqrt{a}-\sqrt{b})}=\dfrac{c\sqrt{a}-c\sqrt{b}}{a-b}$ (단, $a>0$, $a\neq b$)

분모의 유리화

다음 수의 분모를 유리화하시오.

ε 따라하기

$$\frac{1}{2+\sqrt{3}}=\frac{2-\sqrt{3}}{(2+\sqrt{3})(2-\sqrt{3})}$$

부호 반대

$$=\frac{2-\sqrt{3}}{4-3}=2-\sqrt{3}$$

유리수 → $4-3$

01 $\dfrac{1}{\sqrt{2}+1}$

02 $\dfrac{3}{3+\sqrt{6}}$

03 $\dfrac{6}{4-\sqrt{13}}$

04 $\dfrac{1}{2\sqrt{2}-3}$

05 $\dfrac{1}{\sqrt{6}+\sqrt{2}}$

06 $\dfrac{4}{\sqrt{7}+\sqrt{3}}$

07 $\dfrac{2}{\sqrt{5}-\sqrt{3}}$

08 $\dfrac{6}{2\sqrt{3}-\sqrt{10}}$

09 $\dfrac{2-\sqrt{5}}{2+\sqrt{5}}$

10 $\dfrac{\sqrt{10}+3}{\sqrt{10}-3}$

11 $\dfrac{\sqrt{6}-\sqrt{5}}{\sqrt{6}+\sqrt{5}}$

12 $\dfrac{2\sqrt{2}+\sqrt{7}}{2\sqrt{2}-\sqrt{7}}$

13 대표 문제

$\dfrac{6}{3\sqrt{2}-\sqrt{6}}+\dfrac{6}{3\sqrt{2}+\sqrt{6}}$을 계산하면?

① $\sqrt{2}$　② $\sqrt{6}$　③ $3\sqrt{2}$
④ $2\sqrt{6}$　⑤ $6\sqrt{2}$

05 곱셈 공식의 변형

정답과 풀이 31쪽

① $a^2+b^2=(a+b)^2-2ab$ ← $(a+b)^2-2ab=a^2+2ab+b^2-2ab=a^2+b^2$

② $a^2+b^2=(a-b)^2+2ab$ ← $(a-b)^2+2ab=a^2-2ab+b^2+2ab=a^2+b^2$

③ $(a+b)^2=(a-b)^2+4ab$ ← $(a-b)^2+4ab=a^2-2ab+b^2+4ab=a^2+2ab+b^2=(a+b)^2$

④ $(a-b)^2=(a+b)^2-4ab$ ← $(a+b)^2-4ab=a^2+2ab+b^2-4ab=a^2-2ab+b^2=(a-b)^2$

곱셈 공식의 변형 (1)
- $x+y$(또는 $x-y$)와 xy의 값이 주어질 때

다음 식의 값을 구하시오.

따라하기

$x+y=-3$, $xy=2$일 때,

$x^2+y^2=(x+y)^2-2xy$

$=(-3)^2-2\times2=5$

01 $x+y=-5$, $xy=6$일 때, x^2+y^2

02 $x+y=7$, $xy=12$일 때, x^2+y^2

03 $x+y=3$, $xy=-10$일 때, x^2+y^2

04 $x+y=4$, $xy=3$일 때, $(x-y)^2$

Tip $(x-y)^2=(x+y)^2-4xy$임을 이용한다.

05 $x+y=-6$, $xy=8$일 때, $(x-y)^2$

06 $x+y=-1$, $xy=-12$일 때, $(x-y)^2$

07 $x-y=3$, $xy=10$일 때, x^2+y^2

Tip $x^2+y^2=(x-y)^2+2xy$임을 이용한다.

08 $x-y=-6$, $xy=-9$일 때, x^2+y^2

09 $x-y=7$, $xy=-12$일 때, x^2+y^2

10 $x-y=4$, $xy=5$일 때, $(x+y)^2$

Tip $(x+y)^2=(x-y)^2+4xy$임을 이용한다.

11 $x-y=9$, $xy=-18$일 때, $(x+y)^2$

12 $x-y=-2$, $xy=15$일 때, $(x+y)^2$

13 대표 문제

$a-b=8$, $ab=-15$일 때, a^2+b^2의 값은?

① 26 ② 30 ③ 34

④ 38 ⑤ 42

곱셈 공식의 변형 (2)
- $x+y$(또는 $x-y$)와 x^2+y^2의 값이 주어질 때

다음 식의 값을 구하시오.

ε 따라하기

$x+y=6$, $x^2+y^2=20$일 때,

$(x-y)^2=(x+y)^2-4xy$ ← $(x+y)^2=x^2+y^2+2xy$이므로 $6^2=20+2xy$에서 $xy=8$

$=6^2-4\times8$

$=4$

14 $x+y=8$, $x^2+y^2=34$일 때, $(x-y)^2$

15 $x+y=1$, $x^2+y^2=13$일 때, $(x-y)^2$

16 $x+y=4$, $x^2+y^2=8$일 때, $\frac{1}{x}+\frac{1}{y}$

Tip $\frac{1}{x}+\frac{1}{y}$의 분모를 통분한다.

17 $x+y=-1$, $x^2+y^2=25$일 때, $\frac{1}{x}+\frac{1}{y}$

18 $x+y=4$, $x^2+y^2=26$일 때, $\frac{y}{x}+\frac{x}{y}$

19 $x+y=-5$, $x^2+y^2=13$일 때, $\frac{y}{x}+\frac{x}{y}$

20 $x-y=-3$, $x^2+y^2=29$일 때, $(x+y)^2$

Tip xy의 값을 구한 후, $(x+y)^2=(x-y)^2+4xy$임을 이용한다.

21 $x-y=5$, $x^2+y^2=17$일 때, $(x+y)^2$

22 $x-y=-4$, $x^2+y^2=26$일 때, $\frac{1}{x}-\frac{1}{y}$

23 $x-y=9$, $x^2+y^2=53$일 때, $\frac{1}{x}-\frac{1}{y}$

24 $x-y=5$, $x^2+y^2=13$일 때, $\frac{y}{x}+\frac{x}{y}$

25 $x-y=-1$, $x^2+y^2=41$일 때, $\frac{y}{x}+\frac{x}{y}$

곱셈 공식의 변형 (3)

- $x+\frac{1}{x}\left(\text{또는 } x-\frac{1}{x}\right)$의 값이 주어질 때

다음 식의 값을 구하시오.

ε 따라하기

$x+\frac{1}{x}=5$일 때,

$x^2+\frac{1}{x^2}=\left(x+\frac{1}{x}\right)^2-2$ ← $2\times x\times\frac{1}{x}=2$

$=5^2-2=23$

26 $x+\frac{1}{x}=6$일 때, $x^2+\frac{1}{x^2}$

27 $x+\frac{1}{x}=-4$일 때, $x^2+\frac{1}{x^2}$

28 $x+\frac{1}{x}=10$일 때, $\left(x-\frac{1}{x}\right)^2$

Tip $\left(x-\frac{1}{x}\right)^2=\left(x+\frac{1}{x}\right)^2-4$임을 이용한다.

29 $x+\frac{1}{x}=-5$일 때, $\left(x-\frac{1}{x}\right)^2$

30 $x+\frac{1}{x}=2\sqrt{3}$일 때, $\left(x-\frac{1}{x}\right)^2$

31 $x-\frac{1}{x}=4$일 때, $x^2+\frac{1}{x^2}$

Tip $x^2+\frac{1}{x^2}=\left(x-\frac{1}{x}\right)^2+2$임을 이용한다.

32 $x-\frac{1}{x}=-7$일 때, $x^2+\frac{1}{x^2}$

33 $x-\frac{1}{x}=6$일 때, $\left(x+\frac{1}{x}\right)^2$

Tip $\left(x+\frac{1}{x}\right)^2=\left(x-\frac{1}{x}\right)^2+4$임을 이용한다.

34 $x-\frac{1}{x}=-3$일 때, $\left(x+\frac{1}{x}\right)^2$

35 $x-\frac{1}{x}=\sqrt{2}$일 때, $\left(x+\frac{1}{x}\right)^2$

36 대표 문제

$a-\frac{1}{a}=8$일 때, $\left(a+\frac{1}{a}\right)^2$의 값은?

① 68 ② 72 ③ 76
④ 80 ⑤ 84

확인 문제

정답과 풀이 32쪽

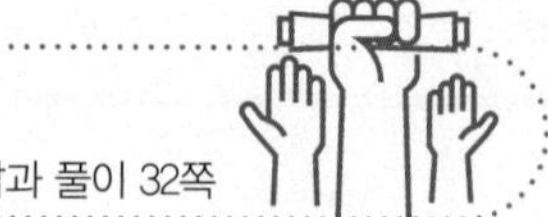

01

다음 중 주어진 식을 가장 편리하게 계산하기 위한 곱셈 공식의 연결이 옳지 않은 것은?

① $102^2 \rightarrow (a+b)^2=a^2+2ab+b^2$

② $69^2 \rightarrow (a-b)^2=a^2-2ab+b^2$

③ $82\times78 \rightarrow (x+a)(x+b)=x^2+(a+b)x+ab$

④ $94\times89 \rightarrow (x+a)(x+b)=x^2+(a+b)x+ab$

⑤ $291\times289 \rightarrow (a+b)(a-b)=a^2-b^2$

02

다음은 곱셈 공식을 이용하여 $\dfrac{98\times96+1}{97}$을 계산하는 과정이다. (가), (나)에 알맞은 양수를 각각 구하시오.

$$\frac{98\times96+1}{97}=\frac{(97+\boxed{(가)})(97-\boxed{(가)})+1}{97}$$
$$=\frac{97^2-1^2+1}{97}=\boxed{(나)}$$

03

다음 중에서 계산한 값이 유리수인 것은?

① $(\sqrt{2}+3)^2$

② $(\sqrt{6}-\sqrt{2})^2$

③ $(4+\sqrt{3})(4-\sqrt{3})$

④ $(\sqrt{5}-3)(\sqrt{5}-6)$

⑤ $(3\sqrt{2}-1)(2\sqrt{2}+1)$

04

$\dfrac{\sqrt{7}+\sqrt{3}}{\sqrt{7}-\sqrt{3}}=a+b\sqrt{21}$일 때, 유리수 a, b에 대하여 $a-b$의 값은?

① 1　② 2　③ 3　④ 4　⑤ 5

05

$x+y=3$, $xy=-10$일 때, $x-y$의 값은? (단, $x>y$)

① 3　② 4　③ 5　④ 6　⑤ 7

06

$x+\dfrac{1}{x}=4\sqrt{2}$일 때, $\left(x-\dfrac{1}{x}\right)^2$의 값은?

① 12　② 20　③ 25　④ 28　⑤ 32

인수분해

1. 인수분해의 뜻과 공식

01 인수분해
02 공통인수를 이용한 인수분해
03 $a^2 \pm 2ab + b^2$의 인수분해
04 완전제곱식이 될 조건
05 $a^2 - b^2$의 인수분해
06 x^2의 계수가 1인 이차식의 인수분해
07 x^2의 계수가 1이 아닌 이차식의 인수분해

2. 인수분해의 활용

01 복잡한 식의 인수분해 (1)
02 복잡한 식의 인수분해 (2)
03 인수분해 공식의 활용

1. 인수분해의 뜻과 공식

01 인수분해

정답과 풀이 33쪽

(1) **인수**: 하나의 다항식을 두 개 이상의 다항식의 곱으로 나타낼 때, 각각의 다항식을 처음 다항식의 인수라 한다.

(2) **인수분해**: 하나의 다항식을 두 개 이상의 인수의 곱으로 나타내는 것을 그 다항식을 인수분해한다고 한다.

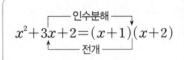

예) x^2+3x+2를 인수분해하면 $(x+1)(x+2)$이고, $x+1$, $x+2$는 x^2+3x+2의 인수이다.

$$x^2+3x+2=(x+1)(x+2)$$
(인수분해 →, ← 전개)

인수분해의 뜻

다음 식은 어떤 다항식을 인수분해한 것인지 구하시오.

$$2(a+3)=2\times a+2\times 3=2a+6$$
(전개 →, ← 인수분해)

01 $x(x+2y)$

02 $(a+5)^2$

03 $(2x-3)^2$

04 $(x+4)(x-4)$

05 $(a+7)(a-6)$

06 $(3x+1)(4x+3)$

인수 찾기

다음 식의 인수를 보기에서 모두 찾아 ○표 하시오.

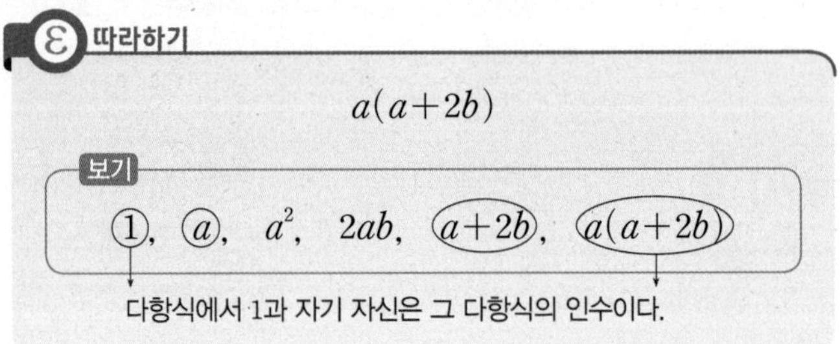

따라하기
$a(a+2b)$
보기
①, ⓐ, a^2, $2ab$, $(a+2b)$, $(a(a+2b))$
다항식에서 1과 자기 자신은 그 다항식의 인수이다.

07 $3x(2x+1)$

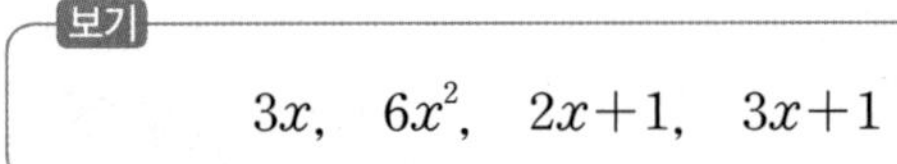
보기: $3x$, $6x^2$, $2x+1$, $3x+1$

08 $ab(a-4b)$

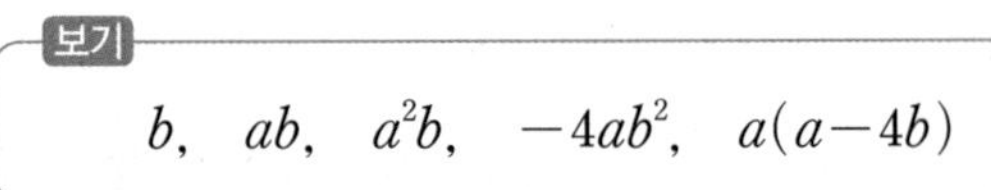
보기: b, ab, a^2b, $-4ab^2$, $a(a-4b)$

09 $(x+5)(x-5)$

보기: 1, $x+5$, x^2, x^2-5, $(x+5)(x-5)$

10 $2x(x+2y)(x-y)$

보기: $2x$, $x+2y$, $x(x-y)$, $2x^2-y$, $2x^2+x$

11 대표 문제

다음 중에서 $3x(x-4y)$의 인수가 아닌 것은?

① 1 ② x ③ $x-4y$
④ $3x-4y$ ⑤ $3x(x-4y)$

02 공통인수를 이용한 인수분해

정답과 풀이 33쪽

(1) **공통인수:** 다항식의 각 항에 공통으로 들어 있는 인수

(2) **공통인수를 이용한 인수분해:** 다항식에 공통인수가 있으면 분배법칙을 이용하여 공통인수를 묶어 내어 인수분해한다.

예) $x^2+3x=x\times x+3\times x=x(x+3)$

공통인수

$ma+mb=m(a+b)$

공통인수를 이용한 인수분해

다음 식을 인수분해하시오.

따라하기

공통인수

$a^2+4a=a\times a+4\times a=a(a+4)$

01 x^2-2xy

02 a^2b+5ab

03 $-6x^2y-3y^2$

04 $ax+ay+az$

05 ab^2-4a^2b+2ab

06 $x(x+5)-2(x+5)$

07 $a(4x-y)+6(4x-y)$

08 $(a+b)-3ab(a+b)$

09 $a(x-2)+b(2-x)$

Tip 공통인수가 보이도록 식을 변형한다.
⇨ $2-x=-(x-2)$

10 $x(a-3b)-2y(3b-a)$

11 $(2x+5)(x-y)+(y-x)(x-4)$

12 대표 문제

다음 중에서 옳은 것은?

① $4a+4b=4(a+4b)$

② $3x^2-9xy=3x(x-3)$

③ $ab+a^2b-2ab^2=ab(a-2b)$

④ $x(x-4)-5(x-4)=(x-4)(x-5)$

⑤ $(a+b)+(x+1)(a+b)=(x+1)(a+b)$

03 $a^2 \pm 2ab + b^2$의 인수분해

정답과 풀이 33쪽

① $a^2+2ab+b^2=(a+b)^2$ 예 $x^2+2x+1=x^2+2\times x\times 1+1^2=(x+1)^2$

② $a^2-2ab+b^2=(a-b)^2$ 예 $x^2-4x+4=x^2-2\times x\times 2+2^2=(x-2)^2$

$a^2+2ab+b^2$의 인수분해

다음 식을 인수분해하시오.

ε 따라하기

$x^2+6x+9=x^2+2\times x\times 3+3^2=(x+3)^2$

곱의 2배

01 x^2+4x+4

02 $a^2+8a+16$

03 $x^2+x+\frac{1}{4}$

04 $a^2+\frac{2}{3}a+\frac{1}{9}$

05 $x^2+10xy+25y^2$

06 $a^2+12ab+36b^2$

07 $4x^2+4x+1$

08 $49a^2+14a+1$

09 $9x^2+24x+16$

10 $25a^2+20a+4$

11 $\frac{1}{16}x^2+\frac{1}{2}x+1$

12 $4x^2+12xy+9y^2$

13 $16a^2+56ab+49b^2$

$a^2-2ab+b^2$의 인수분해

다음 식을 인수분해하시오.

ε 따라하기

$x^2-6x+9=x^2-2\times x\times 3+3^2=(x-3)^2$

곱의 2배

14 $x^2-8x+16$

15 $a^2-14a+49$

16 $x^2-\frac{1}{2}x+\frac{1}{16}$

17 $a^2-\frac{1}{3}a+\frac{1}{36}$

18 $x^2-10xy+25y^2$

19 $a^2-18ab+81b^2$

20 $9x^2-6x+1$

21 $64a^2-16a+1$

22 $16x^2-24x+9$

23 $49a^2-28a+4$

24 $\frac{1}{9}x^2-\frac{2}{3}x+1$

25 $25x^2-40xy+16y^2$

26 $4a^2-28ab+49b^2$

27 대표 문제

다음 중에서 옳지 않은 것은?

① $a^2+14a+49=(a+7)^2$

② $x^2+18xy+81y^2=(x+9y)^2$

③ $25a^2+60a+36=(5a+6)^2$

④ $x^2-xy+\frac{1}{4}y^2=\left(x-\frac{1}{4}y\right)^2$

⑤ $9a^2-30a+25=(3a-5)^2$

04 완전제곱식이 될 조건

정답과 풀이 34쪽

(1) 완전제곱식: 다항식의 제곱으로 된 식 또는 이 식에 상수를 곱한 식

예 $(x+1)^2$, $(2a-b)^2$, $2(3x+y)^2$

(2) x^2+ax+b가 완전제곱식이 될 조건

① b의 조건: $b=\left(\frac{a}{2}\right)^2$ ← $x^2+ax+b=x^2+2\times x\times\frac{a}{2}+\left(\frac{a}{2}\right)^2=\left(x+\frac{a}{2}\right)^2$

② a의 조건: $a=\pm2\sqrt{b}$ (단, $b>0$) ← $x^2+ax+b=x^2\pm2\times x\times\sqrt{b}+(\pm\sqrt{b})^2=(x\pm\sqrt{b})^2$ (복호동순)

완전제곱식이 될 조건 (1) – 상수항 구하기

다음 식이 완전제곱식이 되도록 □ 안에 알맞은 수를 써넣으시오.

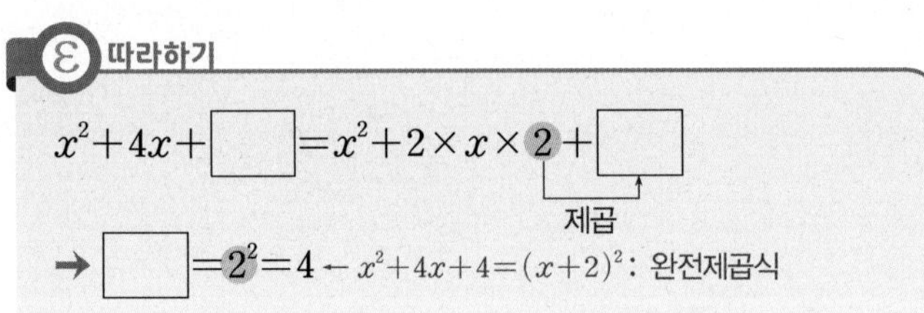

01 $x^2+8x+\square$

02 $x^2-12x+\square$

03 $x^2+16xy+\square y^2$

04 $4x^2+20x+\square$

Tip $4x^2+20x+\square=(2x)^2+2\times2x\times●+●^2$

05 $16x^2+56xy+\square y^2$

완전제곱식이 될 조건 (2) – x의 계수 구하기

다음 식이 완전제곱식이 되도록 □ 안에 알맞은 양수를 써넣으시오.

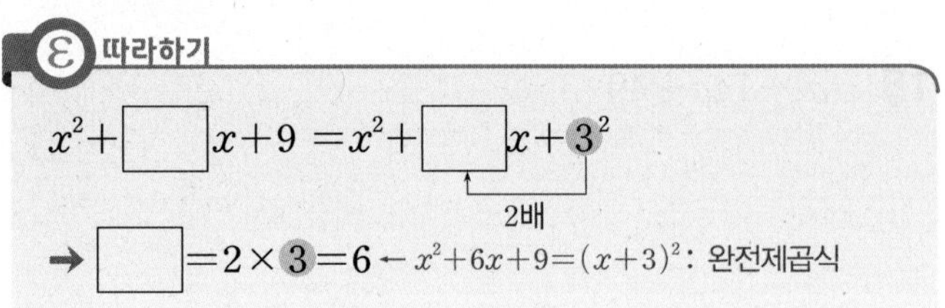

06 $x^2+\square x+36$

07 $x^2-\square xy+49y^2$

08 $9x^2+\square x+25$

Tip $9x^2+\square x+25=(●x)^2+\square x+■^2$에서
$\square=2\times●\times■$

09 $64x^2-\square xy+9y^2$

10 대표 문제

$4x^2+ax+49$가 완전제곱식이 되도록 하는 양수 a의 값은?

① 12 ② 14 ③ 28
④ 36 ⑤ 56

05 a^2-b^2의 인수분해

정답과 풀이 34쪽

$\underline{a^2-b^2}=(\underline{a+b})(\underline{a-b})$
제곱의 차 합 차

예 $x^2-4=x^2-2^2=(x+2)(x-2)$

a^2-b^2의 인수분해

다음 식을 인수분해하시오.

$x^2-9=x^2-3^2=(x+3)(x-3)$ (제곱, 제곱)

01 x^2-25

02 x^2-81

03 $x^2-\frac{1}{36}$

04 $16-x^2$

05 $4x^2-9$

06 $25x^2-64$

07 $100-49x^2$

08 x^2-4y^2

09 $x^2-\frac{1}{16}y^2$

10 $9x^2-121y^2$

11 $36x^2-25y^2$

12 대표 문제

다음 중에서 옳지 않은 것은?

① $x^2-64=(x+8)(x-8)$

② $25x^2-81=(5x+9)(5x-9)$

③ $36-9x^2=(6+3x)(6-3x)$

④ $x^2-\frac{1}{4}y^2=\left(x+\frac{1}{2}y\right)\left(x-\frac{1}{2}y\right)$

⑤ $49x^2-16y^2=(7x+2y)(7x-2y)$

06 x^2의 계수가 1인 이차식의 인수분해

정답과 풀이 35쪽

(1) $x^2+(a+b)x+ab$의 인수분해: $x^2+(a+b)x+ab=(x+a)(x+b)$

(2) $x^2+(a+b)x+ab$의 인수분해 방법

① 곱했을 때 상수항 ab가 되는 두 정수 a, b를 모두 찾는다.

② ①에서 두 정수의 합이 x의 계수 $a+b$가 되는 두 정수 a, b를 찾는다.

③ $(x+a)(x+b)$ 꼴로 나타낸다.

합과 곱을 이용하여 두 정수 찾기

합과 곱이 다음과 같은 두 정수를 찾으시오.

ε 따라하기

합: 5, 곱: 6 — 주어진 곱이 되는 두 정수를 먼저 찾는 것이 더 편리하다.

→

곱이 6인 두 정수	두 정수의 합
1, 6	7
2, 3	5
−1, −6	−7
−2, −3	−5

따라서 구하는 두 정수는 2, 3이다.

01 합: −3, 곱: 2

02 합: 4, 곱: −5

03 합: −5, 곱: 4

04 합: 8, 곱: 15

05 합: −2, 곱: −8

$x^2+(a+b)x+ab$의 인수분해

다음 식을 인수분해하시오.

ε 따라하기

x^2+6x+8

→ 곱이 8인 두 정수는

1, 8 또는 2, 4 또는 −1, −8 또는 −2, −4

이 중 합이 6인 두 정수는 2, 4이므로

$x^2+6x+8=(x+2)(x+4)$

06 x^2+3x+2

07 x^2+4x+3

08 x^2+6x-7

09 x^2-4x-5

10 x^2+5x+6

11 $x^2-10x+9$

12 $x^2-8x+15$

13 x^2-2x-8

14 $x^2+3x-10$

15 x^2+x-20

16 $x^2-7x+12$

17 x^2+x-42

18 $x^2-9x+18$

$x^2+(a+b)xy+aby^2$의 인수분해

다음 식을 인수분해하시오.

따라하기

$x^2+5xy+6y^2$

→ 곱이 6인 두 정수는

1, 6 또는 2, 3 또는 −1, −6 또는 −2, −3

이 중 합이 5인 두 정수는 2, 3이므로

$x^2+5xy+6y^2=(x+2y)(x+3y)$

19 $x^2+8xy+7y^2$

20 $x^2-12xy+11y^2$

21 $x^2+7xy-8y^2$

22 $x^2-xy-12y^2$

23 $x^2-2xy-24y^2$

24 대표 문제

$x^2-9x-36$을 인수분해하면 $(x+a)(x+b)$일 때, 정수 a, b에 대하여 $a-b$의 값은? (단, $a>b$)

① 3 ② 6 ③ 9

④ 12 ⑤ 15

07 x^2의 계수가 1이 아닌 이차식의 인수분해

정답과 풀이 36쪽

(1) $acx^2+(ad+bc)x+bd$의 인수분해: $acx^2+(ad+bc)x+bd=(ax+b)(cx+d)$

(2) $acx^2+(ad+bc)x+bd$의 인수분해 방법

① 곱하여 x^2의 계수 ac가 되는 두 정수 a, c를 세로로 나열한다.

② 곱하여 상수항 bd가 되는 두 정수 b, d를 세로로 나열한다.

③ ①, ②의 정수를 대각선 방향으로 곱하여 더한 값이 x의 계수 $ad+bc$가 되는 네 정수 a, b, c, d를 찾는다.

④ $(ax+b)(cx+d)$ 꼴로 나타낸다.

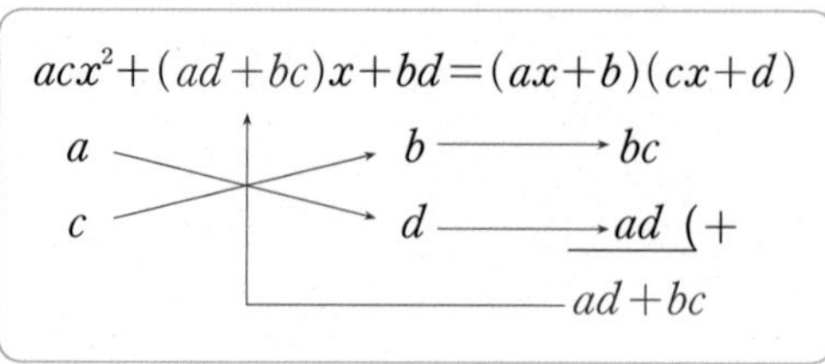

$acx^2+(ad+bc)x+bd$의 인수분해

다음은 다항식을 인수분해하는 과정이다. □ 안에 알맞은 수를 써넣고, 다항식을 인수분해하시오.

ε 따라하기

$6x^2+11x+3$

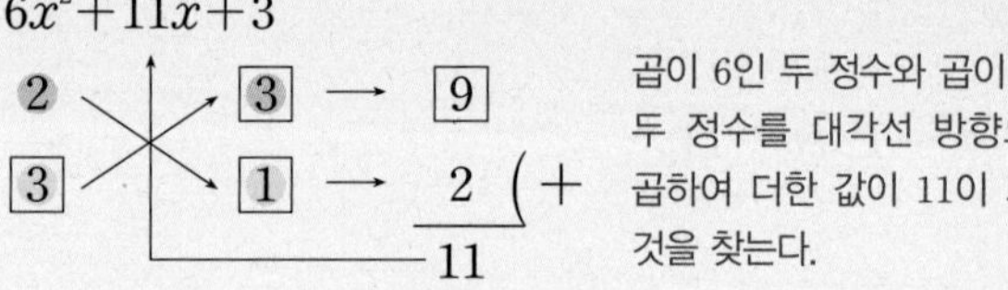

곱이 6인 두 정수와 곱이 3인 두 정수를 대각선 방향으로 곱하여 더한 값이 11이 되는 것을 찾는다.

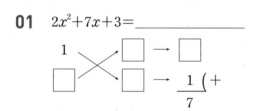

→ $6x^2+11x+3=(2x+3)(3x+1)$

01 $2x^2+7x+3=$__________

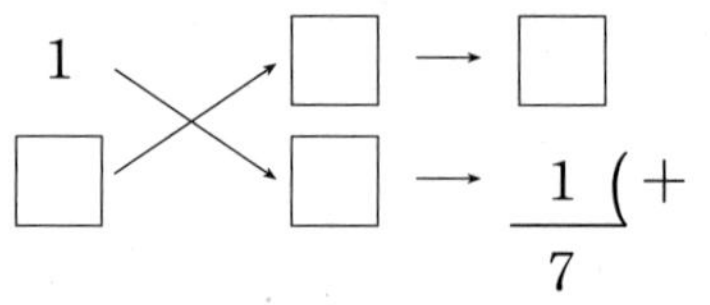

02 $3x^2-8x+4=$__________

3

−2 (+

−8

03 $9x^2+6x-8=$__________

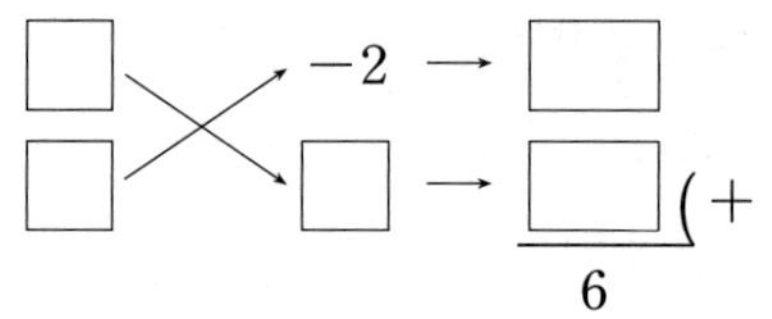

다음 식을 인수분해하시오.

04 $2x^2+15x+7$

05 $3x^2+8x+5$

06 $6x^2-5x+1$

07 $4x^2+9x-9$

08 $6x^2+x-12$

09 $10x^2-19x-15$

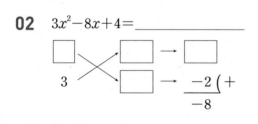

$acx^2+(ad+bc)xy+bdy^2$의 인수분해

다음은 다항식을 인수분해하는 과정이다. □ 안에 알맞은 수를 써넣고, 다항식을 인수분해하시오.

따라하기

$6x^2+19xy+10y^2$

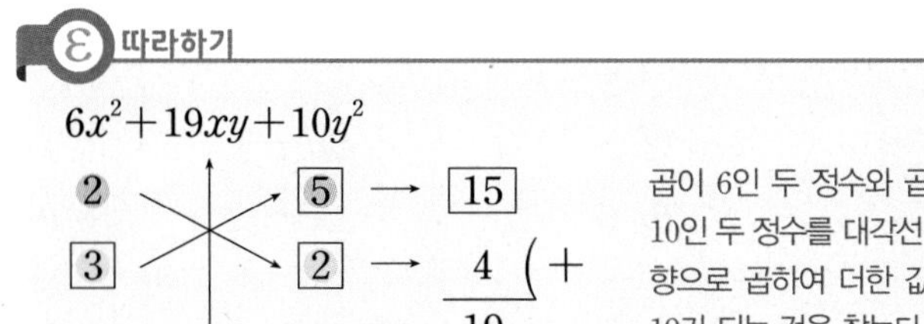

곱이 6인 두 정수와 곱이 10인 두 정수를 대각선 방향으로 곱하여 더한 값이 19가 되는 것을 찾는다.

→ $6x^2+19xy+10y^2=(2x+5y)(3x+2y)$

10 $4x^2+12xy-7y^2=$ ______

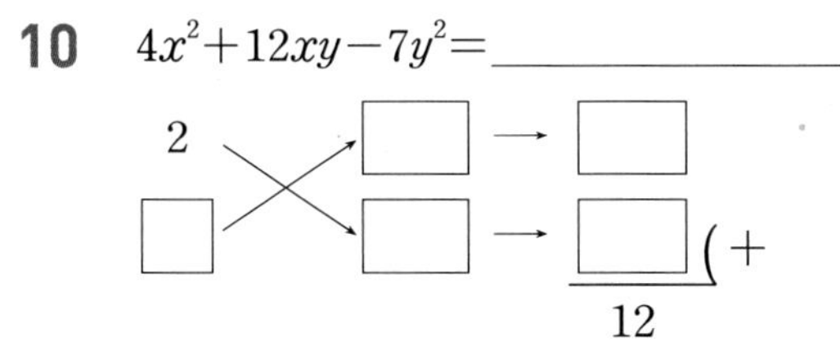

11 $2x^2-3xy-9y^2=$ ______

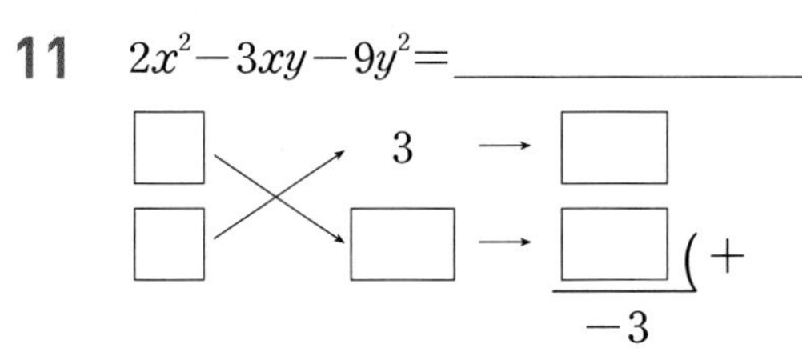

12 $8x^2-26xy+15y^2=$ ______

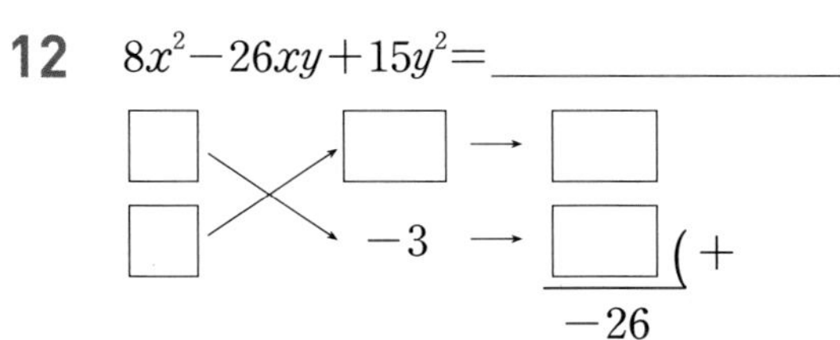

다음 식을 인수분해하시오.

13 $2x^2+3xy-5y^2$

14 $6x^2-7xy+2y^2$

15 $8x^2+10xy-3y^2$

16 $6x^2-5xy-4y^2$

17 $3x^2-17xy-6y^2$

18 $4x^2-16xy+15y^2$

19 $12x^2+5xy-3y^2$

20 $10x^2+13xy-30y^2$

21 대표 문제

$4x^2+3x-10$을 인수분해하면 $(x+a)(4x+b)$일 때, 정수 a, b에 대하여 $a+b$의 값은?

① -6　② -3　③ 0

④ 3　⑤ 6

확인 문제

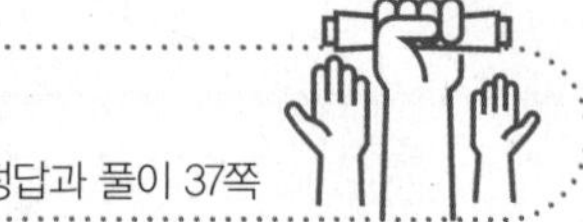

정답과 풀이 37쪽

01

다음 중에서 $3x^2y-9xy^2$의 인수가 아닌 것은?

① $3x$ ② xy ③ $xy-3$
④ $y(x-3y)$ ⑤ $xy(x-3y)$

02

보기에서 완전제곱식으로 인수분해할 수 있는 것을 모두 고른 것은?

보기
ㄱ. $\frac{1}{9}a^2+\frac{1}{3}a+1$ ㄴ. $49x^2+28xy+4y^2$
ㄷ. $x^2-12x+24$ ㄹ. $16a^2-8ab+b^2$

① ㄱ, ㄴ ② ㄱ, ㄹ ③ ㄴ, ㄷ
④ ㄴ, ㄹ ⑤ ㄷ, ㄹ

03

$9x^2-12x+a$, $x^2+bx+121$이 모두 완전제곱식이 되도록 하는 양수 a, b에 대하여 $a+b$의 값을 구하시오.

04

$16x^2-81y^2=(Ax+By)(Ax-By)$일 때, 자연수 A, B에 대하여 $B-A$의 값은?

① -9 ② -5 ③ -1
④ 1 ⑤ 5

05

다음 중에서 옳은 것은?

① $x^2+2x-3=(x+1)(x-3)$
② $x^2-3x-4=(x+4)(x-1)$
③ $x^2-5x+6=(x+2)(x-3)$
④ $x^2+xy-12y^2=(x+3y)(x-4y)$
⑤ $x^2-2xy-24y^2=(x+4y)(x-6y)$

06

다음 중에서 $x+2$를 인수로 갖지 않는 다항식은?

① $2x^2+3x-2$ ② $3x^2+10x+8$
③ $5x^2+7x-6$ ④ $4x^2-x-14$
⑤ $6x^2+11x-2$

2. 인수분해의 활용

01 복잡한 식의 인수분해 (1)

정답과 풀이 38쪽

(1) 공통인수가 있는 경우: 공통인수로 묶어 낸 후 인수분해한다.
(2) 공통부분이 있는 경우: 공통부분을 한 문자로 치환하여 인수분해한 후, 치환한 문자에 원래의 식을 대입하여 정리한다.

공통인수가 있는 경우

다음 식을 인수분해하시오.

따라하기

$3x^2+6x+3=3(x^2+2x+1)=3(x+1)^2$

(공통인수로 묶는다. / 인수분해)

01 $2x^2+20x+50$

02 $3x^2-18xy+27y^2$

03 $-2x^2+16x-32$

04 $4x^2+16xy+16y^2$

05 $5x^2-45y^2$

06 $2x^2+16x+30$

07 $3x^2+12xy-36y^2$

08 $12x^2-3x-15$

09 $-4x^2+2xy+42y^2$

10 $x^2y+6xy+9y$

Tip 공통인수 y로 묶어서 인수분해한다.

11 $xy^2-14xy+49x$

12 $ax^2-5ax-6a$

13 $20x^2y+6xy-8y$

공통부분이 있는 경우 (1)

다음 식을 인수분해하시오.

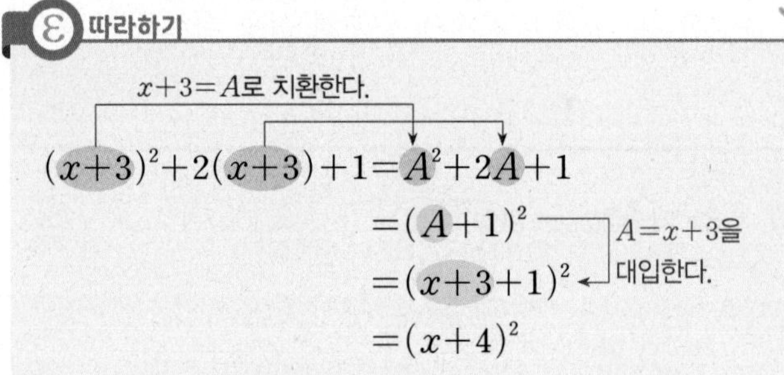
따라하기
$x+3=A$로 치환한다.
$(x+3)^2+2(x+3)+1=A^2+2A+1$
$=(A+1)^2$
$A=x+3$을 대입한다.
$=(x+3+1)^2$
$=(x+4)^2$

14 $(x+2)^2+6(x+2)+9$

15 $(x-1)^2-10(x-1)+25$

16 $(x+5y)^2+4(x+5y)+3$

17 $2(4x-1)^2-7(4x-1)-4$

18 $6(3x+y)^2+29(3x+y)-5$

19 $(x+y)(x+y+5)-6$

Tip 공통부분을 치환하고 전개한 후, 다시 인수분해한다.

20 $(2x-y)(2x-y-1)-20$

공통부분이 있는 경우 (2)

다음 식을 인수분해하시오.

따라하기

$(x-1)^2-(y+1)^2$

$x-1=A$, $y+1=B$로 치환한다.

$=A^2-B^2$

$=(A+B)(A-B)$ $A=x-1$, $B=y+1$을 대입한다.

$=\{(x-1)+(y+1)\}\{(x-1)-(y+1)\}$

$=(x+y)(x-y-2)$

21 $(x+3)^2-(y-4)^2$

22 $(2x-5)^2-(3y+1)^2$

23 $(x+y)^2-4(x-y)^2$

24 $(x-3)^2+2(x-3)(x+6)+(x+6)^2$

25 $(x+2)^2-(x+2)(x-1)-2(x-1)^2$

26 대표 문제

$(3x+5)^2-6(3x+5)+9=(3x+a)^2$일 때, 상수 a의 값은?

① -4 ② -2 ③ 2

④ 4 ⑤ 6

02 복잡한 식의 인수분해 (2)

정답과 풀이 39쪽

(1) 항이 4개인 다항식의 인수분해
① 두 항씩 묶기: 공통인수가 생기도록 (2개의 항)+(2개의 항)으로 묶어서 인수분해한다.
② A^2-B^2 꼴로 변형하기: 완전제곱식으로 나타낼 수 있는 세 항을 찾아 (3개의 항)+(1개의 항)으로 묶어서 $A^2-B^2=(A+B)(A-B)$를 이용하여 인수분해한다.
(2) 항이 5개인 다항식의 인수분해: 차수가 가장 낮은 문자에 대하여 내림차순으로 정리한 후 인수분해한다.

항이 4개인 다항식의 인수분해 – 두 항씩 묶기

다음 식을 인수분해하시오.

$xy-x+y-1=(xy-x)+(y-1)$ ← 두 항씩 나눈다.
$=x(y-1)+(y-1)$
$=(x+1)(y-1)$ ← 공통인수로 묶는다.

01 $xy+x+2y+2$

02 $ax-ay-bx+by$

03 $xy+4y+x+4$

04 $xy-5x+5-y$

05 x^3+x^2+3x+3

06 x^3-x^2-x+1

07 x^2-y^2+x-y

Tip A^2-B^2 꼴을 먼저 인수분해한 후, 공통인수를 찾는다.

08 $x^2-y^2-7x+7y$

09 x^2-4y^2+x+2y

10 $9x^2-y^2-3x-y$

11 x^2+5x-y^2-5y

12 대표 문제

$xy-8x+8-y$를 인수분해하면?

① $(x-8)(y-1)$ ② $(x-8)(y+1)$
③ $(x-1)(y+8)$ ④ $(x+1)(y-8)$
⑤ $(x-1)(y-8)$

항이 4개인 다항식의 인수분해 - A^2-B^2 꼴로 변형하기

다음 식을 인수분해하시오.

ε 따라하기

완전제곱식으로 나타낼 수 있는 세 항을 찾는다.

$$x^2+4x+4-y^2=(x^2+4x+4)-y^2$$
$$=(x+2)^2-y^2$$
$$=(x+2+y)(x+2-y)$$

A^2-B^2 꼴로 변형한다.

13 $x^2+6x+9-y^2$

14 $x^2-8x+16-4y^2$

15 $4x^2-4x+1-9y^2$

16 x^2-y^2-2y-1

17 $x^2-y^2+10y-25$

18 $x^2-8xy+16y^2-36$

19 $9-49x^2+14xy-y^2$

항이 5개인 다항식의 인수분해

다음 식을 인수분해하시오.

ε 따라하기

차수가 가장 낮은 y에 대하여 내림차순으로 정리한다.

$$x^2+xy-2x-y+1=xy-y+x^2-2x+1$$
$$=y(x-1)+(x-1)^2$$
$$=(x-1)(y+x-1)$$

공통인수가 생기도록 변형한다.

20 $x^2+xy+4x+2y+4$

21 $x^2+xy-6x-3y+9$

22 $x^2+xy-x+y-2$

23 $x^2+xy-3x-4y-4$

24 대표 문제

다음 중에서 $9x^2-y^2+6x+1$의 인수를 모두 고르면? (정답 2개)

① $3x+y+1$ ② $3x+y-1$ ③ $3x-y+1$
④ $3x-y-1$ ⑤ $3x-y$

03 인수분해 공식의 활용

정답과 풀이 40쪽

(1) **수의 계산**: 주어진 식을 인수분해한 후 계산한다.
① 공통인수가 있는 경우: $ma+mb=m(a+b)$를 이용한다.
② $a^2\pm2ab+b^2$ 꼴인 경우: $a^2\pm2ab+b^2=(a\pm b)^2$ (복호동순)을 이용한다.
③ a^2-b^2 꼴인 경우: $a^2-b^2=(a+b)(a-b)$를 이용한다.
(2) **식의 값**: 주어진 식을 인수분해한 후 문자에 수를 대입하여 식의 값을 구한다.

인수분해를 이용한 수의 계산 (1)

인수분해 공식을 이용하여 다음을 계산하시오.

따라하기

공통인수

$35\times25-35\times23=35\times(25-23)$ ← 공통인수로 묶어 낸다.
$=35\times2=70$

01 $17\times62+17\times38$

02 $59\times76+59\times24$

03 $63\times29-63\times19$

04 $86\times115-86\times15$

05 $32\times9+32\times7+32\times4$

06 $76\times11+76\times8-76\times9$

인수분해를 이용한 수의 계산 (2)

인수분해 공식을 이용하여 다음을 계산하시오.

따라하기

$47^2+6\times47+9=47^2+2\times47\times3+3^2$
$=(47+3)^2$
$=50^2=2500$

$a^2+2ab+b^2=(a+b)^2$을 이용한다.

07 $49^2+2\times49+1$

08 $98^2+4\times98+4$

09 $76^2+8\times76+16$

10 $55^2-10\times55+25$

11 $103^2-6\times103+9$

12 $67^2-14\times67+49$

인수분해 공식을 이용한 수의 계산 (3)

인수분해 공식을 이용하여 다음을 계산하시오.

ε 따라하기

$53^2-47^2=(53+47)(53-47)$ ← $a^2-b^2=(a+b)(a-b)$를 이용한다

$=100\times6=600$

13 50^2-49^2

14 62^2-38^2

15 155^2-45^2

16 98^2-4

17 47^2-9

18 $\sqrt{26^2-24^2}$

19 $\sqrt{58^2-42^2}$

20 $18\times51^2-18\times49^2$

Tip 공통인수가 있으면 먼저 공통인수로 묶은 후 인수분해한다.

21 $15\times80^2-15\times20^2$

22 $5\times153^2-5\times147^2$

23 $20^2-19^2+18^2-17^2$

24 $100^2-99^2+98^2-97^2$

25 대표 문제

다음을 계산하면?

$$20\times75^2-20\times25^2$$

① 5000 ② 10000 ③ 50000
④ 100000 ⑤ 500000

인수분해 공식을 이용한 식의 값 (1)

인수분해 공식을 이용하여 다음을 구하시오.

따라하기

$x=31$일 때, x^2-2x+1의 값

➔ $x^2-2x+1=(x-1)^2$ ← 주어진 식을 인수분해한다.

$=(31-1)^2$ ← $x=31$을 대입한다.

$=30^2=900$

26 $x=48$일 때, x^2+4x+4의 값

27 $x=54$일 때, $x^2-8x+16$의 값

28 $x=45$일 때, $x^2+7x+10$의 값

29 $x=106$일 때, $x^2-3x-18$의 값

30 $x=\sqrt{2}-5$일 때, $x^2+10x+25$의 값

31 $x=6+\sqrt{3}$일 때, $x^2-12x+36$의 값

인수분해 공식을 이용한 식의 값 (2)

인수분해 공식을 이용하여 다음을 구하시오.

따라하기

$x=55$, $y=45$일 때, x^2-y^2의 값

➔ $x^2-y^2=(x+y)(x-y)$ ← 주어진 식을 인수분해한다.

$=(55+45)(55-45)$ ← $x=55$, $y=45$를 대입한다.

$=100\times10=1000$

32 $x=74$, $y=64$일 때, x^2-y^2의 값

33 $x=3+\sqrt{2}$, $y=3-\sqrt{2}$일 때, x^2-y^2의 값

34 $x=91$, $y=71$일 때, $x^2-2xy+y^2$의 값

35 $x=\sqrt{5}+\sqrt{3}$, $y=\sqrt{5}-\sqrt{3}$일 때, $x^2+2xy+y^2$의 값

36 $x=\sqrt{7}+1$, $y=\sqrt{7}-1$일 때, $xy+x-y-1$의 값

37 대표 문제

$x=55$, $y=25$일 때, $x^2+2xy+y^2$의 값은?

① 900 ② 1600 ③ 2500
④ 3600 ⑤ 6400

확인 문제

정답과 풀이 41쪽

01

다음 중에서 x^3y-2x^2y+xy의 인수를 모두 고르면? (정답 2개)

① x　② $y-1$　③ $y(x-1)$
④ $x(y-1)$　⑤ xy^2

02

$(x-6)^2+3(x-6)-40$이 x의 계수가 1인 두 일차식의 곱으로 인수분해될 때, 두 일차식의 합은?

① $-2x+13$　② $-2x+9$　③ $2x-13$
④ $2x-9$　⑤ $2x+9$

03

$4x^2-2x-y^2+y$를 인수분해하면 $(2x+ay+b)(2x+cy)$일 때, 정수 a, b, c에 대하여 $a+b+c$의 값은?

① -1　② 0　③ 1
④ 2　⑤ 3

04

$9x^2+24xy+16y^2-81$을 인수분해하면?

① $(3x-4y+9)(3x-4y-9)$
② $(3x-4y+9)(3x+4y-9)$
③ $(3x+4y-9)(3x-4y-9)$
④ $(3x+4y+9)(3x-4y-9)$
⑤ $(3x+4y+9)(3x+4y-9)$

05

두 수 A, B가 다음과 같을 때, 인수분해 공식을 이용하여 $A-B$의 값을 구하시오.

$A=41^2+18\times41+81$, $B=27^2-23^2$

06

$x=\frac{1}{\sqrt{5}+2}$, $y=\frac{1}{\sqrt{5}-2}$일 때, $x^2-2xy+y^2$의 값은?

① 4　② 8　③ 12
④ 16　⑤ 20

이차방정식

1. 이차방정식의 풀이 (1)

01 이차방정식의 뜻

02 이차방정식의 해

03 인수분해를 이용한 이차방정식의 풀이

04 이차방정식의 중근

2. 이차방정식의 풀이 (2)

01 제곱근을 이용한 이차방정식의 풀이

02 완전제곱식을 이용한 이차방정식의 풀이

03 이차방정식의 근의 공식 (1)

04 이차방정식의 근의 공식 (2)

05 복잡한 이차방정식의 풀이

3. 이차방정식의 활용

01 이차방정식의 근의 개수

02 이차방정식 구하기

03 이차방정식의 활용

1. 이차방정식의 풀이 (1)

01 이차방정식의 뜻

정답과 풀이 42쪽

(1) 이차방정식: 등식의 우변에 있는 모든 항을 좌변으로 이항하여 정리한 식이

$(x$에 대한 이차식$)=0$

꼴로 나타나는 방정식을 x에 대한 이차방정식이라 한다.

(2) 일반적으로 $ax^2+bx+c=0$ (a, b, c는 상수, $a\neq0$) 꼴로 나타낼 수 있다.

예 $x^2=2(x+12)$ ➔ $x^2-2x-24=0$이므로 x에 대한 이차방정식이다.

이차방정식의 판별

다음 중 x에 대한 이차방정식인 것은 ○표, 이차방정식이 아닌 것은 ×표를 (　　) 안에 써넣으시오.

ε 따라하기

$x-3=0$ (×)
(x에 대한 일차식)$=0$ 꼴 ➔ 일차방정식

x^2+5x+2 (×)
등식이 아니다. ➔ 이차식

$4x^2+x+5=0$ (○)
(x에 대한 이차식)$=0$ 꼴 ➔ 이차방정식

01 $2x+1=0$ (　　)

02 $x^2-4=0$ (　　)

03 $-x^2+2x+1$ (　　)

04 $3x^3-x^2+5=0$ (　　)

05 $-\frac{1}{2}x^2+7x=0$ (　　)

06 $\frac{1}{x^2}-x=0$ (　　)

07 $3x-1=x^2$ (　　)

Tip 먼저 모든 항을 좌변으로 이항하여 정리한다.

08 $2x^2+4x=x^2-3$ (　　)

09 $x^2+1=6-5x+x^2$ (　　)

10 $x(x-1)=4-x^2$ (　　)

11 $2x^2+7=2(x+1)(x-2)$ (　　)

이차방정식이 되는 조건

다음 등식이 x에 대한 이차방정식이 되도록 하는 상수 a의 조건을 구하시오.

따라하기

$ax^2-3x+4=0$

→ x에 대한 이차방정식이 되려면 x^2의 계수가 0이 아니어야 하므로

$a \neq 0$

12 $ax^2+2x+5=0$

13 $ax^2-8x-1=0$

14 $ax^2+2x=7x-6$

15 $(a-2)x^2-4x+2=0$

16 $(a+5)x^2-x+1=0$

17 $ax^2+3x+3=4x^2-x$

$ax^2+bx+c=0$ 꼴의 이차방정식

다음 이차방정식을 $ax^2+bx+c=0$ 꼴로 나타낼 때, 상수 a, b, c의 값을 각각 구하시오.

(단, a는 가장 작은 자연수)

따라하기

$2(x+1)(x-2)=3$

↓ 전개한 후, 모든 항을 좌변으로 이항한다.

→ $2x^2-2x-7=0$이므로

$a=2,\ b=-2,\ c=-7$

18 $4x^2-x=2x+1$

19 $(x+2)(x+5)=0$

20 $(x+3)^2-2x=0$

21 $x(x+1)=4x-3$

22 $3(x-1)(x-4)=x^2+7$

23 대표 문제

다음 중에서 $ax^2+x+8=7x-3x^2$이 x에 대한 이차방정식이 되도록 하는 상수 a의 값이 아닌 것은?

① -6 ② -3 ③ 0

④ 3 ⑤ 6

02 이차방정식의 해

정답과 풀이 42쪽

(1) **이차방정식의 해(근)**: x에 대한 이차방정식이 참이 되도록 하는 x의 값

예) 이차방정식 $x^2-2x+1=0$의 x에 -1, 1을 각각 대입하면

$x=-1$일 때, $(-1)^2-2\times(-1)+1=4\neq0$

$x=1$일 때, $1^2-2\times1+1=0$

따라서 $x=1$은 이차방정식 $x^2-2x+1=0$의 해이고, $x=-1$은 해가 아니다.

(2) **이차방정식을 푼다**: 이차방정식의 해를 모두 구하는 것

이차방정식의 해의 판별

다음 [ ] 안의 수가 주어진 이차방정식의 해이면 ○표, 해가 아니면 ×표를 ( ) 안에 써넣으시오.

ε 따라하기

$x^2+x=0$ [1] (×)

→ $1^2+1=2\neq0$ ← $x=1$을 대입한다.

따라서 $x=1$은 $x^2+x=0$의 해가 아니다.

01 $3x^2=0$ [0] ( )

02 $x^2-2x=0$ [2] ( )

03 $x(x+4)=0$ [4] ( )

04 $(x-3)(x-5)=0$ [-3] ( )

05 $(x+2)(x-1)=0$ [-2] ( )

06 $(2x+1)(x+1)=0$ $\left[\frac{1}{2}\right]$ ( )

07 $x^2+3x-1=0$ [-1] ( )

08 $x^2-4x+3=0$ [3] ( )

09 $x^2+x=6x-4$ [1] ( )

10 $2x^2+5x-2=0$ [-1] ( )

11 $3x^2-4x=1$ [2] ( )

주어진 수에서의 이차방정식의 해

x의 값이 -2, -1, 0, 1, 2일 때, 다음 이차방정식을 푸시오.

따라하기

$x^2+2x=0$ ← 주어진 이차방정식의 x에 -2, -1, 0, 1, 2를 각각 대입해 본다.

→

x의 값	좌변의 값	우변의 값	참, 거짓
-2	$(-2)^2+2\times(-2)=0$	0	참
-1	$(-1)^2+2\times(-1)=-1$	0	거짓
0	$0^2+2\times0=0$	0	참
1	$1^2+2\times1=3$	0	거짓
2	$2^2+2\times2=8$	0	거짓

따라서 이차방정식 $x^2+2x=0$의 해는 $x=-2$ 또는 $x=0$이다.

12 $x^2-5x=0$

13 $x^2-x-2=0$

14 $x^2+3x+2=0$

15 $x^2-2x+1=0$

16 $x^2+6x-7=0$

17 $x^2-4=0$

18 $2x^2-x=0$

19 $2x^2+3x-5=0$

20 $3x^2+7x+2=0$

21 $3x^2-8x+4=0$

22 대표 문제

x의 값이 -1, 0, 1, 2일 때, 이차방정식 $2x^2+5x+3=0$의 해는?

① $x=1$ 또는 $x=2$　② $x=0$ 또는 $x=2$

③ $x=1$　④ $x=-1$ 또는 $x=0$

⑤ $x=-1$

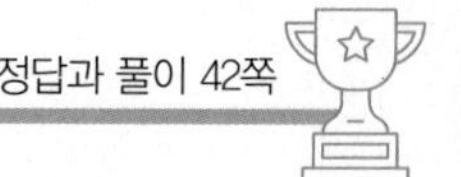

한 근이 주어질 때 상수 구하기

다음 [   ] 안의 수가 주어진 이차방정식의 해일 때, 상수 a의 값을 구하시오.

따라하기

$x^2+ax-2=0$ [2]

→ $2^2+a\times2-2=0$ ← 2가 이차방정식의 해이므로 $x=2$를 대입한다.

따라서 $2a=-2$이므로 $a=-1$

23 $x^2+ax+5=0$ [1]

24 $x^2-ax-6=0$ [3]

25 $x^2+3x+a=0$ [-1]

26 $x^2-x+a=0$ [4]

27 $ax^2+5x+a=0$ [-2]

28 $ax^2-ax+2=0$ [2]

이차방정식의 근을 이용하여 식의 값 구하기

다음을 구하시오.

따라하기

이차방정식 $x^2-x-2=0$의 한 근을 m이라 할 때, m^2-m의 값 ($x=m$)

→ $m^2-m-2=0$이므로 ← m이 이차방정식의 해이므로 $x=m$을 대입한다.

$m^2-m=2$

29 이차방정식 $x^2+3x-4=0$의 한 근을 m이라 할 때, m^2+3m의 값

30 이차방정식 $x^2-5x+1=0$의 한 근을 m이라 할 때, m^2-5m의 값

31 이차방정식 $2x^2-4x-3=0$의 한 근을 m이라 할 때, m^2-2m의 값

32 이차방정식 $3x^2+3x+5=0$의 한 근을 m이라 할 때, m^2+m의 값

33 이차방정식 $\frac{1}{2}x^2-2x+4=0$의 한 근을 m이라 할 때, m^2-4m의 값

34 대표 문제

이차방정식 $2x^2-ax+3=0$의 한 근이 -3일 때, 상수 a의 값은?

① -9　② -7　③ -5
④ -3　⑤ -1

03 인수분해를 이용한 이차방정식의 풀이

정답과 풀이 44쪽

(1) $AB=0$의 성질

두 수 또는 두 식 A, B에 대하여 $AB=0$이면 $A=0$ 또는 $B=0$이다.

(2) 인수분해를 이용한 이차방정식의 풀이

주어진 이차방정식을 (x에 대한 이차식)$=0$ 꼴로 정리한 후, 좌변을 인수분해한다.

① $(x-a)(x-b)=0$과 같이 인수분해되면 이 이차방정식의 해는 $x=a$ 또는 $x=b$이다.

② $(ax-b)(cx-d)=0$과 같이 인수분해되면 이 이차방정식의 해는 $x=\frac{b}{a}$ 또는 $x=\frac{d}{c}$이다.

$AB=0$의 성질을 이용한 이차방정식의 풀이

다음 이차방정식을 푸시오.

$\underset{A}{(x+2)}\underset{B}{(x-3)}=0$

→ $x+2=0$ 또는 $x-3=0$이므로

$x=-2$ 또는 $x=3$

($AB=0$이면 $A=0$ 또는 $B=0$임을 이용한다.)

01 $x(x-6)=0$

02 $(x-1)(x-4)=0$

03 $(x+3)(x-5)=0$

04 $(x+1)(x+2)=0$

05 $(x+4)(x+7)=0$

06 $(2x+1)(x-3)=0$

07 $(2x-1)(3x-2)=0$

08 $(4x+3)(2x-5)=0$

09 $(-x+2)(5x+3)=0$

10 $(-3x+1)(2x-7)=0$

11 대표 문제

다음 중에서 해가 $x=-\frac{3}{2}$ 또는 $x=2$인 것은?

① $(2x+3)(x+2)=0$ ② $(2x+3)(x-2)=0$

③ $(2x-3)(x+2)=0$ ④ $(2x-3)(x-2)=0$

⑤ $\frac{1}{2}(x+2)(2x-3)=0$

$ma+mb=m(a+b)$를 이용한 이차방정식의 풀이

다음 이차방정식을 인수분해를 이용하여 푸시오.

ε 따라하기

$x^2-2x=0$

좌변을 $ma+mb=m(a+b)$를 이용하여 인수분해한다.

→ $x(x-2)=0$이므로

$x=0$ 또는 $x-2=0$

$x=0$ 또는 $x=2$

12 $x^2-5x=0$

13 $x^2+6x=0$

14 $2x^2-8x=0$

15 $3x^2+6x=0$

16 $2x^2=14x$

17 $-9x=3x^2$

$a^2-b^2=(a+b)(a-b)$를 이용한 이차방정식의 풀이

다음 이차방정식을 인수분해를 이용하여 푸시오.

ε 따라하기

$x^2-9=0$

좌변을 $a^2-b^2=(a+b)(a-b)$를 이용하여 인수분해한다.

→ $(x+3)(x-3)=0$이므로

$x+3=0$ 또는 $x-3=0$

$x=-3$ 또는 $x=3$

18 $x^2-4=0$

19 $x^2-25=0$

20 $9x^2-64=0$

21 $4x^2-49=0$

22 $16x^2=81$

23 $36x^2=25$

$x^2+(a+b)x+ab=(x+a)(x+b)$를 이용한 이차방정식의 풀이

다음 이차방정식을 인수분해를 이용하여 푸시오.

따라하기

$x^2+4x+3=0$

좌변을 $x^2+(a+b)x+ab=(x+a)(x+b)$를 이용하여 인수분해한다.

→ $(x+1)(x+3)=0$이므로

$x+1=0$ 또는 $x+3=0$

$x=-1$ 또는 $x=-3$

24 $x^2-5x+4=0$

25 $x^2+x-2=0$

26 $x^2+2x-8=0$

27 $x^2-6x-7=0$

28 $x^2+7x+10=0$

29 $x^2-8x+12=0$

$acx^2+(ad+bc)x+bd=(ax+b)(cx+d)$를 이용한 이차방정식의 풀이

다음 이차방정식을 인수분해를 이용하여 푸시오.

따라하기

$2x^2+x-1=0$

좌변을 $acx^2+(ad+bc)x+bd=(ax+b)(cx+d)$를 이용하여 인수분해한다.

→ $(x+1)(2x-1)=0$이므로

$x+1=0$ 또는 $2x-1=0$

$x=-1$ 또는 $x=\frac{1}{2}$

30 $2x^2-3x-2=0$

31 $3x^2+5x+2=0$

32 $4x^2-8x-5=0$

33 $6x^2+5x-4=0$

34 $9x^2-12x-5=0$

35 $8x^2-18x+9=0$

두 이차방정식의 공통인 근 구하기

다음 두 이차방정식의 공통인 근을 구하시오.

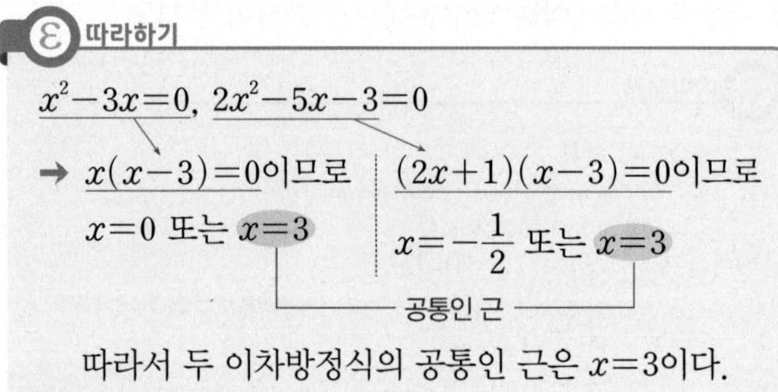

따라하기
$x^2-3x=0$, $2x^2-5x-3=0$
→ $x(x-3)=0$이므로
$x=0$ 또는 $x=3$
$(2x+1)(x-3)=0$이므로
$x=-\frac{1}{2}$ 또는 $x=3$
공통인 근
따라서 두 이차방정식의 공통인 근은 $x=3$이다.

36 $x^2+4x=0$, $x^2+3x-4=0$

37 $x^2-1=0$, $x^2+6x+5=0$

38 $x^2-7x+12=0$, $x^2+3x-18=0$

39 $4x^2-9=0$, $2x^2+x-6=0$

40 $2x^2-x-15=0$, $4x^2+12x+5=0$

한 근이 주어졌을 때 다른 한 근 구하기

다음 이차방정식의 한 근이 [ ] 안의 수일 때, 다른 한 근을 구하시오. (단, a는 상수)

따라하기

$x^2+ax-2=0$ [1]

$x=1$을 대입한다.

→ $1^2+a\times1-2=0$이므로 $a=1$ ($x^2+ax-2=0$에 $a=1$을 대입한다.)

즉, 주어진 이차방정식은 $x^2+x-2=0$이므로

$(x+2)(x-1)=0$에서 $x=-2$ 또는 $x=1$

따라서 다른 한 근은 $x=-2$이다.

41 $x^2+ax-4=0$ [-1]

42 $x^2+ax+6=0$ [2]

43 $x^2+x+a=0$ [-2]

44 $x^2-4x+a=0$ [3]

45 $2x^2-5x+a=0$ [1]

한 근이 다른 이차방정식의 근일 때 상수 구하기

이차방정식 A의 두 근 중에서 작은 근이 이차방정식 B의 한 근일 때, 상수 a의 값을 구하시오.

따라하기

A: $x^2+3x+2=0$, B: $x^2+ax-6=0$

→ $x^2+3x+2=0$에서 $(x+1)(x+2)=0$이므로

$x=-1$ 또는 $x=-2$

$x=-2$가 더 작은 근이므로 $x^2+ax-6=0$에 $x=-2$를 대입한다.

따라서 $(-2)^2+a\times(-2)-6=0$이므로

$a=-1$

46 A: $x^2+x-6=0$, B: $x^2+ax+12=0$

47 A: $x^2-3x+2=0$, B: $x^2-5x+a=0$

48 A: $x^2-3x-10=0$, B: $x^2+8x+a=0$

49 A: $2x^2+x-10=0$, B: $2x^2+ax+5=0$

50 A: $3x^2-5x-28=0$, B: $6x^2+17x+a=0$

두 이차방정식의 공통인 근이 주어졌을 때 상수 구하기

다음 두 이차방정식의 공통인 근이 [ ] 안의 수일 때, 상수 a, b의 값을 각각 구하시오.

따라하기

$x^2+ax+3=0$, $x^2+4x+b=0$ [1]

$x=1$을 대입한다. / $x=1$을 대입한다.

→ $1^2+a\times1+3=0$ 이므로 $a=-4$ | $1^2+4\times1+b=0$ 이므로 $b=-5$

51 $x^2+ax-4=0$, $x^2-x-b=0$ [2]

52 $x^2-2x+a=0$, $x^2+3x-b=0$ [-1]

53 $x^2-ax+6=0$, $x^2+bx-12=0$ [3]

54 $x^2+5x-a=0$, $x^2-bx+10=0$ [-2]

55 대표 문제

이차방정식 $x^2-5x+a=0$의 해가 $x=b$ 또는 $x=7$일 때, ab의 값은? (단, a는 상수이다.)

① -28 ② -14 ③ -7

④ 14 ⑤ 28

04 이차방정식의 중근

정답과 풀이 47쪽

(1) 이차방정식의 중근

이차방정식의 두 근이 중복되어 서로 같을 때, 이 근을 주어진 이차방정식의 중근이라 한다.

예 $(x-1)^2=0$에서 $(x-1)(x-1)=0$이므로 $x=1$ 또는 $x=1$

즉, 이차방정식 $(x-1)^2=0$은 중근 $x=1$을 갖는다.

(2) 이차방정식이 중근을 가질 조건

① 이차방정식이 (완전제곱식)$=0$ 꼴로 나타내어지면 중근을 갖는다.

➜ $a(x-p)^2=0\ (a\neq0)$ 꼴이면 $x=p$ (중근)

② x^2의 계수가 1인 이차방정식 $x^2+ax+b=0$에서 $b=\left(\frac{a}{2}\right)^2$이면 중근을 갖는다.

이차방정식의 중근

다음 이차방정식을 푸시오.

ε 따라하기

$x^2+2x+1=0$

➜ $(x+1)^2=0$에서 $x+1=0$이므로 $x=-1$

01 $(x-3)^2=0$

02 $(x+6)^2=0$

03 $3(x-4)^2=0$

04 $(5x-2)^2=0$

05 $(4x+5)^2=0$

06 $x^2+10x+25=0$

07 $x^2-12x+36=0$

08 $4x^2+4x+1=0$

09 $16x^2-8x+1=0$

10 $9x^2+48x+64=0$

11 $49x^2-28x+4=0$

이차방정식이 중근을 가질 조건

다음 이차방정식이 중근을 가질 때, 상수 a의 값을 구하시오.

$x^2+6x+a=0$

→ $a=\left(\frac{6}{2}\right)^2=3^2=9$ ← (상수항)$=\left(\frac{x\text{의 계수}}{2}\right)^2$이어야 중근을 갖는다.

12 $x^2+2x+a=0$

13 $x^2-8x+a=0$

14 $x^2-14x+a=0$

15 $2x^2+12x+a=0$

Tip 먼저 양변을 x^2의 계수 2로 나눈다.

16 $3x^2-30x+a=0$

17 $4x^2-28x+a=0$

다음 이차방정식이 중근을 가질 때, 양수 a의 값을 구하시오.

18 $x^2+ax+4=0$

19 $x^2-ax+36=0$

20 $x^2-2ax+49=0$

21 $2x^2+ax+50=0$

Tip 먼저 양변을 x^2의 계수 2로 나눈다.

22 $9x^2+2ax+16=0$

23 $4x^2-ax+\frac{1}{4}=0$

24 대표 문제

이차방정식 $4x^2+2ax+9=0$이 중근을 갖도록 하는 상수 a의 값을 모두 고르면? (정답 2개)

① -12 ② -6 ③ 0
④ 6 ⑤ 12

확인 문제

정답과 풀이 47쪽

01

보기에서 x에 대한 이차방정식을 모두 고른 것은?

보기

ㄱ. $-5x+4=0$　　ㄴ. $3-2x^2=0$

ㄷ. $x^2+3x+5=x^2$　　ㄹ. $3(x^2-x)=x^2+6x$

ㅁ. $\frac{x^2}{2}-x+1=0$　　ㅂ. $4x+\frac{1}{x^2}-2=0$

① ㄱ, ㄴ, ㄷ　② ㄱ, ㄹ, ㅁ　③ ㄴ, ㄹ, ㅁ
④ ㄴ, ㅁ, ㅂ　⑤ ㄷ, ㄹ, ㅂ

02

다음 중에서 $(a-4)x^2-5x=6-2x^2$이 x에 대한 이차방정식이 되도록 하는 상수 a의 조건은?

① $a\neq-4$　② $a\neq-2$　③ $a\neq0$
④ $a\neq2$　⑤ $a\neq4$

03

다음 중에서 [　　] 안의 수가 주어진 이차방정식의 해인 것은?

① $(x+1)(x+4)=0$ [1]
② $x^2-8=0$ [-2]
③ $x^2+2x-1=0$ [-1]
④ $x^2-2x=3(x-2)$ [2]
⑤ $(2x-3)(x-1)=1$ $\left[-\frac{1}{2}\right]$

04

다음 두 이차방정식의 공통인 근을 구하시오.

$$x^2-5x-14=0,\ 3x^2-16x-35=0$$

05

이차방정식 $x^2-x-12=0$의 두 근 중에서 작은 근이 이차방정식 $x^2-2ax+3=0$의 한 근일 때, 상수 a의 값은?

① -2　② -1　③ 0
④ 1　⑤ 2

06

다음 이차방정식 중 중근을 갖지 않는 것은?

① $(x-5)^2=0$　② $3(x+1)^2=0$
③ $x^2-8x+16=0$　④ $2x^2-4x+2=0$
⑤ $3x^2-9x+6=0$

2. 이차방정식의 풀이 (2)

01 제곱근을 이용한 이차방정식의 풀이

정답과 풀이 48쪽

(1) 이차방정식 $x^2=q\,(q>0)$의 해: $x=\pm\sqrt{q}$
(2) 이차방정식 $(x+p)^2=q\,(q>0)$의 해: $x=-p\pm\sqrt{q}$

이차방정식 $x^2=q\,(q>0)$의 해

다음 이차방정식을 제곱근을 이용하여 푸시오.

따라하기

$x^2=8$ ← x는 8의 제곱근
→ $x=\pm\sqrt{8}=\pm2\sqrt{2}$

01 $x^2=3$

02 $x^2=6$

03 $x^2=9$

04 $x^2=12$

05 $x^2-7=0$

06 $x^2-18=0$

07 $2x^2=10$

Tip 먼저 양변을 x^2의 계수 2로 나눈다.

08 $3x^2=6$

09 $5x^2=80$

10 $7x^2=70$

11 $6x^2-24=0$

12 $8x^2-160=0$

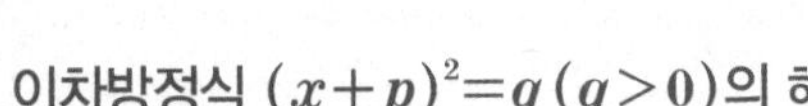

이차방정식 $(x+p)^2=q\,(q>0)$의 해

다음 이차방정식을 제곱근을 이용하여 푸시오.

따라하기

$(x+1)^2=5$ → $x+1$은 5의 제곱근

→ $x+1=\pm\sqrt{5}$이므로 $x=-1\pm\sqrt{5}$

$+1$을 우변으로 이항하여 x의 값을 구한다.

13 $(x-2)^2=6$

14 $(x+4)^2=3$

15 $(x+3)^2=8$

16 $(x-5)^2=9$

17 $(x-1)^2-7=0$

18 $(x+2)^2-20=0$

19 $2(x-3)^2=4$

Tip 먼저 양변을 x^2의 계수 2로 나눈다.

20 $4(x+1)^2=24$

21 $3(x-4)^2=36$

22 $5(x+2)^2=45$

23 $4(x-1)^2-40=0$

24 $6(x+7)^2-48=0$

25 대표 문제

이차방정식 $2(x+5)^2=30$의 해가 $x=a\pm\sqrt{b}$일 때, 유리수 a, b에 대하여 $a+b$의 값은?

① -20　② -10　③ 0

④ 10　⑤ 20

02 완전제곱식을 이용한 이차방정식의 풀이

정답과 풀이 49쪽

이차방정식 $ax^2+bx+c=0\,(a\neq0)$의 좌변을 인수분해하기 어려울 때는 다음과 같이 푼다.

① x^2의 계수로 양변을 나누어 x^2의 계수를 1로 만든다.

② 상수항을 우변으로 이항한다.

③ 양변에 $\left\{\frac{(x\text{의 계수})}{2}\right\}^2$을 더하여 $(x+p)^2=q$ 꼴로 나타낸다.
└ 좌변을 완전제곱식으로 나타낸다.

④ 제곱근을 이용하여 이차방정식의 해를 구한다.

이차방정식을 $(x+p)^2=q$ 꼴로 나타내기

다음 이차방정식을 $(x+p)^2=q$ 꼴로 나타낼 때, 상수 p, q의 값을 각각 구하시오.

따라하기

$x^2-2x-2=0$
) 상수항 -2를 우변으로 이항하기
→ $x^2-2x=2$
) 양변에 $\left(\frac{-2}{2}\right)^2=1$ 더하기
$x^2-2x+1=2+1$
) 좌변을 완전제곱식으로 나타내기
$(x-1)^2=3$

따라서 $p=-1$, $q=3$이다.

01 $x^2+6x+6=0$

02 $x^2-4x-1=0$

03 $x^2-8x+1=0$

04 $x^2+2x-11=0$

05 $x^2-x-3=0$

06 $2x^2-4x-2=0$

Tip 먼저 양변을 x^2의 계수 2로 나눈다.

07 $2x^2-12x+6=0$

08 $3x^2+12x-18=0$

09 $4x^2+32x+32=0$

10 $3x^2-9x-6=0$

완전제곱식을 이용한 이차방정식의 풀이

다음 이차방정식을 완전제곱식을 이용하여 푸시오.

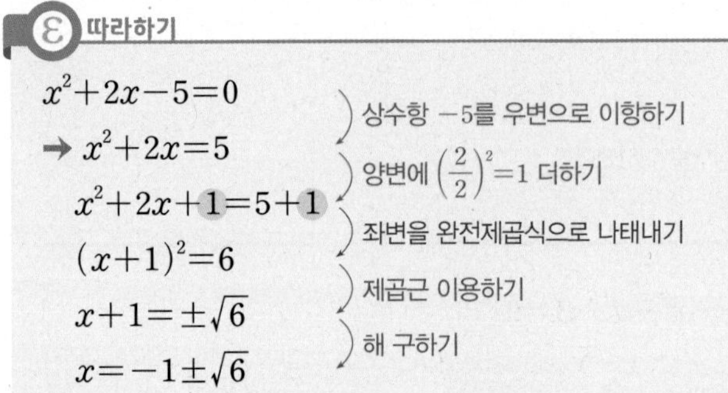

따라하기
$x^2+2x-5=0$
$\rightarrow x^2+2x=5$
$x^2+2x+1=5+1$
$(x+1)^2=6$
$x+1=\pm\sqrt{6}$
$x=-1\pm\sqrt{6}$
상수항 −5를 우변으로 이항하기
양변에 $\left(\frac{2}{2}\right)^2=1$ 더하기
좌변을 완전제곱식으로 나타내기
제곱근 이용하기
해 구하기

11 $x^2+4x-1=0$

12 $x^2+6x+2=0$

13 $x^2+16x+56=0$

14 $x^2-10x+7=0$

15 $x^2-14x-1=0$

16 $3x^2+6x-3=0$

Tip 먼저 양변을 x^2의 계수 3으로 나눈다.

17 $2x^2-16x+12=0$

18 $-2x^2-24x-48=0$

19 $4x^2-24x-44=0$

20 $5x^2+50x-35=0$

21 대표 문제

이차방정식 $x^2-12x-4=0$의 해가 $x=a\pm b\sqrt{10}$일 때, 유리수 a, b에 대하여 $a-b$의 값은? (단, $b>0$)

① -4 ② -2 ③ 0
④ 2 ⑤ 4

03 이차방정식의 근의 공식 (1)

정답과 풀이 50쪽

이차방정식 $ax^2+bx+c=0\,(a\neq0)$의 해는

$$x=\frac{-b\pm\sqrt{b^2-4ac}}{2a}\ (\text{단, } b^2-4ac\geq0)$$

└ $b^2-4ac<0$이면 해가 없다.

근의 공식을 이용한 이차방정식의 풀이

다음 이차방정식을 근의 공식을 이용하여 푸시오.

$x^2+3x-2=0$

→ 근의 공식에 $a=1$, $b=3$, $c=-2$를 대입하면

$$x=\frac{-3\pm\sqrt{3^2-4\times1\times(-2)}}{2\times1}$$

$$=\frac{-3\pm\sqrt{17}}{2}$$

01 $x^2+x-3=0$

02 $x^2-3x+1=0$

03 $x^2+5x+2=0$

04 $x^2-7x+9=0$

05 $x^2-9x-1=0$

06 $x^2+11x-1=0$

07 $x^2+2x-5=0$

08 $x^2+4x-1=0$

09 $x^2-6x+4=0$

10 $x^2-10x-7=0$

11 $2x^2+3x-1=0$

12 $3x^2+7x+3=0$

13 $5x^2-3x-1=0$

14 $2x^2-5x-4=0$

15 $3x^2-9x+5=0$

16 $4x^2+x-2=0$

17 $6x^2-11x+2=0$

18 $2x^2+6x+3=0$

19 $4x^2-2x-1=0$

20 $3x^2+8x+2=0$

21 $5x^2-6x-3=0$

22 대표 문제

이차방정식 $x^2-5x-2=0$의 해가 $x=\frac{A\pm\sqrt{B}}{2}$일 때, 유리수 A, B에 대하여 $A+B$의 값은?

① 29 ② 31 ③ 33
④ 35 ⑤ 38

04 이차방정식의 근의 공식 (2)

정답과 풀이 51쪽

x의 계수가 짝수인 이차방정식 $ax^2+2b'x+c=0\,(a\neq0)$의 해는

$$x=\frac{-b'\pm\sqrt{b'^2-ac}}{a}\ \text{(단, } b'^2-ac\geq0\text{)}$$

└ $b'^2-ac<0$이면 해가 없다.

x의 계수가 짝수일 때의 근의 공식을 이용한 이차방정식의 풀이

다음 이차방정식을 근의 공식을 이용하여 푸시오.

따라하기

$x^2+4x-3=0$

→ x의 계수가 짝수일 때의 근의 공식에

$a=1$, $b'=2$, $c=-3$을 대입하면

$$x=\frac{-2\pm\sqrt{2^2-1\times(-3)}}{1}$$

$=-2\pm\sqrt{7}$

01 $x^2+2x-4=0$

02 $x^2-6x+2=0$

03 $x^2+8x+4=0$

04 $x^2-14x-1=0$

05 $2x^2+6x-3=0$

06 $3x^2-4x-5=0$

07 $5x^2-8x+2=0$

08 $7x^2+12x+4=0$

09 $9x^2+6x-4=0$

10 대표 문제

이차방정식 $3x^2+2x-2=0$의 두 근을 α, β라 할 때, $\alpha-\beta$의 값은? (단, $\alpha>\beta$)

① $\frac{2}{3}$ ② $\frac{\sqrt{7}}{3}$ ③ $\frac{4}{3}$

④ $\frac{2\sqrt{7}}{3}$ ⑤ $\sqrt{7}$

05 복잡한 이차방정식의 풀이

정답과 풀이 51쪽

(1) **괄호가 있는 이차방정식:** 곱셈 공식이나 분배법칙을 이용하여 괄호를 풀고 $ax^2+bx+c=0\,(a\neq 0)$ 꼴로 정리한다.
(2) **계수가 소수 또는 분수인 이차방정식:** 양변에 적당한 수를 곱하여 계수를 정수로 바꾼다.
  ① 계수가 소수인 경우: 양변에 10, 100, 1000, ⋯과 같은 수를 곱한다.
  ② 계수가 분수인 경우: 양변에 분모의 최소공배수를 곱한다.
(3) **공통부분이 있는 이차방정식:** 공통부분을 한 문자로 놓는다.

괄호가 있는 이차방정식의 풀이

다음 이차방정식을 푸시오.

ε 따라하기

$(x+1)(x-2)=4$
→ $x^2-x-2=4$ (좌변을 전개하기)
$x^2-x-6=0$ (우변의 항을 좌변으로 이항하기)
$(x+2)(x-3)=0$ (좌변을 인수분해하기)
$x=-2$ 또는 $x=3$ (해 구하기)

01 $x(x+2)=3$

02 $(x+1)(x+3)-8=0$

03 $(x+5)(x-3)=-7$

04 $(2x+1)(x-3)=-6x-2$

05 $(x+4)(x-1)=5x$

06 $(x+2)(x+5)=x+8$

07 $(x-3)(3x+2)=x+2x^2$

08 $(x+4)(2x-1)=x^2+10x-1$

09 $(x-4)^2=17-9x$

10 $2(x+1)^2=5x^2+1$

계수가 소수인 이차방정식의 풀이

다음 이차방정식을 푸시오.

따라하기

$0.1x^2+0.2x-0.3=0$
양변에 10 곱하기
$\rightarrow x^2+2x-3=0$
좌변을 인수분해하기
$(x+3)(x-1)=0$
해 구하기
$x=-3$ 또는 $x=1$

11 $0.1x^2-0.5x-0.6=0$

12 $0.4x^2+0.5x-0.6=0$

13 $0.3x^2-0.8x-0.7=0$

14 $0.5x^2+x-0.2=0$

15 $0.06x^2-0.08x-0.1=0$

16 $0.01x^2+0.16x+0.4=0$

계수가 분수인 이차방정식의 풀이

다음 이차방정식을 푸시오.

따라하기

$\frac{1}{6}x^2-\frac{5}{6}x+\frac{2}{3}=0$
양변에 분모의 최소공배수인 6 곱하기
$\rightarrow x^2-5x+4=0$
좌변을 인수분해하기
$(x-1)(x-4)=0$
해 구하기
$x=1$ 또는 $x=4$

17 $\frac{1}{2}x^2-\frac{5}{4}x-\frac{3}{4}=0$

18 $x^2+\frac{1}{6}x-\frac{1}{3}=0$

19 $\frac{1}{3}x^2-\frac{4}{9}x-\frac{5}{9}=0$

20 $\frac{1}{10}x^2+\frac{3}{5}x-2=0$

21 $\frac{1}{6}x^2-\frac{2}{3}x+\frac{1}{4}=0$

22 $\frac{x^2+1}{7}-\frac{1}{3}x=0$

계수가 소수 또는 분수인 이차방정식의 풀이

다음 이차방정식을 푸시오.

따라하기

분수와 소수를 모두 정수로 만들 수 있는 수를 찾는다.

$0.05x^2-\frac{1}{4}x+0.2=0$) 양변에 4와 10의 최소공배수인 20 곱하기

→ $x^2-5x+4=0$) 좌변을 인수분해하기

$(x-1)(x-4)=0$) 해 구하기

$x=1$ 또는 $x=4$

23 $0.1x^2-\frac{3}{5}x+\frac{1}{2}=0$

24 $\frac{1}{4}x^2+\frac{6}{5}x+0.8=0$

25 $0.3x^2-\frac{1}{2}x+0.1=0$

26 $0.5x^2+\frac{2}{3}x-\frac{5}{6}=0$

27 $\frac{3}{4}x^2-x-0.5=0$

28 $\frac{1}{8}x^2+\frac{1}{4}x+0.1=0$

공통부분이 있는 이차방정식의 풀이

다음 이차방정식을 푸시오.

따라하기

$(x-1)^2-3(x-1)-4=0$) $x-1=A$로 놓기

→ $A^2-3A-4=0$) 좌변을 인수분해하기

$(A+1)(A-4)=0$) A의 값 구하기

$A=-1$ 또는 $A=4$) $A=x-1$을 대입하기

$x-1=-1$ 또는 $x-1=4$) 해 구하기

$x=0$ 또는 $x=5$

29 $(x+2)^2-5(x+2)+4=0$

30 $(x-3)^2+6(x-3)+5=0$

31 $(x+1)^2-7(x+1)-8=0$

32 $2(x-2)^2-(x-2)-6=0$

33 $4(x-5)^2+5(x-5)+1=0$

34 대표 문제

이차방정식 $0.5x^2-\frac{x+2}{3}=0$의 두 근의 차는?

① $\frac{2}{3}$　② $\frac{4}{3}$　③ $\frac{2\sqrt{13}}{3}$　④ $\frac{2\sqrt{17}}{3}$　⑤ $\frac{2\sqrt{19}}{3}$

확인 문제

정답과 풀이 53쪽

01

이차방정식 $2(x-a)^2-20=0$의 해가 $x=5\pm\sqrt{b}$일 때, 유리수 a, b에 대하여 $a+b$의 값은?

① -5 ② 0 ③ 5
④ 10 ⑤ 15

02

다음은 이차방정식 $2x^2-12x+2=0$의 해를 완전제곱식을 이용하여 구하는 과정이다. 실수 $a\sim e$의 값을 잘못 구한 것은?

> $2x^2-12x+2=0$, 즉 $x^2-6x+1=0$에서
> $x^2-6x=a$
> $x^2-6x+b=a+b$, $(x-3)^2=c$
> 따라서 $x-3=\pm\sqrt{c}=\pm2\sqrt{d}$이므로
> $x=e$

① $a=-1$ ② $b=9$ ③ $c=12$
④ $d=2$ ⑤ $e=3\pm2\sqrt{2}$

03

이차방정식 $x^2-8x+2=0$의 두 근의 곱이 이차방정식 $x^2+mx-2=0$의 한 근일 때, 상수 m의 값은?

① -2 ② -1 ③ 1
④ 2 ⑤ 3

04

이차방정식 $2x^2+3x+m=0$의 해가 $x=\frac{-3\pm\sqrt{33}}{4}$일 때, 상수 m의 값을 구하시오.

05

이차방정식 $0.5x^2+x-\frac{1}{2}=0$의 해가 $x=a\pm\sqrt{b}$일 때, 유리수 a, b에 대하여 $b-a$의 값은?

① 0 ② 1 ③ 2
④ 3 ⑤ 4

06

이차방정식 $5(x+4)^2+7(x+4)-6=0$의 정수인 해는?

① $x=-6$ ② $x=-4$ ③ $x=-2$
④ $x=0$ ⑤ $x=2$

3. 이차방정식의 활용

01 이차방정식의 근의 개수

정답과 풀이 54쪽

이차방정식 $ax^2+bx+c=0\,(a\neq0)$의 서로 다른 근의 개수는 근의 공식 $x=\dfrac{-b\pm\sqrt{b^2-4ac}}{2a}$에서 b^2-4ac의 부호에 따라 결정된다.

(1) $b^2-4ac>0$이면 서로 다른 두 근을 갖는다. → 근이 2개
(2) $b^2-4ac=0$이면 한 근(중근)을 갖는다. → 근이 1개
— 근이 존재할 조건: $b^2-4ac\geq0$
(3) $b^2-4ac<0$이면 근이 없다. → 근이 0개 – 근호 안의 값이 음수이므로 근이 없다.

이차방정식의 근의 개수

다음 이차방정식의 근의 개수를 구하시오.

$x^2-5x+3=0$

→ $a=1,\ b=-5,\ c=3$이므로
$b^2-4ac=(-5)^2-4\times1\times3=13>0$
따라서 주어진 이차방정식의 근의 개수는 2개이다.

01 $x^2-6x+4=0$

02 $x^2+x-7=0$

03 $x^2-3x+6=0$

04 $x^2-4x+5=0$

05 $4x^2+20x+25=0$

06 $5x^2+8x+4=0$

07 $10x^2+5x-1=0$

08 $36x^2-12x+1=0$

09 $3x^2-7x-2=0$

10 $2x^2-2x+9=0$

11 대표 문제

다음 이차방정식 중에서 근을 갖지 않는 것은?

① $x^2+5x+2=0$ ② $4x^2-4x+1=0$
③ $2x^2-7x+4=0$ ④ $3x^2+x+3=0$
⑤ $4x^2-5x-1=0$

서로 다른 두 근을 갖도록 하는 상수의 값의 범위 구하기

다음 이차방정식이 서로 다른 두 근을 가질 때, 상수 m의 값의 범위를 구하시오.

따라하기

$x^2-2x+m=0$

→ $a=1$, $b=-2$, $c=m$이므로

$b^2-4ac=(-2)^2-4\times1\times m=4-4m$

따라서 $4-4m>0$이어야 하므로 $m<1$

이차방정식이 서로 다른 두 근을 가지려면 $b^2-4ac>0$이어야 한다.

12 $x^2-3x+m=0$

13 $x^2-5x+m=0$

14 $x^2+4x+2m=0$

15 $3x^2+6x+m=0$

16 $2x^2-7x+m=0$

17 $4x^2-x-m=0$

중근을 갖도록 하는 상수의 값 구하기

다음 이차방정식이 중근을 가질 때, 상수 m의 값을 구하시오.

따라하기

$x^2+4x+m=0$

→ $a=1$, $b=4$, $c=m$이므로

$b^2-4ac=4^2-4\times1\times m=16-4m$

따라서 $16-4m=0$이어야 하므로 $m=4$

이차방정식이 중근을 가지려면 $b^2-4ac=0$이어야 한다.

18 $x^2-8x+m=0$

19 $x^2+12x+m=0$

20 $2x^2-4x+m+1=0$

21 $x^2+mx+4=0$

22 $x^2+mx+36=0$

23 $4x^2+mx+25=0$

근을 갖도록 하는 상수의 값의 범위 구하기

다음 이차방정식이 근을 가질 때, 상수 m의 값의 범위를 구하시오.

$x^2+3x+m=0$

→ $a=1$, $b=3$, $c=m$이므로

$b^2-4ac=3^2-4\times1\times m=9-4m$

따라서 $9-4m\geq0$이어야 하므로 $m\leq\frac{9}{4}$

이차방정식이 근을 가지려면 $b^2-4ac\geq0$이어야 한다.

24 $x^2+5x+m=0$

25 $x^2-4x+m=0$

26 $x^2+8x-4m=0$

27 $2x^2+x+m=0$

28 $4x^2-6x-m=0$

29 $5x^2+4x+2m=0$

근을 갖지 않도록 하는 상수의 값의 범위 구하기

다음 이차방정식이 근을 갖지 않을 때, 상수 m의 값의 범위를 구하시오.

따라하기

$x^2-6x+m=0$

→ $a=1$, $b=-6$, $c=m$이므로

$b^2-4ac=(-6)^2-4\times1\times m=36-4m$

따라서 $36-4m<0$이어야 하므로 $m>9$

이차방정식이 근을 갖지 않으려면 $b^2-4ac<0$이어야 한다.

30 $x^2+7x+m=0$

31 $x^2+4x+m=0$

32 $x^2-9x+3m=0$

33 $2x^2+6x+m=0$

34 $3x^2-5x-m=0$

35 대표 문제

이차방정식 $x^2+10x+m-1=0$이 근을 갖도록 하는 상수 m의 값 중에서 가장 큰 정수는?

① 28 ② 26 ③ 24
④ 22 ⑤ 20

02 이차방정식 구하기

정답과 풀이 55쪽

(1) **두 근 또는 중근이 주어진 이차방정식**

① 두 근이 α, β이고 x^2의 계수가 $a(a\neq0)$인 이차방정식: $a(x-\alpha)(x-\beta)=0$

② 중근이 α이고 x^2의 계수가 $a(a\neq0)$인 이차방정식: $a(x-\alpha)^2=0$

(2) **두 근의 비 또는 차가 주어진 이차방정식**

① 두 근의 비가 $m:n$인 이차방정식: 두 근을 $m\alpha$, $n\alpha(\alpha\neq0)$로 놓는다.

② 두 근의 차가 k인 이차방정식: 두 근을 α, $\alpha+k$로 놓는다.

(3) **한 근이 무리수인 이차방정식:** 계수가 모두 유리수인 이차방정식의 한 근이 $p+q\sqrt{m}$이면 다른 한 근은 $p-q\sqrt{m}$이다. (단, p, q는 유리수, $\sqrt{m}$은 무리수)

두 근 또는 중근이 주어진 경우

다음 이차방정식을 $ax^2+bx+c=0$ 꼴로 나타내시오.

따라하기

두 근이 1, 3이고, x^2의 계수가 2인 이차방정식
→ $2(x-1)(x-3)=0$이므로
$2x^2-8x+6=0$

01 두 근이 2, 5이고, x^2의 계수가 1인 이차방정식

02 두 근이 -3, 4이고, x^2의 계수가 1인 이차방정식

03 두 근이 -1, -6이고, x^2의 계수가 1인 이차방정식

04 두 근이 1, 7이고, x^2의 계수가 2인 이차방정식

05 두 근이 -2, 3이고, x^2의 계수가 3인 이차방정식

06 두 근이 -5, 6이고, x^2의 계수가 -1인 이차방정식

07 중근이 2이고, x^2의 계수가 1인 이차방정식

Tip $a(x-\alpha)^2=0$에 $a=1$, $\alpha=2$를 대입한다.

08 중근이 -7이고, x^2의 계수가 1인 이차방정식

09 중근이 6이고, x^2의 계수가 2인 이차방정식

10 중근이 -3이고, x^2의 계수가 -3인 이차방정식

11 중근이 -2이고, x^2의 계수가 $\frac{1}{2}$인 이차방정식

두 근의 비가 주어진 경우

이차방정식의 두 근의 조건이 다음과 같을 때, 상수 m의 값을 구하시오.

ε 따라하기

$x^2-4x+m=0$의 두 근의 비가 $\boxed{1:3}$이다.

→ 두 근을 $\boxed{\alpha,\ 3\alpha}$로 놓으면

$(x-\alpha)(x-3\alpha)=0$ ← 주어진 이차방정식의 x^2의 계수가 1이다.

$x^2-4\alpha x+3\alpha^2=0$

따라서 $-4\alpha=-4$에서 $\alpha=1$이므로

$m=3\alpha^2=3\times1^2=3$

12 $x^2-3x+m=0$의 두 근의 비가 $1:2$이다.

13 $x^2+5x+m=0$의 두 근의 비가 $2:3$이다.

14 $2x^2-14x+m=0$의 두 근의 비가 $3:4$이다.

15 $3x^2+12x+m=0$의 두 근의 비가 $1:3$이다.

16 $x^2+mx+5=0$의 두 근의 비가 $1:5$이다. (단, $m>0$)

17 $x^2-mx+10=0$의 두 근의 비가 $2:5$이다. (단, $m>0$)

두 근의 차가 주어진 경우

이차방정식의 두 근의 조건이 다음과 같을 때, 상수 m의 값을 구하시오.

ε 따라하기

$x^2-6x+m=0$의 두 근의 차가 $\boxed{2}$이다.

→ 두 근을 $\alpha,\ \alpha\boxed{+2}$로 놓으면

$(x-\alpha)\{x-(\alpha+2)\}=0$ ← 주어진 이차방정식의 x^2의 계수가 1이다.

$x^2-(2\alpha+2)x+\alpha^2+2\alpha=0$

따라서 $-(2\alpha+2)=-6$에서 $\alpha=2$이므로

$m=\alpha^2+2\alpha=2^2+2\times2=8$

18 $x^2-3x+m=0$의 두 근의 차가 1이다.

19 $x^2+7x+m=0$의 두 근의 차가 3이다.

20 $x^2+10x+m=0$의 두 근의 차가 4이다.

21 $2x^2-16x+m=0$의 두 근의 차가 2이다.

22 $4x^2-8x+m=0$의 두 근의 차가 1이다.

23 $3x^2+21x+m=0$의 두 근의 차가 3이다.

무리수인 한 근이 주어진 경우

다음 주어진 값이 계수가 모두 유리수인 이차방정식의 한 근일 때, 다른 한 근을 구하시오.

따라하기

$1+\sqrt{2}$

→ 계수가 모두 유리수인 이차방정식에서 한 근이 $1+\sqrt{2}$이면 이차방정식의 다른 한 근은 $1-\sqrt{2}$

└ 무리수 앞의 부호가 바뀐다.

24 $1+\sqrt{5}$

25 $-\sqrt{7}$

26 $2-\sqrt{3}$

27 $-4+3\sqrt{5}$

28 $-7-\sqrt{2}$

29 $\dfrac{-1+\sqrt{6}}{2}$

다음 이차방정식을 $ax^2+bx+c=0$ 꼴로 나타내시오.
(단, 이차방정식의 계수는 모두 유리수이다.)

따라하기

한 근이 $2+\sqrt{3}$이고, x^2의 계수가 2인 이차방정식

→ 다른 한 근은 $2-\sqrt{3}$이므로

$2\{x-(2+\sqrt{3})\}\{x-(2-\sqrt{3})\}=0$

$2\{(x-2)-\sqrt{3}\}\{(x-2)+\sqrt{3}\}=0$

$2\{(x-2)^2-(\sqrt{3})^2\}=0$ └ $(a+b)(a-b)=a^2-b^2$을 이용할 수 있도록 묶는다.

따라서 구하는 이차방정식은 $2x^2-8x+2=0$

30 한 근이 $1+\sqrt{6}$이고, x^2의 계수가 1인 이차방정식

31 한 근이 $2-\sqrt{5}$이고, x^2의 계수가 1인 이차방정식

32 한 근이 $3-2\sqrt{3}$이고, x^2의 계수가 2인 이차방정식

33 한 근이 $-1-\sqrt{7}$이고, x^2의 계수가 3인 이차방정식

34 한 근이 $4+\sqrt{2}$이고, x^2의 계수가 -1인 이차방정식

35 대표 문제

두 근이 -3, 5이고 x^2의 계수가 2인 이차방정식이 $2x^2+ax+b=0$일 때, 상수 a, b의 값을 각각 구하면?

① $a=-4$, $b=-30$
② $a=-4$, $b=30$
③ $a=-2$, $b=-15$
④ $a=2$, $b=-15$
⑤ $a=4$, $b=30$

03 이차방정식의 활용

정답과 풀이 56쪽

이차방정식의 활용 문제는 다음과 같은 순서로 해결한다.
① 미지수 정하기: 문제의 뜻을 이해하고 구하려는 값을 미지수 x로 놓는다.
② 이차방정식 세우기: 문제의 뜻에 맞게 x에 대한 이차방정식을 세운다.
③ 이차방정식 풀기: 이차방정식을 푼다.
④ 답 구하기: 구한 해 중에서 문제의 뜻에 맞는 것을 선택한다.

수에 대한 문제

01 **어떤 자연수를 제곱한 것은 그 수를 4배한 것보다 12만큼 크다고 할 때, 어떤 자연수를 구하려고 한다.**

(1) 어떤 자연수를 x라 하고, 방정식을 세우시오.

어떤 자연수를 제곱한 수 → ☐
어떤 자연수를 4배한 것보다 12만큼 큰 수
→ ☐
방정식을 세우면 $x^2=$☐

(2) 방정식을 푸시오.
(3) 어떤 자연수를 구하시오.

02 **어떤 자연수를 제곱한 것은 그 수를 5배한 것보다 24만큼 크다고 할 때, 어떤 자연수를 구하시오.**

03 **어떤 자연수에 2를 더하여 제곱한 것은 그 수를 제곱한 것의 3배보다 26만큼 작다고 할 때, 어떤 자연수를 구하시오.**

연속하는 자연수에 대한 문제

04 **연속하는 두 짝수의 곱이 224일 때, 두 짝수를 구하려고 한다.**

(1) 연속하는 두 짝수 중에서 작은 수를 x라 하고, 방정식을 세우시오.

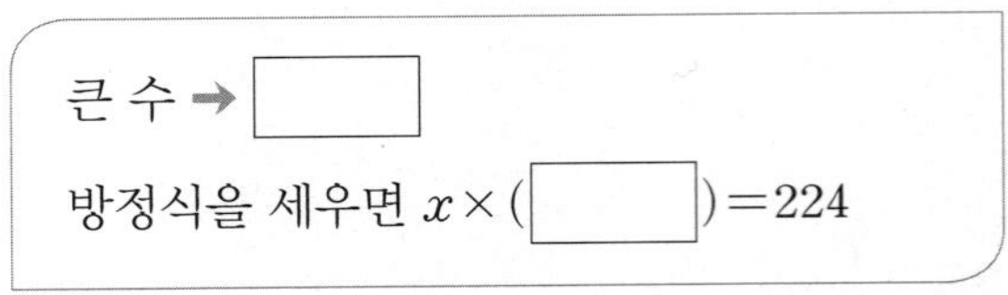

(2) 방정식을 푸시오.
(3) 연속하는 두 짝수를 구하시오.

05 **연속하는 두 홀수의 곱이 195일 때, 연속하는 두 홀수를 구하시오.**

06 **연속하는 세 자연수의 제곱의 합이 149일 때, 연속하는 세 자연수를 구하시오.**

(1) 가운데 수를 x라 하고, 방정식을 세우시오.

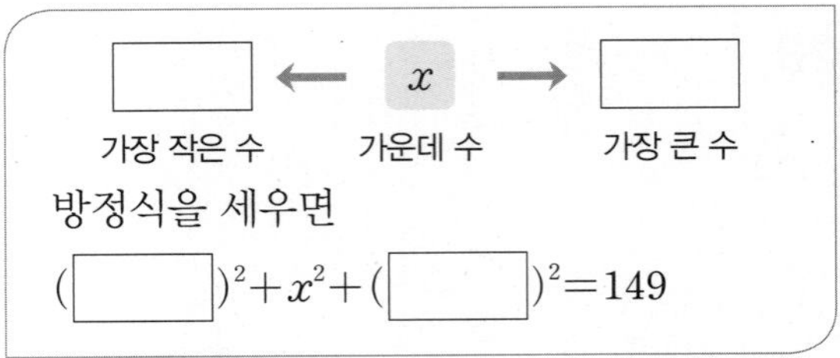

x
가장 작은 수
가운데 수
가장 큰 수
방정식을 세우면
$($☐$)^2+x^2+($☐$)^2=149$

(2) 방정식을 푸시오.
(3) 세 자연수를 구하시오.

나이에 대한 문제

07 형준이와 동생의 나이의 차는 3살이다. 형준이와 동생의 나이의 곱이 180일 때, 형준이의 나이를 구하려고 한다.

(1) 형준이의 나이를 x살이라 하고, 방정식을 세우시오.

> 동생의 나이 ➔ ☐(살)
> 방정식을 세우면 $x\times($☐$)=180$

(2) 방정식을 푸시오.

(3) 형준이의 나이를 구하시오.

08 진만이와 형의 나이의 차는 5살이다. 진만이와 형의 나이의 제곱의 합이 493일 때, 진만이의 나이를 구하려고 한다.

(1) 진만이의 나이를 x살이라 하고, 방정식을 세우시오.

> 형의 나이 ➔ ☐(살)
> 방정식을 세우면 $x^2+($☐$)^2=493$

(2) 방정식을 푸시오.

(3) 진만이의 나이를 구하시오.

09 유라와 동생의 나이의 차는 4살이다. 유라와 동생의 나이의 제곱의 합이 400일 때, 유라의 나이를 구하시오.

과부족에 대한 문제

10 사탕 135개를 상자에 똑같이 나누어 담았더니 상자의 개수가 한 상자에 들어 있는 사탕의 개수보다 6만큼 많았을 때, 한 상자에 들어 있는 사탕의 개수를 구하려고 한다.

(1) 한 상자에 들어 있는 사탕의 개수를 x라 하고, 방정식을 세우시오.

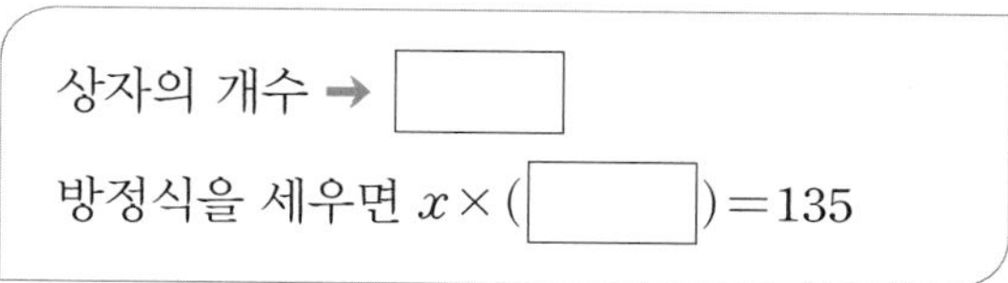
상자의 개수 ➔ ☐
방정식을 세우면 $x\times($☐$)=135$

(2) 방정식을 푸시오.

(3) 한 상자에 들어 있는 사탕의 개수를 구하시오.

11 귤 260개를 바구니에 똑같이 나누어 담았더니 바구니의 개수가 한 바구니에 들어 있는 귤의 개수보다 7만큼 적었을 때, 한 바구니에 들어 있는 귤의 개수를 구하시오.

12 볼펜 96개를 학생들에게 똑같이 나누어 주었더니 한 학생이 받은 볼펜의 개수가 전체 학생 수보다 4만큼 적었을 때, 전체 학생 수를 구하시오.

펼친 책 두 면의 쪽수에 대한 문제

13 **수학책을 펼쳤더니 펼쳐진 두 면의 쪽수의 곱이 132이었다. 펼쳐진 두 면의 쪽수를 구하려고 한다.**

(1) 펼쳐진 두 면 중에서 더 작은 쪽수를 x라 하고, 방정식을 세우시오.

> 더 큰 쪽수 → ☐
> 방정식을 세우면 $x\times($☐$)=132$

(2) 방정식을 푸시오.

(3) 펼쳐진 두 면의 쪽수를 구하시오.

14 **민주가 서점에서 어떤 책을 펼쳤더니 펼쳐진 두 면의 쪽수의 곱이 240이었다. 펼쳐진 두 면의 쪽수를 구하시오.**

15 **윤서가 현재 읽고 있는 책을 펼쳤더니 펼쳐진 두 면의 쪽수의 제곱의 합이 365이었다. 펼쳐진 두 면의 쪽수를 구하시오.**

쏘아 올린 물체에 대한 문제

16 **지면에서 던져 올린 공의 x초 후의 지면으로부터의 높이가 $(40x-5x^2)$m일 때, 이 공이 지면에 떨어지는 것은 공을 던져 올린 지 몇 초 후인지 구하려고 한다.**

(1) 방정식을 세우시오.

> $40x-5x^2=$☐

(2) 방정식을 푸시오.

(3) 던진 공이 지면에 떨어지는 것은 공을 던져 올린 지 몇 초 후인지 구하시오.

17 **지면에서 던져 올린 공의 x초 후의 지면으로부터의 높이가 $(30x-5x^2)$ m일 때, 이 공의 지면으로부터의 높이가 처음으로 40 m가 되는 것은 공을 던져 올린 지 몇 초 후인지 구하려고 한다.**

(1) 방정식을 세우시오.

> $30x-5x^2=$☐

(2) 방정식을 푸시오.

(3) 던진 공의 지면으로부터의 높이가 처음으로 40 m가 되는 것은 공을 던져 올린 지 몇 초 후인지 구하시오.

18 **지면으로부터 80 m 높이에서 던져 올린 공의 x초 후의 지면으로부터의 높이가 $(80+20x-5x^2)$ m일 때, 이 공의 지면으로부터의 높이가 55 m가 되는 것은 공을 던져 올린 지 몇 초 후인지 구하시오.**

도형에 대한 문제

19 오른쪽 그림과 같이 가로, 세로의 길이가 각각 8 cm, 6 cm인 직사각형이 있다. 이 직사각형의 가로, 세로의 길이를 똑같은 길이만큼 늘였더니 처음 직사각형의 넓이보다 32 cm^2만큼 넓어졌다고 할 때, 가로, 세로의 길이를 각각 몇 cm씩 늘였는지 구하려고 한다.

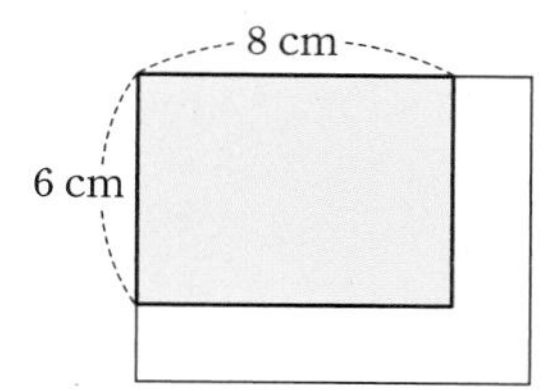

(1) 늘인 길이를 x cm라 할 때, 방정식을 세우시오.

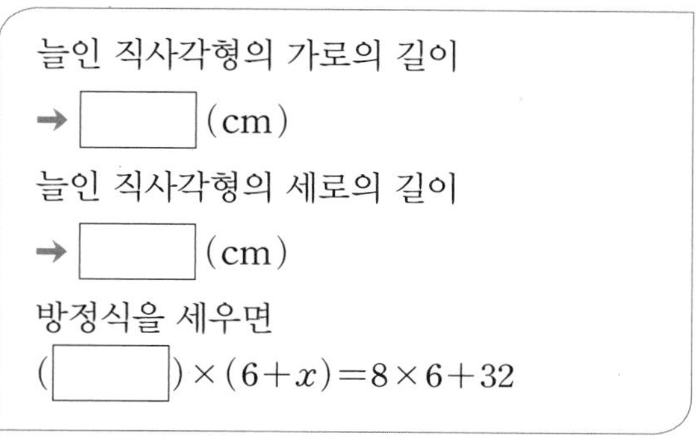

늘인 직사각형의 가로의 길이
➔ ☐(cm)
늘인 직사각형의 세로의 길이
➔ ☐(cm)
방정식을 세우면
(☐)$\times(6+x)=8\times6+32$

(2) 방정식을 푸시오.

(3) 가로, 세로의 길이를 각각 몇 cm씩 늘였는지 구하시오.

20 오른쪽 그림과 같이 가로, 세로의 길이가 각각 10 cm, 12 cm인 직사각형이 있다. 이 직사각형의 가로, 세로의 길이를 똑같은 길이만큼 늘였더니 처음 직사각형의 넓이보다 75 cm^2만큼 넓어졌다고 할 때, 가로, 세로의 길이를 각각 몇 cm씩 늘였는지 구하시오.

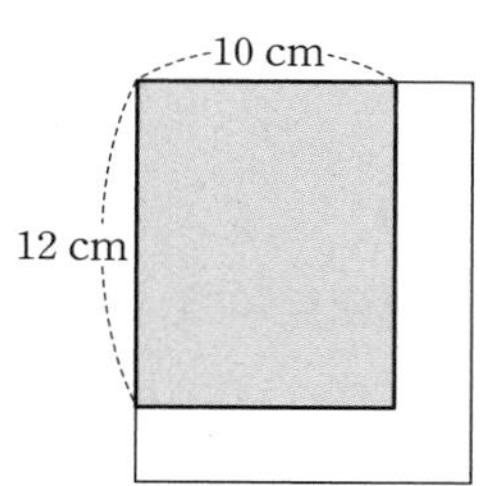

21 오른쪽 그림과 같이 정사각형에서 가로의 길이를 2 cm 만큼 늘이고, 세로의 길이를 4 cm만큼 줄여서 만든 직사각형의 넓이가 55 cm^2일 때, 처음 정사각형의 한 변의 길이를 구하려고 한다.

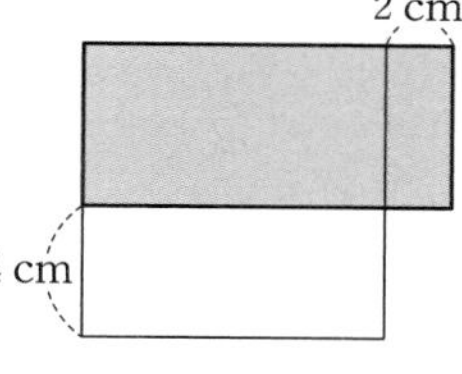

(1) 처음 정사각형의 한 변의 길이를 x cm라 할 때, 방정식을 세우시오.

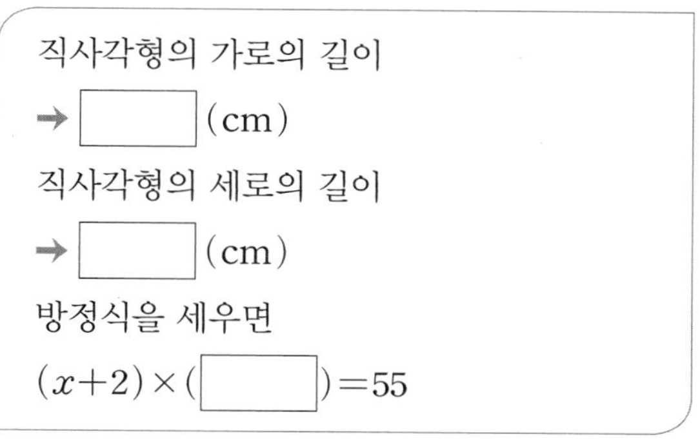

직사각형의 가로의 길이
➔ ☐(cm)
직사각형의 세로의 길이
➔ ☐(cm)
방정식을 세우면
$(x+2)\times($☐$)=55$

(2) 방정식을 푸시오.

(3) 처음 정사각형의 한 변의 길이를 구하시오.

22 오른쪽 그림과 같이 정사각형에서 가로의 길이를 3 cm만큼 줄이고, 세로의 길이를 1cm만큼 늘여서 만든 직사각형의 넓이가 32 cm^2일 때, 처음 정사각형의 한 변의 길이를 구하시오.

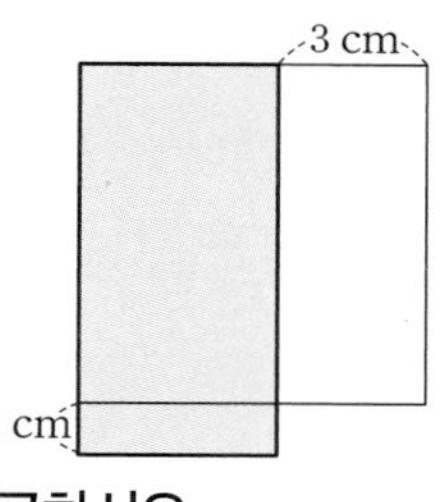

확인 문제

정답과 풀이 58쪽

01

다음 이차방정식 중에서 근의 개수가 나머지 넷과 다른 하나는?

① $x^2-4x+1=0$　② $x^2+7x+3=0$
③ $2x^2-8=0$　④ $3x^2-x+2=0$
⑤ $4x^2+5x-2=0$

02

이차방정식 $mx^2-2mx+8=0$이 중근을 갖도록 하는 상수 m의 값은?

① 2　② 4　③ 6
④ 8　⑤ 10

03

이차방정식 $x^2-3x+2=0$의 두 근을 α, $\beta(\alpha<\beta)$라 할 때, $\frac{\alpha}{4}$, $\frac{\beta}{2}$를 두 근으로 하고 x^2의 계수가 4인 이차방정식은?

① $4x^2-10x+1=0$　② $4x^2-5x+1=0$
③ $4x^2-5x+4=0$　④ $4x^2+5x+1=0$
⑤ $4x^2+5x+4=0$

04

n각형의 대각선의 개수가 $\frac{n(n-3)}{2}$일 때, 대각선의 개수가 35개인 다각형은?

① 팔각형　② 구각형　③ 십각형
④ 십일각형　⑤ 십이각형

05

소율이는 같은 반 학생들에게 나누어 주기 위해 과자 550개를 샀다. 이 과자를 소율이를 포함하여 같은 반 모든 학생들에게 똑같이 나누어 주었더니 한 학생이 받은 과자의 개수가 전체 학생 수보다 3만큼 많았을 때, 전체 학생 수는?

① 22　② 23　③ 24
④ 25　⑤ 26

06

지면으로부터 150 m 높이에서 던져 올린 공의 x초 후의 지면으로부터의 높이가 $(150+35x-5x^2)$ m일 때, 이 공이 지면에 떨어지는 것은 공을 던져 올린 지 몇 초 후인지 구하시오.

이차함수와 그 그래프

1. 이차함수 $y=ax^2$의 그래프

01 이차함수

정답과 풀이 59쪽

함수 $y=f(x)$에서 y가 x에 대한 이차식

$y=ax^2+bx+c$ (단, a, b, c는 상수, $a\neq0$)

로 나타내어질 때, 이 함수를 x에 대한 이차함수라 한다.

예 $y=x^2$, $y=\frac{1}{4}x^2$, $y=-2x^2+3x-5$ → 이차함수이다. / $\underbrace{y=-3x}_{\text{일차식}}$, $\underbrace{y=-\frac{2}{x},\ y=\frac{1}{x^2}+1}_{\text{미지수가 분모에 있는 식}}$ → 이차함수가 아니다.

참고 함수 $f(x)=ax^2+bx+c$에서 $x=k$일 때의 함숫값

→ $x=k$를 대입했을 때의 $f(x)$의 값 → $f(k)=ak^2+bk+c$

이차함수 찾기

※ 다음 중 이차함수인 것은 ○표, 이차함수가 아닌 것은 × 표를 ( ) 안에 써넣으시오.

01 $y=5x^2$ ( )

02 $y=2x+1$ ( )

03 $y=\frac{2}{x^2}$ ( )

04 $y=-x^2+8x+3$ ( )

05 $y=x^3-x^2+6$ ( )

06 $y=x(x-1)$ ( )

Tip 우변을 전개하고 정리하여 이차식인지 확인한다.

07 $y=(x+2)(x-4)$ ( )

08 $y=x^2-x(x+2)$ ( )

문장을 식으로 나타내고 이차함수인지 파악하기

※ 다음에서 y를 x에 대한 식으로 나타내고, y가 x에 대한 이차함수인지 아닌지 말하시오.

ε 따라하기

연속하는 두 자연수 x, $x+1$의 곱 y

→ $y=x(x+1)=x^2+x$ ← y가 x에 대한 이차식이다.

따라서 y는 x에 대한 이차함수이다.

09 한 개에 800원인 볼펜 x자루의 값 y원

→ 식: ________, ________

10 반지름의 길이가 x인 원의 넓이 y

→ 식: ________, ________

11 한 변의 길이가 x인 정삼각형의 둘레의 길이 y

→ 식: ________, ________

12 한 변의 길이가 x인 정사각형 2개의 넓이의 합 y

→ 식: ________, ________

13 시속 60 km로 x시간 동안 달린 거리 y km

→ 식: ________, ________

이차함수의 함숫값

이차함수 $f(x)=x^2-2x+3$에 대하여 다음 함숫값을 구하시오.

따라하기

$f(-1)$ → $f(-1)=(-1)^2-2\times(-1)+3=6$

x 대신 -1을 대입

14 $f(0)$

15 $f(-3)$

16 $f(4)$

17 $f\left(\frac{1}{2}\right)$

이차함수 $y=f(x)$에 대하여 다음을 구하시오.

18 $f(x)=-x^2+x-1$일 때, $f(5)$의 값

19 $f(x)=4x^2-2x-9$일 때, $f\left(-\frac{1}{2}\right)$의 값

20 $f(x)=\frac{1}{3}x^2+x$일 때, $f(-6)$의 값

21 $f(x)=-5x^2-2x+7$일 때, $f(1)$의 값

22 $f(x)=\frac{1}{4}x^2+\frac{1}{2}x-5$일 때, $f(4)$의 값

함숫값이 주어질 때, 미지수의 값 구하기

다음 이차함수 $y=f(x)$에 대하여 주어진 함숫값을 만족시키는 상수 a의 값을 구하시오.

따라하기

$f(x)=x^2-3x+a$, $f(2)=-7$

→ $f(2)=2^2-3\times2+a=-7$이므로

x 대신 2를 대입

$-2+a=-7$, $a=-5$

23 $f(x)=4x^2+5x+a$, $f(0)=4$

24 $f(x)=-\frac{1}{3}x^2-4x+a$, $f(3)=-6$

25 $f(x)=-2x^2+ax+6$, $f(-1)=5$

26 $f(x)=\frac{1}{2}x^2-ax+1$, $f(4)=-3$

27 $f(x)=ax^2+7x+11$, $f(-3)=-1$

28 대표 문제

이차함수 $f(x)=2x^2+3x-1$에서 $f(1)+f(-2)$의 값은?

① -3 ② -1 ③ 1

④ 3 ⑤ 5

02 이차함수 $y=x^2$의 그래프

정답과 풀이 59쪽

(1) 원점을 지나고 아래로 볼록한 곡선이다.
(2) y축에 대칭이다.
(3) $x<0$일 때, x의 값이 증가하면 y의 값은 감소한다.
$x>0$일 때, x의 값이 증가하면 y의 값도 증가한다.
(4) 이차함수 $y=-x^2$의 그래프와 x축에 서로 대칭이다.

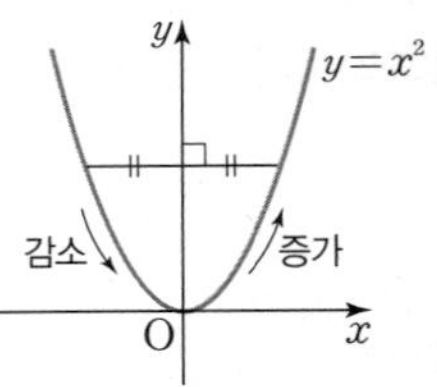

이차함수 $y=x^2$의 그래프 그리기

이차함수 $y=x^2$에 대하여 다음 물음에 답하시오.

01 다음 표를 완성하시오.

x	…	-3	-2	-1	0	1	2	3	…
y	…								…

02 위의 표에서 구한 순서쌍 $(x,\ y)$를 좌표로 하는 점을 좌표평면 위에 나타내고, x의 값의 범위가 모든 수일 때, 이차함수 $y=x^2$의 그래프를 그리시오.

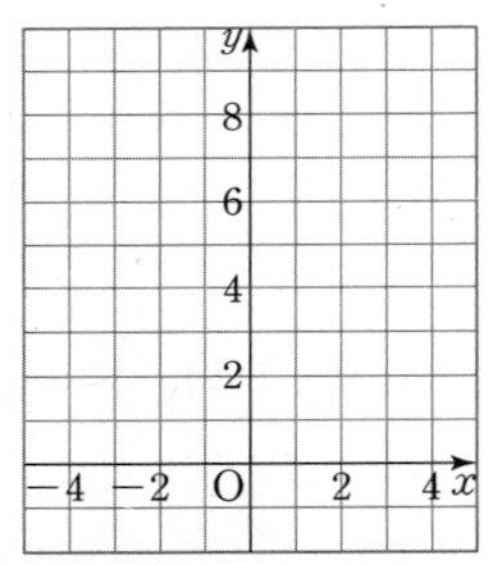

Tip x의 값의 범위가 모든 수이면 점들을 매끄러운 곡선으로 연결한다.

이차함수 $y=-x^2$의 그래프 그리기

이차함수 $y=-x^2$에 대하여 다음 물음에 답하시오.

03 다음 표를 완성하시오.

x	…	-3	-2	-1	0	1	2	3	…
y	…								…

04 위의 표에서 구한 순서쌍 $(x,\ y)$를 좌표로 하는 점을 좌표평면 위에 나타내고, x의 값의 범위가 모든 수일 때, 이차함수 $y=-x^2$의 그래프를 그리시오.

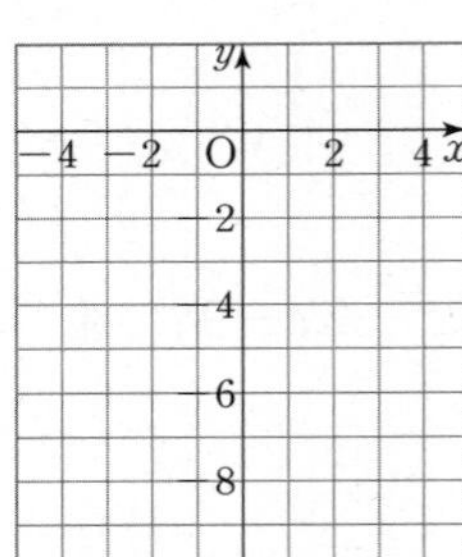

Tip x의 값의 범위가 모든 수이면 점들을 매끄러운 곡선으로 연결한다.

이차함수 $y=x^2$의 그래프의 성질

이차함수 $y=x^2$의 그래프에 대하여 다음 □ 안에 알맞은 것을 써넣으시오.

05 점 $(0,$ □$)$을 지난다.

06 □로 볼록하다.

07 □축에 대칭이다.

08 제□사분면과 제□사분면을 지난다.

09 $x<0$일 때, x의 값이 증가하면 y의 값은 □ 한다.

10 $x>0$일 때, x의 값이 증가하면 y의 값은 □ 한다.

이차함수 $y=-x^2$의 그래프의 성질

이차함수 $y=-x^2$의 그래프에 대하여 다음 □ 안에 알맞은 것을 써넣으시오.

11 점 $($□$, 0)$을 지난다.

12 □로 볼록하다.

13 □축에 대칭이다.

14 제□사분면과 제□사분면을 지난다.

15 $x<0$일 때, x의 값이 증가하면 y의 값은 □ 한다.

16 $x>0$일 때, x의 값이 증가하면 y의 값은 □ 한다.

03 이차함수 $y=ax^2$의 그래프

정답과 풀이 60쪽

(1) 원점을 꼭짓점으로 하는 포물선이다.
(2) y축에 대칭이다.
(3) **축의 방정식**: $x=0$(y축)
(4) **꼭짓점의 좌표**: $(0,\ 0)$

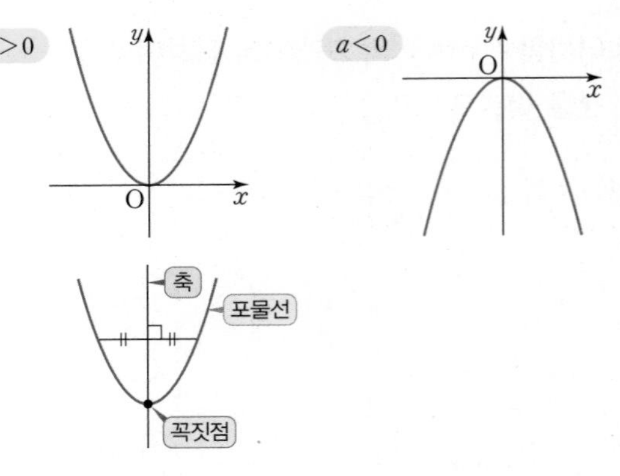

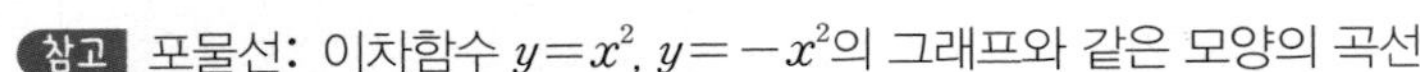

참고 포물선: 이차함수 $y=x^2$, $y=-x^2$의 그래프와 같은 모양의 곡선
(1) 축: 포물선은 선대칭도형이고, 그 대칭축을 포물선의 축이라 한다.
(2) 꼭짓점: 포물선과 축의 교점을 포물선의 꼭짓점이라 한다.
예 이차함수 $y=x^2$의 그래프에서
• 축의 방정식: $x=0$(y축) • 꼭짓점의 좌표: $(0,\ 0)$

이차함수 $y=ax^2(a>0)$의 그래프 그리기

다음 물음에 답하시오.

01 다음 표를 완성하고, □ 안에 알맞은 수를 써넣으시오.

x	⋯	-3	-2	-1	0	1	2	3	⋯
x^2	⋯								⋯
$2x^2$	⋯								⋯
$\frac{1}{3}x^2$	⋯								⋯

→ 이차함수 $y=2x^2$의 함숫값은 이차함수 $y=x^2$의 함숫값의 각각 □배이고, 이차함수 $y=\frac{1}{3}x^2$의 함숫값은 이차함수 $y=x^2$의 함숫값의 각각 □배이다.

02 이차함수 $y=x^2$의 그래프를 이용하여 이차함수 $y=2x^2$의 그래프를 그리시오.

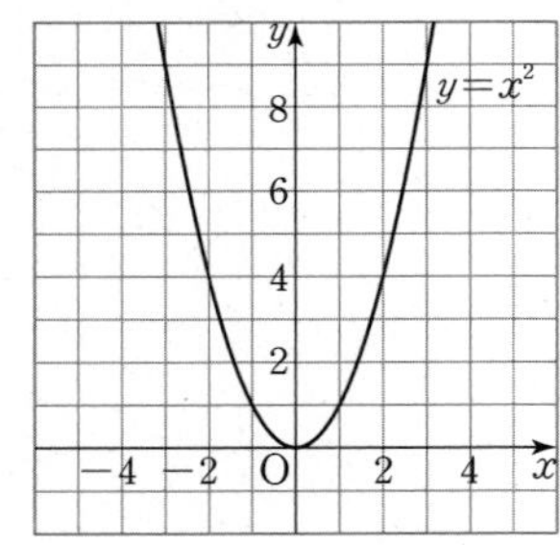

Tip 이차함수 $y=x^2$의 그래프 위의 각 점에서 y좌표를 2배로 하는 점을 잡아서 이 점들을 매끄러운 곡선으로 연결한다.

03 이차함수 $y=x^2$의 그래프를 이용하여 이차함수 $y=\frac{1}{3}x^2$의 그래프를 그리시오.

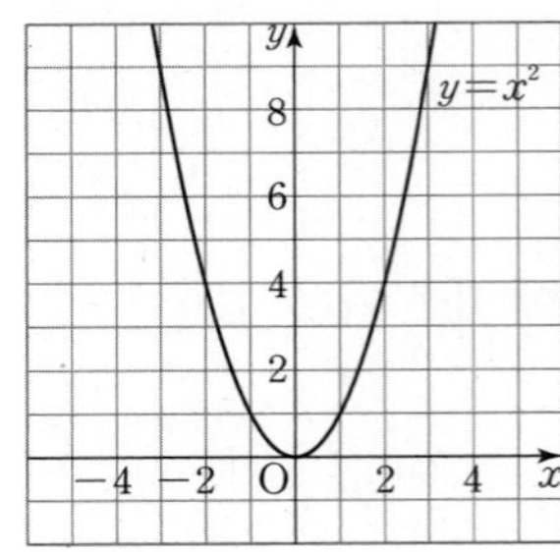

이차함수 $y=ax^2(a>0)$의 그래프의 축과 꼭짓점

이차함수 $y=5x^2$의 그래프에 대하여 다음 □ 안에 알맞은 것을 써넣으시오.

04 축의 방정식은 □이다.

05 꼭짓점의 좌표는 (□, □)이다.

06 제□사분면과 제□사분면을 지난다.

07 x□0일 때, x의 값이 증가하면 y의 값은 감소한다.

이차함수 $y=ax^2(a<0)$의 그래프 그리기

다음 물음에 답하시오.

08 다음 표를 완성하고, □ 안에 알맞은 수를 써넣으시오.

x	⋯	-3	-2	-1	0	1	2	3	⋯
$-x^2$	⋯								⋯
$-2x^2$	⋯								⋯
$-\frac{1}{2}x^2$	⋯								⋯

→ 이차함수 $y=-2x^2$의 함숫값은 이차함수 $y=-x^2$의 함숫값의 각각 □배이고, 이차함수 $y=-\frac{1}{2}x^2$의 함숫값은 이차함수 $y=-x^2$의 함숫값의 각각 □배이다.

09 이차함수 $y=-x^2$의 그래프를 이용하여 이차함수 $y=-2x^2$의 그래프를 그리시오.

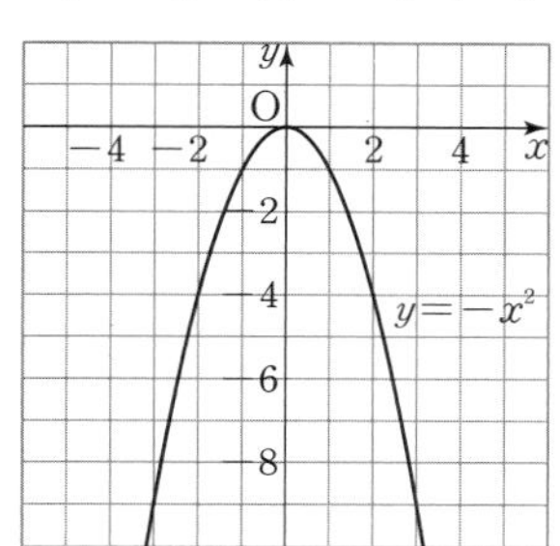

10 이차함수 $y=-x^2$의 그래프를 이용하여 이차함수 $y=-\frac{1}{2}x^2$의 그래프를 그리시오.

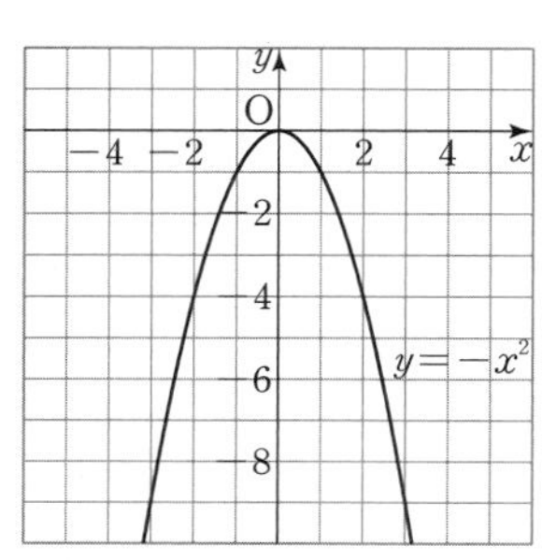

이차함수 $y=ax^2(a<0)$의 그래프의 축과 꼭짓점

이차함수 $y=-4x^2$의 그래프에 대하여 다음 □ 안에 알맞은 것을 써넣으시오.

11 축의 방정식은 □이다.

12 꼭짓점의 좌표는 (□, □)이다.

13 제□사분면과 제□사분면을 지난다.

14 $x<0$일 때, x의 값이 증가하면 y의 값은 □한다.

15 $x>0$일 때, x의 값이 증가하면 y의 값은 □한다.

16 대표 문제

다음 중 이차함수 $y=-\frac{3}{5}x^2$의 그래프에 대한 설명으로 옳지 않은 것은?

① 원점을 지난다.
② y축에 대칭이다.
③ 축의 방정식은 $y=0$이다.
④ 제3사분면과 제4사분면을 지난다.
⑤ $x<0$일 때, x의 값이 증가하면 y의 값도 증가한다.

04 이차함수 $y=ax^2$의 그래프의 성질

정답과 풀이 60쪽

(1) a의 부호: 그래프의 모양을 결정
① $a>0$일 때, 아래로 볼록
② $a<0$일 때, 위로 볼록
(2) a의 절댓값: 그래프의 폭을 결정
→ a의 절댓값이 클수록 그래프의 폭이 좁아진다.
(3) 이차함수 $y=-ax^2$의 그래프와 x축에 서로 대칭이다.

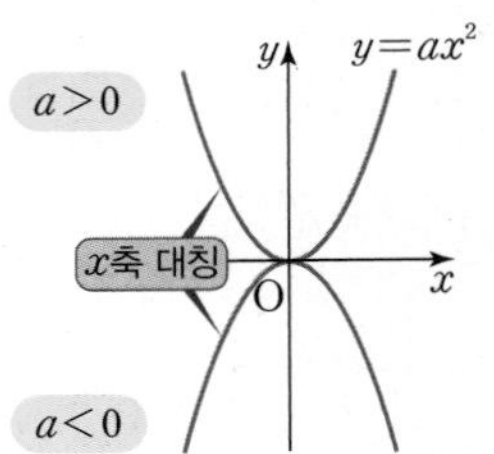

이차함수 $y=ax^2$의 그래프의 모양

보기의 이차함수의 그래프에 대하여 다음 물음에 답하시오.

보기

ㄱ. $y=-2x^2$　ㄴ. $y=-\frac{2}{3}x^2$　ㄷ. $y=-\frac{1}{2}x^2$
ㄹ. $y=-\frac{1}{4}x^2$　ㅁ. $y=\frac{2}{3}x^2$　ㅂ. $y=4x^2$

01 위로 볼록한 것을 모두 고르시오.

02 아래로 볼록한 것을 모두 고르시오.

03 x축에 서로 대칭인 것끼리 짝 지으시오.

다음 두 이차함수의 그래프가 x축에 서로 대칭인 것은 ○표, 대칭이 아닌 것은 ×표를 (　) 안에 써넣으시오.

04 $y=2x^2$, $y=\frac{1}{2}x^2$ (　　)

05 $y=-6x^2$, $y=6x^2$ (　　)

06 $y=-\frac{2}{5}x^2$, $y=\frac{2}{5}x^2$ (　　)

07 $y=-\frac{3}{8}x^2$, $y=-\frac{8}{3}x^2$ (　　)

이차함수 $y=ax^2$의 그래프의 성질

이차함수 $y=\frac{2}{3}x^2$의 그래프에 대하여 다음 □ 안에 알맞은 것을 써넣으시오.

08 □로 볼록하다.

09 □축에 대칭이다.

10 점 $(-6,$ □$)$를(을) 지난다.

11 이차함수 $y=-\frac{2}{3}x^2$의 그래프와 □축에 서로 대칭이다.

이차함수 $y=-3x^2$의 그래프에 대하여 다음 □ 안에 알맞은 것을 써넣으시오.

12 □로 볼록하다.

13 □축에 대칭이다.

14 점 $(2,$ □$)$를(을) 지난다.

15 이차함수 □의 그래프와 x축에 서로 대칭이다.

이차함수 $y=ax^2$의 그래프의 폭

다음 두 이차함수의 그래프 중에서 폭이 더 좁은 것에 ○표 하시오.

$y=-3x^2$, $y=x^2$

→ 이차함수 $y=-3x^2$의 그래프는 이차함수 $y=x^2$의 그래프보다 폭이 더 좁다.

이차항의 계수의 절댓값이 $|-3|>|1|$

16 $y=x^2$, $y=\frac{1}{2}x^2$

17 $y=-2x^2$, $y=-4x^2$

18 $y=\frac{10}{3}x^2$, $y=-3x^2$

19 $y=-\frac{7}{2}x^2$, $y=\frac{16}{5}x^2$

보기의 이차함수의 그래프 중에서 다음을 만족하는 것을 모두 찾아 기호를 쓰시오.

보기

ㄱ. $y=-3x^2$　ㄴ. $y=-\frac{1}{3}x^2$　ㄷ. $y=-\frac{1}{5}x^2$

ㄹ. $y=\frac{3}{2}x^2$　ㅁ. $y=2x^2$　ㅂ. $y=5x^2$

20 폭이 가장 좁은 것

21 폭이 가장 넓은 것

22 이차함수 $y=-x^2$의 그래프보다 폭이 넓은 것

23 이차함수 $y=2x^2$의 그래프보다 폭이 좁은 것

이차함수 $y=ax^2$의 그래프에서 a의 크기

다음 이차함수 $y=ax^2$의 그래프에서 상수 a의 값이 큰 것부터 차례로 기호를 쓰시오.

24

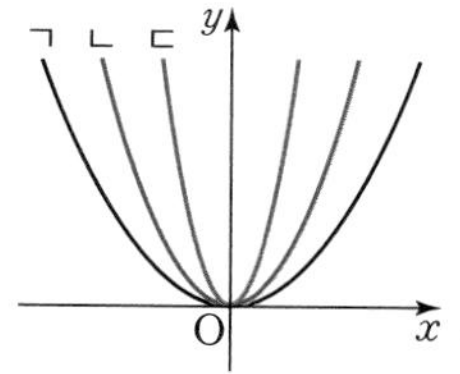

25

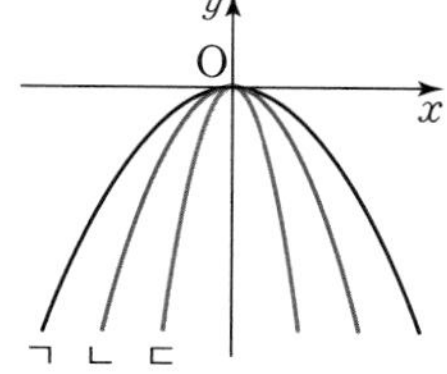

26

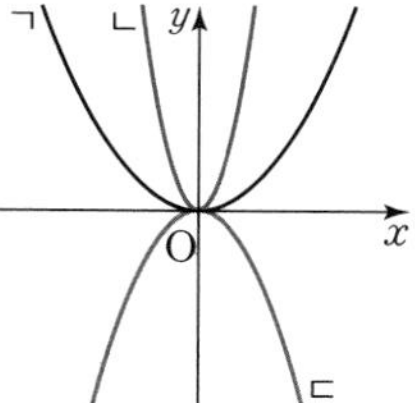

Tip 이차함수 $y=ax^2$의 그래프가 아래로 볼록하면 $a>0$, 위로 볼록하면 $a<0$이다.

27 대표 문제

다음 이차함수의 그래프 중에서 위로 볼록하면서 폭이 가장 넓은 것은?

① $y=-4x^2$　② $y=-\frac{5}{3}x^2$

③ $y=-\frac{1}{4}x^2$　④ $y=\frac{7}{2}x^2$

⑤ $y=6x^2$

이차함수 $y=ax^2$의 그래프가 지나는 점

이차함수 $y=ax^2$의 그래프가 다음 점을 지날 때, 상수 a의 값을 구하시오.

따라하기

$(-1, 3)$

→ $3=a\times(-1)^2$이므로 $a=3$

$y=ax^2$에 $x=-1$, $y=3$을 대입한다.

28 $(-2, -1)$

29 $(3, 9)$

30 $\left(-\frac{1}{2}, 4\right)$

31 $\left(\frac{1}{3}, -\frac{1}{3}\right)$

이차함수 $y=ax^2$의 그래프가 다음 두 점을 지날 때, 상수 a, b의 값을 각각 구하시오.

따라하기

$(2, -4)$, $(-3, b)$

→ $-4=a\times 2^2$이므로 $a=-1$

$y=ax^2$에 $x=2$, $y=-4$를 대입한다.

즉, $y=-x^2$이므로 $b=-(-3)^2=-9$

$a=-1$을 대입하여 구한 함수의 식에 $x=-3$, $y=b$를 대입한다.

32 $(1, -5)$, $(2, b)$

33 $(-2, 12)$, $(-3, b)$

34 $\left(\frac{1}{4}, \frac{1}{8}\right)$, $(1, b)$

이차함수 $y=ax^2$의 그래프가 주어질 때 a의 값

이차함수 $y=ax^2$의 그래프가 다음 그림과 같을 때, 상수 a의 값을 구하시오.

35

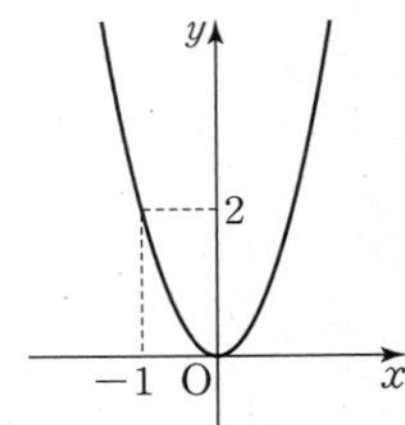

Tip 이차함수의 그래프가 지나는 점의 좌표를 이용한다.

36

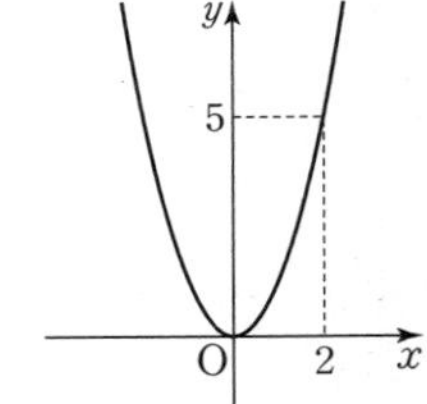

37

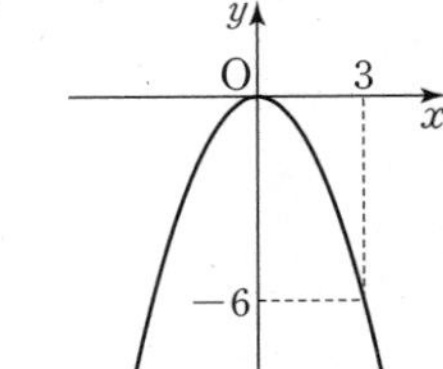

이차함수 $y=ax^2$의 그래프가 두 점 $(-2, 3)$, $(4, b)$를 지날 때, ab의 값은? (단, a는 상수)

① -12 ② -9 ③ 6

④ 9 ⑤ 12

확인 문제

정답과 풀이 61쪽

01

다음 중에서 이차함수인 것은?

① $y=-4x$
② $y=5-2x$
③ $y=\frac{3}{x^2}+\frac{2}{x}$
④ $y=(x+2)(x-5)$
⑤ $y=(x+1)^2-x^2$

02

이차함수 $f(x)=-x^2+5x+13$에서 $f(-1)$의 값은?

① 1
② 3
③ 5
④ 7
⑤ 9

03

다음 이차함수의 그래프 중 폭이 가장 좁은 것은?

① $y=-4x^2$
② $y=-\frac{3}{2}x^2$
③ $y=-\frac{1}{5}x^2$
④ $y=\frac{2}{3}x^2$
⑤ $y=2x^2$

04

이차함수 $y=ax^2$의 그래프가 오른쪽 그림과 같을 때, 상수 a의 값이 가장 작은 것을 찾아 기호를 쓰시오.

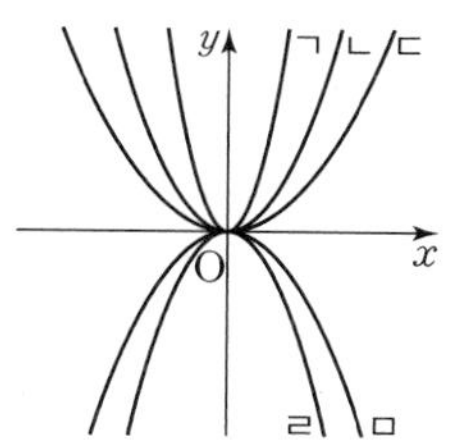

05

다음 중 이차함수 $y=-\frac{5}{6}x^2$의 그래프에 대한 설명으로 옳지 않은 것은?

① 위로 볼록한 포물선이다.
② 축의 방정식은 $x=0$이다.
③ 꼭짓점의 좌표는 $(0, 0)$이다.
④ $y=-\frac{1}{3}x^2$의 그래프보다 폭이 좁다.
⑤ 이차함수 $y=-\frac{6}{5}x^2$의 그래프와 x축에 서로 대칭이다.

06

이차함수 $y=-\frac{1}{2}x^2$의 그래프가 점 $(k, -8)$을 지날 때, k의 값을 모두 구하면? (정답 2개)

① -6
② -4
③ -2
④ 4
⑤ 6

2. 이차함수 $y=a(x-p)^2+q$의 그래프

01 이차함수 $y=ax^2+q$의 그래프

정답과 풀이 62쪽

(1) 이차함수 $y=ax^2$의 그래프를 y축의 방향으로 q만큼 평행이동한 것이다.

$$y=ax^2 \xrightarrow[q\text{만큼 평행이동}]{y\text{축의 방향으로}} y=ax^2+q$$

(2) 축의 방정식: $x=0$(y축)

(3) 꼭짓점의 좌표: $(0,\ q)$

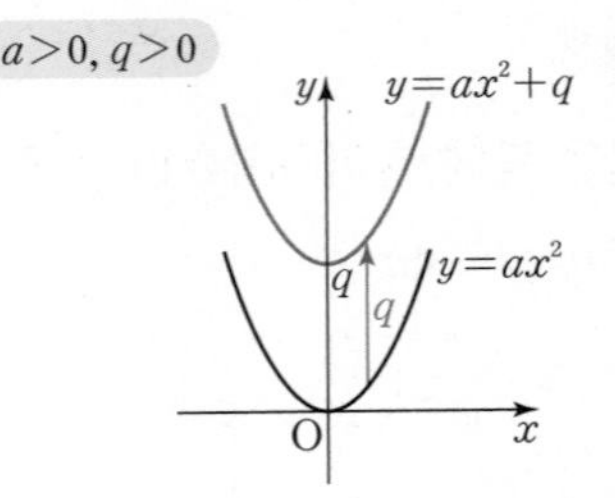

예 이차함수 $y=2x^2+3$의 그래프

→ $y=2x^2$의 그래프를 y축의 방향으로 3만큼 평행이동한 그래프

• 축의 방정식: $x=0$(y축) • 꼭짓점의 좌표: $(0,\ 3)$

참고 그래프를 평행이동하면 그래프의 모양과 폭은 변하지 않는다.

이차함수의 그래프의 y축의 방향으로 평행이동 (1)

다음 이차함수의 그래프는 이차함수 $y=x^2$의 그래프를 y축의 방향으로 얼마만큼 평행이동한 것인지 구하시오.

01 $y=x^2+2$

02 $y=x^2-5$

03 $y=x^2+7$

04 $y=x^2-\frac{1}{3}$

다음 이차함수의 그래프는 이차함수 $y=-3x^2$의 그래프를 y축의 방향으로 얼마만큼 평행이동한 것인지 구하시오.

05 $y=-3x^2+1$

06 $y=-3x^2+\frac{1}{2}$

07 $y=-3x^2-4$

08 $y=-3x^2-\frac{2}{5}$

이차함수의 그래프의 y축의 방향으로 평행이동 (2)

다음 이차함수의 그래프를 y축의 방향으로 [ ] 안의 수만큼 평행이동한 그래프를 나타내는 이차함수의 식을 구하시오.

ε 따라하기

$y=2x^2$ [5]

→ 이차함수 $y=2x^2$의 그래프를 y축의 방향으로 5만큼 평행이동한 그래프를 나타내는 이차함수의 식은 $y=2x^2+5$

09 $y=6x^2$ $[-1]$

10 $y=\frac{2}{3}x^2$ $\left[\frac{1}{4}\right]$

11 $y=-7x^2$ $[2]$

12 $y=-4x^2$ $\left[\frac{1}{5}\right]$

13 $y=-\frac{3}{5}x^2$ $\left[-\frac{2}{7}\right]$

이차함수 $y=ax^2+q$의 그래프 그리기

다음 이차함수의 그래프를 주어진 이차함수의 그래프를 이용하여 그리시오.

14 $y=x^2-4$

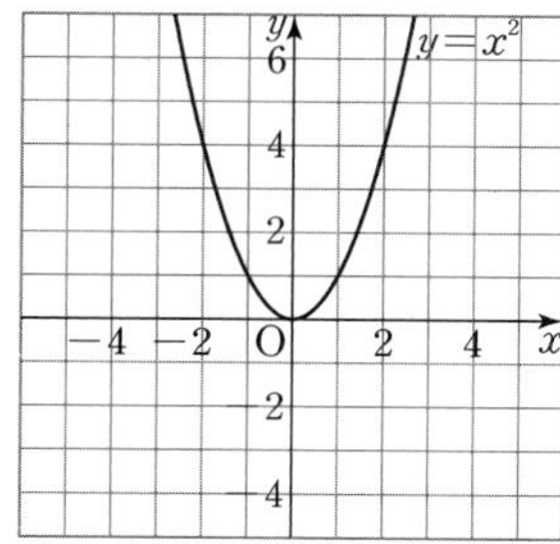

Tip 이차함수 $y=x^2$의 그래프 위의 각 점에서 y좌표가 4만큼 작은 점을 잡아서 이 점들을 매끄러운 곡선으로 연결한다.

15 $y=\frac{1}{2}x^2+3$

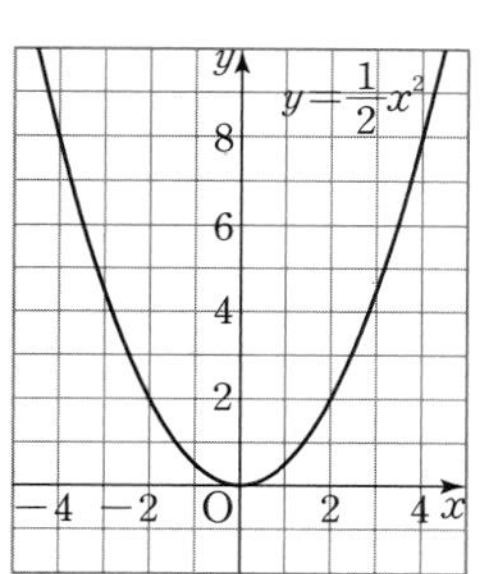

16 $y=-2x^2-2$

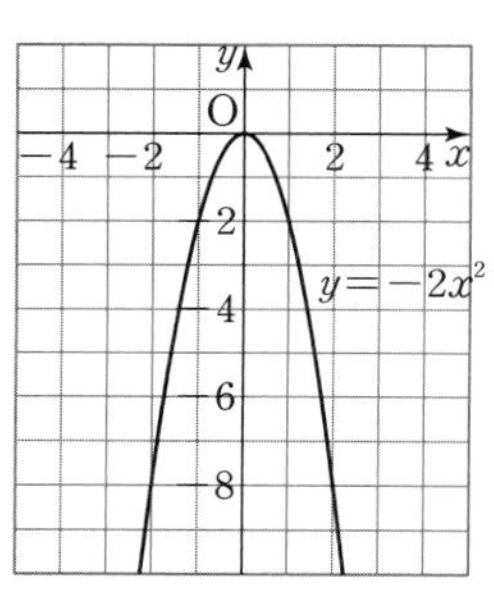

이차함수 $y=ax^2+q$의 그래프의 축과 꼭짓점

다음 이차함수의 그래프의 축의 방정식과 꼭짓점의 좌표를 각각 구하시오.

따라하기

$y=3x^2-2$

→ 축의 방정식은 $x=0$ ← y축에 대칭이다.

꼭짓점의 좌표는 $(0,\ -2)$

y축의 방향으로 -2만큼 평행이동하였으므로 꼭짓점의 y좌표가 -2이다.

17 $y=5x^2-7$

→ 축: ________, 꼭짓점: ________

18 $y=\frac{1}{4}x^2+3$

→ 축: ________, 꼭짓점: ________

19 $y=8x^2-\frac{1}{2}$

→ 축: ________, 꼭짓점: ________

20 $y=-6x^2+1$

→ 축: ________, 꼭짓점: ________

21 $y=-\frac{2}{5}x^2-8$

→ 축: ________, 꼭짓점: ________

22 대표 문제

이차함수 $y=4x^2$의 그래프를 y축의 방향으로 -2만큼 평행이동한 그래프의 축의 방정식이 $x=a$, 꼭짓점의 좌표가 $(b,\ c)$일 때, $a+b+c$의 값은? (단, a는 상수)

① -4 ② -2 ③ -1
④ 2 ⑤ 4

이차함수 $y=ax^2+q$의 그래프의 성질 (1)

다음 이차함수의 그래프에 대한 설명이 옳은 것은 ○표, 옳지 않은 것은 ×표를 (   ) 안에 써넣으시오.

23 이차함수 $y=\frac{1}{5}x^2-2$의 그래프는 위로 볼록하다. (   )

24 이차함수 $y=2x^2+8$의 그래프는 y축에 대칭이다. (   )

25 이차함수 $y=-x^2+\frac{1}{6}$의 그래프의 축의 방정식은 $y=0$이다. (   )

26 이차함수 $y=-4x^2-\frac{1}{2}$의 그래프의 꼭짓점은 원점이다. (   )

27 이차함수 $y=-\frac{1}{3}x^2+1$의 그래프는 점 $(3,\ -2)$를 지난다. (   )

28 이차함수 $y=3x^2-9$의 그래프는 이차함수 $y=3x^2$의 그래프를 x축의 방향으로 -9만큼 평행이동한 것이다. (   )

29 이차함수 $y=7x^2-5$의 그래프는 제1사분면과 제2사분면을 지나지 않는다. (   )

이차함수 $y=ax^2+q$의 그래프의 성질 (2)

이차함수 $y=4x^2-7$의 그래프에 대하여 다음 □ 안에 알맞은 것을 써넣으시오.

30 □로 볼록하다.

31 꼭짓점의 좌표는 (□, □)이다.

32 이차함수 $y=4x^2$의 그래프를 y축의 방향으로 □만큼 평행이동한 것이다.

33 $x>$□일 때, x의 값이 증가하면 y의 값도 증가한다.

이차함수 $y=-\frac{3}{2}x^2-5$의 그래프에 대하여 다음 □ 안에 알맞은 것을 써넣으시오.

34 축의 방정식은 □이다.

35 꼭짓점의 좌표는 (□, □)이다.

36 이차함수 $y=-\frac{3}{2}x^2$의 그래프를 y축의 방향으로 □만큼 평행이동한 것이다.

37 그래프가 제□사분면과 제□사분면을 지난다.

이차함수 $y=ax^2+q$의 그래프가 주어질 때

다음 그림은 주어진 이차함수의 그래프를 평행이동한 $y=ax^2+q$의 그래프이다. □ 안에 알맞은 수를 써넣으시오. (단, a, q는 상수)

$y=x^2$

→ 이차함수 $y=x^2$의 그래프를 y축의 방향으로 -2만큼 평행이동한 그래프이므로

$a=1$, $q=-2$

평행이동하면 모양과 폭은 그대로이다.

축의 방정식: $x=0$ ← y축에 대칭이다.

꼭짓점의 좌표: $(0, -2)$

y축의 방향으로 -2만큼 평행이동하였으므로 x좌표는 그대로 0이고, q의 값과 꼭짓점의 y좌표가 모두 -2이다.

38 $y=\frac{1}{2}x^2$

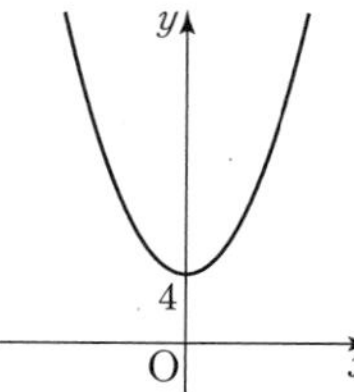

→ $a=$□, $q=$□

축의 방정식: $x=$□

꼭짓점의 좌표: $(0,$ □$)$

39 $y=-2x^2$

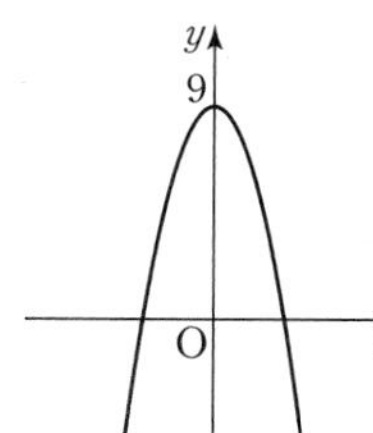

→ $a=$□, $q=$□

축의 방정식: $x=$□

꼭짓점의 좌표: $(0,$ □$)$

40 $y=-\frac{2}{3}x^2$

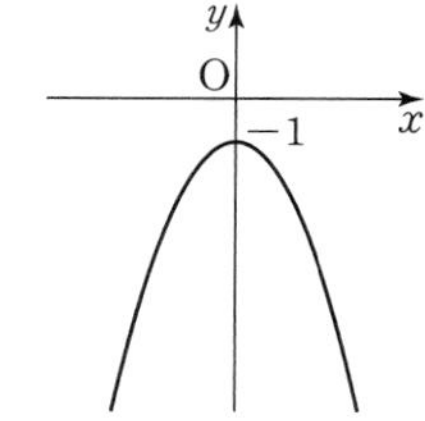

→ $a=$□, $q=$□

축의 방정식: $x=$□

꼭짓점의 좌표: $(0,$ □$)$

이차함수 $y=ax^2+q$의 그래프가 지나는 점

다음 이차함수의 그래프가 주어진 점을 지날 때, 상수 k의 값을 구하시오.

따라하기

$y=2x^2+k$, $(1, 6)$

→ $6=2\times1^2+k$이므로 $k=4$

$y=2x^2+k$에 $x=1$, $y=6$을 대입한다.

41 $y=-x^2+k$, $(3, 1)$

42 $y=3x^2+k$, $(-1, -4)$

43 $y=-\frac{1}{5}x^2+k$, $(5, -7)$

44 $y=kx^2-3$, $\left(\frac{1}{3}, -2\right)$

45 $y=kx^2-10$, $(-3, 8)$

46 $y=kx^2-\frac{1}{4}$, $\left(\frac{1}{2}, 1\right)$

47 대표 문제

이차함수 $y=\frac{1}{3}x^2+q$의 그래프가 점 $(-3, -2)$을 지날 때, 상수 q의 값은?

① -7 ② -5 ③ -3
④ 5 ⑤ 7

02 이차함수 $y=a(x-p)^2$의 그래프

정답과 풀이 63쪽

(1) 이차함수 $y=ax^2$의 그래프를 x축의 방향으로 p만큼 평행이동한 것이다.

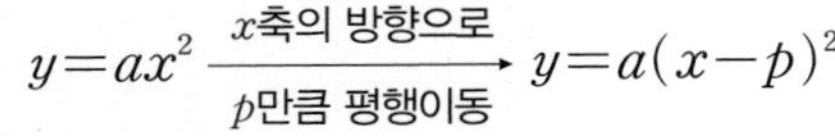

$$y=ax^2 \xrightarrow[p\text{만큼 평행이동}]{x\text{축의 방향으로}} y=a(x-p)^2$$

(2) 축의 방정식: $x=p$

(3) 꼭짓점의 좌표: $(p,\ 0)$

예 이차함수 $y=2(x-1)^2$의 그래프

→ $y=2x^2$의 그래프를 x축의 방향으로 1만큼 평행이동한 그래프

• 축의 방정식: $x=1$ • 꼭짓점의 좌표: $(1,\ 0)$

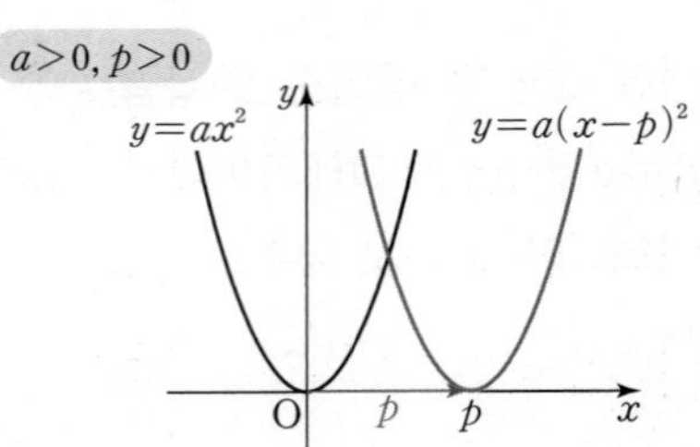

이차함수의 그래프의 x축의 방향으로 평행이동 (1)

다음 이차함수의 그래프는 이차함수 $y=x^2$의 그래프를 x축의 방향으로 얼마만큼 평행이동한 것인지 구하시오.

01 $y=(x+3)^2$

02 $y=(x-7)^2$

03 $y=\left(x+\frac{1}{5}\right)^2$

04 $y=\left(x-\frac{3}{4}\right)^2$

다음 이차함수의 그래프는 이차함수 $y=-4x^2$의 그래프를 x축의 방향으로 얼마만큼 평행이동한 것인지 구하시오.

05 $y=-4(x+1)^2$

06 $y=-4(x-8)^2$

07 $y=-4\left(x+\frac{1}{3}\right)^2$

08 $y=-4\left(x-\frac{5}{8}\right)^2$

이차함수의 그래프의 x축의 방향으로 평행이동 (2)

다음 이차함수의 그래프를 x축의 방향으로 [ ] 안의 수만큼 평행이동한 그래프를 나타내는 이차함수의 식을 구하시오.

ε 따라하기

$y=2x^2$ [4]

→ 이차함수 $y=2x^2$의 그래프를 x축의 방향으로 4만큼 평행이동한 그래프를 나타내는 이차함수의 식은 $y=2(x-4)^2$

09 $y=5x^2$ [-7]

10 $y=\frac{1}{2}x^2$ $\left[\frac{1}{4}\right]$

11 $y=-3x^2$ [-5]

12 $y=-9x^2$ [1]

13 $y=-\frac{5}{7}x^2$ $\left[-\frac{3}{2}\right]$

이차함수 $y=a(x-p)^2$의 그래프 그리기

다음 이차함수의 그래프를 주어진 이차함수의 그래프를 이용하여 그리시오.

14 $y=(x-2)^2$

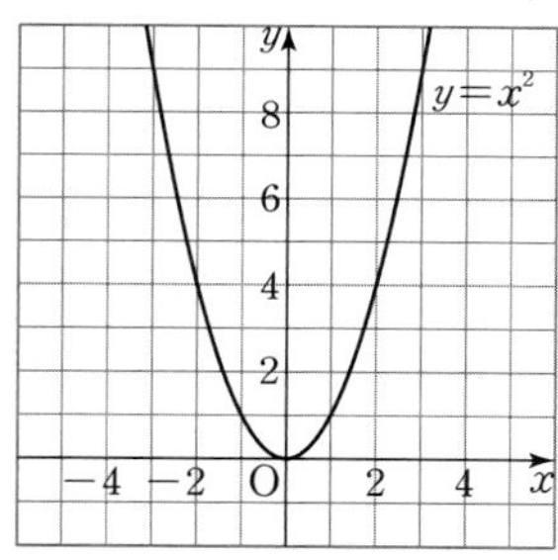

Tip 이차함수 $y=x^2$의 그래프 위의 각 점에서 x좌표가 2만큼 큰 점을 잡아서 이 점들을 매끄러운 곡선으로 연결한다.

15 $y=2(x+3)^2$

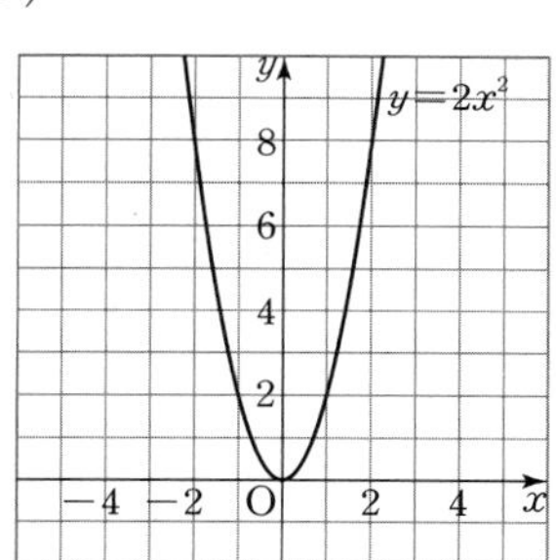

16 $y=-3(x+4)^2$

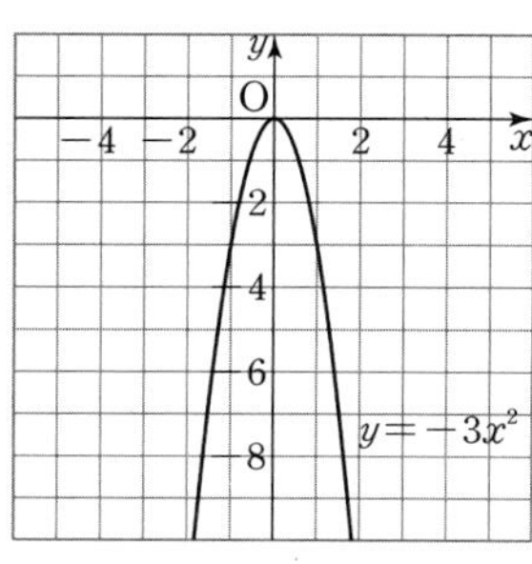

이차함수 $y=a(x-p)^2$의 그래프의 축과 꼭짓점

다음 이차함수의 그래프의 축의 방정식과 꼭짓점의 좌표를 각각 구하시오.

따라하기

$y=(x-5)^2$

→ 축의 방정식은 $x=5$ ─ 직선 $x=5$에 대칭이다.

꼭짓점의 좌표는 $(5, 0)$

x축의 방향으로 5만큼 평행이동하였으므로 꼭짓점의 x좌표가 5이다.

17 $y=3(x+4)^2$

→ 축: ____________, 꼭짓점: ____________

18 $y=\frac{1}{2}(x-1)^2$

→ 축: ____________, 꼭짓점: ____________

19 $y=-2(x+3)^2$

→ 축: ____________, 꼭짓점: ____________

20 $y=-\frac{2}{7}(x-6)^2$

→ 축: ____________, 꼭짓점: ____________

21 $y=-3\left(x-\frac{1}{2}\right)^2$

→ 축: ____________, 꼭짓점: ____________

22 대표 문제

이차함수 $y=6x^2$의 그래프를 x축의 방향으로 3만큼 평행이동한 그래프의 축의 방정식이 $x=a$, 꼭짓점의 좌표가 (b, c)일 때, $a+b+c$의 값은? (단, a는 상수)

① -3 ② 0 ③ 3

④ 6 ⑤ 9

이차함수 $y=a(x-p)^2$의 그래프의 성질 (1)

다음 이차함수의 그래프에 대한 설명이 옳은 것은 ○표, 옳지 않은 것은 ×표를 (　　) 안에 써넣으시오.

23 이차함수 $y=\frac{1}{6}(x-2)^2$의 그래프는 아래로 볼록하다. (　　)

24 이차함수 $y=3(x+4)^2$의 그래프의 축의 방정식은 $x=4$이다. (　　)

25 이차함수 $y=-2(x-5)^2$의 그래프의 꼭짓점의 좌표는 $(0, 5)$이다. (　　)

26 이차함수 $y=-\frac{1}{2}(x-3)^2$의 그래프는 점 $(5, -2)$를 지난다. (　　)

27 이차함수 $y=-4(x+8)^2$의 그래프는 이차함수 $y=-4x^2$의 그래프를 x축의 방향으로 -8만큼 평행이동한 것이다. (　　)

28 이차함수 $y=-4(x+7)^2$의 그래프는 $x<0$일 때, x의 값이 증가하면 y의 값도 증가한다. (　　)

29 이차함수 $y=2\left(x-\frac{1}{4}\right)^2$의 그래프는 제1사분면과 제2사분면을 지난다. (　　)

이차함수 $y=a(x-p)^2$ 그래프의 성질 (2)

이차함수 $y=5(x-2)^2$의 그래프에 대하여 다음 □ 안에 알맞은 것을 써넣으시오

30 축의 방정식은 □이다.

31 꼭짓점의 좌표는 (□, □)이다.

32 이차함수 $y=5x^2$의 그래프를 x축의 방향으로 □만큼 평행이동한 것이다.

33 그래프가 제□사분면과 제□사분면을 지난다.

이차함수 $y=-2(x+8)^2$의 그래프에 대하여 다음 □ 안에 알맞은 것을 써넣으시오.

34 □로 볼록하다.

35 꼭짓점의 좌표는 (□, □)이다.

36 이차함수 $y=$□x^2의 그래프를 x축의 방향으로 -8만큼 평행이동한 것이다.

37 $x>$□일 때, x의 값이 증가하면 y의 값은 감소한다.

이차함수 $y=a(x-p)^2$의 그래프가 주어질 때

다음 그림은 주어진 이차함수의 그래프를 평행이동한 $y=a(x-p)^2$의 그래프이다. □ 안에 알맞은 수를 써넣으시오. (단, a, p는 상수)

$y=2x^2$

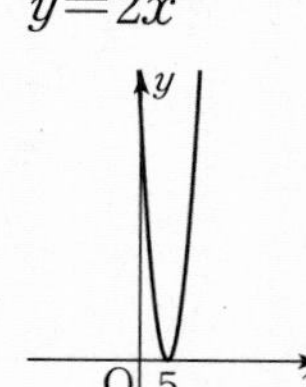

→ 이차함수 $y=2x^2$의 그래프를 x축의 방향으로 5만큼 평행이동한 그래프이므로

$a=2$, $p=5$

평행이동하면 모양과 폭은 그대로이다.

축의 방정식: $x=5$ ← 직선 $x=5$에 대칭이다.

꼭짓점의 좌표: $(5, 0)$

x축의 방향으로 5만큼 평행이동하였으므로 p의 값과 꼭짓점의 x좌표가 모두 5이고, y좌표는 그대로 0이다.

38 $y=\frac{3}{2}x^2$

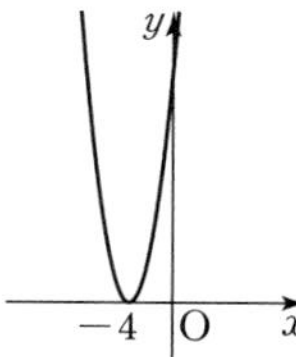

→ $a=$□, $p=$□

축의 방정식: $x=$□

꼭짓점의 좌표: (□, 0)

39 $y=-x^2$

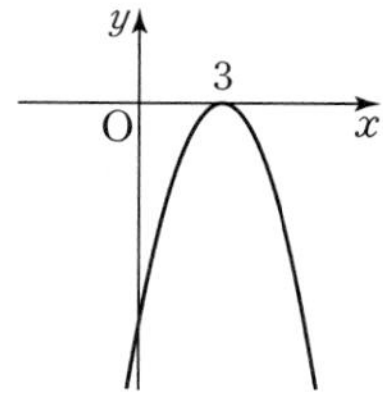

→ $a=$□, $p=$□

축의 방정식: $x=$□

꼭짓점의 좌표: (□, 0)

40 $y=-\frac{4}{5}x^2$

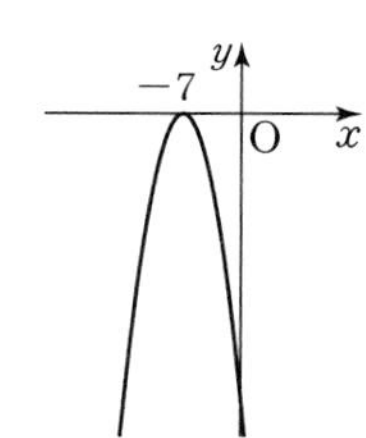

→ $a=$□, $p=$□

축의 방정식: $x=$□

꼭짓점의 좌표: (□, 0)

이차함수 $y=a(x-p)^2$의 그래프가 지나는 점

다음 이차함수의 그래프가 주어진 점을 지날 때, 상수 k의 값을 구하시오.

따라하기

$y=k(x-2)^2$, $(3, 5)$

→ $5=k(3-2)^2$이므로 $k=5$

$y=k(x-2)^2$에 $x=3$, $y=5$를 대입한다.

41 $y=k(x-1)^2$, $(-2, 9)$

42 $y=k(x+4)^2$, $(-3, -7)$

43 $y=k\left(x+\frac{3}{2}\right)^2$, $\left(\frac{1}{2}, -8\right)$

44 $y=k\left(x-\frac{1}{3}\right)^2$, $\left(-\frac{1}{3}, 4\right)$

45 $y=(x+k)^2$, $(1, 9)$

Tip $k^2=a$이면 $k=-\sqrt{a}$ 또는 $k=\sqrt{a}$이다.

46 $y=2(x-k)^2$, $(2, 2)$

47 대표 문제

이차함수 $y=-3(x-p)^2$의 그래프가 점 $(-1, -12)$를 지날 때, 상수 p의 값을 모두 구하면? (정답 2개)

① -3 ② -2 ③ -1

④ 1 ⑤ 2

03 이차함수 $y=a(x-p)^2+q$의 그래프

정답과 풀이 64쪽

(1) 이차함수 $y=ax^2$의 그래프를 x축의 방향으로 p만큼, y축의 방향으로 q만큼 평행이동한 것이다.

$$y=ax^2 \xrightarrow[y\text{축의 방향으로 } q\text{만큼 평행이동}]{x\text{축의 방향으로 } p\text{만큼,}} y=a(x-p)^2+q$$

(2) 축의 방정식: $x=p$

(3) 꼭짓점의 좌표: $(p,\ q)$

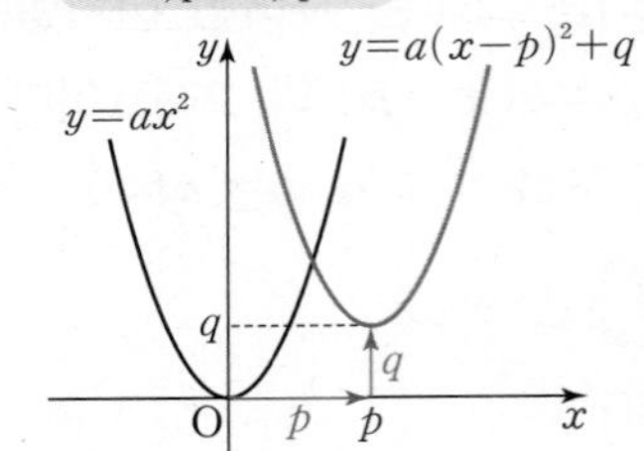

예 이차함수 $y=2(x-1)^2+3$의 그래프

→ $y=2x^2$의 그래프를 x축의 방향으로 1만큼, y축의 방향으로 3만큼 평행이동한 그래프

• 축의 방정식: $x=1$　　• 꼭짓점의 좌표: $(1,\ 3)$

이차함수 $y=ax^2$의 그래프의 평행이동 (1)

다음 이차함수의 그래프는 이차함수 $y=x^2$의 그래프를 x축의 방향으로 p만큼, y축의 방향으로 q만큼 평행이동한 것이다. 이때 p, q의 값을 각각 구하시오.

01 $y=(x+2)^2+3$

02 $y=(x-5)^2+1$

03 $y=\left(x+\frac{1}{3}\right)^2-2$

04 $y=(x-4)^2-9$

다음 이차함수의 그래프는 이차함수 $y=-6x^2$의 그래프를 x축의 방향으로 p만큼, y축의 방향으로 q만큼 평행이동한 것이다. 이때 p, q의 값을 각각 구하시오.

05 $y=-6(x+3)^2-5$

06 $y=-6(x-1)^2+8$

07 $y=-6\left(x+\frac{1}{2}\right)^2+4$

08 $y=-6\left(x-\frac{1}{5}\right)^2-\frac{2}{3}$

이차함수 $y=ax^2$의 그래프의 평행이동 (2)

다음 이차함수의 그래프를 x축의 방향으로 p만큼, y축의 방향으로 q만큼 평행이동한 그래프를 나타내는 이차함수의 식을 구하시오.

ε 따라하기

$y=2x^2$ $[p=3,\ q=1]$

→ 이차함수 $y=2x^2$의 그래프를 x축의 방향으로 3만큼, y축의 방향으로 1만큼 평행이동한 그래프를 나타내는 이차함수의 식은

$y=2(x-3)^2+1$

09 $y=x^2$ $[p=-2,\ q=5]$

10 $y=8x^2$ $[p=4,\ q=-3]$

11 $y=3x^2$ $\left[p=\frac{1}{2},\ q=\frac{1}{3}\right]$

12 $y=-4x^2$ $[p=1,\ q=-6]$

13 $y=-\frac{2}{3}x^2$ $\left[p=-6,\ q=-\frac{2}{5}\right]$

이차함수 $y=a(x-p)^2+q$의 그래프 그리기

✤ 다음 이차함수의 그래프를 주어진 이차함수의 그래프를 이용하여 그리시오.

14 $y=(x-2)^2-1$

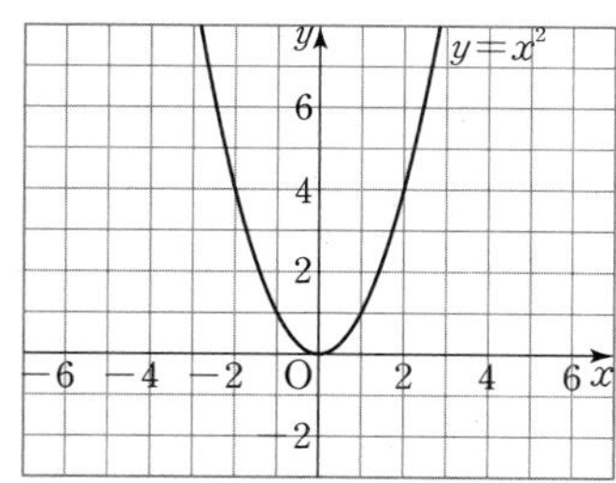

Tip 이차함수 $y=x^2$의 그래프 위의 각 점에서 x좌표가 2만큼 크고, y좌표가 1만큼 작은 점을 잡아서 이 점들을 매끄러운 곡선으로 연결한다.

15 $y=-\frac{1}{2}(x-3)^2+2$

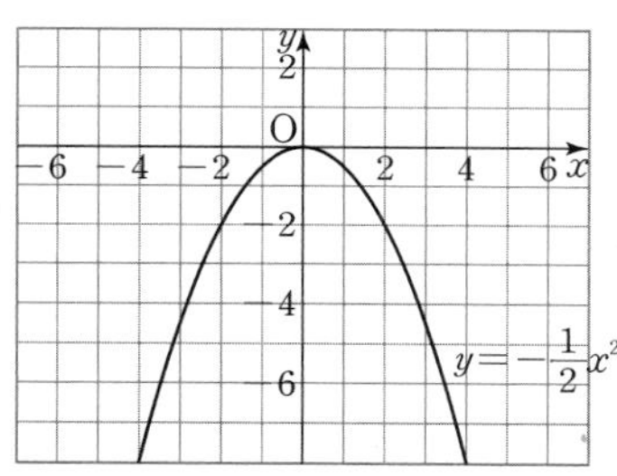

16 $y=-3(x+4)^2-3$

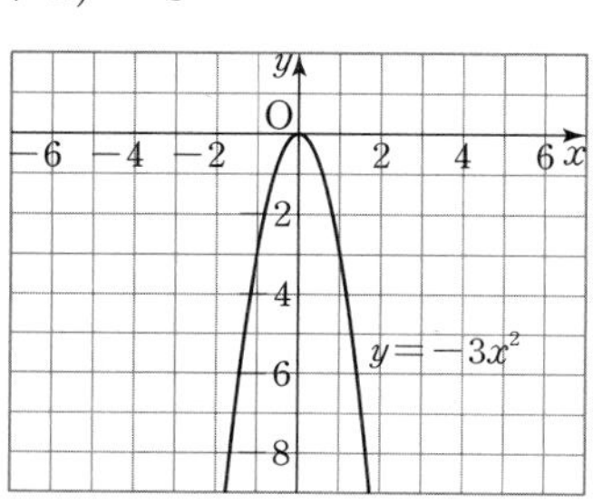

이차함수 $y=a(x-p)^2+q$의 그래프의 축과 꼭짓점

✤ 다음 이차함수의 그래프의 축의 방정식과 꼭짓점의 좌표를 각각 구하시오.

따라하기

$y=(x-2)^2+3$

→ 축의 방정식은 $x=2$ ← 직선 $x=2$에 대칭이다.

꼭짓점의 좌표는 $(2, 3)$

x축의 방향으로 2만큼, y축의 방향으로 3만큼 평행이동하였으므로 꼭짓점의 x좌표가 2, y좌표가 3이다.

17 $y=2(x+1)^2-4$

→ 축: ________, 꼭짓점: ________

18 $y=\frac{1}{2}(x-3)^2+7$

→ 축: ________, 꼭짓점: ________

19 $y=-(x+2)^2+5$

→ 축: ________, 꼭짓점: ________

20 $y=-\frac{1}{5}(x-8)^2-1$

→ 축: ________, 꼭짓점: ________

21 $y=-4\left(x-\frac{1}{3}\right)^2+\frac{1}{6}$

→ 축: ________, 꼭짓점: ________

22 대표 문제

이차함수 $y=5x^2$의 그래프를 x축의 방향으로 4만큼, y축의 방향으로 -2만큼 평행이동한 그래프의 꼭짓점의 좌표는?

① $(0, 0)$ ② $(-4, -2)$ ③ $(-4, 2)$
④ $(4, -2)$ ⑤ $(4, 2)$

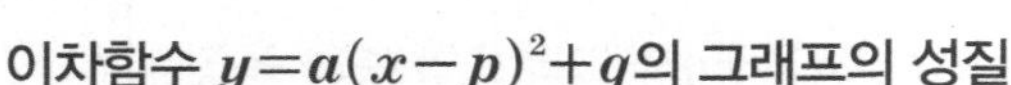

이차함수 $y=a(x-p)^2+q$의 그래프의 성질

다음 이차함수의 그래프에 대한 설명이 옳은 것은 ○표, 옳지 않은 것은 ×표를 (　　) 안에 써넣으시오.

23 이차함수 $y=-\left(x-\frac{1}{2}\right)^2-\frac{1}{5}$의 그래프의 축의 방정식은 $x=\frac{1}{2}$이다. (　　)

24 이차함수 $y=\frac{1}{3}(x-4)^2+9$의 그래프의 꼭짓점의 좌표는 $(-4,\ 9)$이다. (　　)

25 이차함수 $y=6(x+8)^2-1$의 그래프는 이차함수 $y=6x^2$의 그래프를 x축의 방향으로 8만큼, y축의 방향으로 1만큼 평행이동한 것이다. (　　)

26 이차함수 $y=2(x+1)^2+6$의 그래프는 제1사분면과 제2사분면을 지난다. (　　)

이차함수 $y=-4(x+1)^2+5$의 그래프에 대하여 다음 □ 안에 알맞은 것을 써넣으시오.

27 축의 방정식은 □이다.

28 꼭짓점의 좌표는 (□, □)이다.

29 이차함수 $y=-4x^2$의 그래프를 x축의 방향으로 □만큼, y축의 방향으로 □만큼 평행이동한 것이다.

30 $x<$□일 때, x의 값이 증가하면 y의 값도 증가한다.

이차함수 $y=a(x-p)^2+q$의 그래프가 주어질 때

다음 그림은 주어진 이차함수의 그래프를 평행이동한 $y=a(x-p)^2+q$의 그래프이다. □ 안에 알맞은 수를 써넣으시오. (단, a, p, q는 상수)

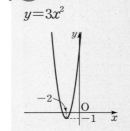

ε 따라하기

$y=3x^2$

→ 이차함수 $y=3x^2$의 그래프를 x축의 방향으로 -2만큼, y축의 방향으로 -1만큼 평행이동한 그래프이므로

$a=3$, $p=-2$, $q=-1$

평행이동하면 모양과 폭은 그대로이다.

축의 방정식: $x=-2$

꼭짓점의 좌표: $(-2,\ -1)$

31 $y=\frac{3}{2}x^2$

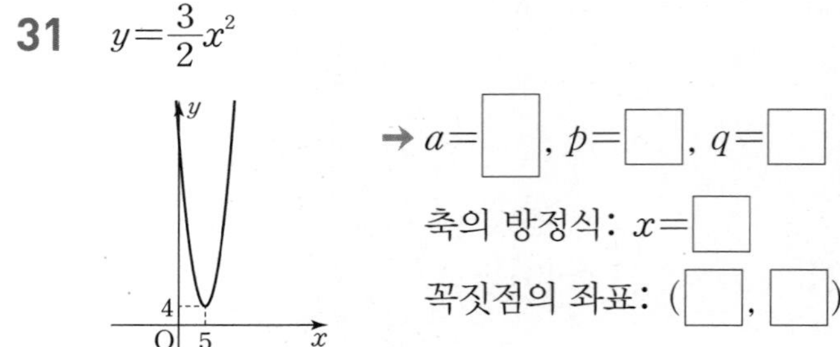

→ $a=$□, $p=$□, $q=$□

축의 방정식: $x=$□

꼭짓점의 좌표: (□, □)

32 $y=-x^2$

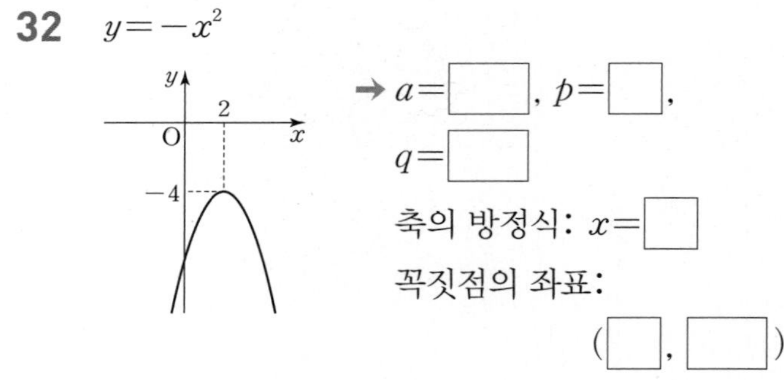

→ $a=$□, $p=$□, $q=$□

축의 방정식: $x=$□

꼭짓점의 좌표: (□, □)

33 $y=-2x^2$

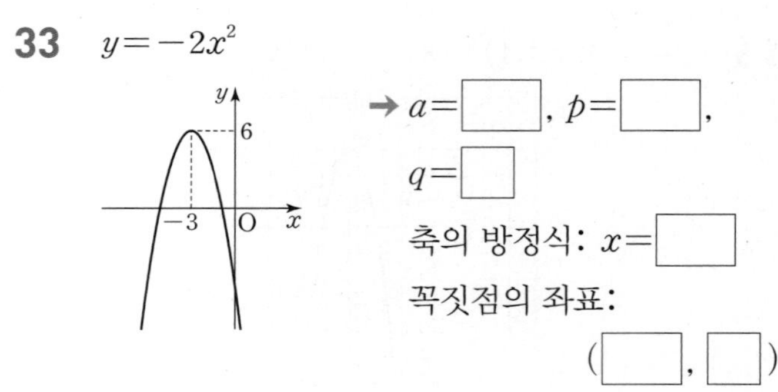

→ $a=$□, $p=$□, $q=$□

축의 방정식: $x=$□

꼭짓점의 좌표: (□, □)

이차함수 $y=a(x-p)^2+q$의 그래프가 지나는 점

다음 이차함수의 그래프가 주어진 점을 지날 때, 상수 k의 값을 구하시오.

$y=k(x-1)^2+3$, $(2, 7)$

→ $7=k(2-1)^2+3$이므로 $k=4$

$y=k(x-1)^2+3$에 $x=2$, $y=7$을 대입한다.

34 $y=k(x+2)^2+1$, $(-1, 6)$

35 $y=k(x-5)^2-6$, $(3, 10)$

36 $y=-(x+3)^2+k$, $(1, -9)$

37 $y=\frac{1}{3}(x-4)^2+k$, $(-2, 8)$

38 $y=-(x+k)^2+11$, $(3, 7)$

Tip $k^2=a$이면 $k=\sqrt{a}$ 또는 $k=-\sqrt{a}$이다.

39 $y=\frac{1}{5}(x-k)^2-9$, $(1, -4)$

40 대표 문제

이차함수 $y=k(x-5)^2+2k$의 그래프가 점 $(4, -6)$을 지날 때, 상수 k의 값은?

① -4 ② -3 ③ -2

④ 2 ⑤ 3

이차함수 $y=a(x-p)^2+q$의 그래프에서 a, p, q의 부호

이차함수 $y=a(x-p)^2+q$의 그래프가 다음 그림과 같을 때, ○ 안에 >, =, < 중에서 알맞은 것을 써넣으시오. (단, a, p, q는 상수)

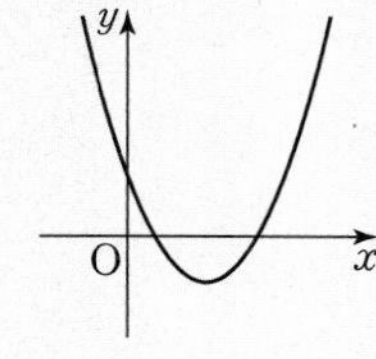

→ 그래프가 아래로 볼록하므로 $a>0$

그래프가 아래로 볼록하면 $a>0$, 위로 볼록하면 $a<0$

꼭짓점의 좌표가 제4사분면 위에 있으므로 $p>0$, $q<0$

꼭짓점의 좌표가 (p, q)이다.

41

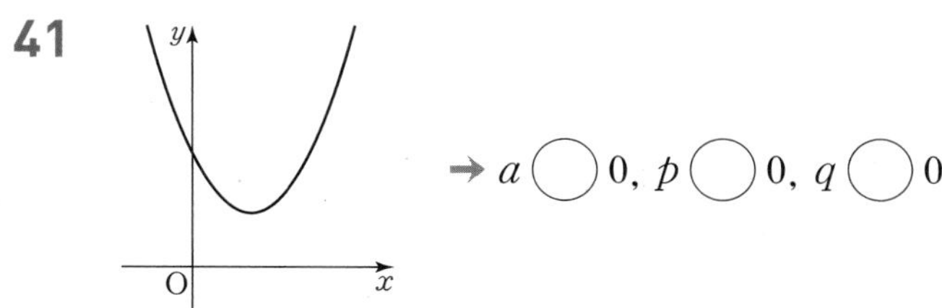

42

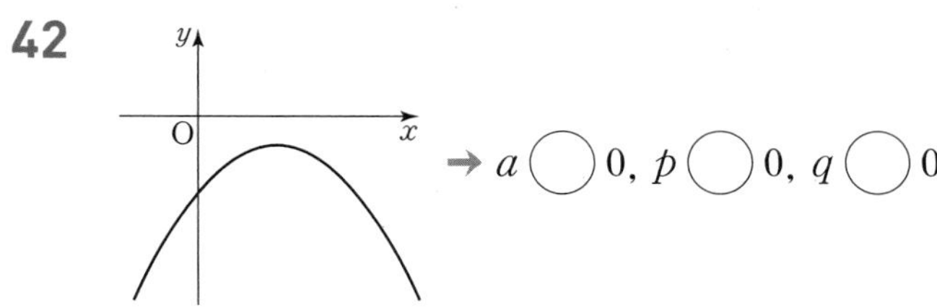

43

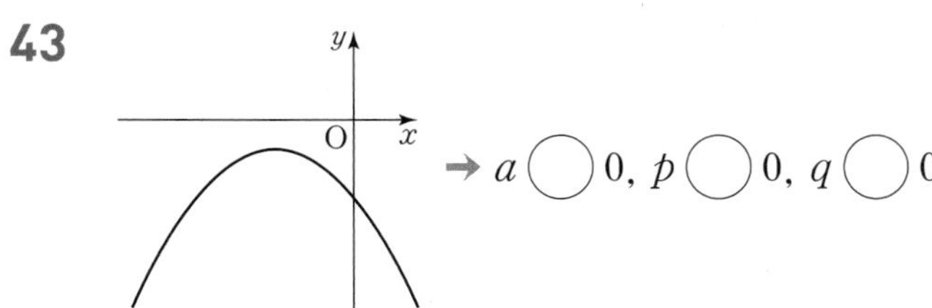

44

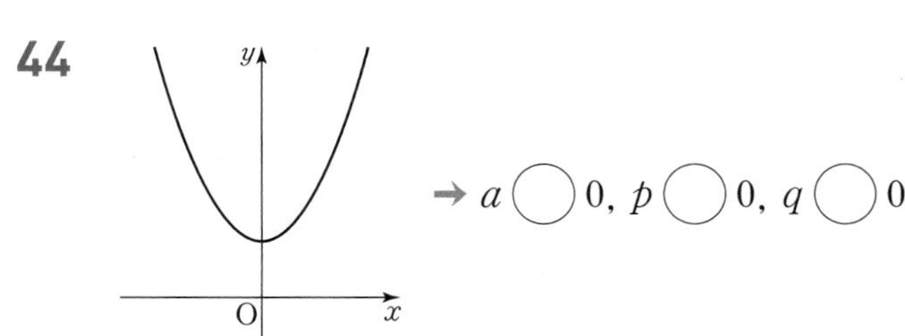

Tip 꼭짓점이 y축 위에 있으면 꼭짓점의 x좌표는 0이다.

확인 문제

정답과 풀이 65쪽

01

이차함수 $y=2x^2$의 그래프를 y축의 방향으로 -5만큼 평행이동한 그래프가 점 $(-1, a)$를 지날 때, a의 값은?

① -5 ② -3 ③ 1
④ 3 ⑤ 5

02

이차함수 $y=(x+2)^2$의 그래프에서 x의 값이 증가할 때, y의 값은 감소하는 x의 값의 범위는?

① $x<-2$ ② $x>-2$ ③ $x>0$
④ $x<2$ ⑤ $x>2$

03

다음 중 이차함수 $y=-3(x-1)^2$의 그래프에 대한 설명으로 옳은 것은?

① 아래로 볼록한 포물선이다.
② 축의 방정식은 $x=-1$이다.
③ 꼭짓점의 좌표는 $(0, 1)$이다.
④ 제3사분면과 제4사분면을 지난다.
⑤ $y=-3x^2$의 그래프를 y축의 방향으로 1만큼 평행이동한 것이다.

04

다음 이차함수의 그래프 중 이차함수 $y=\frac{1}{4}x^2$의 그래프를 평행이동하여 완전히 포갤 수 있는 것은?

① $y=-4x^2-1$ ② $y=-4(x+1)^2$
③ $y=\frac{1}{4}(x-1)^2+3$ ④ $y=2(x+1)^2+3$
⑤ $y=4(x+3)^2-1$

05

이차함수 $y=a(x+3)^2-4$의 그래프는 이차함수 $y=-6x^2$의 그래프를 x축의 방향으로 p만큼, y축의 방향으로 q만큼 평행이동한 것이다. 이때 $a+pq$의 값은? (단, a는 상수)

① -6 ② -4 ③ 2
④ 4 ⑤ 6

06

이차함수 $y=a(x-p)^2+q$의 그래프가 오른쪽 그림과 같을 때, 상수 a, p, q의 부호는?

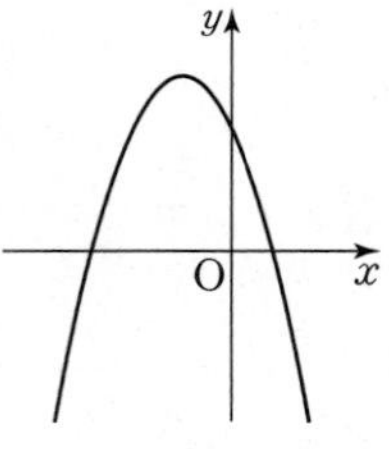

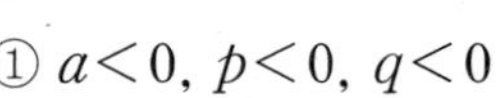

① $a<0$, $p<0$, $q<0$
② $a<0$, $p<0$, $q>0$
③ $a<0$, $p>0$, $q<0$
④ $a>0$, $p<0$, $q>0$
⑤ $a>0$, $p>0$, $q>0$

3. 이차함수 $y=ax^2+bx+c$의 그래프

01 이차함수 $y=ax^2+bx+c$의 그래프

정답과 풀이 66쪽

이차함수 $y=ax^2+bx+c$의 그래프는 $y=a(x-p)^2+q$의 꼴로 고쳐서 그린다.

$$y=ax^2+bx+c \rightarrow y=a\left(x+\frac{b}{2a}\right)^2-\frac{b^2-4ac}{4a}$$

(1) 축의 방정식: $x=-\frac{b}{2a}$

(2) 꼭짓점의 좌표: $\left(-\frac{b}{2a}, -\frac{b^2-4ac}{4a}\right)$

(3) y축과의 교점의 좌표: $(0, c)$ ← y절편은 c이다.

이차함수의 식 $y=ax^2+bx+c$를 $y=a(x-p)^2+q$ 꼴로 나타내기

다음 이차함수의 식을 $y=a(x-p)^2+q$ 꼴로 나타내시오. (단, a, p, q는 상수)

따라하기

$y=2x^2-4x+5$

$=2(x^2-2x)+5$ ← x^2의 계수로 묶는다.

$=2(x^2-2x+1-1)+5$ ← $\left(\frac{x\text{의 계수}}{2}\right)^2$을 더하고 뺀다.

$=2(x^2-2x+1)-2+5$

$=2(x-1)^2+3$ ← 완전제곱식

01 $y=x^2+2x+4$

02 $y=-2x^2+8x-7$

03 $y=\frac{1}{3}x^2-2x-1$

04 $y=-x^2-10x-15$

이차함수 $y=ax^2+bx+c$의 그래프의 축, 꼭짓점의 좌표, y축과의 교점

다음 이차함수의 그래프의 축의 방정식, 꼭짓점의 좌표, y축과의 교점의 좌표를 각각 구하시오.

따라하기

$y=x^2-6x+10$

→ $y=x^2-6x+10=(x-3)^2+1$이므로

축의 방정식은 $x=3$

꼭짓점의 좌표는 $(3, 1)$

y축과의 교점의 좌표는 $(0, 10)$ ← $x=0$을 대입

05 $y=x^2-2x+5$

→ 축의 방정식: ______

꼭짓점의 좌표: ______

y축과의 교점의 좌표: ______

06 $y=-2x^2-12x-11$

→ 축의 방정식: ______

꼭짓점의 좌표: ______

y축과의 교점의 좌표: ______

07 $y=-\frac{1}{2}x^2+6x-9$

→ 축의 방정식: ______

꼭짓점의 좌표: ______

y축과의 교점의 좌표: ______

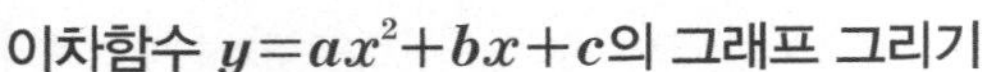
이차함수 $y=ax^2+bx+c$의 그래프 그리기

다음 이차함수의 식을 $y=a(x-p)^2+q$ 꼴로 나타내고, 그 그래프를 그리시오. (단, a, p, q는 상수)

$y=x^2-4x+1$
$=(x^2-4x+4-4)+1$
$=(x^2-4x+4)-4+1$
$=(x-2)^2-3$

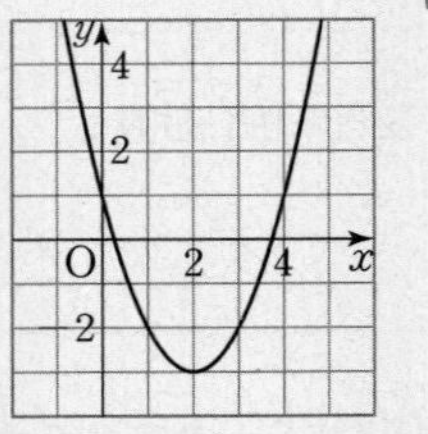

➔ 이차함수 $y=x^2-4x+1$의 그래프는 $y=(x-2)^2-3$의 그래프와 같다.
아래로 볼록하고, 꼭짓점의 좌표가 $(2,\ -3)$, y축과 점 $(0,\ 1)$에서 만나는 포물선이다.

08 $y=x^2+2x+3$ ➔ ____________________

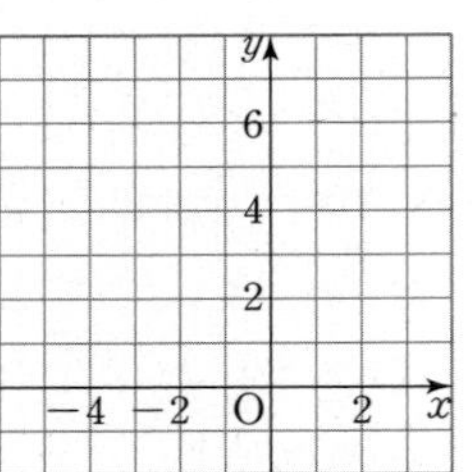

09 $y=-2x^2+8x-5$ ➔ ____________________

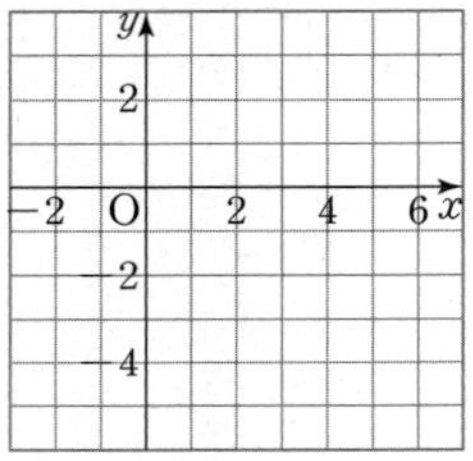

10 $y=\frac{3}{2}x^2+6x+2$ ➔ ____________________

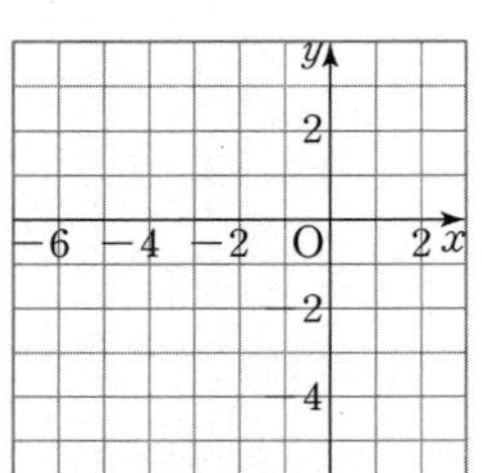

이차함수 $y=ax^2+bx+c$의 그래프와 x축과의 교점

다음 이차함수의 그래프와 x축과의 교점의 좌표를 구하시오.

따라하기

$y=x^2-x-2$
➔ $y=0$을 대입하면
$x^2-x-2=0$, $(x+1)(x-2)=0$
└ x축과의 교점의 x좌표는 $x^2-x-2=0$의 해이다.
이므로 $x=-1$ 또는 $x=2$
따라서 구하는 좌표는 $(-1,\ 0)$, $(2,\ 0)$이다.

11 $y=x^2+7x+10$

12 $y=x^2-3x$

13 $y=-x^2+8x-7$

14 $y=-2x^2+6x+8$

15 $y=3x^2+12x-36$

이차함수 $y=ax^2+bx+c$의 그래프의 성질

다음 이차함수 $y=x^2-6x+5$의 그래프에 대한 설명이 옳은 것은 ○표, 옳지 않은 것은 ×표를 (　) 안에 써넣으시오.

16 아래로 볼록한 포물선이다. (　　)

17 축의 방정식은 $x=3$이다. (　　)

18 이차함수 $y=x^2$의 그래프를 x축의 방향으로 3만큼, y축의 방향으로 5만큼 평행이동한 것이다. (　　)

19 x축과 두 점 $(-1, 0)$, $(5, 0)$에서 만난다. (　　)

다음 이차함수 $y=-x^2+8x-7$의 그래프에 대한 설명이 옳은 것은 ○표, 옳지 않은 것은 ×표를 (　) 안에 써넣으시오.

20 꼭짓점의 좌표는 $(4, 9)$이다. (　　)

21 y축과의 교점의 좌표는 $(0, -7)$이다. (　　)

22 $x>4$일 때, x의 값이 증가하면 y의 값도 증가한다. (　　)

23 그래프가 모든 사분면을 지난다. (　　)

이차함수 $y=x^2+4x+3$의 그래프에 대하여 다음 □ 안에 알맞은 것을 써넣으시오.

24 축의 방정식은 $x=$□이다.

25 꼭짓점의 좌표는 (□, □)이다.

26 y축과의 교점의 좌표는 (0, □)이다.

27 x축과의 교점의 좌표는 (□, 0), (□, 0)이다.

28 그래프는 제□사분면을 지나지 않는다.

29 $x<$□일 때, x의 값이 증가하면 y의 값은 감소한다.

30 대표 문제

다음 중 이차함수 $y=-x^2+10x-16$의 그래프에 대한 설명으로 옳지 않은 것은?

① 축의 방정식은 $x=5$이다.
② 꼭짓점의 좌표는 $(5, 9)$이다.
③ y축과의 교점의 좌표는 $(0, -16)$이다.
④ $x<5$일 때, x의 값이 증가하면 y의 값은 감소한다.
⑤ 이차함수 $y=-x^2$의 그래프를 x축의 방향으로 5만큼, y축의 방향으로 9만큼 평행이동한 것이다.

02 이차함수 $y=ax^2+bx+c$의 그래프의 a, b, c의 부호

정답과 풀이 67쪽

(1) a의 부호: 그래프의 모양에 따라 결정
① 아래로 볼록 ➔ $a>0$
② 위로 볼록 ➔ $a<0$

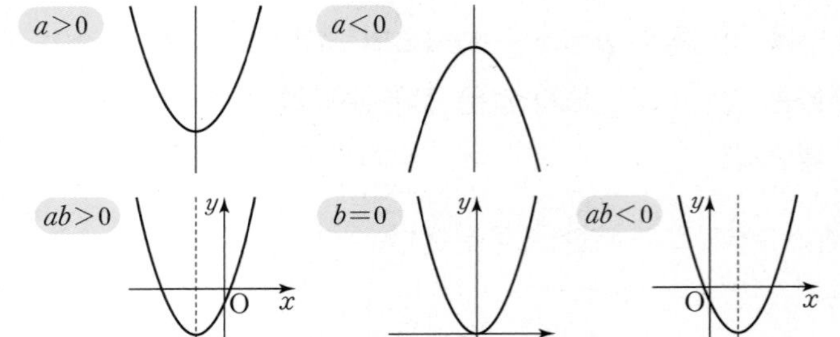

(2) b의 부호: 축의 위치에 따라 결정
① 축이 y축의 왼쪽 ➔ $ab>0$ (a, b는 같은 부호)
② 축이 y축과 일치 ➔ $b=0$
③ 축이 y축의 오른쪽 ➔ $ab<0$ (a, b는 다른 부호)

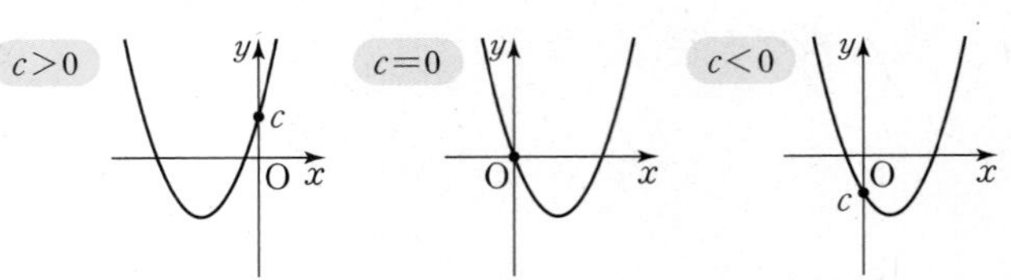

(3) c의 부호: y축과의 교점의 위치에 따라 결정
① y축과의 교점이 x축보다 위쪽 ➔ $c>0$
② y축과의 교점이 원점과 일치 ➔ $c=0$
③ y축과의 교점이 x축보다 아래쪽 ➔ $c<0$

$c>0$, $c=0$, $c<0$

이차함수 $y=ax^2+bx+c$의 그래프의 모양으로 a, b, c의 부호 파악하기

이차함수 $y=ax^2+bx+c$의 그래프가 다음 그림과 같을 때, ○ 안에 $>$, $=$, $<$ 중 알맞은 것을 써넣으시오.

(단, a, b, c는 상수)

따라하기

➔ 그래프가 위로 볼록하므로
$a<0$ ← 그래프의 모양으로 결정
축이 y축의 왼쪽에 있으므로
$b<0$ ← $ab>0$이고 $a<0$이므로 $b<0$
y축과의 교점이 x축보다 아래쪽에 있으므로 $c<0$

01

➔ a ○ 0, b ○ 0, c ○ 0

02

➔ a ○ 0, b ○ 0, c ○ 0

03

➔ a ○ 0, b ○ 0, c ○ 0

04

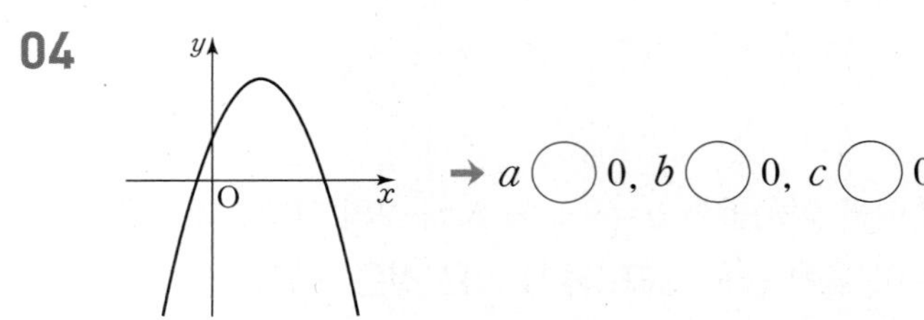

➔ a ○ 0, b ○ 0, c ○ 0

05

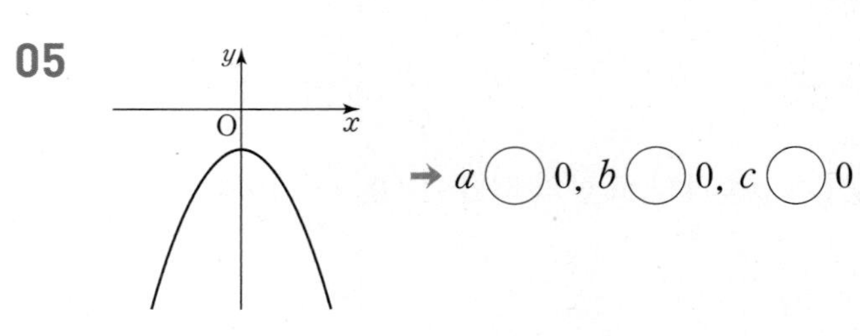

➔ a ○ 0, b ○ 0, c ○ 0

06

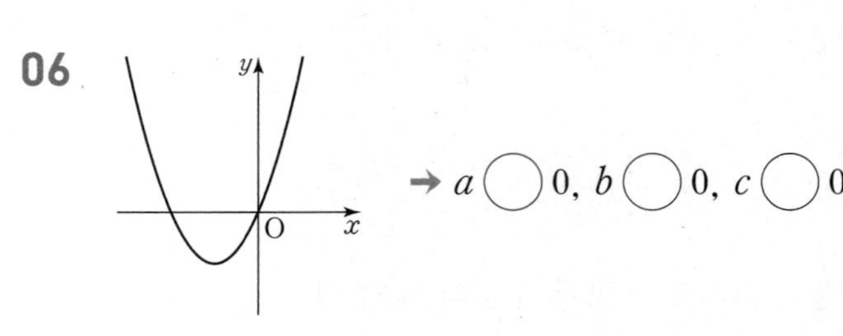

➔ a ○ 0, b ○ 0, c ○ 0

이차함수 $y=ax^2+bx+c$에서 a, b, c의 부호로 그래프의 모양 알기

이차함수 $y=ax^2+bx+c$의 그래프에서 상수 a, b, c의 부호가 다음과 같을 때, 그래프의 개형을 그리시오.

$a>0$, $b<0$, $c=0$

→ $a>0$이면 그래프가 아래로 볼록하다. ─ 그래프의 모양
$b<0$이면 축은 y축의 오른쪽에 있다. ─ 축의 위치
$c=0$이면 y축과의 교점이 원점이다.
따라서 그래프의 개형은 오른쪽 그림과 같다.

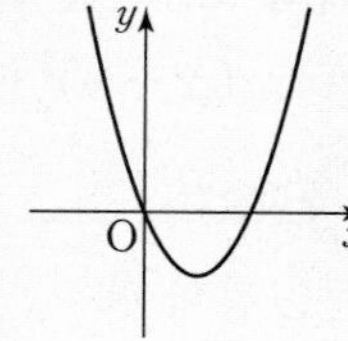

07 $a>0$, $b>0$, $c<0$

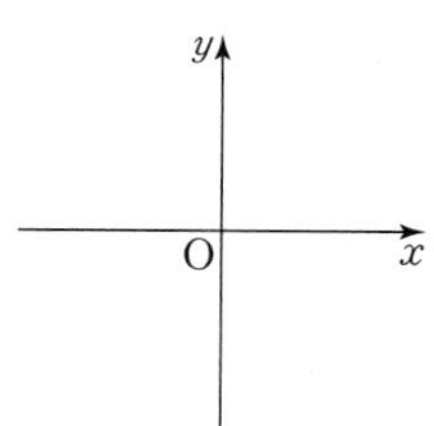

08 $a<0$, $b<0$, $c>0$

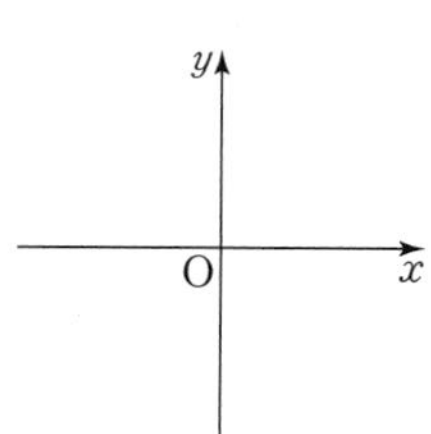

09 $a>0$, $b=0$, $c<0$

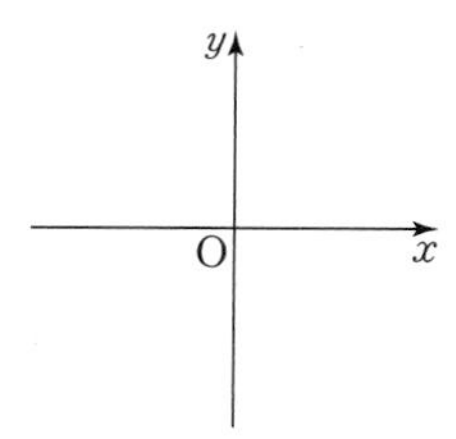

10 $a<0$, $b>0$, $c=0$

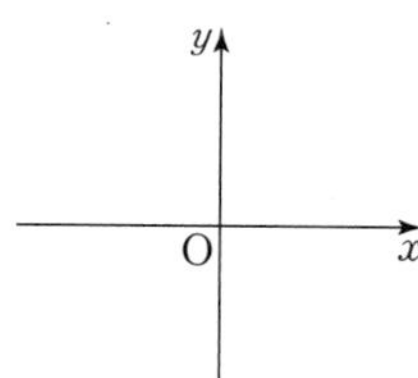

11 $a>0$, $b>0$, $c=0$

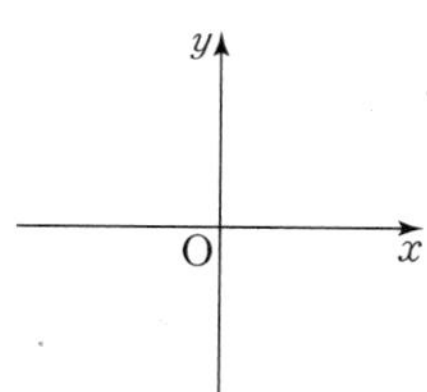

12 $a<0$, $b<0$, $c=0$

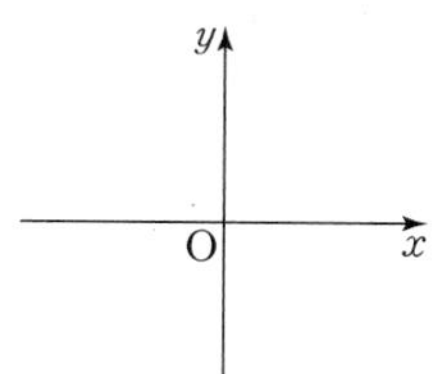

13 $a<0$, $b>0$, $c>0$

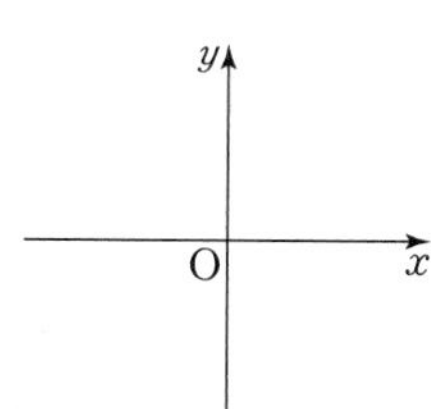

14 $a>0$, $b=0$, $c>0$

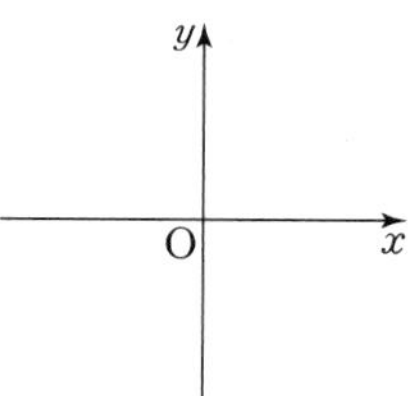

15 대표 문제

이차함수 $y=ax^2+bx+c$의 그래프가 오른쪽 그림과 같을 때, 다음 중 옳은 것은? (단, a, b, c는 상수)

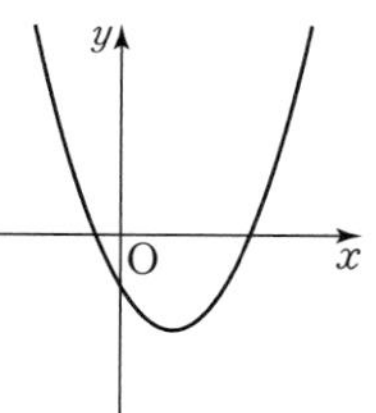

① $a<0$, $b<0$, $c<0$
② $a<0$, $b>0$, $c<0$
③ $a>0$, $b<0$, $c<0$
④ $a>0$, $b=0$, $c<0$
⑤ $a>0$, $b>0$, $c<0$

03 이차함수의 식 구하기 (1) – 꼭짓점의 좌표가 주어질 때

정답과 풀이 68쪽

꼭짓점의 좌표 $(p,\ q)$와 그래프 위의 다른 한 점의 좌표가 주어질 때

① 이차함수의 식을 $y=a(x-p)^2+q$로 놓는다.

② 주어진 다른 한 점의 좌표를 대입하여 a의 값을 구한다.

예 꼭짓점의 좌표가 $(1,\ 2)$이고 점 $(2,\ 5)$를 지나는 포물선을 그래프로 하는 이차함수의 식

→ 이차함수의 식을 $y=a(x-1)^2+2$로 놓고 $x=2$, $y=5$를 대입하면 $5=a+2$, $a=3$이므로 이차함수의 식은 $y=3(x-1)^2+2$이다.

참고 꼭짓점의 좌표에 따른 이차함수의 식

꼭짓점의 좌표	이차함수의 식
$(0,\ 0)$	$y=ax^2$
$(0,\ q)$	$y=ax^2+q$
$(p,\ 0)$	$y=a(x-p)^2$
$(p,\ q)$	$y=a(x-p)^2+q$

꼭짓점의 좌표와 다른 한 점의 좌표가 주어질 때

다음 포물선을 그래프로 하는 이차함수의 식을 구하시오.

따라하기

원점을 꼭짓점으로 하고 점 $(3,\ 6)$을 지나는 포물선

→ 이차함수의 식을 $y=ax^2$으로 놓고
꼭짓점이 $(0,\ 0)$이다.

$x=3$, $y=6$을 대입하면 $6=9a$, $a=\frac{2}{3}$

따라서 이차함수의 식은 $y=\frac{2}{3}x^2$

01 꼭짓점이 원점이고 점 $(1,\ 4)$를 지나는 포물선

02 꼭짓점이 원점이고 점 $(-5,\ -15)$를 지나는 포물선

03 꼭짓점의 좌표가 $(0,\ -2)$이고 점 $(2,\ 6)$을 지나는 포물선

Tip 꼭짓점이 y축 위에 있는 포물선을 그래프로 하는 이차함수의 식은 $y=ax^2+q$로 놓는다.

04 꼭짓점의 좌표가 $(0,\ 3)$이고 점 $(-1,\ 2)$를 지나는 포물선

다음 포물선을 그래프로 하는 이차함수의 식을 $y=a(x-p)^2+q$ 꼴로 나타내시오. (단, a, p, q는 상수)

따라하기

꼭짓점의 좌표가 $(3,\ -1)$이고 점 $(1,\ 7)$을 지나는 포물선

→ 이차함수의 식을 $y=a(x-3)^2-1$로 놓고
꼭짓점의 좌표가 $(p,\ q)$이면 $y=a(x-p)^2+q$로 놓는다.

$x=1$, $y=7$을 대입하면 $7=4a-1$, $a=2$

따라서 이차함수의 식은 $y=2(x-3)^2-1$

05 꼭짓점의 좌표가 $(4,\ 1)$이고 점 $(5,\ 2)$를 지나는 포물선

06 꼭짓점의 좌표가 $(-1,\ -10)$이고 점 $(-3,\ -2)$를 지나는 포물선

07 꼭짓점의 좌표가 $(2,\ 5)$이고 점 $(0,\ -7)$을 지나는 포물선

08 꼭짓점의 좌표가 $(8,\ 0)$이고 점 $(9,\ -1)$을 지나는 포물선

Tip 꼭짓점이 x축 위에 있는 포물선을 그래프로 하는 이차함수의 식은 $y=a(x-p)^2$으로 놓는다.

그래프에 꼭짓점이 주어질 때

다음 그림과 같은 포물선을 그래프로 하는 이차함수의 식을 $y=a(x-p)^2+q$ 꼴로 나타내시오. (단, a, p, q는 상수)

따라하기

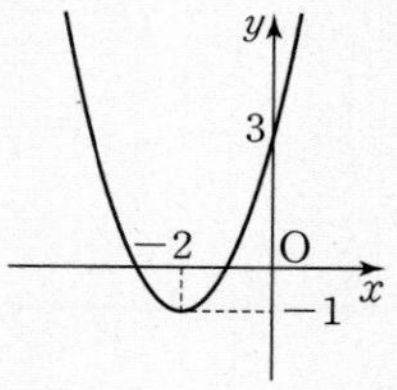

→ 이차함수의 식을
$y=a(x+2)^2-1$로 놓고
꼭짓점의 좌표가 $(-2, -1)$이다.
$x=0$, $y=3$을 대입하면
그래프가 점 $(0, 3)$을 지난다.
$3=4a-1$, $a=1$
따라서 이차함수의 식은 $y=(x+2)^2-1$

09

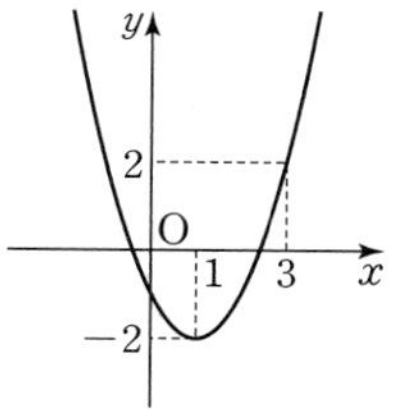

10

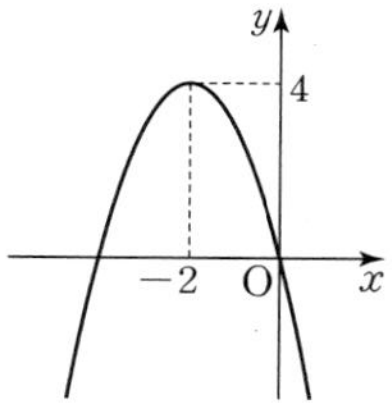

11

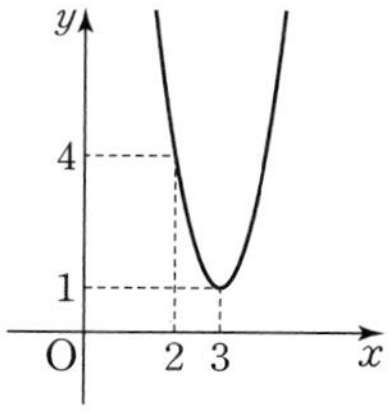

12

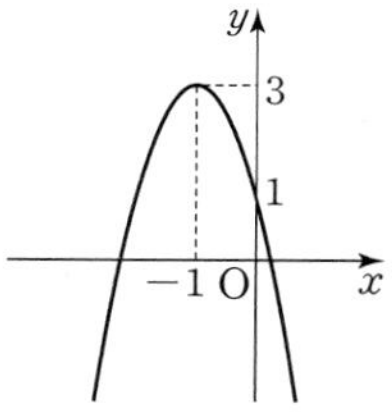

13

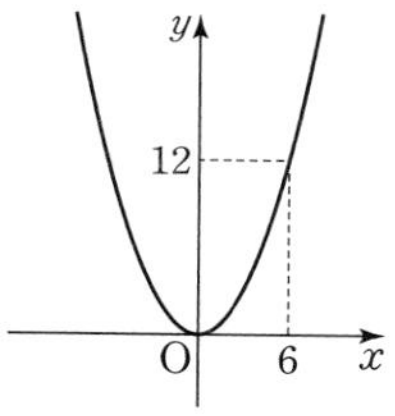

14

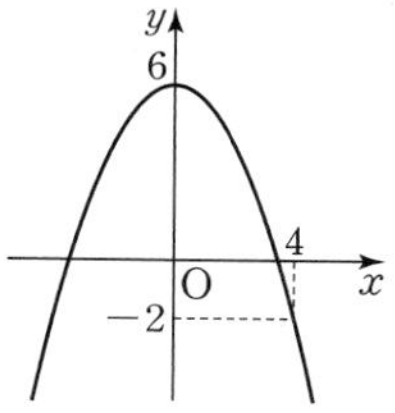

15

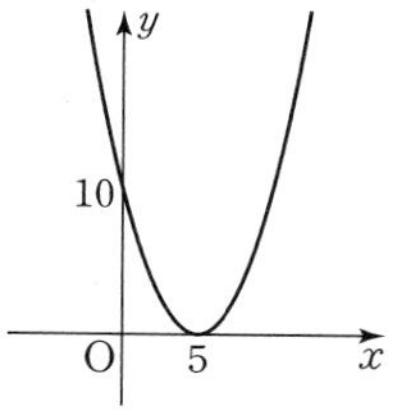

Tip 꼭짓점이 x축 위에 있으므로 이차함수의 식은 $y=a(x-p)^2$으로 놓는다.

16

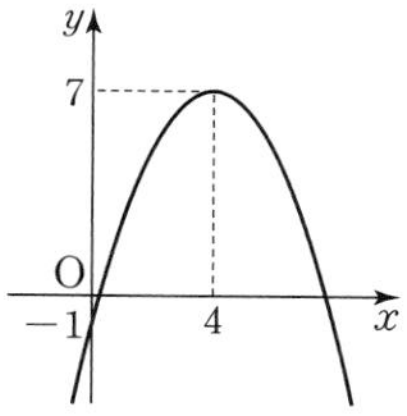

17 대표 문제

오른쪽 그림과 같은 포물선을 그래프로 하는 이차함수의 식은?

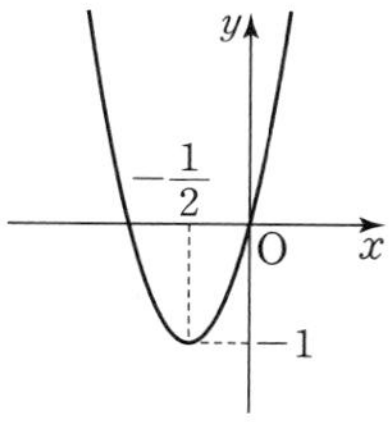

① $y=4\left(x-\frac{1}{2}\right)^2-1$

② $y=\frac{1}{4}\left(x+\frac{1}{2}\right)^2-1$

③ $y=\frac{1}{2}(x+1)^2-\frac{1}{2}$

④ $y=(x+1)^2-1$

⑤ $y=4\left(x+\frac{1}{2}\right)^2-1$

04 이차함수의 식 구하기 (2) – 축의 방정식이 주어질 때

정답과 풀이 69쪽

축의 방정식 $x=p$와 그래프 위의 두 점이 주어질 때

① 이차함수의 식을 $y=a(x-p)^2+q$로 놓는다.

② 주어진 두 점의 좌표를 각각 대입하여 a와 q의 값을 각각 구한다.

예) 축의 방정식이 $x=1$이고 두 점 $(0,\ 4)$, $(-1,\ -2)$를 지나는 포물선을 그래프로 하는 이차함수의 식

→ 이차함수의 식을 $y=a(x-1)^2+q$로 놓고

$x=0$, $y=4$를 대입하면 $4=a+q$ ⋯ ㉠, $x=-1$, $y=-2$를 대입하면 $-2=4a+q$ ⋯ ㉡

㉠, ㉡을 연립하여 풀면 $a=-2$, $q=6$이므로 이차함수의 식은 $y=-2(x-1)^2+6$이다.

y축을 축으로 할 때

다음 포물선을 그래프로 하는 이차함수의 식을 구하시오.

따라하기

y축을 축으로 하고 두 점 $(0,\ -3)$, $(1,\ 2)$를 지나는 포물선

(y축이 축이면 꼭짓점의 x좌표는 0이므로 점 $(0,\ -3)$은 꼭짓점의 좌표이다.)

→ 이차함수의 식을 $y=ax^2-3$으로 놓고

$x=1$, $y=2$를 대입하면 $a=5$

따라서 이차함수의 식은 $y=5x^2-3$

01 y축을 축으로 하고 두 점 $(0,\ 10)$, $(-2,\ 2)$를 지나는 포물선

02 y축을 축으로 하고 두 점 $(3,\ 2)$, $(-4,\ 9)$를 지나는 포물선

03 축의 방정식이 $x=0$이고 두 점 $(0,\ 8)$, $(1,\ 4)$를 지나는 포물선

Tip 축의 방정식이 $x=0$이면 꼭짓점의 x좌표가 0이므로 이차함수의 식을 $y=ax^2+q$로 놓는다.

04 축의 방정식이 $x=0$이고 두 점 $(-1,\ -9)$, $(2,\ 6)$을 지나는 포물선

축의 방정식과 두 점의 좌표가 주어질 때

다음 포물선을 그래프로 하는 이차함수의 식을 $y=a(x-p)^2+q$ 꼴로 나타내시오. (단, a, p, q는 상수)

따라하기

축의 방정식이 $x=-2$이고 두 점 $(0,\ 6)$, $(-1,\ -3)$을 지나는 포물선

(축의 방정식이 $x=p$이면 $y=a(x-p)^2+q$로 놓는다.)

→ 이차함수의 식을 $y=a(x+2)^2+q$로 놓고

$x=0$, $y=6$을 대입하면 $6=4a+q$ ⋯ ㉠

$x=-1$, $y=-3$을 대입하면 $-3=a+q$ ⋯ ㉡

㉠, ㉡을 연립하여 풀면 $a=3$, $q=-6$

따라서 이차함수의 식은 $y=3(x+2)^2-6$

05 축의 방정식이 $x=-1$이고 두 점 $(0,\ 1)$, $(1,\ 13)$을 지나는 포물선

06 축의 방정식이 $x=3$이고 두 점 $(-1,\ -11)$, $(4,\ 4)$를 지나는 포물선

07 축의 방정식이 $x=2$이고 두 점 $(1,\ -7)$, $(5,\ 1)$을 지나는 포물선

08 축의 방정식이 $x=-4$이고 두 점 $(-6,\ -7)$, $(-3,\ -1)$을 지나는 포물선

그래프에 축이 주어질 때

다음 그림과 같은 포물선을 그래프로 하는 이차함수의 식을 $y=a(x-p)^2+q$ 꼴로 나타내시오. (단, a, p, q는 상수)

따라하기

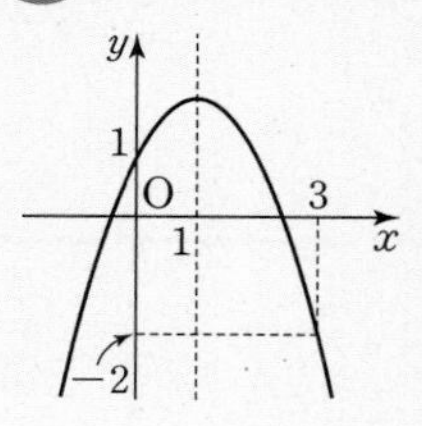

→ 이차함수의 식을

$y=a(x-1)^2+q$로 놓고
축의 방정식이 $x=1$이다.

$x=0$, $y=1$을 대입하면
그래프가 점 $(0, 1)$을 지난다.

$1=a+q$ ⋯ ㉠

$x=3$, $y=-2$를 대입하면 $-2=4a+q$ ⋯ ㉡
그래프가 점 $(3, -2)$를 지난다.

㉠, ㉡을 연립하여 풀면 $a=-1$, $q=2$

따라서 이차함수의 식은 $y=-(x-1)^2+2$

09

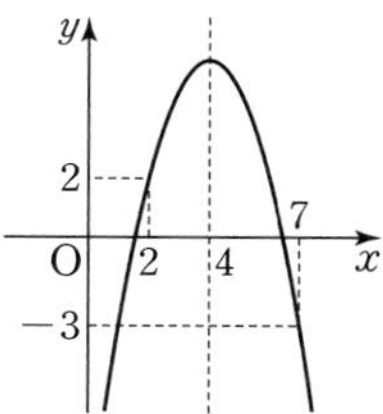

10

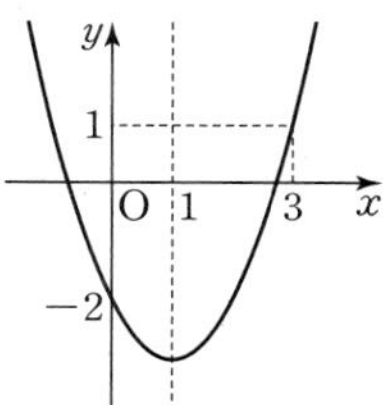

11

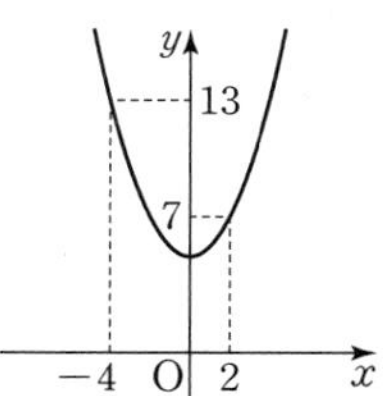

12

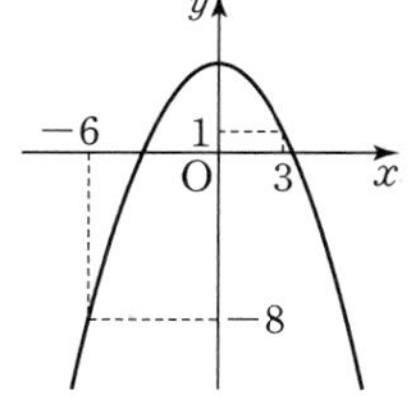

13

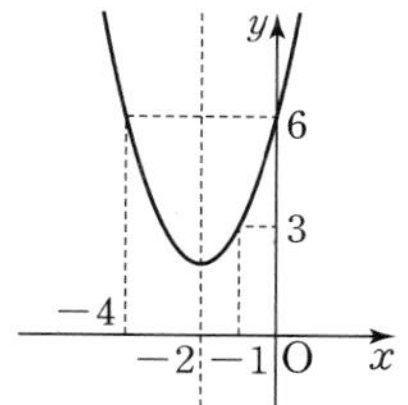

14

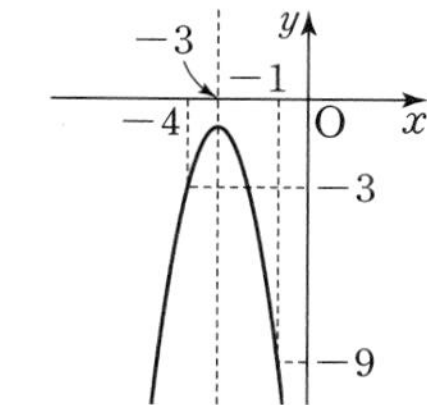

15

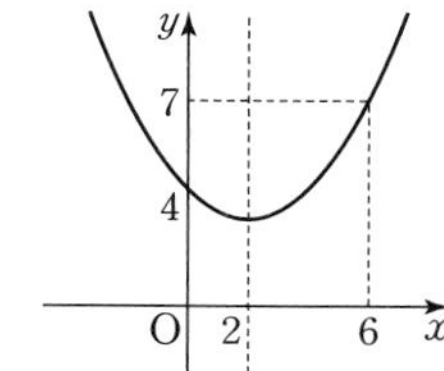

16

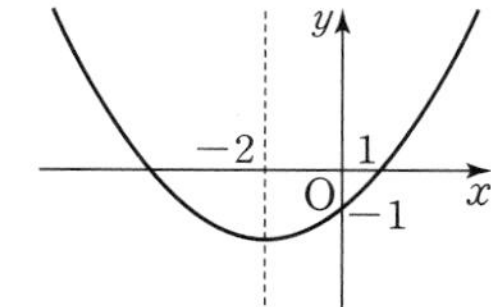

17 대표 문제

축의 방정식이 $x=6$이고 두 점 $(4, -11)$, $(5, 1)$을 지나는 포물선을 그래프로 하는 이차함수의 식을 $y=a(x+p)^2+q$라 할 때, 상수 a, p, q에 대하여 $a+p+q$의 값은?

① -5 ② -3 ③ -1
④ 5 ⑤ 7

05 이차함수의 식 구하기(3) – 세 점의 좌표가 주어질 때

정답과 풀이 71쪽

① 이차함수의 식을 $y=ax^2+bx+c$로 놓는다. (단, a, b, c는 상수)
② 주어진 세 점의 좌표를 각각 대입하여 a, b, c의 값을 각각 구한다.
예 세 점 $(0, 2)$, $(-1, 4)$, $(1, 2)$를 지나는 포물선을 그래프로 하는 이차함수의 식
→ 이차함수의 식을 $y=ax^2+bx+c$로 놓고, $x=0$, $y=2$를 대입하면 $c=2$
$x=-1$, $y=4$를 대입하면 $4=a-b+2$ … ㉠, $x=1$, $y=2$를 대입하면 $2=a+b+2$ … ㉡
㉠, ㉡을 연립하여 풀면 $a=1$, $b=-1$이므로 이차함수의 식은 $y=x^2-x+2$이다.

세 점의 좌표가 주어질 때

다음 세 점을 지나는 포물선을 그래프로 하는 이차함수의 식을 $y=ax^2+bx+c$ 꼴로 나타내시오.

ε 따라하기

$(0, -3)$, $(-1, -2)$, $(2, 7)$
→ 이차함수의 식을 $y=ax^2+bx+c$로 놓고
$x=0$, $y=-3$을 대입하면 $c=-3$ ← y절편이 -3이다.
$x=-1$, $y=-2$를 대입하면
$-2=a-b-3$ … ㉠
$x=2$, $y=7$을 대입하면 $7=4a+2b-3$ … ㉡
㉠, ㉡을 연립하여 풀면 $a=2$, $b=1$
따라서 이차함수의 식은 $y=2x^2+x-3$

01 $(0, 1)$, $(-1, 0)$, $(1, 4)$

02 $(0, -5)$, $(-2, 5)$, $(1, -4)$

03 $(0, 6)$, $(-1, 2)$, $(3, 6)$

04 $(-3, 10)$, $(-2, 0)$, $(0, -2)$

05 $(-2, 9)$, $(0, 11)$, $(1, 0)$

그래프에 세 점이 주어질 때

다음 그림과 같은 포물선을 그래프로 하는 이차함수의 식을 $y=ax^2+bx+c$ 꼴로 나타내시오.

ε 따라하기

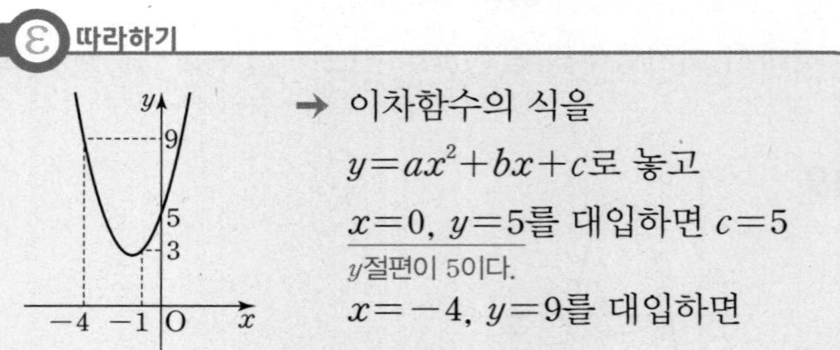

→ 이차함수의 식을
$y=ax^2+bx+c$로 놓고
$x=0$, $y=5$를 대입하면 $c=5$
y절편이 5이다.
$x=-4$, $y=9$를 대입하면
$9=16a-4b+5$ … ㉠
$x=-1$, $y=3$을 대입하면 $3=a-b+5$ … ㉡
㉠, ㉡을 연립하여 풀면 $a=1$, $b=3$
따라서 이차함수의 식은 $y=x^2+3x+5$

06

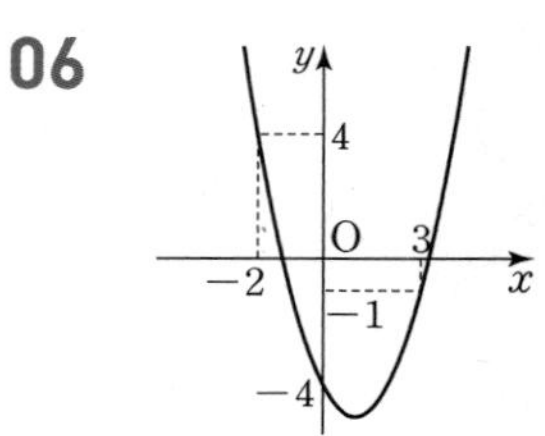

07

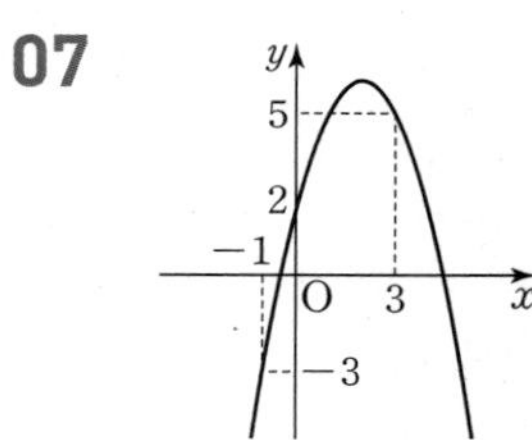

06 이차함수의 식 구하기 (4) – x축과의 교점의 좌표가 주어질 때

정답과 풀이 71쪽

x축과의 두 교점 $(\alpha,\ 0)$, $(\beta,\ 0)$과 그래프가 지나는 다른 한 점이 주어질 때

① 이차함수의 식을 $y=a(x-\alpha)(x-\beta)$로 놓는다. (단, a는 상수)

② 주어진 다른 한 점의 좌표를 대입하여 a의 값을 구한다.

참고 x축과의 두 교점과 다른 한 점의 좌표가 주어진 경우는 그래프 위의 세 점의 좌표가 주어졌을 때와 같은 방법으로 이차함수의 식을 구할 수 있다.

예 x축과 두 점 $(-1,\ 0)$, $(2,\ 0)$에서 만나고 점 $(1,\ -4)$를 지나는 포물선을 그래프로 하는 이차함수의 식

→ 이차함수의 식을 $y=a(x+1)(x-2)$로 놓고 $x=1$, $y=-4$를 대입하면 $-4=-2a$, $a=2$

따라서 이차함수의 식은 $y=2(x+1)(x-2)$이다.

x축과의 교점의 좌표가 주어질 때

다음 포물선을 그래프로 하는 이차함수의 식을 $y=ax^2+bx+c$ 꼴로 나타내시오.

따라하기

x축과 두 점 $(1,\ 0)$, $(4,\ 0)$에서 만나고 점 $(0,\ -4)$를 지나는 포물선

→ 이차함수의 식을 $y=a(x-1)(x-4)$로 놓고

$x=1$ 또는 $x=4$일 때, y좌표가 0이다.

$x=0$, $y=-4$를 대입하면 $-4=4a$, $a=-1$

따라서 이차함수의 식은

$y=-(x-1)(x-4)=-x^2+5x-4$

01 x축과 두 점 $(1,\ 0)$, $(5,\ 0)$에서 만나고 점 $(0,\ -5)$를 지나는 포물선

02 x축과 두 점 $(2,\ 0)$, $(6,\ 0)$에서 만나고 점 $(0,\ 12)$를 지나는 포물선

03 x축과 두 점 $(-1,\ 0)$, $(-3,\ 0)$에서 만나고 점 $(-4,\ -6)$을 지나는 포물선

04 x축과 두 점 $(1,\ 0)$, $(2,\ 0)$에서 만나고 점 $(3,\ -6)$을 지나는 포물선

05 x축과 두 점 $(-2,\ 0)$, $(4,\ 0)$에서 만나고 점 $(-1,\ -15)$를 지나는 포물선

그래프에 x축과의 교점과 다른 한 점이 주어질 때

다음 그림과 같은 포물선을 그래프로 하는 이차함수의 식을 $y=ax^2+bx+c$ 꼴로 나타내시오.

따라하기

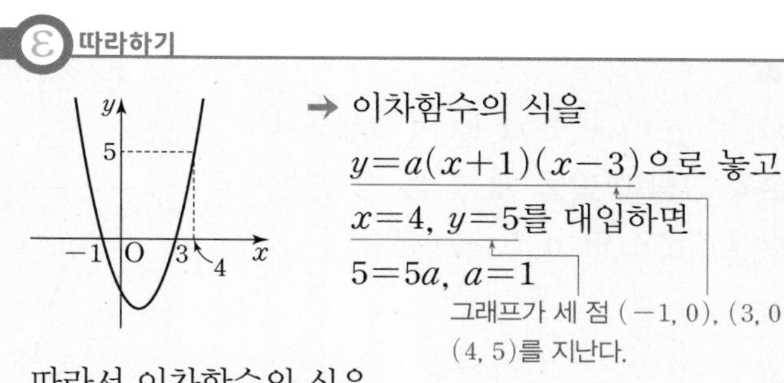

→ 이차함수의 식을 $y=a(x+1)(x-3)$으로 놓고

$x=4$, $y=5$를 대입하면

$5=5a$, $a=1$

그래프가 세 점 $(-1,\ 0)$, $(3,\ 0)$, $(4,\ 5)$를 지난다.

따라서 이차함수의 식은

$y=(x+1)(x-3)=x^2-2x-3$

06

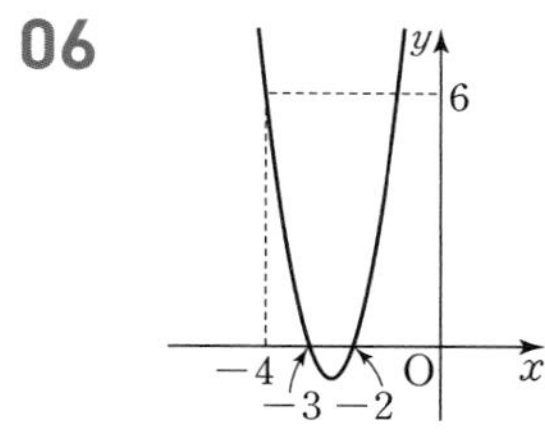

07

08

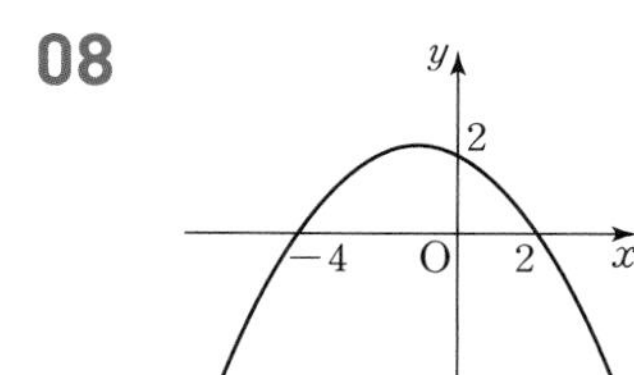

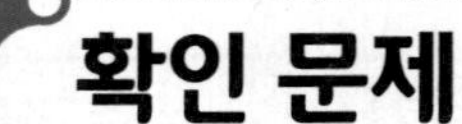

확인 문제

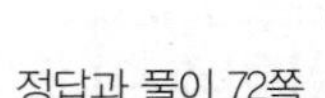

정답과 풀이 72쪽

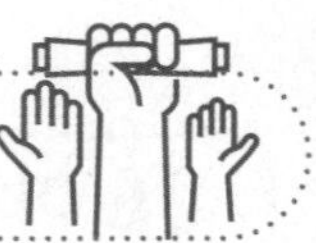

01

이차함수 $y=-\frac{1}{3}x^2+2x-2$의 그래프가 지나지 <u>않는</u> 사분면은?

① 제1사분면　② 제2사분면
③ 제3사분면　④ 제4사분면
⑤ 제1, 2사분면

02

이차함수 $y=ax^2+bx+c$의 그래프가 오른쪽 그림과 같을 때, 다음 중 항상 양수인 것은? (단, a, b, c는 상수)

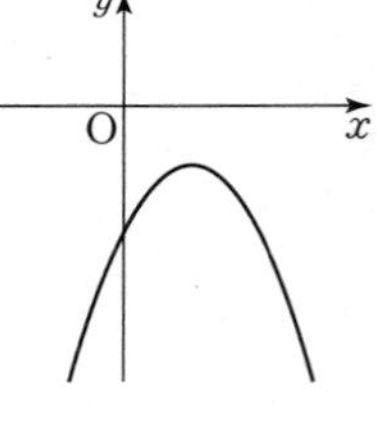

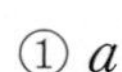
① a　② ab

③ ac　④ $a-b$

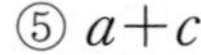
⑤ $a+c$

03

이차함수 $y=a(x-p)^2+q$의 그래프가 오른쪽 그림과 같을 때, 상수 a, p, q에 대하여 $a+p+q$의 값은?

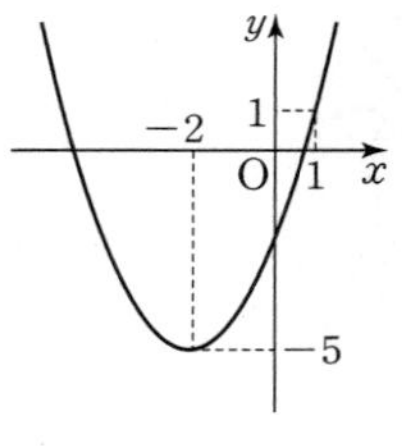

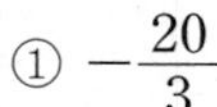
① $-\frac{20}{3}$　② $-\frac{19}{3}$
③ $-\frac{11}{3}$　④ $\frac{19}{3}$
⑤ $\frac{20}{3}$

04

축의 방정식이 $x=3$이고 두 점 $(0, 13)$, $(1, 3)$을 지나는 포물선을 그래프로 하는 이차함수의 꼭짓점의 좌표는?

① $(-5, -3)$　② $(-3, 5)$　③ $(3, -5)$
④ $(3, 5)$　⑤ $(5, 3)$

05

세 점 $(3, 0)$, $(2, 7)$, $(0, 3)$을 지나는 포물선을 그래프로 하는 이차함수의 식은?

① $y=-3x^2-8x+3$　② $y=-3x^2+8x+3$
③ $y=-x^2+2x+3$　④ $y=x^2-2x+3$
⑤ $y=3x^2-8x+3$

06

이차함수 $y=ax^2+bx+c$의 그래프가 오른쪽 그림과 같을 때, 상수 a, b, c에 대하여 abc의 값은?

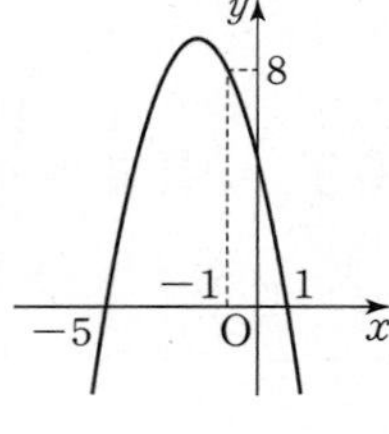

① -20　② -10

③ 5　④ 10

⑤ 20

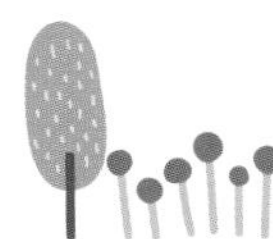

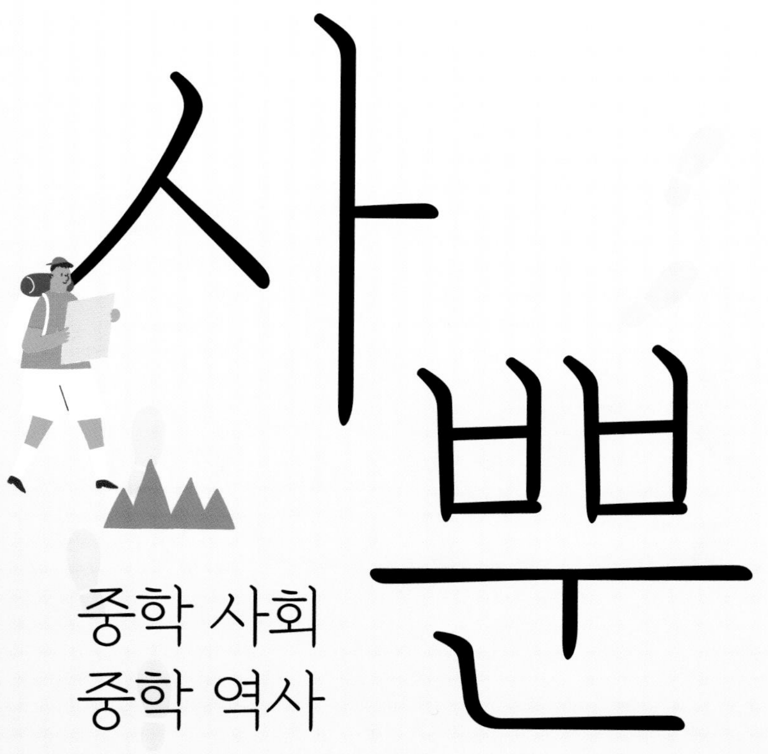

사회를 한 권으로
가뿐하게!

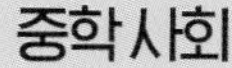

중학사회

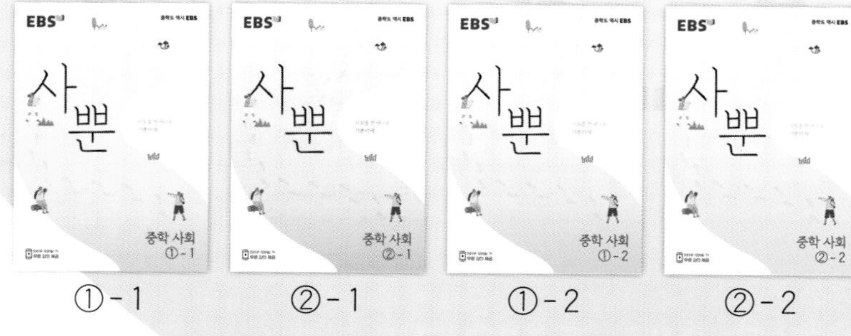

중학역사

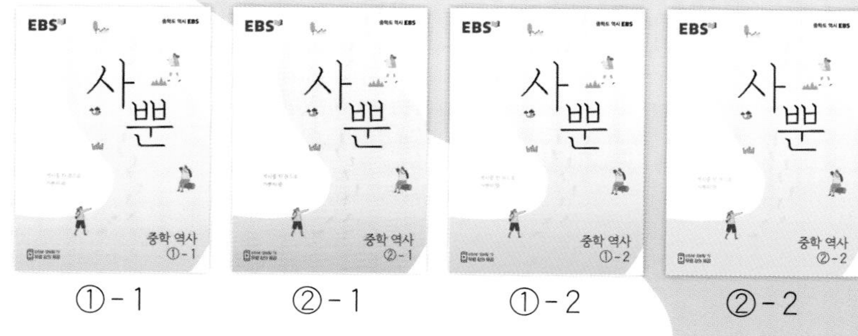

중 | 학 | 도 | 역 | 시 EBS

연산 ε 엡실론

정답과 풀이

중학 수학

3·1

Contents

이 책의 차례

정답과 풀이

정답과 풀이

1 제곱근과 실수

1. 제곱근의 뜻과 성질

01 제곱근의 뜻 | 6쪽 |

01 5, -5	02 6, -6	03 $\frac{1}{3}$, $-\frac{1}{3}$	04 $\frac{5}{8}$, $-\frac{5}{8}$
05 0.2, -0.2	06 0.4, -0.4	07 9, -9	08 $\frac{3}{4}$, $-\frac{3}{4}$
09 ×	10 ○	11 ×	12 ○
13 ×	14 ×	15 ④	

01 $5^2=25$, $(-5)^2=25$이므로 25의 제곱근은 5, -5이다.

07 $9^2=81$이고 $9^2=81$, $(-9)^2=81$이므로 9^2의 제곱근은 9, -9이다.

08 $\left(-\frac{3}{4}\right)^2=\frac{9}{16}$이고 $\left(\frac{3}{4}\right)^2=\frac{9}{16}$, $\left(-\frac{3}{4}\right)^2=\frac{9}{16}$이므로 $\left(-\frac{3}{4}\right)^2$의 제곱근은 $\frac{3}{4}$, $-\frac{3}{4}$이다.

09 9의 제곱근은 3, -3의 2개이다.

10 음수의 제곱근은 없다.

11 0의 제곱근은 0 하나이다.

12 144의 제곱근은 12, -12의 2개이다.

13 $\left(-\frac{2}{5}\right)^2=\frac{4}{25}$의 제곱근은 $\frac{2}{5}$, $-\frac{2}{5}$의 2개이다.

14 양수의 제곱근은 양수와 음수의 2개, 0의 제곱근은 0의 1개, 음수의 제곱근은 없다.

15 ① 음수의 제곱은 없다.
② $(-3)^2=9$의 제곱근은 3, -3이다.
③ $\frac{1}{4}$의 제곱근은 $\frac{1}{2}$, $-\frac{1}{2}$의 2개이다.
⑤ $\left(-\frac{3}{7}\right)^2=\frac{9}{49}$의 제곱근은 $\frac{3}{7}$, $-\frac{3}{7}$이다.

02 제곱근의 표현 | 7쪽 |

01 $\pm\sqrt{5}$	02 $\pm\sqrt{12}$	03 $\pm\sqrt{27}$	04 $\pm\sqrt{57}$
05 $\pm\sqrt{\frac{1}{6}}$	06 $\pm\sqrt{\frac{7}{15}}$	07 $\pm\sqrt{0.1}$	08 $\pm\sqrt{1.3}$
09 $\sqrt{8}$	10 $-\sqrt{13}$	11 $\sqrt{\frac{2}{17}}$	12 $\pm\sqrt{0.05}$
13 5	14 -10	15 $-\frac{2}{11}$	16 0.9
17 ②			

01 5의 양의 제곱근은 $\sqrt{5}$, 음의 제곱근은 $-\sqrt{5}$이므로 5의 제곱근은 $\pm\sqrt{5}$이다.

04 57의 양의 제곱근은 $\sqrt{57}$, 음의 제곱근은 $-\sqrt{57}$이므로 57의 제곱근은 $\pm\sqrt{57}$이다.

05 $\frac{1}{6}$의 양의 제곱근은 $\sqrt{\frac{1}{6}}$, 음의 제곱근은 $-\sqrt{\frac{1}{6}}$이므로 $\frac{1}{6}$의 제곱근은 $\pm\sqrt{\frac{1}{6}}$이다.

07 0.1의 양의 제곱근은 $\sqrt{0.1}$, 음의 제곱근은 $-\sqrt{0.1}$이므로 0.1의 제곱근은 $\pm\sqrt{0.1}$이다.

11 제곱근 $\frac{2}{17}$는 $\frac{2}{17}$의 양의 제곱근이므로 $\sqrt{\frac{2}{17}}$이다.

12 0.05의 양의 제곱근은 $\sqrt{0.05}$, 음의 제곱근은 $-\sqrt{0.05}$이므로 0.05의 제곱근은 $\pm\sqrt{0.05}$이다.

13 $\sqrt{25}$는 25의 양의 제곱근이므로 $\sqrt{25}=5$

14 $-\sqrt{100}$은 100의 음의 제곱근이므로 $-\sqrt{100}=-10$

15 $-\sqrt{\frac{4}{121}}$는 $\frac{4}{121}$의 음의 제곱근이므로 $-\sqrt{\frac{4}{121}}=-\frac{2}{11}$

16 $\sqrt{0.81}$은 0.81의 양의 제곱근이므로 $\sqrt{0.81}=0.9$

17 ①, ③, ④, ⑤ 2 또는 -2
② 2

03 제곱근의 성질 | 8쪽 |

01 7	02 3	03 37	04 $\frac{1}{5}$	05 0.5
06 $\frac{3}{10}$	07 $-\frac{2}{7}$	08 -0.02	09 7	10 9
11 $\frac{2}{3}$	12 -15	13 1.5	14 $-\frac{3}{7}$	15 5
16 -10	17 -1	18 4	19 -1	20 8
21 ①				

07 $\left(\sqrt{\frac{2}{7}}\right)^2=\frac{2}{7}$이므로 $-\left(\sqrt{\frac{2}{7}}\right)^2=-\frac{2}{7}$

08 $(-\sqrt{0.02})^2=0.02$이므로 $-(-\sqrt{0.02})^2=-0.02$

12 $\sqrt{15^2}=15$이므로 $-\sqrt{15^2}=-15$

14 $\sqrt{\left(-\frac{3}{7}\right)^2}=\frac{3}{7}$이므로 $-\sqrt{\left(-\frac{3}{7}\right)^2}=-\frac{3}{7}$

15 $(\sqrt{3})^2=3$, $(-\sqrt{2})^2=2$이므로
$(\sqrt{3})^2+(-\sqrt{2})^2=3+2=5$

16 $(-\sqrt{13})^2=13$, $\sqrt{3^2}=3$이므로
$-(-\sqrt{13})^2+\sqrt{3^2}=-13+3=-10$

17 $\sqrt{(-5)^2}=5$, $(\sqrt{6})^2=6$이므로
$\sqrt{(-5)^2}-(\sqrt{6})^2=5-6=-1$

18 $\sqrt{11^2}=11$, $(-\sqrt{7})^2=7$이므로
$\sqrt{11^2}-(-\sqrt{7})^2=11-7=4$

19 $\sqrt{\frac{1}{64}}=\sqrt{\left(\frac{1}{8}\right)^2}=\frac{1}{8}$, $(-\sqrt{8})^2=8$이므로
$-\sqrt{\frac{1}{64}}\times(-\sqrt{8})^2=-\frac{1}{8}\times 8=-1$

20 $\sqrt{0.64}=\sqrt{(0.8)^2}=0.8$, $(-\sqrt{0.1})^2=0.1$이므로
$\sqrt{0.64}\div(-\sqrt{0.1})^2=0.8\div 0.1=8$

21 ① 3
②, ③, ④, ⑤ -3

04 $\sqrt{A^2}$의 성질 | 9~10쪽 |

01 $5a$	**02** $2a$	**03** $-9a$	**04** $-6a$	**05** $-7a$
06 $-4a$	**07** $3a$	**08** $5a$	**09** $7a$	**10** a
11 $-a$	**12** a	**13** $-4a$	**14** $17a$	**15** $2a$
16 $-x+3$	**17** $a+1$	**18** $-2-x$	**19** $4+x$	**20** $-5+a$
21 $-x+2$	**22** $-a+7$	**23** $9+a$	**24** $x+1$	**25** $2a+3$
26 $2x-4$	**27** $-2a+5$		**28** 9	
29 $-3x-y+2$		**30** $-x+y+7$		**31** ②

01 $5a>0$이므로 $\sqrt{(5a)^2}=5a$

02 $-2a<0$이므로 $\sqrt{(-2a)^2}=-(-2a)=2a$

03 $9a>0$이므로 $\sqrt{(9a)^2}=9a$
따라서 $-\sqrt{(9a)^2}=-9a$

04 $-6a<0$이므로 $\sqrt{(-6a)^2}=-(-6a)=6a$
따라서 $-\sqrt{(-6a)^2}=-6a$

05 $7a<0$이므로 $\sqrt{(7a)^2}=-7a$

06 $-4a>0$이므로 $\sqrt{(-4a)^2}=-4a$

07 $3a<0$이므로 $\sqrt{(3a)^2}=-3a$
따라서 $-\sqrt{(3a)^2}=-(-3a)=3a$

08 $-5a>0$이므로 $\sqrt{(-5a)^2}=-5a$
따라서 $-\sqrt{(-5a)^2}=-(-5a)=5a$

09 $2a>0$, $5a>0$이므로 $\sqrt{(2a)^2}=2a$, $\sqrt{(5a)^2}=5a$
따라서 $\sqrt{(2a)^2}+\sqrt{(5a)^2}=2a+5a=7a$

10 $-5a<0$, $4a>0$이므로
$\sqrt{(-5a)^2}=-(-5a)=5a$, $\sqrt{(4a)^2}=4a$
따라서 $\sqrt{(-5a)^2}-\sqrt{(4a)^2}=5a-4a=a$

11 $49a^2=(7a)^2$이고 $7a>0$, $6a>0$이므로
$\sqrt{49a^2}=\sqrt{(7a)^2}=7a$, $\sqrt{(6a)^2}=6a$
따라서 $-\sqrt{49a^2}+\sqrt{(6a)^2}=-7a+6a=-a$

12 $144a^2=(12a)^2$이고 $11a>0$, $12a>0$이므로
$\sqrt{(11a)^2}=11a$, $\sqrt{144a^2}=\sqrt{(12a)^2}=12a$
따라서 $-\sqrt{(11a)^2}+\sqrt{144a^2}=-11a+12a=a$

13 $9a^2=(3a)^2$이고 $-a>0$, $3a<0$이므로
$\sqrt{(-a)^2}=-a$, $\sqrt{9a^2}=\sqrt{(3a)^2}=-3a$
따라서 $\sqrt{(-a)^2}+\sqrt{9a^2}=-a+(-3a)=-4a$

14 $12a<0$, $5a<0$이므로
$\sqrt{(12a)^2}=-12a$, $\sqrt{(5a)^2}=-5a$
따라서
$-\sqrt{(12a)^2}-\sqrt{(5a)^2}=-(-12a)-(-5a)$
$=12a+5a=17a$

15 $169a^2=(13a)^2$이고 $-11a>0$, $13a<0$이므로
$\sqrt{(-11a)^2}=-11a$, $\sqrt{169a^2}=\sqrt{(13a)^2}=-13a$
따라서
$\sqrt{(-11a)^2}-\sqrt{169a^2}=-11a-(-13a)$
$=-11a+13a=2a$

16 $x-3<0$이므로 $\sqrt{(x-3)^2}=-(x-3)=-x+3$

17 $a+1<0$이므로 $-\sqrt{(a+1)^2}=-\{-(a+1)\}=a+1$

18 $2+x>0$이므로 $-\sqrt{(2+x)^2}=-(2+x)=-2-x$

19 $4+x<0$이므로 $-\sqrt{(4+x)^2}=-\{-(4+x)\}=4+x$

20 $5-a<0$이므로 $\sqrt{(5-a)^2}=-(5-a)=-5+a$

21 $x-2>0$이므로 $-\sqrt{(x-2)^2}=-(x-2)=-x+2$

22 $-a+7>0$이므로 $\sqrt{(-a+7)^2}=-a+7$

23 $9+a<0$이므로 $-\sqrt{(9+a)^2}=-\{-(9+a)\}=9+a$

24 $-x-1<0$이므로 $\sqrt{(-x-1)^2}=-(-x-1)=x+1$

25 $a+2>0$, $a+1<0$이므로
$\sqrt{(a+2)^2}-\sqrt{(a+1)^2}=a+2-\{-(a+1)\}$
$=a+2+a+1=2a+3$

26 $x-3<0$, $x-1>0$이므로
$-\sqrt{(x-3)^2}+\sqrt{(x-1)^2}=-\{-(x-3)\}+x-1$
$=x-3+x-1=2x-4$

27 $a-5<0$, $-a<0$이므로

$\sqrt{(a-5)^2}-\sqrt{(-a)^2}=-(a-5)-\{-(-a)\}$
$=-a+5-a$
$=-2a+5$

28 $a-2<0$, $a+7>0$이므로

$\sqrt{(a-2)^2}+\sqrt{\{-(a+7)\}^2}=\sqrt{(a-2)^2}+\sqrt{(a+7)^2}$
$=-(a-2)+a+7$
$=-a+2+a+7$
$=9$

29 $-3x<0$, $y-2<0$이므로

$-\sqrt{(-3x)^2}+\sqrt{(y-2)^2}=-\{-(-3x)\}-(y-2)$
$=-3x-y+2$

30 $5-x>0$, $y+2>0$이므로

$\sqrt{(5-x)^2}+\sqrt{(y+2)^2}=5-x+y+2=-x+y+7$

31 $9a^2=(3a)^2$이고 $-15a>0$, $3a<0$이므로

$\sqrt{(-15a)^2}-\sqrt{9a^2}=-15a-(-3a)$
$=-15a+3a=-12a$

05 제곱수를 이용하여 근호 없애기 | 11~12쪽 |

01 3	**02** 5	**03** 3	**04** 10	**05** 3
06 3	**07** 6	**08** 2	**09** 6	**10** 17
11 5	**12** 1	**13** 5	**14** 5	**15** 4
16 92	**17** 85	**18** 97	**19** 99	**20** 6
21 3	**22** 1	**23** 1	**24** 5	**25** 8
26 ③				

01 $12=2^2\times3$이므로 $x=3\times$(자연수)^2 꼴이어야 한다.
따라서 가장 작은 자연수 x의 값은 $x=3\times1^2=3$

02 $20=2^2\times5$이므로 $x=5\times$(자연수)^2 꼴이어야 한다.
따라서 가장 작은 자연수 x의 값은 $x=5\times1^2=5$

03 $27=3^3$이므로 $x=3\times$(자연수)^2 꼴이어야 한다.
따라서 가장 작은 자연수 x의 값은 $x=3\times1^2=3$

04 $40=2^3\times5$이므로 $x=2\times5\times$(자연수)^2 꼴이어야 한다.
따라서 가장 작은 자연수 x의 값은 $x=2\times5\times1^2=10$

05 $48=2^4\times3$이므로 $x=3\times$(자연수)^2 꼴이어야 한다.
따라서 가장 작은 자연수 x의 값은 $x=3\times1^2=3$

06 $75=3\times5^2$이므로 $x=3\times$(자연수)^2 꼴이어야 한다.
따라서 가장 작은 자연수 x의 값은 $x=3\times1^2=3$

07 $24=2^3\times3$이므로 $x=2\times3\times$(자연수)^2 꼴이면서 24의 약수이어야 한다.
따라서 가장 작은 자연수 x의 값은 $x=2\times3\times1^2=6$

08 $50=2\times5^2$이므로 $x=2\times$(자연수)^2 꼴이면서 50의 약수이어야 한다.
따라서 가장 작은 자연수 x의 값은 $x=2\times1^2=2$

09 $54=2\times3^3$이므로 $x=2\times3\times$(자연수)^2 꼴이면서 54의 약수이어야 한다.
따라서 가장 작은 자연수 x의 값은 $x=2\times3\times1^2=6$

10 $68=2^2\times17$이므로 $x=17\times$(자연수)^2 꼴이면서 68의 약수이어야 한다.
따라서 가장 작은 자연수 x의 값은 $x=17\times1^2=17$

11 $80=2^4\times5$이므로 $x=5\times$(자연수)^2 꼴이면서 80의 약수이어야 한다.
따라서 가장 작은 자연수 x의 값은 $x=5\times1^2=5$

12 $x+3>3$이므로 $x+3$은 3보다 큰 제곱수이어야 한다.
즉, $x+3=4, 9, 16, \cdots$이므로 가장 작은 자연수 x의 값은
$x=4-3=1$

14 $20+x>20$이므로 $20+x$는 20보다 큰 제곱수이어야 한다.
즉, $20+x=25, 36, 49, \cdots$이므로 가장 작은 자연수 x의 값은
$x=25-20=5$

16 $x+8>8$이므로 $x+8$은 8보다 큰 제곱수이어야 한다.
이때 $x<100$에서 $8<x+8<108$이므로
$x+8=9, 16, 25, \cdots, 100$
따라서 가장 큰 자연수 x의 값은 $x=100-8=92$

17 $15+x>15$이므로 $15+x$는 15보다 큰 제곱수이어야 한다.
이때 $x<100$에서 $15<15+x<115$이므로
$15+x=16, 25, 36, \cdots, 100$
따라서 가장 큰 자연수 x의 값은 $x=100-15=85$

18 $24+x>24$이므로 $24+x$는 24보다 큰 제곱수이어야 한다.
이때 $x<100$에서 $24<24+x<124$이므로
$24+x=25, 36, 49, \cdots, 121$
따라서 가장 큰 자연수 x의 값은 $x=121-24=97$

19 $x+70>70$이므로 $x+70$은 70보다 큰 제곱수이어야 한다.
이때 $x<100$에서 $70<x+70<170$이므로
$x+70=81, 100, 121, 144, 169$
따라서 가장 큰 자연수 x의 값은 $x=169-70=99$

20 $0<15-x<15$이므로 $15-x$는 15보다 작은 제곱수이어야 한다.
즉, $15-x=9, 4, 1$이므로 가장 작은 자연수 x의 값은
$x=15-9=6$

22 $0<37-x<37$이므로 $37-x$는 37보다 작은 제곱수이어야 한다.
즉, $37-x=36, 25, 16, 9, 4, 1$이므로 가장 작은 자연수 x의 값은 $x=37-36=1$

23 $0<50-x<50$이므로 $50-x$는 50보다 작은 제곱수이어야 한다.
즉, $50-x=49, 36, 25, \cdots, 1$이므로 가장 작은 자연수 x의 값은
$x=50-49=1$

24 $0<32-x<32$이므로 $32-x$는 32보다 작은 제곱수이어야 한다.
즉, $32-x=25, 16, 9, 4, 1$이므로
$x=7, 16, 23, 28, 31$
따라서 자연수 x의 개수는 5이다.

25 $0<70-x<70$이므로 $70-x$는 70보다 작은 제곱수이어야 한다.
즉, $70-x=64, 49, 36, 25, 16, 9, 4, 1$이므로
$x=6, 21, 34, 45, 54, 61, 66, 69$
따라서 자연수 x의 개수는 8이다.

26 $28=2^2\times7$이므로 $a=7\times(\text{자연수})^2$ 꼴이어야 한다.
즉, 가장 작은 자연수 a의 값은
$m=7\times1^2=7$
$0<60-b<60$이므로 $60-b$는 60보다 작은 제곱수이어야 한다.
즉, $60-b=49, 36, 25, \cdots, 1$이므로 가장 큰 자연수 b의 값은
$M=60-1=59$
따라서 $m+M=7+59=66$

06 제곱근의 대소 관계

| 13~14쪽 |

01 >	02 <	03 >	04 <	05 >
06 <	07 >	08 <	09 >	10 <
11 >	12 <	13 <	14 >	15 >
16 <	17 <	18 <	19 >	20 <
21 >	22 >	23 <	24 3	25 25
26 3	27 4	28 11	29 7	30 ④

01 $5>3$이므로 $\sqrt{5}>\sqrt{3}$

02 $6<8$이므로 $\sqrt{6}<\sqrt{8}$

03 $24>18$이므로 $\sqrt{24}>\sqrt{18}$

04 $\frac{1}{3}=\frac{5}{15}$, $\frac{2}{5}=\frac{6}{15}$이므로 $\frac{1}{3}<\frac{2}{5}$
따라서 $\sqrt{\frac{1}{3}}<\sqrt{\frac{2}{5}}$

05 $\frac{5}{4}=\frac{15}{12}$, $\frac{7}{6}=\frac{14}{12}$이므로 $\frac{5}{4}>\frac{7}{6}$
따라서 $\sqrt{\frac{5}{4}}>\sqrt{\frac{7}{6}}$

06 $0.1<0.5$이므로 $\sqrt{0.1}<\sqrt{0.5}$

07 $4.1>3.7$이므로 $\sqrt{4.1}>\sqrt{3.7}$

08 $7>5$이므로 $\sqrt{7}>\sqrt{5}$
양변에 -1을 곱하면 $-\sqrt{7}<-\sqrt{5}$

09 $15<20$이므로 $\sqrt{15}<\sqrt{20}$
양변에 -1을 곱하면 $-\sqrt{15}>-\sqrt{20}$

10 $45>32$이므로 $\sqrt{45}>\sqrt{32}$
양변에 -1을 곱하면 $-\sqrt{45}<-\sqrt{32}$

11 $\frac{1}{2}=\frac{2}{4}$이므로 $\frac{1}{4}<\frac{1}{2}$
따라서 $\sqrt{\frac{1}{4}}<\sqrt{\frac{1}{2}}$이므로 양변에 -1을 곱하면
$-\sqrt{\frac{1}{4}}>-\sqrt{\frac{1}{2}}$

12 $\frac{7}{5}=\frac{49}{35}$, $\frac{9}{7}=\frac{45}{35}$이므로 $\frac{7}{5}>\frac{9}{7}$
따라서 $\sqrt{\frac{7}{5}}>\sqrt{\frac{9}{7}}$이므로 양변에 -1을 곱하면
$-\sqrt{\frac{7}{5}}<-\sqrt{\frac{9}{7}}$

13 $2.5>2.1$이므로 $\sqrt{2.5}>\sqrt{2.1}$
양변에 -1을 곱하면 $-\sqrt{2.5}<-\sqrt{2.1}$

14 $1.85<1.95$이므로 $\sqrt{1.85}<\sqrt{1.95}$
양변에 -1을 곱하면 $-\sqrt{1.85}>-\sqrt{1.95}$

15 $4=\sqrt{4^2}=\sqrt{16}$이고 $16>15$이므로
$\sqrt{16}>\sqrt{15}$, 즉 $4>\sqrt{15}$
[다른 풀이]
$4^2=16$, $(\sqrt{15})^2=15$이고 $16>15$이므로
$\sqrt{16}>\sqrt{15}$, 즉 $4>\sqrt{15}$

16 $7=\sqrt{7^2}=\sqrt{49}$이고 $41<49$이므로
$\sqrt{41}<\sqrt{49}$, 즉 $\sqrt{41}<7$

17 $5=\sqrt{5^2}=\sqrt{25}$이고 $25<27$이므로
$\sqrt{25}<\sqrt{27}$, 즉 $5<\sqrt{27}$

18 $\left(\frac{1}{6}\right)^2=\frac{1}{36}$, $\left(\sqrt{\frac{1}{18}}\right)^2=\frac{1}{18}$이고 $\frac{1}{36}<\frac{1}{18}$이므로
$\sqrt{\frac{1}{36}}<\sqrt{\frac{1}{18}}$, 즉 $\frac{1}{6}<\sqrt{\frac{1}{18}}$

19 $\left(\sqrt{\frac{1}{3}}\right)^2=\frac{1}{3}$, $\left(\frac{1}{3}\right)^2=\frac{1}{9}$이고 $\frac{1}{3}>\frac{1}{9}$이므로
$\sqrt{\frac{1}{3}}>\sqrt{\frac{1}{9}}$, 즉 $\sqrt{\frac{1}{3}}>\frac{1}{3}$

20 $0.1=\sqrt{(0.1)^2}=\sqrt{0.01}$이고 $0.01<0.1$이므로
$\sqrt{0.01}<\sqrt{0.1}$, 즉 $0.1<\sqrt{0.1}$

21 $0.6=\sqrt{(0.6)^2}=\sqrt{0.36}$이고 $0.5>0.36$이므로
$\sqrt{0.5}>\sqrt{0.36}$, 즉 $\sqrt{0.5}>0.6$

22 $8=\sqrt{8^2}=\sqrt{64}$이고 $64<65$이므로
$\sqrt{64}<\sqrt{65}$, 즉 $8<\sqrt{65}$
양변에 -1을 곱하면 $-8>-\sqrt{65}$

23 $\left(\sqrt{\frac{3}{4}}\right)^2=\frac{3}{4}$, $\left(\frac{2}{3}\right)^2=\frac{4}{9}$
이때 $\frac{3}{4}=\frac{27}{36}$, $\frac{4}{9}=\frac{16}{36}$이므로 $\frac{3}{4}>\frac{4}{9}$
따라서 $\sqrt{\frac{3}{4}}>\sqrt{\frac{4}{9}}$, 즉 $\sqrt{\frac{3}{4}}>\frac{2}{3}$이므로 양변에 -1을 곱하면
$-\sqrt{\frac{3}{4}}<-\frac{2}{3}$

24 $\sqrt{x}<2$의 양변을 제곱하면 $x<4$
따라서 $x=1, 2, 3$이므로 자연수 x의 개수는 3이다.

25 $\sqrt{x}\le 5$의 양변을 제곱하면 $x\le 25$
따라서 $x=1, 2, 3, \cdots, 25$이므로 자연수 x의 개수는 25이다.

26 $1\le\sqrt{x}<2$의 각 변을 제곱하면 $1\le x<4$
따라서 $x=1, 2, 3$이므로 자연수 x의 개수는 3이다.

27 $2<\sqrt{x}<3$의 각 변을 제곱하면 $4<x<9$
따라서 $x=5, 6, 7, 8$이므로 자연수 x의 개수는 4이다.

28 $\sqrt{3x}<6$의 양변을 제곱하면 $3x<36$
양변을 3으로 나누면 $x<12$
따라서 $x=1, 2, 3, \cdots, 11$이므로 가장 큰 자연수 x의 값은 11이다.

29 $\sqrt{18}<x<\sqrt{50}$의 각 변을 제곱하면 $18<x^2<50$
즉, $x^2=25, 36, 49$이므로 $x=5, 6, 7$
따라서 가장 큰 자연수 x의 값은 7이다.

30 ① $7<10$이므로 $\sqrt{7}<\sqrt{10}$
② $3<6$이므로 $\sqrt{3}<\sqrt{6}$
양변에 -1을 곱하면 $-\sqrt{3}>-\sqrt{6}$
③ $\frac{6}{5}=\sqrt{\left(\frac{6}{5}\right)^2}=\sqrt{\frac{36}{25}}$이고 $\frac{36}{25}=\frac{144}{100}$, $\frac{5}{4}=\frac{125}{100}$이므로
$\frac{36}{25}>\frac{5}{4}$
즉, $\sqrt{\frac{36}{25}}>\sqrt{\frac{5}{4}}$이므로 $\frac{6}{5}>\sqrt{\frac{5}{4}}$
④ $\frac{3}{5}=\frac{6}{10}$, $\frac{1}{2}=\frac{5}{10}$이므로 $\frac{3}{5}>\frac{1}{2}$
따라서 $\sqrt{\frac{3}{5}}>\sqrt{\frac{1}{2}}$이므로 양변에 -1을 곱하면
$-\sqrt{\frac{3}{5}}<-\sqrt{\frac{1}{2}}$
⑤ $0.65>0.59$이므로 $\sqrt{0.65}>\sqrt{0.59}$

확인문제

| 15쪽 |

01 ②, ⑤	02 ②	03 ②	04 ④	05 ③
06 ④	07 ⑤			

01 x가 8의 제곱근이면 $x^2=8$
또, 8의 양의 제곱근은 $\sqrt{8}$, 음의 제곱근은 $-\sqrt{8}$이므로
$x=\pm\sqrt{8}$

02 ② $(0.2)^2=0.04$이고 $(-0.2)^2=0.04$이므로 $(0.2)^2$의 제곱근은 $\pm\sqrt{0.04}=\pm0.2$
③ $\frac{4}{81}=\left(\pm\frac{2}{9}\right)^2$이므로 $\frac{4}{81}$의 제곱근은 $\pm\frac{2}{9}$
④ $(-7)^2=49$이고 $7^2=49$이므로 $(-7)^2$의 제곱근은 ±7
⑤ $0.16=(\pm0.4)^2$이므로 0.16의 제곱근은 ±0.4

03 ㄴ. $\sqrt{(-10)^2}=\sqrt{100}=10$
ㄷ. $-\sqrt{(-3)^2}=-\sqrt{9}=-3$
따라서 옳은 것은 ㄱ, ㄹ이다.

04 $x+2>0$이므로 $\sqrt{(x+2)^2}=x+2$
$2-x>0$이므로 $\sqrt{(2-x)^2}=2-x$
따라서
$\sqrt{(x+2)^2}-\sqrt{(2-x)^2}=x+2-(2-x)=x+2-2+x=2x$

05 $0<16-a<16$이므로 $16-a$는 16보다 작은 제곱수이어야 한다.
즉, $16-a=9, 4, 1$이므로 자연수 a의 값은
$16-9=7$, $16-4=12$, $16-1=15$
따라서 $\sqrt{16-a}$가 자연수가 되도록 하는 자연수 a의 개수는 3이다.

06 ① $0.3=\sqrt{(0.3)^2}=\sqrt{0.09}$이고 $0.09<0.3$이므로
$\sqrt{0.09}<\sqrt{0.3}$, 즉 $0.3<\sqrt{0.3}$
② $19<21$이므로 $\sqrt{19}<\sqrt{21}$
양변에 -1을 곱하면 $-\sqrt{19}>-\sqrt{21}$
③ $\frac{2}{3}=\sqrt{\left(\frac{2}{3}\right)^2}=\sqrt{\frac{4}{9}}$이고 $\frac{4}{9}=\frac{28}{63}$, $\frac{3}{7}=\frac{27}{63}$이므로
$\frac{4}{9}>\frac{3}{7}$
즉, $\sqrt{\frac{4}{9}}>\sqrt{\frac{3}{7}}$이므로 $\frac{2}{3}>\sqrt{\frac{3}{7}}$
④ $\frac{5}{7}=\frac{30}{42}$, $\frac{5}{6}=\frac{35}{42}$이므로 $\frac{5}{7}<\frac{5}{6}$
따라서 $\sqrt{\frac{5}{7}}<\sqrt{\frac{5}{6}}$이므로 양변에 -1을 곱하면
$-\sqrt{\frac{5}{7}}>-\sqrt{\frac{5}{6}}$
⑤ $4=\sqrt{4^2}=\sqrt{16}$이고 $16<18$이므로
$\sqrt{16}<\sqrt{18}$, 즉 $4<\sqrt{18}$

07 $5\le\sqrt{x}<6$의 각 변을 제곱하면 $25\le x<36$
따라서 $5\le\sqrt{x}<6$을 만족시키는 x는 $x=25, 26, 27, \cdots, 35$이므로 모든 자연수 x의 값의 합은
$25+26+27+\cdots+35=330$

2. 무리수와 실수

01 무리수와 실수 | 16~17쪽 |

01 유　02 무　03 유　04 유
05 무　06 무
07 유리수: $4.\dot{2}$, $\sqrt{64}$, $\frac{3}{7}$　무리수: $-\sqrt{8}$, $\sqrt{3}-1$
08 유리수: $\sqrt{81}$, $\sqrt{0.\dot{4}}$, 3.14　무리수: $\sqrt{\frac{2}{5}}$, $\frac{\pi}{2}$
09 유리수: $-\sqrt{\frac{36}{25}}$, $6.\dot{3}$　무리수: 4.12369…, $\pi-1$
10 유리수: -11, 5.121212…, $\sqrt{(-5)^2}$　무리수: $\sqrt{45}$
11 ○　12 ×　13 ×　14 ○
15 ×　16 ○　17 ×　18 ×
19 ○　20 ×　21 ×　22 ×
23 ○　24 ×　25 ×　26 ⑤

03 $\sqrt{0.49}=\sqrt{(0.7)^2}=0.7$이므로 유리수이다.

07 $\sqrt{64}=\sqrt{8^2}=8$
[참고] 유리수에 무리수를 더하거나 빼어도 무리수이다.

08 $\sqrt{81}=\sqrt{9^2}=9$, $\sqrt{0.\dot{4}}=\sqrt{\frac{4}{9}}=\sqrt{\left(\frac{2}{3}\right)^2}=\frac{2}{3}$

09 $-\sqrt{\frac{36}{25}}=-\sqrt{\left(\frac{6}{5}\right)^2}=-\frac{6}{5}$

10 $5.121212\cdots=5.\dot{1}\dot{2}$, $\sqrt{(-5)^2}=\sqrt{25}=\sqrt{5^2}=5$

12 $\sqrt{0.09}=\sqrt{(0.3)^2}=0.3$이므로 유리수이다.

15 $\sqrt{1.21}=\sqrt{(1.1)^2}=1.1$이므로 유리수이다.

17 $7-\sqrt{\frac{1}{9}}=7-\sqrt{\left(\frac{1}{3}\right)^2}=7-\frac{1}{3}=\frac{20}{3}$이므로 유리수이다.

18 $\sqrt{\left(-\frac{6}{7}\right)^2}=\sqrt{\frac{36}{49}}=\sqrt{\left(\frac{6}{7}\right)^2}=\frac{6}{7}$이므로 유리수이다.

19 $\sqrt{1.\dot{5}}=\sqrt{\frac{14}{9}}$이므로 무리수이다.

20 무한소수 중 순환소수가 아닌 무한소수는 무리수이다.

21 $\sqrt{7}$은 무리수이므로 $\frac{(\text{정수})}{(0\text{이 아닌 정수})}$ 꼴로 나타낼 수 없다.

22 근호 안의 수가 제곱수이면 유리수이다.

23 $\sqrt{169}=\sqrt{13^2}=13$이므로 유리수이다.

25 4의 제곱근은 2, -2로 유리수이다.

26 $\sqrt{144}=\sqrt{12^2}=12$, $\sqrt{\frac{9}{4}}=\sqrt{\left(\frac{3}{2}\right)^2}=\frac{3}{2}$, $\sqrt{0.\dot{9}}=\sqrt{\frac{9}{9}}=\sqrt{1}=1$
유리수는 $-1.4\dot{8}$, $\sqrt{144}$, 0, $\sqrt{\frac{9}{4}}$, $\sqrt{0.\dot{9}}$, 9.454545…의 6개이므로 $a=6$
무리수는 $2-\sqrt{7}$, $\pi+3$, $\sqrt{0.32}$의 3개이므로 $b=3$
따라서 $a-b=6-3=3$

02 실수의 분류 | 18쪽 |

01 14　02 0, 14, $-\sqrt{(-7)^2}$
03 $\frac{5}{13}$, $\sqrt{1.44}$, 0, $\sqrt{\frac{1}{81}}$, $-7.\dot{5}$, 14, $-\sqrt{(-7)^2}$
04 $-\sqrt{13}$, $\sqrt{2.\dot{4}}$, $\pi+5$
05 $\frac{5}{13}$, $\sqrt{1.44}$, 0, $-\sqrt{13}$, $\sqrt{\frac{1}{81}}$, $-7.\dot{5}$, $\sqrt{2.\dot{4}}$, $\pi+5$, 14, $-\sqrt{(-7)^2}$
06 ×　07 ×　08 ○　09 ×
10 ○　11 ①, ⑤

02 $-\sqrt{(-7)^2}=-\sqrt{49}=-\sqrt{7^2}=-7$

03 $\sqrt{1.44}=\sqrt{(1.2)^2}=1.2$, $\sqrt{\frac{1}{81}}=\sqrt{\left(\frac{1}{9}\right)^2}=\frac{1}{9}$

04 $\sqrt{2.\dot{4}}=\sqrt{\frac{22}{9}}$

05 유리수와 무리수를 통틀어 실수라 한다.

07 순환하는 무한소수(순환소수)는 유리수이다.

10 순환소수가 아닌 무한소수는 무리수이고, 무리수는 실수이다.

11 ① (무리수)−(유리수)=(무리수)이므로 $\sqrt{5}-2$는 무리수이고, 실수이다.
② 제곱근 9는 $\sqrt{9}=\sqrt{3^2}=3$이므로 유리수이다.
③ 유리수 0과 무리수 $\sqrt{2}$의 곱은 0으로 유리수이다.
④ 무리수 $-\sqrt{2}$와 무리수 $\sqrt{2}$의 합은 0으로 유리수이다.
⑤ 실수는 유리수와 무리수로 이루어져 있으므로 실수에서 무리수가 아닌 수는 모두 유리수이다.

03 무리수를 수직선 위에 나타내기 | 19~20쪽 |

01 $\sqrt{10}$　02 $\sqrt{8}$　03 $\sqrt{13}$
04 P: $-\sqrt{10}$, Q: $\sqrt{10}$　05 P: $-\sqrt{13}$, Q: $\sqrt{13}$
06 P: $-\sqrt{18}$, Q: $\sqrt{18}$　07 P: $1-\sqrt{10}$, Q: $1+\sqrt{10}$
08 P: $-1-\sqrt{8}$, Q: $-1+\sqrt{8}$　09 P: $3-\sqrt{20}$, Q: $3+\sqrt{20}$
10 P: $2-\sqrt{5}$, Q: $2+\sqrt{5}$
11 P: $-1-\sqrt{10}$, Q: $-1+\sqrt{10}$
12 P: $-2-\sqrt{13}$, Q: $-2+\sqrt{13}$　13 ②

01 피타고라스 정리에 의하여 $\overline{AB}=\sqrt{3^2+1^2}=\sqrt{10}$

02 피타고라스 정리에 의하여 $\overline{AB}=\sqrt{2^2+2^2}=\sqrt{8}$

03 피타고라스 정리에 의하여 $\overline{AB}=\sqrt{3^2+2^2}=\sqrt{13}$

04 피타고라스 정리에 의하여 $\overline{AC}=\sqrt{1^2+3^2}=\sqrt{10}$
따라서 점 P는 원점에서 왼쪽으로 $\sqrt{10}$만큼, 점 Q는 원점에서 오른쪽으로 $\sqrt{10}$만큼 떨어진 점이므로 점 P에 대응하는 수는 $-\sqrt{10}$, 점 Q에 대응하는 수는 $\sqrt{10}$이다.

06 피타고라스 정리에 의하여 $\overline{AC}=\sqrt{3^2+3^2}=\sqrt{18}$
따라서 점 P는 원점에서 왼쪽으로 $\sqrt{18}$만큼, 점 Q는 원점에서 오른쪽으로 $\sqrt{18}$만큼 떨어진 점이므로 점 P에 대응하는 수는 $-\sqrt{18}$, 점 Q에 대응하는 수는 $\sqrt{18}$이다.

07 피타고라스 정리에 의하여 $\overline{AB}=\sqrt{3^2+1^2}=\sqrt{10}$
점 P는 1을 나타내는 점에서 왼쪽으로 $\sqrt{10}$만큼 떨어진 점이므로 점 P에 대응하는 수는 $1-\sqrt{10}$
점 Q는 1을 나타내는 점에서 오른쪽으로 $\sqrt{10}$만큼 떨어진 점이므로 점 Q에 대응하는 수는 $1+\sqrt{10}$

08 피타고라스 정리에 의하여 $\overline{AB}=\sqrt{2^2+2^2}=\sqrt{8}$
점 P는 -1을 나타내는 점에서 왼쪽으로 $\sqrt{8}$만큼 떨어진 점이므로 점 P에 대응하는 수는 $-1-\sqrt{8}$
점 Q는 -1을 나타내는 점에서 오른쪽으로 $\sqrt{8}$만큼 떨어진 점이므로 점 Q에 대응하는 수는 $-1+\sqrt{8}$

09 피타고라스 정리에 의하여 $\overline{AB}=\sqrt{4^2+2^2}=\sqrt{20}$
점 P는 3을 나타내는 점에서 왼쪽으로 $\sqrt{20}$만큼 떨어진 점이므로 점 P에 대응하는 수는 $3-\sqrt{20}$
점 Q는 3을 나타내는 점에서 오른쪽으로 $\sqrt{20}$만큼 떨어진 점이므로 점 Q에 대응하는 수는 $3+\sqrt{20}$

10 피타고라스 정리에 의하여
$\overline{BC}=\overline{PC}=\sqrt{2^2+1^2}=\sqrt{5}$, $\overline{CD}=\overline{CQ}=\sqrt{1^2+2^2}=\sqrt{5}$
점 P는 2를 나타내는 점에서 왼쪽으로 $\sqrt{5}$만큼 떨어진 점이므로 점 P에 대응하는 수는 $2-\sqrt{5}$
점 Q는 2를 나타내는 점에서 오른쪽으로 $\sqrt{5}$만큼 떨어진 점이므로 점 Q에 대응하는 수는 $2+\sqrt{5}$

11 피타고라스 정리에 의하여
$\overline{BC}=\overline{PC}=\sqrt{1^2+3^2}=\sqrt{10}$, $\overline{CD}=\overline{CQ}=\sqrt{3^2+1^2}=\sqrt{10}$
점 P는 -1을 나타내는 점에서 왼쪽으로 $\sqrt{10}$만큼 떨어진 점이므로 점 P에 대응하는 수는 $-1-\sqrt{10}$
점 Q는 -1을 나타내는 점에서 오른쪽으로 $\sqrt{10}$만큼 떨어진 점이므로 점 Q에 대응하는 수는 $-1+\sqrt{10}$

12 피타고라스 정리에 의하여
$\overline{BC}=\overline{PC}=\sqrt{2^2+3^2}=\sqrt{13}$, $\overline{CD}=\overline{CQ}=\sqrt{3^2+2^2}=\sqrt{13}$
점 P는 -2를 나타내는 점에서 왼쪽으로 $\sqrt{13}$만큼 떨어진 점이므로 점 P에 대응하는 수는 $-2-\sqrt{13}$
점 Q는 -2를 나타내는 점에서 오른쪽으로 $\sqrt{13}$만큼 떨어진 점이므로 점 Q에 대응하는 수는 $-2+\sqrt{13}$

13 ① 피타고라스 정리에 의하여 $\overline{PB}=\overline{AB}=\sqrt{2^2+2^2}=\sqrt{8}$
② 피타고라스 정리에 의하여 $\overline{BQ}=\overline{BC}=\sqrt{2^2+2^2}=\sqrt{8}$
③ 점 P는 1을 나타내는 점에서 왼쪽으로 $\sqrt{8}$만큼 떨어진 점이므로 점 P에 대응하는 수는 $1-\sqrt{8}$
④ 점 Q는 1을 나타내는 점에서 오른쪽으로 $\sqrt{8}$만큼 떨어진 점이므로 점 Q에 대응하는 수는 $1+\sqrt{8}$
⑤ 정사각형 ABCD의 한 변의 길이가 $\sqrt{8}$이므로 정사각형 ABCD의 넓이는 $(\sqrt{8})^2=8$

04 실수와 수직선 | 21쪽 |

01 ×	02 ○	03 ○	04 ×	05 ×
06 ×	07 ×	08 ○	09 ○	10 ×
11 ×				

01 0과 1 사이에는 무수히 많은 유리수가 있다.

03 모든 실수는 각각 수직선 위의 한 점에 대응한다.

04 서로 다른 두 무리수 사이에는 무수히 많은 무리수가 있다.

05 서로 다른 두 정수 1과 2 사이에는 정수가 없다.

06 $\sqrt{3}$과 임의의 유리수 사이에는 무수히 많은 유리수가 있으므로 가장 가까운 유리수를 찾을 수 없다.

07 모든 무리수는 각각 수직선 위의 한 점에 대응한다.

10 수직선은 유리수와 무리수, 즉 실수에 대응하는 점들로 완전히 메울 수 있다.

11 서로 다른 두 무리수 사이에는 무수히 많은 유리수와 무리수가 있다.

05 실수의 대소 관계 | 22쪽 |

01 <	02 >	03 <	04 <	05 >
06 <	07 >	08 <	09 >	10 >
11 ④				

04 음수끼리는 절댓값이 큰 수가 작고 $-5=-\sqrt{25}$이므로
$-5<-\sqrt{20}$

05 $5-(\sqrt{26}-1)=6-\sqrt{26}=\sqrt{36}-\sqrt{26}>0$이므로
$5>\sqrt{26}-1$

06 $(\sqrt{5}-1)-2=\sqrt{5}-3=\sqrt{5}-\sqrt{9}<0$이므로
$\sqrt{5}-1<2$

07 $4-(\sqrt{3}+2)=2-\sqrt{3}=\sqrt{4}-\sqrt{3}>0$이므로
$4>\sqrt{3}+2$

08 $(2+\sqrt{12})-6=\sqrt{12}-4=\sqrt{12}-\sqrt{16}<0$이므로
$2+\sqrt{12}<6$

09 $(\sqrt{7}-2)-(\sqrt{5}-2)=\sqrt{7}-\sqrt{5}>0$이므로
$\sqrt{7}-2>\sqrt{5}-2$

10 $-6-(-\sqrt{11}-3)=\sqrt{11}-3=\sqrt{11}-\sqrt{9}>0$이므로
$-6>-\sqrt{11}-3$

11 ① $(1+\sqrt{2})-3=\sqrt{2}-2=\sqrt{2}-\sqrt{4}<0$이므로 $1+\sqrt{2}<3$
② $5-(4-\sqrt{3})=1+\sqrt{3}>0$이므로 $5>4-\sqrt{3}$
③ $(\sqrt{3}-2)-(-2+\sqrt{2})=\sqrt{3}-\sqrt{2}>0$이므로
$\sqrt{3}-2>-2+\sqrt{2}$
④ $(\sqrt{10}+1)-(1+\sqrt{11})=\sqrt{10}-\sqrt{11}<0$이므로
$\sqrt{10}+1<1+\sqrt{11}$
⑤ $(2-\sqrt{13})-(2-\sqrt{10})=\sqrt{10}-\sqrt{13}<0$이므로
$2-\sqrt{13}<2-\sqrt{10}$

06 무리수의 정수 부분과 소수 부분 | 23쪽 |

01 정수 부분: 2, 소수 부분: $\sqrt{7}-2$
02 정수 부분: 3, 소수 부분: $\sqrt{10}-3$
03 정수 부분: 4, 소수 부분: $\sqrt{17}-4$
04 정수 부분: 5, 소수 부분: $\sqrt{30}-5$
05 정수 부분: 7, 소수 부분: $\sqrt{50}-7$
06 정수 부분: 3, 소수 부분: $\sqrt{3}-1$
07 정수 부분: 0, 소수 부분: $2-\sqrt{2}$
08 정수 부분: 1, 소수 부분: $\sqrt{8}-2$
09 정수 부분: 1, 소수 부분: $3-\sqrt{5}$ **10** ⑤

01 $\sqrt{4}<\sqrt{7}<\sqrt{9}$에서 $2<\sqrt{7}<3$이므로
$\sqrt{7}$의 정수 부분은 2, 소수 부분은 $\sqrt{7}-2$

02 $\sqrt{9}<\sqrt{10}<\sqrt{16}$에서 $3<\sqrt{10}<4$이므로
$\sqrt{10}$의 정수 부분은 3, 소수 부분은 $\sqrt{10}-3$

03 $\sqrt{16}<\sqrt{17}<\sqrt{25}$에서 $4<\sqrt{17}<5$이므로
$\sqrt{17}$의 정수 부분은 4, 소수 부분은 $\sqrt{17}-4$

04 $\sqrt{25}<\sqrt{30}<\sqrt{36}$에서 $5<\sqrt{30}<6$이므로
$\sqrt{30}$의 정수 부분은 5, 소수 부분은 $\sqrt{30}-5$

05 $\sqrt{49}<\sqrt{50}<\sqrt{64}$에서 $7<\sqrt{50}<8$이므로
$\sqrt{50}$의 정수 부분은 7, 소수 부분은 $\sqrt{50}-7$

06 $1<\sqrt{3}<2$이므로 $3<\sqrt{3}+2<4$
$\sqrt{3}+2$의 정수 부분은 3, 소수 부분은 $(\sqrt{3}+2)-3=\sqrt{3}-1$

07 $1<\sqrt{2}<2$에서 $-2<-\sqrt{2}<-1$이므로 $0<2-\sqrt{2}<1$
따라서 $2-\sqrt{2}$의 정수 부분은 0, 소수 부분은 $2-\sqrt{2}$

08 $2<\sqrt{8}<3$에서 $1<\sqrt{8}-1<2$이므로
$\sqrt{8}-1$의 정수 부분은 1, 소수 부분은 $(\sqrt{8}-1)-1=\sqrt{8}-2$

09 $2<\sqrt{5}<3$에서 $-3<-\sqrt{5}<-2$이므로 $1<4-\sqrt{5}<2$
따라서 $4-\sqrt{5}$의 정수 부분은 1, 소수 부분은
$(4-\sqrt{5})-1=3-\sqrt{5}$

10 $1<\sqrt{2}<2$이므로 $2<1+\sqrt{2}<3$
즉, $1+\sqrt{2}$의 정수 부분은 2이므로 $a=2$
$1<\sqrt{3}<2$에서 $-2<-\sqrt{3}<-1$이므로 $3<5-\sqrt{3}<4$
즉, $5-\sqrt{3}$의 정수 부분은 3이므로 $b=3$
따라서 $a+b=2+3=5$

확인문제 | 24쪽 |

01 ②, ④ **02** ② **03** ② **04** ③ **05** ③
06 ③

01 ① $-\sqrt{64}=-\sqrt{8^2}=-8$
③ $\sqrt{1.69}=\sqrt{(1.3)^2}=1.3$
⑤ $\sqrt{1.\dot{7}}=\sqrt{\frac{16}{9}}=\sqrt{\left(\frac{4}{3}\right)^2}=\frac{4}{3}$
따라서 무리수는 ②, ④이다.

02 ㄱ. 넓이가 5인 정사각형의 한 변의 길이는 $\sqrt{5}$이다.
ㄴ. 넓이가 16인 정사각형의 한 변의 길이는 $\sqrt{16}$, 즉 4이다.
ㄷ. 넓이가 8π인 원의 반지름의 길이는 $\sqrt{8}$이다.
따라서 유리수인 것은 ㄴ뿐이다.

03 ① 무리수는 순환하지 않는 무한소수이다.
③ 무리수 $\sqrt{5}$와 무리수 $-\sqrt{5}$의 합은 0으로 유리수이다.
④ $\frac{(\text{정수})}{(0\text{이 아닌 정수})}$ 꼴로 나타낼 수 있는 수는 유리수이다.
⑤ 무한소수 중 순환소수는 유리수이다.

04 $\overline{AC}=\overline{PC}=\sqrt{5^2+2^2}=\sqrt{29}$이므로 점 P는 2를 나타내는 점에서 왼쪽으로 $\sqrt{29}$만큼 떨어진 점이다.
즉, $P(2-\sqrt{29})$
$\overline{ED}=\overline{EQ}=\sqrt{3^2+3^2}=\sqrt{18}$이므로 점 Q는 4를 나타내는 점에서 오른쪽으로 $\sqrt{18}$만큼 떨어진 점이다.
즉, $Q(4+\sqrt{18})$

05 ① $(\sqrt{5}+3)-4=\sqrt{5}-1>0$이므로
$\sqrt{5}+3>4$
② $(\sqrt{8}+3)-6=\sqrt{8}-3=\sqrt{8}-\sqrt{9}<0$이므로
$\sqrt{8}+3<6$
③ $(\sqrt{24}-2)-3=\sqrt{24}-5=\sqrt{24}-\sqrt{25}<0$이므로
$\sqrt{24}-2<3$
④ $(\sqrt{7}+1)-(\sqrt{8}+1)=\sqrt{7}-\sqrt{8}<0$이므로
$\sqrt{7}+1<\sqrt{8}+1$
⑤ $(\sqrt{15}-2)-(-3+\sqrt{15})=1>0$이므로
$\sqrt{15}-2>-3+\sqrt{15}$

06 $\sqrt{9}<\sqrt{15}<\sqrt{16}$, 즉 $3<\sqrt{15}<4$이므로
$0<\sqrt{15}-3<1$
따라서 $\sqrt{15}-3$에 대응하는 점이 있는 구간은 ③이다.

2 근호를 포함한 식의 계산

1. 근호를 포함한 식의 곱셈과 나눗셈

01 제곱근의 곱셈 | 26쪽 |

01 $\sqrt{15}$ 02 $\sqrt{65}$ 03 $\sqrt{77}$ 04 4 05 3
06 25 07 4 08 $10\sqrt{15}$ 09 $6\sqrt{21}$ 10 $-5\sqrt{70}$
11 $-8\sqrt{40}$ 12 -9 13 ⑤

01 $\sqrt{3}\times\sqrt{5}=\sqrt{3\times5}=\sqrt{15}$

02 $\sqrt{5}\times\sqrt{13}=\sqrt{5\times13}=\sqrt{65}$

03 $\sqrt{7}\times\sqrt{11}=\sqrt{7\times11}=\sqrt{77}$

04 $\sqrt{2}\times\sqrt{8}=\sqrt{2\times8}=\sqrt{16}=\sqrt{4^2}=4$

05 $\sqrt{27}\times\sqrt{\frac{1}{3}}=\sqrt{27\times\frac{1}{3}}=\sqrt{9}=\sqrt{3^2}=3$

06 $\sqrt{5}\times\sqrt{125}=\sqrt{5\times125}=\sqrt{625}=\sqrt{25^2}=25$

07 $\sqrt{24}\times\sqrt{\frac{2}{3}}=\sqrt{24\times\frac{2}{3}}=\sqrt{16}=\sqrt{4^2}=4$

08 $2\sqrt{3}\times5\sqrt{5}=(2\times5)\sqrt{3\times5}=10\sqrt{15}$

09 $\frac{1}{2}\sqrt{7}\times12\sqrt{3}=\left(\frac{1}{2}\times12\right)\sqrt{7\times3}=6\sqrt{21}$

10 $3\sqrt{10}\times\left(-\frac{5}{3}\sqrt{7}\right)=\left\{3\times\left(-\frac{5}{3}\right)\right\}\sqrt{10\times7}=-5\sqrt{70}$

11 $(-2\sqrt{5})\times4\sqrt{8}=(-2\times4)\sqrt{5\times8}=-8\sqrt{40}$

12 $\frac{2}{5}\sqrt{2}\times\left(-\frac{15}{4}\sqrt{18}\right)=\left\{\frac{2}{5}\times\left(-\frac{15}{4}\right)\right\}\sqrt{2\times18}$
$=-\frac{3}{2}\sqrt{36}=-\frac{3}{2}\sqrt{6^2}$
$=-\frac{3}{2}\times6=-9$

13 ① $\sqrt{12}\times\sqrt{3}=\sqrt{12\times3}=\sqrt{36}=\sqrt{6^2}=6$
④ $\frac{1}{3}\sqrt{6}\times9\sqrt{\frac{1}{2}}=\left(\frac{1}{3}\times9\right)\sqrt{6\times\frac{1}{2}}=3\sqrt{3}$
⑤ $\left(-8\sqrt{\frac{3}{10}}\right)\times3\sqrt{30}=(-8\times3)\sqrt{\frac{3}{10}\times30}$
$=-24\sqrt{9}=-24\sqrt{3^2}$
$=-24\times3=-72$

02 제곱근의 나눗셈 | 27쪽 |

01 $\sqrt{3}$ 02 4 03 2 04 $\sqrt{6}$ 05 $\sqrt{8}$
06 $\sqrt{\frac{1}{5}}$ 07 $\frac{1}{3}$ 08 $2\sqrt{3}$ 09 6 10 $5\sqrt{5}$
11 $-8\sqrt{63}$ 12 -2 13 ②

01 $\frac{\sqrt{15}}{\sqrt{5}}=\sqrt{\frac{15}{5}}=\sqrt{3}$

02 $\frac{\sqrt{32}}{\sqrt{2}}=\sqrt{\frac{32}{2}}=\sqrt{16}=\sqrt{4^2}=4$

03 $\sqrt{8}\div\sqrt{2}=\sqrt{\frac{8}{2}}=\sqrt{4}=\sqrt{2^2}=2$

04 $\sqrt{18}\div\sqrt{3}=\sqrt{\frac{18}{3}}=\sqrt{6}$

05 $\sqrt{24}\div\sqrt{3}=\sqrt{\frac{24}{3}}=\sqrt{8}$

06 $\sqrt{15}\div\sqrt{75}=\sqrt{\frac{15}{75}}=\sqrt{\frac{1}{5}}$

07 $\sqrt{6}\div\sqrt{54}=\sqrt{\frac{6}{54}}=\sqrt{\frac{1}{9}}=\sqrt{\left(\frac{1}{3}\right)^2}=\frac{1}{3}$

08 $10\sqrt{6}\div5\sqrt{2}=\frac{10}{5}\sqrt{\frac{6}{2}}=2\sqrt{3}$

09 $3\sqrt{20}\div\sqrt{5}=3\sqrt{\frac{20}{5}}=3\sqrt{4}=3\sqrt{2^2}=3\times2=6$

10 $15\sqrt{35}\div3\sqrt{7}=\frac{15}{3}\sqrt{\frac{35}{7}}=5\sqrt{5}$

11 $(-8\sqrt{21})\div\frac{1}{\sqrt{3}}=(-8\sqrt{21})\times\sqrt{3}$
$=-8\sqrt{21\times3}=-8\sqrt{63}$

12 $\sqrt{18}\div\left(-\frac{3}{\sqrt{2}}\right)=\sqrt{18}\times\left(-\frac{\sqrt{2}}{3}\right)=-\frac{1}{3}\sqrt{18\times2}$
$=-\frac{1}{3}\sqrt{36}=-\frac{1}{3}\sqrt{6^2}$
$=-\frac{1}{3}\times6=-2$

13 $\sqrt{40}\times\sqrt{\frac{2}{5}}=\sqrt{40\times\frac{2}{5}}=\sqrt{16}=\sqrt{4^2}=4$이므로
$a=4$
$\sqrt{28}\div\frac{1}{\sqrt{7}}=\sqrt{28}\times\sqrt{7}=\sqrt{196}=\sqrt{14^2}=14$이므로
$b=14$
따라서 $a-b=4-14=-10$

03 근호가 있는 식의 변형 | 28~30쪽 |

01 $2\sqrt{3}$ 02 $2\sqrt{7}$ 03 $4\sqrt{2}$ 04 $-3\sqrt{6}$ 05 $6\sqrt{2}$
06 $4\sqrt{5}$ 07 $\sqrt{27}$ 08 $\sqrt{150}$ 09 $\sqrt{112}$ 10 $-\sqrt{40}$
11 $-\sqrt{245}$ 12 $-\sqrt{448}$ 13 $\frac{\sqrt{5}}{3}$ 14 $\frac{\sqrt{3}}{4}$ 15 $\frac{\sqrt{17}}{6}$
16 $-\frac{\sqrt{15}}{7}$ 17 $\frac{\sqrt{3}}{5}$ 18 $\frac{\sqrt{33}}{10}$ 19 $-\frac{\sqrt{7}}{2}$ 20 $\sqrt{\frac{7}{9}}$
21 $\sqrt{\frac{6}{25}}$ 22 $-\sqrt{\frac{1}{12}}$ 23 $-\sqrt{\frac{9}{8}}$ 24 $\sqrt{\frac{16}{5}}$ 25 ③
26 $3\sqrt{7}$ 27 $-12\sqrt{3}$ 28 $-18\sqrt{30}$ 29 $\frac{5}{2}\sqrt{3}$
30 $80\sqrt{3}$ 31 12 32 $96\sqrt{5}$ 33 $168\sqrt{6}$ 34 $2\sqrt{3}$
35 $-3\sqrt{3}$ 36 $\frac{1}{4\sqrt{6}}$ 37 $4\sqrt{5}$ 38 $-6\sqrt{10}$ 39 ②

01 $\sqrt{12}=\sqrt{2^2\times3}=2\sqrt{3}$

02 $\sqrt{28}=\sqrt{2^2\times7}=2\sqrt{7}$

03 $\sqrt{32}=\sqrt{2^5}=\sqrt{4^2\times2}=4\sqrt{2}$

04 $-\sqrt{54}=-\sqrt{3^2\times6}=-3\sqrt{6}$

05 $\sqrt{72}=\sqrt{6^2\times2}=6\sqrt{2}$

06 $\sqrt{80}=\sqrt{4^2\times5}=4\sqrt{5}$

07 $3\sqrt{3}=\sqrt{3^2\times3}=\sqrt{27}$

08 $5\sqrt{6}=\sqrt{5^2\times6}=\sqrt{150}$

09 $4\sqrt{7}=\sqrt{4^2\times7}=\sqrt{112}$

10 $-2\sqrt{10}=-\sqrt{2^2\times10}=-\sqrt{40}$

11 $-7\sqrt{5}=-\sqrt{7^2\times5}=-\sqrt{245}$

12 $-8\sqrt{7}=-\sqrt{8^2\times7}=-\sqrt{448}$

13 $\sqrt{\frac{5}{9}}=\sqrt{\frac{5}{3^2}}=\frac{\sqrt{5}}{3}$

14 $\sqrt{\frac{3}{16}}=\sqrt{\frac{3}{4^2}}=\frac{\sqrt{3}}{4}$

15 $\sqrt{\frac{17}{36}}=\sqrt{\frac{17}{6^2}}=\frac{\sqrt{17}}{6}$

16 $-\sqrt{\frac{15}{49}}=-\sqrt{\frac{15}{7^2}}=-\frac{\sqrt{15}}{7}$

17 $\sqrt{0.12}=\sqrt{\frac{12}{100}}=\sqrt{\frac{3}{25}}=\sqrt{\frac{3}{5^2}}=\frac{\sqrt{3}}{5}$

18 $\sqrt{0.33}=\sqrt{\frac{33}{100}}=\sqrt{\frac{33}{10^2}}=\frac{\sqrt{33}}{10}$

19 $-\sqrt{1.75}=-\sqrt{\frac{175}{100}}=-\sqrt{\frac{7}{4}}=-\sqrt{\frac{7}{2^2}}=-\frac{\sqrt{7}}{2}$

20 $\frac{\sqrt{7}}{3}=\sqrt{\frac{7}{3^2}}=\sqrt{\frac{7}{9}}$

21 $\frac{\sqrt{6}}{5}=\sqrt{\frac{6}{5^2}}=\sqrt{\frac{6}{25}}$

22 $-\frac{\sqrt{3}}{6}=-\sqrt{\frac{3}{6^2}}=-\sqrt{\frac{3}{36}}=-\sqrt{\frac{1}{12}}$

23 $-\frac{3\sqrt{2}}{4}=-\frac{\sqrt{3^2\times2}}{4}=-\frac{\sqrt{18}}{4}=-\sqrt{\frac{18}{4^2}}=-\sqrt{\frac{18}{16}}=-\sqrt{\frac{9}{8}}$

24 $\frac{4\sqrt{5}}{5}=\frac{\sqrt{4^2\times5}}{5}=\frac{\sqrt{80}}{5}=\sqrt{\frac{80}{5^2}}=\sqrt{\frac{80}{25}}=\sqrt{\frac{16}{5}}$

25 $\sqrt{90}=\sqrt{3^2\times10}=3\sqrt{10}$이므로 $a=3$
$\frac{\sqrt{2}}{6}=\sqrt{\frac{2}{6^2}}=\sqrt{\frac{2}{36}}=\sqrt{\frac{1}{18}}$이므로 $b=18$
따라서 $\frac{b}{a}=\frac{18}{3}=6$

26 $\sqrt{3}\times\sqrt{21}=\sqrt{3\times21}=\sqrt{3^2\times7}=3\sqrt{7}$

27 $(-\sqrt{8})\times3\sqrt{6}=(-\sqrt{2^2\times2})\times3\sqrt{6}=(-2\sqrt{2})\times3\sqrt{6}$
$=-6\sqrt{2^2\times3}=-12\sqrt{3}$

28 $3\sqrt{15}\times(-2\sqrt{18})=3\sqrt{15}\times(-2\sqrt{3^2\times2})$
$=3\sqrt{15}\times(-6\sqrt{2})=-18\sqrt{30}$

29 $2\sqrt{15}\times\frac{1}{4}\sqrt{5}=\frac{1}{2}\sqrt{5^2\times3}=\frac{5}{2}\sqrt{3}$

30 $\left(-\frac{5}{4}\sqrt{32}\right)\times(-8\sqrt{6})=\left(-\frac{5}{4}\sqrt{4^2\times2}\right)\times(-8\sqrt{6})$
$=(-5\sqrt{2})\times(-8\sqrt{6})$
$=40\sqrt{2^2\times3}=80\sqrt{3}$

31 $\sqrt{3}\times\sqrt{6}\times\sqrt{8}=\sqrt{3}\times\sqrt{6}\times\sqrt{2^2\times2}$
$=\sqrt{3}\times\sqrt{6}\times2\sqrt{2}=2\sqrt{6^2}=12$

32 $2\sqrt{12}\times\frac{4}{3}\sqrt{3}\times6\sqrt{5}=2\sqrt{2^2\times3}\times\frac{4}{3}\sqrt{3}\times6\sqrt{5}$
$=4\sqrt{3}\times\frac{4}{3}\sqrt{3}\times6\sqrt{5}$
$=32\sqrt{3^2\times5}=96\sqrt{5}$

33 $(-\sqrt{28})\times3\sqrt{21}\times(-2\sqrt{8})$
$=(-\sqrt{2^2\times7})\times3\sqrt{21}\times(-2\sqrt{2^2\times2})$
$=(-2\sqrt{7})\times3\sqrt{21}\times(-4\sqrt{2})$
$=24\sqrt{7^2\times6}=168\sqrt{6}$

34 $\sqrt{60}\div\sqrt{5}=\sqrt{2^2\times15}\div\sqrt{5}=2\sqrt{15}\div\sqrt{5}=2\sqrt{\frac{15}{5}}=2\sqrt{3}$

35 $(-\sqrt{54})\div\sqrt{2}=(-\sqrt{3^2\times6})\div\sqrt{2}=(-3\sqrt{6})\div\sqrt{2}=-3\sqrt{3}$

36 $\sqrt{\frac{7}{8}}\div\sqrt{84}=\sqrt{\frac{7}{2^2\times2}}\div\sqrt{2^2\times21}=\frac{\sqrt{7}}{2\sqrt{2}}\div2\sqrt{21}$
$=\frac{\sqrt{7}}{2\sqrt{2}}\times\frac{1}{2\sqrt{21}}=\frac{1}{4\sqrt{6}}$

37 $4\sqrt{120}\div2\sqrt{2}\div\sqrt{3}=4\sqrt{2^2\times30}\div2\sqrt{2}\div\sqrt{3}$
$=8\sqrt{30}\times\frac{1}{2\sqrt{2}}\times\frac{1}{\sqrt{3}}=4\sqrt{5}$

38 $15\sqrt{126}\div(-5\sqrt{7})\div\frac{3}{2\sqrt{5}}=15\sqrt{3^2\times14}\div(-5\sqrt{7})\div\frac{3}{2\sqrt{5}}$
$=45\sqrt{14}\times\left(-\frac{1}{5\sqrt{7}}\right)\times\frac{2\sqrt{5}}{3}$
$=-6\sqrt{10}$

39 $3\sqrt{12}\times2\sqrt{18}=3\sqrt{2^2\times3}\times2\sqrt{3^2\times2}=6\sqrt{3}\times6\sqrt{2}=36\sqrt{6}$
이므로 $a=36$
$4\sqrt{216}\div6\sqrt{3}=4\sqrt{6^2\times6}\div6\sqrt{3}=24\sqrt{6}\div6\sqrt{3}$
$=4\sqrt{2}$
이므로 $b=4$
따라서 $\frac{a}{b}=\frac{36}{4}=9$

04 분모의 유리화 | 31~32쪽 |

01 $\frac{\sqrt{2}}{2}$	02 $\frac{2\sqrt{6}}{3}$	03 $-\frac{3\sqrt{7}}{7}$	04 $\frac{\sqrt{10}}{2}$
05 $-\frac{4\sqrt{14}}{7}$	06 $\frac{3\sqrt{21}}{7}$	07 $\frac{\sqrt{15}}{5}$	08 $-\frac{\sqrt{14}}{7}$
09 $\frac{\sqrt{10}}{2}$	10 $\frac{3\sqrt{10}}{5}$	11 $-\frac{\sqrt{105}}{7}$	12 $\frac{\sqrt{2}}{6}$
13 $\frac{\sqrt{3}}{4}$	14 $-\frac{\sqrt{5}}{4}$	15 $\frac{\sqrt{2}}{10}$	16 $-\frac{2\sqrt{6}}{9}$
17 $\frac{\sqrt{2}}{7}$	18 $\frac{2\sqrt{2}}{5}$	19 $-\frac{\sqrt{33}}{6}$	20 $\frac{\sqrt{15}}{6}$
21 $\frac{\sqrt{10}}{20}$	22 $-\frac{3\sqrt{2}}{10}$	23 $\frac{7\sqrt{14}}{36}$	24 $\frac{9\sqrt{3}}{4}$
25 $-\frac{\sqrt{2}}{3}$	26 ④		

01 $\frac{1}{\sqrt{2}}=\frac{\sqrt{2}}{\sqrt{2}\times\sqrt{2}}=\frac{\sqrt{2}}{2}$

02 $\frac{4}{\sqrt{6}}=\frac{4\times\sqrt{6}}{\sqrt{6}\times\sqrt{6}}=\frac{4\sqrt{6}}{6}=\frac{2\sqrt{6}}{3}$

03 $-\frac{3}{\sqrt{7}}=-\frac{3\times\sqrt{7}}{\sqrt{7}\times\sqrt{7}}=-\frac{3\sqrt{7}}{7}$

04 $\frac{5}{\sqrt{10}}=\frac{5\times\sqrt{10}}{\sqrt{10}\times\sqrt{10}}=\frac{5\sqrt{10}}{10}=\frac{\sqrt{10}}{2}$

05 $-\frac{8}{\sqrt{14}}=-\frac{8\times\sqrt{14}}{\sqrt{14}\times\sqrt{14}}=-\frac{8\sqrt{14}}{14}=-\frac{4\sqrt{14}}{7}$

06 $\frac{9}{\sqrt{21}}=\frac{9\times\sqrt{21}}{\sqrt{21}\times\sqrt{21}}=\frac{9\sqrt{21}}{21}=\frac{3\sqrt{21}}{7}$

07 $\frac{\sqrt{3}}{\sqrt{5}}=\frac{\sqrt{3}\times\sqrt{5}}{\sqrt{5}\times\sqrt{5}}=\frac{\sqrt{15}}{5}$

08 $-\frac{\sqrt{2}}{\sqrt{7}}=-\frac{\sqrt{2}\times\sqrt{7}}{\sqrt{7}\times\sqrt{7}}=-\frac{\sqrt{14}}{7}$

09 $\frac{\sqrt{5}}{\sqrt{2}}=\frac{\sqrt{5}\times\sqrt{2}}{\sqrt{2}\times\sqrt{2}}=\frac{\sqrt{10}}{2}$

10 $\sqrt{\frac{18}{5}}=\frac{\sqrt{18}}{\sqrt{5}}=\frac{\sqrt{3^2\times2}}{\sqrt{5}}=\frac{3\sqrt{2}}{\sqrt{5}}=\frac{3\sqrt{2}\times\sqrt{5}}{\sqrt{5}\times\sqrt{5}}=\frac{3\sqrt{10}}{5}$

11 $-\sqrt{\frac{30}{14}}=-\sqrt{\frac{15}{7}}=-\frac{\sqrt{15}}{\sqrt{7}}=-\frac{\sqrt{15}\times\sqrt{7}}{\sqrt{7}\times\sqrt{7}}=-\frac{\sqrt{105}}{7}$

12 $\frac{1}{3\sqrt{2}}=\frac{\sqrt{2}}{3\sqrt{2}\times\sqrt{2}}=\frac{\sqrt{2}}{6}$

13 $\frac{3}{4\sqrt{3}}=\frac{3\times\sqrt{3}}{4\sqrt{3}\times\sqrt{3}}=\frac{3\sqrt{3}}{12}=\frac{\sqrt{3}}{4}$

14 $-\frac{5}{2\sqrt{20}}=-\frac{5}{2\sqrt{2^2\times5}}=-\frac{5}{4\sqrt{5}}=-\frac{5\times\sqrt{5}}{4\sqrt{5}\times\sqrt{5}}$
$=-\frac{5\sqrt{5}}{20}=-\frac{\sqrt{5}}{4}$

15 $\frac{4}{5\sqrt{32}}=\frac{4}{5\sqrt{4^2\times2}}=\frac{4}{20\sqrt{2}}=\frac{1}{5\sqrt{2}}=\frac{\sqrt{2}}{5\sqrt{2}\times\sqrt{2}}=\frac{\sqrt{2}}{10}$

16 $-\frac{8}{3\sqrt{24}}=-\frac{8}{3\sqrt{2^2\times6}}=-\frac{8}{6\sqrt{6}}=-\frac{4}{3\sqrt{6}}$
$=-\frac{4\times\sqrt{6}}{3\sqrt{6}\times\sqrt{6}}=-\frac{4\sqrt{6}}{18}=-\frac{2\sqrt{6}}{9}$

17 $\frac{10}{7\sqrt{50}}=\frac{10}{7\sqrt{5^2\times2}}=\frac{10}{35\sqrt{2}}=\frac{2}{7\sqrt{2}}=\frac{2\times\sqrt{2}}{7\sqrt{2}\times\sqrt{2}}=\frac{2\sqrt{2}}{14}=\frac{\sqrt{2}}{7}$

18 $\frac{12}{5\sqrt{18}}=\frac{12}{5\sqrt{3^2\times2}}=\frac{12}{15\sqrt{2}}=\frac{4}{5\sqrt{2}}=\frac{4\times\sqrt{2}}{5\sqrt{2}\times\sqrt{2}}=\frac{4\sqrt{2}}{10}=\frac{2\sqrt{2}}{5}$

19 $-\frac{11}{2\sqrt{33}}=-\frac{11\times\sqrt{33}}{2\sqrt{33}\times\sqrt{33}}=-\frac{11\sqrt{33}}{66}=-\frac{\sqrt{33}}{6}$

20 $\frac{\sqrt{5}}{2\sqrt{3}}=\frac{\sqrt{5}\times\sqrt{3}}{2\sqrt{3}\times\sqrt{3}}=\frac{\sqrt{15}}{6}$

21 $\frac{\sqrt{2}}{4\sqrt{5}}=\frac{\sqrt{2}\times\sqrt{5}}{4\sqrt{5}\times\sqrt{5}}=\frac{\sqrt{10}}{20}$

22 $-\frac{3\sqrt{6}}{5\sqrt{12}}=-\frac{3\sqrt{6}}{5\sqrt{2^2\times3}}=-\frac{3\sqrt{6}}{10\sqrt{3}}=-\frac{3\sqrt{6}\times\sqrt{3}}{10\sqrt{3}\times\sqrt{3}}$
$=-\frac{3\sqrt{18}}{30}=-\frac{\sqrt{3^2\times2}}{10}=-\frac{3\sqrt{2}}{10}$

23 $\frac{7\sqrt{7}}{6\sqrt{18}}=\frac{7\sqrt{7}}{6\sqrt{3^2\times2}}=\frac{7\sqrt{7}}{18\sqrt{2}}=\frac{7\sqrt{7}\times\sqrt{2}}{18\sqrt{2}\times\sqrt{2}}=\frac{7\sqrt{14}}{36}$

24 $\frac{9\sqrt{15}}{2\sqrt{20}}=\frac{9\sqrt{15}}{2\sqrt{2^2\times5}}=\frac{9\sqrt{15}}{4\sqrt{5}}=\frac{9\sqrt{15}\times\sqrt{5}}{4\sqrt{5}\times\sqrt{5}}$
$=\frac{9\sqrt{5^2\times3}}{20}=\frac{45\sqrt{3}}{20}=\frac{9\sqrt{3}}{4}$

25 $-\frac{4\sqrt{3}}{3\sqrt{24}}=-\frac{4\sqrt{3}}{3\sqrt{2^2\times6}}=-\frac{4\sqrt{3}}{6\sqrt{6}}=-\frac{2\sqrt{3}}{3\sqrt{6}}$

$=-\frac{2\sqrt{3}\times\sqrt{6}}{3\sqrt{6}\times\sqrt{6}}=-\frac{2\sqrt{18}}{18}=-\frac{\sqrt{3^2\times2}}{9}$

$=-\frac{3\sqrt{2}}{9}=-\frac{\sqrt{2}}{3}$

26 $\frac{12}{\sqrt{3}}=\frac{12\times\sqrt{3}}{\sqrt{3}\times\sqrt{3}}=\frac{12\sqrt{3}}{3}=4\sqrt{3}$이므로 $a=4$

$\frac{30}{\sqrt{45}}=\frac{30}{\sqrt{3^2\times5}}=\frac{30}{3\sqrt{5}}=\frac{10}{\sqrt{5}}$

$=\frac{10\times\sqrt{5}}{\sqrt{5}\times\sqrt{5}}=\frac{10\sqrt{5}}{5}=2\sqrt{5}$

이므로 $b=2$

따라서 $a+b=4+2=6$

05 제곱근의 곱셈, 나눗셈의 혼합 계산 | 33~34쪽 |

01 $\sqrt{10}$	02 $\sqrt{15}$	03 2	04 $\sqrt{13}$
05 $\sqrt{15}$	06 $\sqrt{35}$	07 $\sqrt{6}$	08 6
09 $4\sqrt{2}$	10 $\sqrt{30}$	11 $6\sqrt{10}$	12 $\frac{8\sqrt{7}}{5}$
13 $\frac{15}{2}$	14 $\frac{2\sqrt{2}}{5}$	15 $-\sqrt{5}$	16 $\frac{7\sqrt{30}}{5}$
17 $\frac{5\sqrt{2}}{2}$	18 4	19 $\frac{2}{5}$	20 $-\frac{1}{12}$
21 $-\frac{10\sqrt{14}}{21}$	22 $-\frac{2\sqrt{6}}{5}$	23 $-\frac{\sqrt{10}}{6}$	24 $\frac{\sqrt{5}}{3}$
25 ①			

01 $\sqrt{6}\div\sqrt{3}\times\sqrt{5}=\sqrt{6}\times\frac{1}{\sqrt{3}}\times\sqrt{5}=\sqrt{6\times\frac{1}{3}\times5}=\sqrt{10}$

02 $\sqrt{33}\times\sqrt{5}\div\sqrt{11}=\sqrt{33}\times\sqrt{5}\times\frac{1}{\sqrt{11}}=\sqrt{33\times5\times\frac{1}{11}}=\sqrt{15}$

03 $\sqrt{10}\div\sqrt{15}\times\sqrt{6}=\sqrt{10}\times\frac{1}{\sqrt{15}}\times\sqrt{6}$

$=\sqrt{10\times\frac{1}{15}\times6}=\sqrt{4}$

$=\sqrt{2^2}=2$

04 $\sqrt{7}\times\sqrt{39}\div\sqrt{21}=\sqrt{7}\times\sqrt{39}\times\frac{1}{\sqrt{21}}=\sqrt{7\times39\times\frac{1}{21}}=\sqrt{13}$

05 $\sqrt{35}\div\sqrt{14}\times\sqrt{6}=\sqrt{35}\times\frac{1}{\sqrt{14}}\times\sqrt{6}=\sqrt{35\times\frac{1}{14}\times6}=\sqrt{15}$

06 $\sqrt{55}\div\sqrt{11}\times\sqrt{7}=\sqrt{55}\times\frac{1}{\sqrt{11}}\times\sqrt{7}=\sqrt{55\times\frac{1}{11}\times7}=\sqrt{35}$

07 $\sqrt{42}\div\sqrt{35}\times\sqrt{5}=\sqrt{42}\times\frac{1}{\sqrt{35}}\times\sqrt{5}=\sqrt{42\times\frac{1}{35}\times5}=\sqrt{6}$

08 $\sqrt{52}\div\sqrt{26}\times\sqrt{18}=\sqrt{2^2\times13}\times\frac{1}{\sqrt{26}}\times\sqrt{3^2\times2}$

$=2\sqrt{13}\times\frac{1}{\sqrt{26}}\times3\sqrt{2}$

$=6$

09 $\sqrt{24}\times\sqrt{8}\div\sqrt{6}=\sqrt{2^2\times6}\times\sqrt{2^2\times2}\times\frac{1}{\sqrt{6}}$

$=2\sqrt{6}\times2\sqrt{2}\times\frac{1}{\sqrt{6}}$

$=4\sqrt{2}$

10 $4\sqrt{3}\div\sqrt{32}\times\sqrt{20}=4\sqrt{3}\div\sqrt{4^2\times2}\times\sqrt{2^2\times5}$

$=4\sqrt{3}\times\frac{1}{4\sqrt{2}}\times2\sqrt{5}=\frac{2\sqrt{15}}{\sqrt{2}}$

$=\frac{2\sqrt{15}\times\sqrt{2}}{\sqrt{2}\times\sqrt{2}}=\frac{2\sqrt{30}}{2}=\sqrt{30}$

11 $6\sqrt{5}\times\sqrt{48}\div2\sqrt{6}=6\sqrt{5}\times\sqrt{4^2\times3}\times\frac{1}{2\sqrt{6}}$

$=6\sqrt{5}\times4\sqrt{3}\times\frac{1}{2\sqrt{6}}=\frac{12\sqrt{5}}{\sqrt{2}}$

$=\frac{12\sqrt{5}\times\sqrt{2}}{\sqrt{2}\times\sqrt{2}}=\frac{12\sqrt{10}}{2}=6\sqrt{10}$

12 $\sqrt{28}\div\sqrt{50}\times4\sqrt{2}=\sqrt{2^2\times7}\div\sqrt{5^2\times2}\times4\sqrt{2}$

$=2\sqrt{7}\times\frac{1}{5\sqrt{2}}\times4\sqrt{2}$

$=\frac{8\sqrt{7}}{5}$

13 $5\sqrt{6}\div\sqrt{72}\times\sqrt{27}=5\sqrt{6}\div\sqrt{6^2\times2}\times\sqrt{3^2\times3}$

$=5\sqrt{6}\times\frac{1}{6\sqrt{2}}\times3\sqrt{3}$

$=\frac{5}{2}\sqrt{9}=\frac{5}{2}\sqrt{3^2}=\frac{15}{2}$

14 $\frac{4}{3\sqrt{3}}\times\frac{\sqrt{18}}{2}\div\frac{5\sqrt{2}}{\sqrt{6}}=\frac{4}{3\sqrt{3}}\times\frac{\sqrt{3^2\times2}}{2}\times\frac{\sqrt{6}}{5\sqrt{2}}$

$=\frac{4}{3\sqrt{3}}\times\frac{3\sqrt{2}}{2}\times\frac{\sqrt{6}}{5\sqrt{2}}$

$=\frac{2\sqrt{2}}{5}$

15 $(-\sqrt{80})\div\frac{4}{3\sqrt{5}}\times\frac{1}{\sqrt{45}}=(-\sqrt{4^2\times5})\times\frac{3\sqrt{5}}{4}\times\frac{1}{\sqrt{3^2\times5}}$

$=(-4\sqrt{5})\times\frac{3\sqrt{5}}{4}\times\frac{1}{3\sqrt{5}}$

$=-\sqrt{5}$

16 $\frac{7}{\sqrt{20}}\div\frac{\sqrt{5}}{2}\times\frac{2\sqrt{15}}{\sqrt{2}}=\frac{7}{\sqrt{2^2\times5}}\times\frac{2}{\sqrt{5}}\times\frac{2\sqrt{15}}{\sqrt{2}}$

$=\frac{7}{2\sqrt{5}}\times\frac{2}{\sqrt{5}}\times\frac{2\sqrt{15}}{\sqrt{2}}$

$=\frac{14\sqrt{3}}{\sqrt{10}}=\frac{14\sqrt{3}\times\sqrt{10}}{\sqrt{10}\times\sqrt{10}}$

$=\frac{14\sqrt{30}}{10}=\frac{7\sqrt{30}}{5}$

17 $\dfrac{\sqrt{45}}{\sqrt{2}}\times\sqrt{35}\div\sqrt{63}=\dfrac{\sqrt{3^2\times5}}{\sqrt{2}}\times\sqrt{35}\div\sqrt{3^2\times7}$

$=\dfrac{3\sqrt{5}}{\sqrt{2}}\times\sqrt{35}\times\dfrac{1}{3\sqrt{7}}=\dfrac{5}{\sqrt{2}}$

$=\dfrac{5\times\sqrt{2}}{\sqrt{2}\times\sqrt{2}}=\dfrac{5\sqrt{2}}{2}$

18 $\sqrt{\dfrac{8}{3}}\div\sqrt{\dfrac{5}{2}}\times\sqrt{15}=\dfrac{\sqrt{2^2\times2}}{\sqrt{3}}\div\dfrac{\sqrt{5}}{\sqrt{2}}\times\sqrt{15}$

$=\dfrac{2\sqrt{2}}{\sqrt{3}}\times\dfrac{\sqrt{2}}{\sqrt{5}}\times\sqrt{15}$

$=2\sqrt{4}=2\sqrt{2^2}=4$

19 $\left(-\dfrac{\sqrt{3}}{\sqrt{125}}\right)\times\sqrt{56}\div\left(-\sqrt{\dfrac{42}{5}}\right)$

$=\left(-\dfrac{\sqrt{3}}{\sqrt{5^2\times5}}\right)\times\sqrt{2^2\times14}\div\left(-\dfrac{\sqrt{42}}{\sqrt{5}}\right)$

$=\left(-\dfrac{\sqrt{3}}{5\sqrt{5}}\right)\times2\sqrt{14}\times\left(-\dfrac{\sqrt{5}}{\sqrt{42}}\right)=\dfrac{2}{5}$

20 $\dfrac{\sqrt{30}}{\sqrt{8}}\div(-\sqrt{72})\times\dfrac{\sqrt{6}}{\sqrt{45}}$

$=\dfrac{\sqrt{30}}{\sqrt{2^2\times2}}\div(-\sqrt{6^2\times2})\times\dfrac{\sqrt{6}}{\sqrt{3^2\times5}}$

$=\dfrac{\sqrt{30}}{2\sqrt{2}}\times\left(-\dfrac{1}{6\sqrt{2}}\right)\times\dfrac{\sqrt{6}}{3\sqrt{5}}=-\dfrac{3}{36}=-\dfrac{1}{12}$

21 $\sqrt{216}\times\dfrac{\sqrt{5}}{3\sqrt{21}}\div\left(-\dfrac{6}{\sqrt{20}}\right)$

$=\sqrt{6^2\times6}\times\dfrac{\sqrt{5}}{3\sqrt{21}}\div\left(-\dfrac{6}{\sqrt{2^2\times5}}\right)$

$=6\sqrt{6}\times\dfrac{\sqrt{5}}{3\sqrt{21}}\times\left(-\dfrac{2\sqrt{5}}{6}\right)$

$=-\dfrac{10\sqrt{2}}{3\sqrt{7}}=-\dfrac{10\sqrt{2}\times\sqrt{7}}{3\sqrt{7}\times\sqrt{7}}=-\dfrac{10\sqrt{14}}{21}$

22 $\left(-\sqrt{\dfrac{5}{27}}\right)\times\dfrac{6}{\sqrt{75}}\div\sqrt{\dfrac{5}{54}}$

$=\left(-\dfrac{\sqrt{5}}{\sqrt{3^2\times3}}\right)\times\dfrac{6}{\sqrt{5^2\times3}}\div\dfrac{\sqrt{5}}{\sqrt{3^2\times6}}$

$=\left(-\dfrac{\sqrt{5}}{3\sqrt{3}}\right)\times\dfrac{6}{5\sqrt{3}}\times\dfrac{3\sqrt{6}}{\sqrt{5}}$

$=-\dfrac{6\sqrt{2}}{5\sqrt{3}}=-\dfrac{6\sqrt{2}\times\sqrt{3}}{5\sqrt{3}\times\sqrt{3}}$

$=-\dfrac{6\sqrt{6}}{15}=-\dfrac{2\sqrt{6}}{5}$

23 $\dfrac{\sqrt{150}}{4}\div\left(-\dfrac{\sqrt{108}}{8}\right)\times\dfrac{\sqrt{15}}{5\sqrt{12}}$

$=\dfrac{\sqrt{5^2\times6}}{4}\div\left(-\dfrac{\sqrt{6^2\times3}}{8}\right)\times\dfrac{\sqrt{15}}{5\sqrt{2^2\times3}}$

$=\dfrac{5\sqrt{6}}{4}\times\left(-\dfrac{8}{6\sqrt{3}}\right)\times\dfrac{\sqrt{15}}{10\sqrt{3}}$

$=-\dfrac{\sqrt{10}}{6}$

24 $\sqrt{\dfrac{14}{9}}\times\dfrac{\sqrt{45}}{\sqrt{28}}\div\dfrac{\sqrt{18}}{2}=\dfrac{\sqrt{14}}{\sqrt{3^2}}\times\dfrac{\sqrt{3^2\times5}}{\sqrt{2^2\times7}}\div\dfrac{\sqrt{3^2\times2}}{2}$

$=\dfrac{\sqrt{14}}{3}\times\dfrac{3\sqrt{5}}{2\sqrt{7}}\times\dfrac{2}{3\sqrt{2}}=\dfrac{\sqrt{5}}{3}$

25 $\dfrac{8}{\sqrt{10}}\times\dfrac{\sqrt{30}}{\sqrt{32}}\div\dfrac{\sqrt{20}}{\sqrt{45}}=\dfrac{8}{\sqrt{10}}\times\dfrac{\sqrt{30}}{\sqrt{4^2\times2}}\div\dfrac{\sqrt{2^2\times5}}{\sqrt{3^2\times5}}$

$=\dfrac{8}{\sqrt{10}}\times\dfrac{\sqrt{30}}{4\sqrt{2}}\times\dfrac{3}{2}$

$=\dfrac{3\sqrt{3}}{\sqrt{2}}=\dfrac{3\sqrt{3}\times\sqrt{2}}{\sqrt{2}\times\sqrt{2}}=\dfrac{3}{2}\sqrt{6}$

이므로 $a=\dfrac{3}{2}$, $b=6$

따라서 $ab=\dfrac{3}{2}\times6=9$

06 제곱근표 | 35쪽 |

01 2.769	02 2.780	03 2.802	04 2.825	05 7.86
06 7.69	07 7.93	08 7.57	09 44.94	10 486.8
11 0.498	12 0.04743			

09 $\sqrt{2020}=\sqrt{100\times20.2}=\sqrt{10^2\times20.2}=10\sqrt{20.2}$

이때 $\sqrt{20.2}=4.494$이므로

$\sqrt{2020}=10\sqrt{20.2}=10\times4.494=44.94$

10 $\sqrt{237000}=\sqrt{10000\times23.7}=\sqrt{100^2\times23.7}=100\sqrt{23.7}$

이때 $\sqrt{23.7}=4.868$이므로

$\sqrt{237000}=100\sqrt{23.7}=100\times4.868=486.8$

11 $\sqrt{0.248}=\sqrt{\dfrac{24.8}{100}}=\sqrt{\dfrac{24.8}{10^2}}=\dfrac{\sqrt{24.8}}{10}$

이때 $\sqrt{24.8}=4.980$이므로

$\sqrt{0.248}=\dfrac{\sqrt{24.8}}{10}=\dfrac{4.980}{10}=0.498$

12 $\sqrt{0.00225}=\sqrt{\dfrac{22.5}{10000}}=\sqrt{\dfrac{22.5}{100^2}}=\dfrac{\sqrt{22.5}}{100}$

이때 $\sqrt{22.5}=4.743$이므로

$\sqrt{0.00225}=\dfrac{\sqrt{22.5}}{100}=\dfrac{4.743}{100}=0.04743$

확인문제 | 36쪽 |

01 ④	02 ⑤	03 ②	04 ④	05 ③
06 ②				

01 ④ $4\sqrt{\dfrac{5}{9}}\times2\sqrt{18}=(4\times2)\sqrt{\dfrac{5}{9}\times18}=8\sqrt{10}$

02 $\sqrt{\frac{8}{3}}\div\sqrt{\frac{2}{9}}=\frac{\sqrt{8}}{\sqrt{3}}\div\frac{\sqrt{2}}{\sqrt{9}}=\frac{\sqrt{8}}{\sqrt{3}}\times\frac{\sqrt{9}}{\sqrt{2}}=\sqrt{12}$

따라서 $a=12$

03 $\sqrt{192}=\sqrt{8^2\times3}=8\sqrt{3}$이므로 $a=8$

$\frac{\sqrt{6}}{4}=\frac{\sqrt{6}}{\sqrt{4^2}}=\sqrt{\frac{6}{16}}=\sqrt{\frac{3}{8}}$이므로 $b=\frac{3}{8}$

따라서 $ab=8\times\frac{3}{8}=3$

04 ④ $\frac{4\sqrt{3}}{\sqrt{128}}=\frac{4\sqrt{3}}{\sqrt{8^2\times2}}=\frac{4\sqrt{3}}{8\sqrt{2}}=\frac{\sqrt{3}}{2\sqrt{2}}=\frac{\sqrt{3}\times\sqrt{2}}{2\sqrt{2}\times\sqrt{2}}=\frac{\sqrt{6}}{4}$

05 ① $4\sqrt{2}\times\sqrt{8}\div\sqrt{20}=4\sqrt{2}\times\sqrt{2^2\times2}\div\sqrt{2^2\times5}$

$=4\sqrt{2}\times2\sqrt{2}\times\frac{1}{2\sqrt{5}}$

$=\frac{8}{\sqrt{5}}=\frac{8\times\sqrt{5}}{\sqrt{5}\times\sqrt{5}}=\frac{8\sqrt{5}}{5}$

② $3\sqrt{18}\div\sqrt{6}\times\sqrt{12}=3\sqrt{3^2\times2}\times\frac{1}{\sqrt{6}}\times\sqrt{2^2\times3}$

$=9\sqrt{2}\times\frac{1}{\sqrt{6}}\times2\sqrt{3}=18$

③ $5\sqrt{3}\div\frac{\sqrt{15}}{\sqrt{8}}\times\sqrt{30}=5\sqrt{3}\div\frac{\sqrt{15}}{\sqrt{2^2\times2}}\times\sqrt{30}$

$=5\sqrt{3}\times\frac{2\sqrt{2}}{\sqrt{15}}\times\sqrt{30}$

$=10\sqrt{2^2\times3}=20\sqrt{3}$

④ $\sqrt{\frac{9}{8}}\times\frac{\sqrt{2}}{2\sqrt{24}}\div\sqrt{\frac{3}{4}}=\frac{\sqrt{3^2}}{\sqrt{2^2\times2}}\times\frac{\sqrt{2}}{2\sqrt{2^2\times6}}\div\frac{\sqrt{3}}{\sqrt{2^2}}$

$=\frac{3}{2\sqrt{2}}\times\frac{\sqrt{2}}{4\sqrt{6}}\times\frac{2}{\sqrt{3}}$

$=\frac{3}{4\sqrt{3^2\times2}}=\frac{1}{4\sqrt{2}}$

$=\frac{\sqrt{2}}{4\sqrt{2}\times\sqrt{2}}=\frac{\sqrt{2}}{8}$

⑤ $\frac{2\sqrt{6}}{\sqrt{48}}\times\frac{6\sqrt{3}}{7\sqrt{2}}\div\sqrt{\frac{3}{98}}=\frac{2\sqrt{6}}{\sqrt{4^2\times3}}\times\frac{6\sqrt{3}}{7\sqrt{2}}\div\frac{\sqrt{3}}{\sqrt{7^2\times2}}$

$=\frac{2\sqrt{6}}{4\sqrt{3}}\times\frac{6\sqrt{3}}{7\sqrt{2}}\times\frac{7\sqrt{2}}{\sqrt{3}}=3\sqrt{2}$

06 ① $\sqrt{300}=\sqrt{100\times3}=\sqrt{10^2\times3}=10\sqrt{3}$

$=10\times1.732=17.32$

② $\sqrt{3000}=\sqrt{100\times30}=\sqrt{10^2\times30}=10\sqrt{30}$

$=10\times5.477$

$=54.77$

③ $\sqrt{0.3}=\sqrt{\frac{30}{100}}=\sqrt{\frac{30}{10^2}}=\frac{\sqrt{30}}{10}$

$=\frac{5.477}{10}=0.5477$

④ $\sqrt{0.03}=\sqrt{\frac{3}{100}}=\sqrt{\frac{3}{10^2}}=\frac{\sqrt{3}}{10}$

$=\frac{1.732}{10}=0.1732$

⑤ $\sqrt{0.003}=\sqrt{\frac{30}{10000}}=\sqrt{\frac{30}{100^2}}=\frac{\sqrt{30}}{100}$

$=\frac{5.477}{100}=0.05477$

2. 근호를 포함한 식의 덧셈과 뺄셈

01 제곱근의 덧셈과 뺄셈 | 37~39쪽 |

01 $8\sqrt{3}$	02 $2\sqrt{5}$	03 $12\sqrt{7}$
04 $-\frac{19}{2}\sqrt{2}$	05 $10\sqrt{3}$	06 $\frac{68}{15}\sqrt{2}$
07 $-5\sqrt{5}$	08 $9\sqrt{3}+6\sqrt{5}$	09 $9\sqrt{5}+\frac{7}{4}\sqrt{7}$
10 $14\sqrt{10}+8\sqrt{2}$	11 $\frac{15}{2}\sqrt{2}+6\sqrt{5}$	12 $\sqrt{6}+5\sqrt{3}$
13 $6\sqrt{7}+\frac{5}{6}\sqrt{11}$	14 $12\sqrt{2}$	15 $-5\sqrt{5}$
16 $9\sqrt{3}$	17 $11\sqrt{2}$	18 $4\sqrt{5}+6\sqrt{3}$
19 $9\sqrt{6}+5\sqrt{10}$	20 $\frac{25}{4}\sqrt{2}+5\sqrt{3}$	21 $\sqrt{10}+\frac{19}{6}\sqrt{30}$
22 $-7\sqrt{5}$	23 $-13\sqrt{10}$	24 $-\frac{\sqrt{6}}{3}$
25 $-6\sqrt{3}$	26 $4\sqrt{7}$	27 $-15\sqrt{10}$
28 $-2\sqrt{11}$	29 $\frac{13}{10}\sqrt{6}$	30 $-\frac{39}{4}\sqrt{2}$
31 $-\sqrt{2}$	32 $\sqrt{5}$	33 $\frac{13}{2}\sqrt{6}$
34 $-\sqrt{2}$	35 $-3\sqrt{7}-8\sqrt{3}$	36 $-10\sqrt{11}-9\sqrt{2}$
37 $\frac{9}{5}\sqrt{10}-11\sqrt{3}$	38 $12\sqrt{3}$	39 $-6\sqrt{2}$
40 $2\sqrt{7}$	41 $5\sqrt{6}$	42 $-\sqrt{13}+2\sqrt{2}$
43 ②		

02 $-2\sqrt{5}+4\sqrt{5}=(-2+4)\sqrt{5}=2\sqrt{5}$

04 $-11\sqrt{2}+\frac{3}{2}\sqrt{2}=\left(-11+\frac{3}{2}\right)\sqrt{2}=-\frac{19}{2}\sqrt{2}$

05 $2\sqrt{3}+3\sqrt{3}+5\sqrt{3}=(2+3+5)\sqrt{3}=10\sqrt{3}$

06 $\frac{6}{5}\sqrt{2}+\frac{1}{3}\sqrt{2}+3\sqrt{2}=\left(\frac{6}{5}+\frac{1}{3}+3\right)\sqrt{2}=\frac{68}{15}\sqrt{2}$

07 $-14\sqrt{5}+6\sqrt{5}+3\sqrt{5}=(-14+6+3)\sqrt{5}=-5\sqrt{5}$

08 $6\sqrt{3}+2\sqrt{5}+3\sqrt{3}+4\sqrt{5}=(6\sqrt{3}+3\sqrt{3})+(2\sqrt{5}+4\sqrt{5})$

$=9\sqrt{3}+6\sqrt{5}$

09 $2\sqrt{5}+\frac{3}{4}\sqrt{7}+\sqrt{7}+7\sqrt{5}=(2\sqrt{5}+7\sqrt{5})+\left(\frac{3}{4}\sqrt{7}+\sqrt{7}\right)$

$=9\sqrt{5}+\frac{7}{4}\sqrt{7}$

10 $10\sqrt{10}+3\sqrt{2}+4\sqrt{10}+5\sqrt{2}$

$=(10\sqrt{10}+4\sqrt{10})+(3\sqrt{2}+5\sqrt{2})=14\sqrt{10}+8\sqrt{2}$

11 $5\sqrt{2}+2\sqrt{5}+\frac{5}{2}\sqrt{2}+4\sqrt{5}$

$=\left(5\sqrt{2}+\frac{5}{2}\sqrt{2}\right)+(2\sqrt{5}+4\sqrt{5})=\frac{15}{2}\sqrt{2}+6\sqrt{5}$

12 $\frac{3}{5}\sqrt{6}+3\sqrt{3}+\frac{2}{5}\sqrt{6}+2\sqrt{3}$

$=\left(\frac{3}{5}\sqrt{6}+\frac{2}{5}\sqrt{6}\right)+(3\sqrt{3}+2\sqrt{3})=\sqrt{6}+5\sqrt{3}$

13 $4\sqrt{7}+\frac{1}{6}\sqrt{11}+2\sqrt{7}+\frac{2}{3}\sqrt{11}$

$=(4\sqrt{7}+2\sqrt{7})+\left(\frac{1}{6}\sqrt{11}+\frac{2}{3}\sqrt{11}\right)=6\sqrt{7}+\frac{5}{6}\sqrt{11}$

14 $\sqrt{8}+10\sqrt{2}=\sqrt{2^2\times2}+10\sqrt{2}=2\sqrt{2}+10\sqrt{2}=12\sqrt{2}$

15 $-8\sqrt{5}+\sqrt{45}=-8\sqrt{5}+\sqrt{3^2\times5}=-8\sqrt{5}+3\sqrt{5}=-5\sqrt{5}$

16 $\sqrt{27}+\sqrt{108}=\sqrt{3^2\times3}+\sqrt{6^2\times3}=3\sqrt{3}+6\sqrt{3}=9\sqrt{3}$

17 $\frac{8}{\sqrt{2}}+\sqrt{18}+4\sqrt{2}=\frac{8\times\sqrt{2}}{\sqrt{2}\times\sqrt{2}}+\sqrt{3^2\times2}+4\sqrt{2}$

$=4\sqrt{2}+3\sqrt{2}+4\sqrt{2}=11\sqrt{2}$

18 $\sqrt{20}+\frac{6}{\sqrt{12}}+2\sqrt{5}+\sqrt{75}$

$=\sqrt{2^2\times5}+\frac{6}{\sqrt{2^2\times3}}+2\sqrt{5}+\sqrt{5^2\times3}$

$=2\sqrt{5}+\frac{3}{\sqrt{3}}+2\sqrt{5}+5\sqrt{3}$

$=2\sqrt{5}+\frac{3\times\sqrt{3}}{\sqrt{3}\times\sqrt{3}}+2\sqrt{5}+5\sqrt{3}$

$=2\sqrt{5}+\sqrt{3}+2\sqrt{5}+5\sqrt{3}$

$=(2\sqrt{5}+2\sqrt{5})+(\sqrt{3}+5\sqrt{3})$

$=4\sqrt{5}+6\sqrt{3}$

19 $3\sqrt{6}+\sqrt{90}+\sqrt{216}+\sqrt{40}$

$=3\sqrt{6}+\sqrt{3^2\times10}+\sqrt{6^2\times6}+\sqrt{2^2\times10}$

$=3\sqrt{6}+3\sqrt{10}+6\sqrt{6}+2\sqrt{10}$

$=(3\sqrt{6}+6\sqrt{6})+(3\sqrt{10}+2\sqrt{10})$

$=9\sqrt{6}+5\sqrt{10}$

20 $\frac{1}{\sqrt{8}}+\frac{3}{\sqrt{3}}+\sqrt{72}+\sqrt{48}$

$=\frac{1}{\sqrt{2^2\times2}}+\frac{3\times\sqrt{3}}{\sqrt{3}\times\sqrt{3}}+\sqrt{6^2\times2}+\sqrt{4^2\times3}$

$=\frac{1}{2\sqrt{2}}+\sqrt{3}+6\sqrt{2}+4\sqrt{3}$

$=\frac{\sqrt{2}}{2\sqrt{2}\times\sqrt{2}}+\sqrt{3}+6\sqrt{2}+4\sqrt{3}$

$=\frac{\sqrt{2}}{4}+\sqrt{3}+6\sqrt{2}+4\sqrt{3}$

$=\left(\frac{\sqrt{2}}{4}+6\sqrt{2}\right)+(\sqrt{3}+4\sqrt{3})$

$=\frac{25}{4}\sqrt{2}+5\sqrt{3}$

21 $\frac{2}{\sqrt{10}}+\frac{\sqrt{5}}{\sqrt{6}}+\frac{4}{5}\sqrt{10}+3\sqrt{30}$

$=\frac{2\times\sqrt{10}}{\sqrt{10}\times\sqrt{10}}+\frac{\sqrt{5}\times\sqrt{6}}{\sqrt{6}\times\sqrt{6}}+\frac{4}{5}\sqrt{10}+3\sqrt{30}$

$=\frac{\sqrt{10}}{5}+\frac{\sqrt{30}}{6}+\frac{4}{5}\sqrt{10}+3\sqrt{30}$

$=\left(\frac{\sqrt{10}}{5}+\frac{4}{5}\sqrt{10}\right)+\left(\frac{\sqrt{30}}{6}+3\sqrt{30}\right)$

$=\sqrt{10}+\frac{19}{6}\sqrt{30}$

22 $3\sqrt{5}-10\sqrt{5}=(3-10)\sqrt{5}=-7\sqrt{5}$

23 $-4\sqrt{10}-9\sqrt{10}=(-4-9)\sqrt{10}=-13\sqrt{10}$

24 $\frac{5}{3}\sqrt{6}-2\sqrt{6}=\left(\frac{5}{3}-2\right)\sqrt{6}=-\frac{\sqrt{6}}{3}$

25 $8\sqrt{3}-14\sqrt{3}=(8-14)\sqrt{3}=-6\sqrt{3}$

26 $6\sqrt{7}-\frac{4}{3}\sqrt{7}-\frac{2}{3}\sqrt{7}=\left(6-\frac{4}{3}-\frac{2}{3}\right)\sqrt{7}=4\sqrt{7}$

27 $-5\sqrt{10}-7\sqrt{10}-3\sqrt{10}=(-5-7-3)\sqrt{10}=-15\sqrt{10}$

28 $\frac{2}{3}\sqrt{11}-\frac{5}{2}\sqrt{11}-\frac{1}{6}\sqrt{11}=\left(\frac{2}{3}-\frac{5}{2}-\frac{1}{6}\right)\sqrt{11}=-2\sqrt{11}$

29 $3\sqrt{6}-\frac{1}{5}\sqrt{6}-\frac{3}{2}\sqrt{6}=\left(3-\frac{1}{5}-\frac{3}{2}\right)\sqrt{6}=\frac{13}{10}\sqrt{6}$

30 $5\sqrt{2}-12\sqrt{2}-\frac{11}{4}\sqrt{2}=\left(5-12-\frac{11}{4}\right)\sqrt{2}=-\frac{39}{4}\sqrt{2}$

31 $\sqrt{32}-5\sqrt{2}=\sqrt{4^2\times2}-5\sqrt{2}=4\sqrt{2}-5\sqrt{2}=-\sqrt{2}$

32 $3\sqrt{5}-\frac{10}{\sqrt{5}}=3\sqrt{5}-\frac{10\times\sqrt{5}}{\sqrt{5}\times\sqrt{5}}=3\sqrt{5}-2\sqrt{5}=\sqrt{5}$

33 $8\sqrt{6}-\frac{9}{\sqrt{54}}-\frac{2\sqrt{3}}{\sqrt{2}}=8\sqrt{6}-\frac{9}{\sqrt{3^2\times6}}-\frac{2\sqrt{3}\times\sqrt{2}}{\sqrt{2}\times\sqrt{2}}$

$=8\sqrt{6}-\frac{3}{\sqrt{6}}-\sqrt{6}$

$=8\sqrt{6}-\frac{3\times\sqrt{6}}{\sqrt{6}\times\sqrt{6}}-\sqrt{6}$

$=8\sqrt{6}-\frac{\sqrt{6}}{2}-\sqrt{6}$

$=\frac{13}{2}\sqrt{6}$

34 $\sqrt{98}-\frac{12}{\sqrt{8}}-\sqrt{50}=\sqrt{7^2\times2}-\frac{12}{\sqrt{2^2\times2}}-\sqrt{5^2\times2}$

$=7\sqrt{2}-\frac{6}{\sqrt{2}}-5\sqrt{2}$

$=7\sqrt{2}-\frac{6\times\sqrt{2}}{\sqrt{2}\times\sqrt{2}}-5\sqrt{2}$

$=7\sqrt{2}-3\sqrt{2}-5\sqrt{2}$

$=-\sqrt{2}$

35 $\sqrt{28}-\frac{15}{\sqrt{3}}-5\sqrt{7}-\sqrt{27}$

$=\sqrt{2^2\times7}-\frac{15\times\sqrt{3}}{\sqrt{3}\times\sqrt{3}}-5\sqrt{7}-\sqrt{3^2\times3}$

$=2\sqrt{7}-5\sqrt{3}-5\sqrt{7}-3\sqrt{3}$

$=(2\sqrt{7}-5\sqrt{7})+(-5\sqrt{3}-3\sqrt{3})$

$=-3\sqrt{7}-8\sqrt{3}$

36 $-\sqrt{44}-\frac{20}{\sqrt{8}}-\sqrt{32}-8\sqrt{11}$

$=-\sqrt{2^2\times 11}-\frac{20}{\sqrt{2^2\times 2}}-\sqrt{4^2\times 2}-8\sqrt{11}$

$=-2\sqrt{11}-\frac{10}{\sqrt{2}}-4\sqrt{2}-8\sqrt{11}$

$=-2\sqrt{11}-\frac{10\times\sqrt{2}}{\sqrt{2}\times\sqrt{2}}-4\sqrt{2}-8\sqrt{11}$

$=-2\sqrt{11}-5\sqrt{2}-4\sqrt{2}-8\sqrt{11}$

$=(-2\sqrt{11}-8\sqrt{11})+(-5\sqrt{2}-4\sqrt{2})$

$=-10\sqrt{11}-9\sqrt{2}$

37 $\sqrt{40}-\frac{18}{\sqrt{3}}-\frac{\sqrt{8}}{\sqrt{20}}-5\sqrt{3}$

$=\sqrt{2^2\times 10}-\frac{18\times\sqrt{3}}{\sqrt{3}\times\sqrt{3}}-\frac{\sqrt{2^2\times 2}}{\sqrt{2^2\times 5}}-5\sqrt{3}$

$=2\sqrt{10}-6\sqrt{3}-\frac{\sqrt{2}}{\sqrt{5}}-5\sqrt{3}$

$=2\sqrt{10}-6\sqrt{3}-\frac{\sqrt{2}\times\sqrt{5}}{\sqrt{5}\times\sqrt{5}}-5\sqrt{3}$

$=2\sqrt{10}-6\sqrt{3}-\frac{\sqrt{10}}{5}-5\sqrt{3}$

$=\left(2\sqrt{10}-\frac{\sqrt{10}}{5}\right)+(-6\sqrt{3}-5\sqrt{3})$

$=\frac{9}{5}\sqrt{10}-11\sqrt{3}$

38 $11\sqrt{3}-\sqrt{48}+\sqrt{75}=11\sqrt{3}-\sqrt{4^2\times 3}+\sqrt{5^2\times 3}$

$=11\sqrt{3}-4\sqrt{3}+5\sqrt{3}$

$=12\sqrt{3}$

39 $-9\sqrt{2}+\frac{5}{3}\sqrt{18}-\frac{4}{\sqrt{2}}=-9\sqrt{2}+\frac{5}{3}\sqrt{3^2\times 2}-\frac{4\times\sqrt{2}}{\sqrt{2}\times\sqrt{2}}$

$=-9\sqrt{2}+5\sqrt{2}-2\sqrt{2}$

$=(-9+5-2)\sqrt{2}$

$=-6\sqrt{2}$

40 $\sqrt{63}+\frac{21}{\sqrt{7}}-\sqrt{112}=\sqrt{3^2\times 7}+\frac{21\times\sqrt{7}}{\sqrt{7}\times\sqrt{7}}-\sqrt{4^2\times 7}$

$=3\sqrt{7}+3\sqrt{7}-4\sqrt{7}$

$=(3+3-4)\sqrt{7}$

$=2\sqrt{7}$

41 $\frac{8\sqrt{3}}{\sqrt{2}}-\sqrt{24}+\sqrt{54}=\frac{8\sqrt{3}\times\sqrt{2}}{\sqrt{2}\times\sqrt{2}}-\sqrt{2^2\times 6}+\sqrt{3^2\times 6}$

$=4\sqrt{6}-2\sqrt{6}+3\sqrt{6}$

$=(4-2+3)\sqrt{6}$

$=5\sqrt{6}$

42 $\frac{26}{\sqrt{13}}-\sqrt{128}+10\sqrt{2}-\sqrt{117}$

$=\frac{26\times\sqrt{13}}{\sqrt{13}\times\sqrt{13}}-\sqrt{8^2\times 2}+10\sqrt{2}-\sqrt{3^2\times 13}$

$=2\sqrt{13}-8\sqrt{2}+10\sqrt{2}-3\sqrt{13}$

$=(2\sqrt{13}-3\sqrt{13})+(-8\sqrt{2}+10\sqrt{2})$

$=-\sqrt{13}+2\sqrt{2}$

43 ① $5\sqrt{3}-2\sqrt{3}=(5-2)\sqrt{3}=3\sqrt{3}$

② $-\sqrt{32}+4\sqrt{2}=-\sqrt{4^2\times 2}+4\sqrt{2}=-4\sqrt{2}+4\sqrt{2}=0$

③ $\frac{18}{\sqrt{6}}-\sqrt{24}+3\sqrt{6}=\frac{18\times\sqrt{6}}{\sqrt{6}\times\sqrt{6}}-\sqrt{2^2\times 6}+3\sqrt{6}$

$=3\sqrt{6}-2\sqrt{6}+3\sqrt{6}$

$=4\sqrt{6}$

④ $\sqrt{125}-2\sqrt{5}+\sqrt{80}=\sqrt{5^2\times 5}-2\sqrt{5}+\sqrt{4^2\times 5}$

$=5\sqrt{5}-2\sqrt{5}+4\sqrt{5}$

$=7\sqrt{5}$

⑤ $\sqrt{48}-\sqrt{32}+5\sqrt{2}-\sqrt{75}$

$=\sqrt{4^2\times 3}-\sqrt{4^2\times 2}+5\sqrt{2}-\sqrt{5^2\times 3}$

$=4\sqrt{3}-4\sqrt{2}+5\sqrt{2}-5\sqrt{3}$

$=(4\sqrt{3}-5\sqrt{3})+(-4\sqrt{2}+5\sqrt{2})$

$=-\sqrt{3}+\sqrt{2}$

$=\sqrt{2}-\sqrt{3}$

02 근호를 포함한 식의 계산 – 분배법칙 | 40~41쪽 |

01 $\sqrt{6}+\sqrt{10}$	**02** $-2\sqrt{6}+8\sqrt{3}$
03 $\sqrt{35}-\sqrt{10}$	**04** $-\sqrt{15}+\sqrt{10}$
05 $2\sqrt{6}+2\sqrt{5}$	**06** $6\sqrt{3}-3\sqrt{10}$
07 $-6\sqrt{22}+9\sqrt{6}$	**08** $10\sqrt{2}+\sqrt{10}$
09 $-6\sqrt{5}-20\sqrt{2}$	**10** $12\sqrt{2}-3\sqrt{21}$
11 $3\sqrt{10}-\frac{1}{3}\sqrt{15}$	**12** $-10\sqrt{5}+3\sqrt{6}$
13 $-2\sqrt{14}-2\sqrt{7}$	**14** $\sqrt{11}+3$
15 $-5\sqrt{10}+15\sqrt{2}$	**16** $4+\sqrt{10}$
17 $-5\sqrt{2}+\sqrt{3}$	**18** $6\sqrt{6}+9$
19 $\sqrt{2}+2$	**20** $-13\sqrt{2}+13\sqrt{3}$
21 $-3\sqrt{2}+\sqrt{3}$	**22** $-14\sqrt{3}-5\sqrt{14}$
23 $\frac{14}{3}\sqrt{2}-\frac{7}{4}\sqrt{5}$	**24** $-\sqrt{5}-\sqrt{6}$
25 $150-20\sqrt{2}$	**26** ③

01 $\sqrt{2}(\sqrt{3}+\sqrt{5})=\sqrt{6}+\sqrt{10}$

02 $-2\sqrt{3}(\sqrt{2}-4)=-2\sqrt{6}+8\sqrt{3}$

03 $(\sqrt{7}-\sqrt{2})\sqrt{5}=\sqrt{35}-\sqrt{10}$

04 $-\sqrt{5}(\sqrt{3}-\sqrt{2})=-\sqrt{15}+\sqrt{10}$

05 $(2\sqrt{3}+\sqrt{10})\sqrt{2}=2\sqrt{6}+\sqrt{20}$

$=2\sqrt{6}+\sqrt{2^2\times 5}$

$=2\sqrt{6}+2\sqrt{5}$

06 $3\sqrt{2}(\sqrt{6}-\sqrt{5})=3\sqrt{12}-3\sqrt{10}$

$=3\sqrt{2^2\times 3}-3\sqrt{10}$

$=6\sqrt{3}-3\sqrt{10}$

07 $(2\sqrt{11}-3\sqrt{3})(-3\sqrt{2})=-6\sqrt{22}+9\sqrt{6}$

08 $\frac{\sqrt{5}}{3}(6\sqrt{10}+3\sqrt{2})=2\sqrt{50}+\sqrt{10}$
$=2\sqrt{5^2\times2}+\sqrt{10}$
$=10\sqrt{2}+\sqrt{10}$

09 $(3\sqrt{2}+4\sqrt{5})(-\sqrt{10})=-3\sqrt{20}-4\sqrt{50}$
$=-3\sqrt{2^2\times5}-4\sqrt{5^2\times2}$
$=-6\sqrt{5}-20\sqrt{2}$

10 $(4\sqrt{6}-3\sqrt{7})\sqrt{3}=4\sqrt{18}-3\sqrt{21}$
$=4\sqrt{3^2\times2}-3\sqrt{21}$
$=12\sqrt{2}-3\sqrt{21}$

11 $\frac{\sqrt{5}}{3}(9\sqrt{2}-\sqrt{3})=3\sqrt{10}-\frac{1}{3}\sqrt{15}$

12 $-\sqrt{2}(5\sqrt{10}-3\sqrt{3})=-5\sqrt{20}+3\sqrt{6}$
$=-5\sqrt{2^2\times5}+3\sqrt{6}$
$=-10\sqrt{5}+3\sqrt{6}$

13 $(6\sqrt{7}+3\sqrt{14})\left(-\frac{\sqrt{2}}{3}\right)=-2\sqrt{14}-\sqrt{28}$
$=-2\sqrt{14}-\sqrt{2^2\times7}$
$=-2\sqrt{14}-2\sqrt{7}$

14 $(\sqrt{33}+\sqrt{27})\div\sqrt{3}=(\sqrt{33}+\sqrt{27})\times\frac{1}{\sqrt{3}}$
$=\frac{\sqrt{33}}{\sqrt{3}}+\frac{\sqrt{27}}{\sqrt{3}}$
$=\sqrt{11}+\sqrt{9}$
$=\sqrt{11}+\sqrt{3^2}$
$=\sqrt{11}+3$

15 $(\sqrt{50}-3\sqrt{10})\div\left(-\frac{1}{\sqrt{5}}\right)=(\sqrt{50}-3\sqrt{10})\times(-\sqrt{5})$
$=-\sqrt{5^2\times10}+3\sqrt{5^2\times2}$
$=-5\sqrt{10}+15\sqrt{2}$

16 $(\sqrt{32}+\sqrt{20})\div\sqrt{2}=(\sqrt{32}+\sqrt{20})\times\frac{1}{\sqrt{2}}$
$=\frac{\sqrt{32}}{\sqrt{2}}+\frac{\sqrt{20}}{\sqrt{2}}$
$=\sqrt{16}+\sqrt{10}$
$=\sqrt{4^2}+\sqrt{10}$
$=4+\sqrt{10}$

17 $(5\sqrt{14}-\sqrt{21})\div(-\sqrt{7})=(5\sqrt{14}-\sqrt{21})\times\left(-\frac{1}{\sqrt{7}}\right)$
$=-\frac{5\sqrt{14}}{\sqrt{7}}+\frac{\sqrt{21}}{\sqrt{7}}$
$=-5\sqrt{2}+\sqrt{3}$

18 $(6\sqrt{2}+3\sqrt{3})\div\frac{1}{\sqrt{3}}=(6\sqrt{2}+3\sqrt{3})\times\sqrt{3}$
$=6\sqrt{6}+3\sqrt{9}$
$=6\sqrt{6}+3\sqrt{3^2}$
$=6\sqrt{6}+9$

19 $\left(\frac{\sqrt{40}}{2}+\sqrt{20}\right)\div\sqrt{5}=\left(\frac{\sqrt{40}}{2}+\sqrt{20}\right)\times\frac{1}{\sqrt{5}}$
$=\frac{\sqrt{40}}{2\sqrt{5}}+\frac{\sqrt{20}}{\sqrt{5}}$
$=\frac{\sqrt{8}}{2}+\sqrt{4}$
$=\frac{\sqrt{2^2\times2}}{2}+\sqrt{2^2}$
$=\sqrt{2}+2$

20 $(\sqrt{26}-\sqrt{39})\div\left(-\frac{1}{\sqrt{13}}\right)=(\sqrt{26}-\sqrt{39})\times(-\sqrt{13})$
$=-\sqrt{13^2\times2}+\sqrt{13^2\times3}$
$=-13\sqrt{2}+13\sqrt{3}$

21 $(\sqrt{108}-\sqrt{18})\div(-\sqrt{6})=(\sqrt{108}-\sqrt{18})\times\left(-\frac{1}{\sqrt{6}}\right)$
$=-\frac{\sqrt{108}}{\sqrt{6}}+\frac{\sqrt{18}}{\sqrt{6}}$
$=-\sqrt{18}+\sqrt{3}$
$=-\sqrt{3^2\times2}+\sqrt{3}$
$=-3\sqrt{2}+\sqrt{3}$

22 $(2\sqrt{21}+5\sqrt{2})\div\left(-\frac{1}{\sqrt{7}}\right)=(2\sqrt{21}+5\sqrt{2})\times(-\sqrt{7})$
$=-2\sqrt{7^2\times3}-5\sqrt{14}$
$=-14\sqrt{3}-5\sqrt{14}$

23 $(4\sqrt{56}-3\sqrt{35})\div\frac{12}{\sqrt{7}}=(4\sqrt{56}-3\sqrt{35})\times\frac{\sqrt{7}}{12}$
$=\frac{\sqrt{14^2\times2}}{3}-\frac{\sqrt{7^2\times5}}{4}$
$=\frac{14}{3}\sqrt{2}-\frac{7}{4}\sqrt{5}$

24 $(\sqrt{65}+\sqrt{78})\div(-\sqrt{13})=(\sqrt{65}+\sqrt{78})\times\left(-\frac{1}{\sqrt{13}}\right)$
$=-\frac{\sqrt{65}}{\sqrt{13}}-\frac{\sqrt{78}}{\sqrt{13}}$
$=-\sqrt{5}-\sqrt{6}$

25 $(5\sqrt{54}-\sqrt{48})\div\frac{\sqrt{6}}{10}=(5\sqrt{54}-\sqrt{48})\times\frac{10}{\sqrt{6}}$
$=\frac{50\sqrt{54}}{\sqrt{6}}-\frac{10\sqrt{48}}{\sqrt{6}}$
$=50\sqrt{9}-10\sqrt{8}$
$=50\sqrt{3^2}-10\sqrt{2^2\times2}$
$=150-20\sqrt{2}$

26 $\sqrt{2}(\sqrt{3}-\sqrt{6})=\sqrt{6}-\sqrt{2^2\times3}=\sqrt{6}-2\sqrt{3}$
$(\sqrt{12}+\sqrt{15})\div\sqrt{3}=(\sqrt{12}+\sqrt{15})\times\frac{1}{\sqrt{3}}$
$=\frac{\sqrt{12}}{\sqrt{3}}+\frac{\sqrt{15}}{\sqrt{3}}$
$=\sqrt{4}+\sqrt{5}$
$=\sqrt{2^2}+\sqrt{5}$
$=2+\sqrt{5}$
따라서 $a=-2$, $b=2$

03 근호를 포함한 식의 계산 – 분모의 유리화 | 42~43쪽 |

01 $\frac{\sqrt{6}-2\sqrt{2}}{2}$ 02 $\frac{3\sqrt{6}-\sqrt{30}}{6}$ 03 $\frac{\sqrt{6}+\sqrt{21}}{3}$

04 $\frac{\sqrt{30}-\sqrt{15}}{5}$ 05 $\frac{\sqrt{14}+3\sqrt{21}}{7}$ 06 $\frac{2\sqrt{10}+\sqrt{6}}{2}$

07 $\frac{\sqrt{21}-6\sqrt{6}}{6}$ 08 $\frac{10\sqrt{3}-6\sqrt{15}}{15}$ 09 $\frac{3\sqrt{2}-10\sqrt{3}}{12}$

10 $\frac{5\sqrt{14}+\sqrt{21}}{28}$ 11 $\frac{2\sqrt{15}-\sqrt{6}}{2}$ 12 $\frac{2\sqrt{6}-4\sqrt{3}}{9}$

13 $\frac{5\sqrt{2}-\sqrt{10}}{4}$ 14 $\frac{\sqrt{3}+2\sqrt{2}}{2}$ 15 $\frac{\sqrt{11}+\sqrt{6}}{4}$

16 $\frac{\sqrt{3}-\sqrt{42}}{3}$ 17 $\frac{5\sqrt{14}+3\sqrt{21}}{21}$ 18 $\frac{5\sqrt{6}-5\sqrt{10}}{14}$

19 $\frac{12\sqrt{7}-7\sqrt{6}}{14}$ 20 $\frac{4\sqrt{5}-3\sqrt{10}}{10}$ 21 $\frac{4\sqrt{14}+5\sqrt{21}}{28}$

22 $\frac{15-\sqrt{30}}{12}$ 23 $\frac{10\sqrt{2}+3\sqrt{10}}{10}$ 24 ②

01 $\frac{\sqrt{3}-2}{\sqrt{2}}=\frac{(\sqrt{3}-2)\times\sqrt{2}}{\sqrt{2}\times\sqrt{2}}=\frac{\sqrt{6}-2\sqrt{2}}{2}$

02 $\frac{3-\sqrt{5}}{\sqrt{6}}=\frac{(3-\sqrt{5})\times\sqrt{6}}{\sqrt{6}\times\sqrt{6}}=\frac{3\sqrt{6}-\sqrt{30}}{6}$

03 $\frac{\sqrt{2}+\sqrt{7}}{\sqrt{3}}=\frac{(\sqrt{2}+\sqrt{7})\times\sqrt{3}}{\sqrt{3}\times\sqrt{3}}=\frac{\sqrt{6}+\sqrt{21}}{3}$

04 $\frac{\sqrt{6}-\sqrt{3}}{\sqrt{5}}=\frac{(\sqrt{6}-\sqrt{3})\times\sqrt{5}}{\sqrt{5}\times\sqrt{5}}=\frac{\sqrt{30}-\sqrt{15}}{5}$

05 $\frac{\sqrt{2}+3\sqrt{3}}{\sqrt{7}}=\frac{(\sqrt{2}+3\sqrt{3})\times\sqrt{7}}{\sqrt{7}\times\sqrt{7}}=\frac{\sqrt{14}+3\sqrt{21}}{7}$

06 $\frac{2\sqrt{5}+\sqrt{3}}{\sqrt{2}}=\frac{(2\sqrt{5}+\sqrt{3})\times\sqrt{2}}{\sqrt{2}\times\sqrt{2}}=\frac{2\sqrt{10}+\sqrt{6}}{2}$

07 $\frac{\sqrt{7}-6\sqrt{2}}{2\sqrt{3}}=\frac{(\sqrt{7}-6\sqrt{2})\times\sqrt{3}}{2\sqrt{3}\times\sqrt{3}}=\frac{\sqrt{21}-6\sqrt{6}}{6}$

08 $\frac{2\sqrt{15}-6\sqrt{3}}{3\sqrt{5}}=\frac{(2\sqrt{15}-6\sqrt{3})\times\sqrt{5}}{3\sqrt{5}\times\sqrt{5}}=\frac{2\sqrt{5^2\times3}-6\sqrt{15}}{15}$
$=\frac{10\sqrt{3}-6\sqrt{15}}{15}$

09 $\frac{\sqrt{3}-5\sqrt{2}}{2\sqrt{6}}=\frac{(\sqrt{3}-5\sqrt{2})\times\sqrt{6}}{2\sqrt{6}\times\sqrt{6}}=\frac{\sqrt{3^2\times2}-5\sqrt{2^2\times3}}{12}$
$=\frac{3\sqrt{2}-10\sqrt{3}}{12}$

10 $\frac{5\sqrt{2}+\sqrt{3}}{4\sqrt{7}}=\frac{(5\sqrt{2}+\sqrt{3})\times\sqrt{7}}{4\sqrt{7}\times\sqrt{7}}=\frac{5\sqrt{14}+\sqrt{21}}{28}$

11 $\frac{6\sqrt{5}-3\sqrt{2}}{2\sqrt{3}}=\frac{(6\sqrt{5}-3\sqrt{2})\times\sqrt{3}}{2\sqrt{3}\times\sqrt{3}}=\frac{6\sqrt{15}-3\sqrt{6}}{6}=\frac{2\sqrt{15}-\sqrt{6}}{2}$

12 $\frac{\sqrt{8}-4}{\sqrt{27}}=\frac{\sqrt{2^2\times2}-4}{\sqrt{3^2\times3}}=\frac{2\sqrt{2}-4}{3\sqrt{3}}$
$=\frac{(2\sqrt{2}-4)\times\sqrt{3}}{3\sqrt{3}\times\sqrt{3}}=\frac{2\sqrt{6}-4\sqrt{3}}{9}$

13 $\frac{5-\sqrt{5}}{\sqrt{8}}=\frac{5-\sqrt{5}}{\sqrt{2^2\times2}}=\frac{5-\sqrt{5}}{2\sqrt{2}}$
$=\frac{(5-\sqrt{5})\times\sqrt{2}}{2\sqrt{2}\times\sqrt{2}}=\frac{5\sqrt{2}-\sqrt{10}}{4}$

14 $\frac{3\sqrt{2}+\sqrt{48}}{\sqrt{24}}=\frac{3\sqrt{2}+\sqrt{4^2\times3}}{\sqrt{2^2\times6}}=\frac{3\sqrt{2}+4\sqrt{3}}{2\sqrt{6}}$
$=\frac{(3\sqrt{2}+4\sqrt{3})\times\sqrt{6}}{2\sqrt{6}\times\sqrt{6}}=\frac{3\sqrt{12}+4\sqrt{18}}{12}$
$=\frac{3\sqrt{2^2\times3}+4\sqrt{3^2\times2}}{12}=\frac{6\sqrt{3}+12\sqrt{2}}{12}$
$=\frac{\sqrt{3}+2\sqrt{2}}{2}$

15 $\frac{\sqrt{22}+\sqrt{12}}{\sqrt{32}}=\frac{\sqrt{22}+\sqrt{2^2\times3}}{\sqrt{4^2\times2}}=\frac{\sqrt{22}+2\sqrt{3}}{4\sqrt{2}}$
$=\frac{(\sqrt{22}+2\sqrt{3})\times\sqrt{2}}{4\sqrt{2}\times\sqrt{2}}=\frac{\sqrt{44}+2\sqrt{6}}{8}$
$=\frac{\sqrt{2^2\times11}+2\sqrt{6}}{8}=\frac{2\sqrt{11}+2\sqrt{6}}{8}$
$=\frac{\sqrt{11}+\sqrt{6}}{4}$

16 $\frac{3\sqrt{2}-6\sqrt{7}}{\sqrt{54}}=\frac{3\sqrt{2}-6\sqrt{7}}{\sqrt{3^2\times6}}=\frac{\sqrt{2}-2\sqrt{7}}{\sqrt{6}}$
$=\frac{(\sqrt{2}-2\sqrt{7})\times\sqrt{6}}{\sqrt{6}\times\sqrt{6}}=\frac{\sqrt{12}-2\sqrt{42}}{6}$
$=\frac{\sqrt{2^2\times3}-2\sqrt{42}}{6}=\frac{2\sqrt{3}-2\sqrt{42}}{6}$
$=\frac{\sqrt{3}-\sqrt{42}}{3}$

17 $\frac{\sqrt{50}+\sqrt{27}}{\sqrt{63}}=\frac{\sqrt{5^2\times2}+\sqrt{3^2\times3}}{\sqrt{3^2\times7}}=\frac{5\sqrt{2}+3\sqrt{3}}{3\sqrt{7}}$
$=\frac{(5\sqrt{2}+3\sqrt{3})\times\sqrt{7}}{3\sqrt{7}\times\sqrt{7}}=\frac{5\sqrt{14}+3\sqrt{21}}{21}$

18 $\frac{\sqrt{75}-\sqrt{125}}{\sqrt{98}}=\frac{\sqrt{5^2\times3}-\sqrt{5^2\times5}}{\sqrt{7^2\times2}}=\frac{5\sqrt{3}-5\sqrt{5}}{7\sqrt{2}}$
$=\frac{(5\sqrt{3}-5\sqrt{5})\times\sqrt{2}}{7\sqrt{2}\times\sqrt{2}}=\frac{5\sqrt{6}-5\sqrt{10}}{14}$

19 $\frac{6\sqrt{6}-3\sqrt{7}}{\sqrt{42}}=\frac{(6\sqrt{6}-3\sqrt{7})\times\sqrt{42}}{\sqrt{42}\times\sqrt{42}}$
$=\frac{6\sqrt{6^2\times7}-3\sqrt{7^2\times6}}{42}$
$=\frac{36\sqrt{7}-21\sqrt{6}}{42}=\frac{12\sqrt{7}-7\sqrt{6}}{14}$

20 $\dfrac{\sqrt{40}-\sqrt{45}}{\sqrt{50}}=\dfrac{\sqrt{2^2\times10}-\sqrt{3^2\times5}}{\sqrt{5^2\times2}}=\dfrac{2\sqrt{10}-3\sqrt{5}}{5\sqrt{2}}$

$=\dfrac{(2\sqrt{10}-3\sqrt{5})\times\sqrt{2}}{5\sqrt{2}\times\sqrt{2}}=\dfrac{2\sqrt{20}-3\sqrt{10}}{10}$

$=\dfrac{2\sqrt{2^2\times5}-3\sqrt{10}}{10}=\dfrac{4\sqrt{5}-3\sqrt{10}}{10}$

21 $\dfrac{\sqrt{32}+\sqrt{75}}{\sqrt{112}}=\dfrac{\sqrt{4^2\times2}-\sqrt{5^2\times3}}{\sqrt{4^2\times7}}=\dfrac{4\sqrt{2}+5\sqrt{3}}{4\sqrt{7}}$

$=\dfrac{(4\sqrt{2}+5\sqrt{3})\times\sqrt{7}}{4\sqrt{7}\times\sqrt{7}}=\dfrac{4\sqrt{14}+5\sqrt{21}}{28}$

22 $\dfrac{\sqrt{150}-2\sqrt{5}}{\sqrt{96}}=\dfrac{\sqrt{5^2\times6}-2\sqrt{5}}{\sqrt{4^2\times6}}=\dfrac{5\sqrt{6}-2\sqrt{5}}{4\sqrt{6}}$

$=\dfrac{(5\sqrt{6}-2\sqrt{5})\times\sqrt{6}}{4\sqrt{6}\times\sqrt{6}}=\dfrac{30-2\sqrt{30}}{24}$

$=\dfrac{15-\sqrt{30}}{12}$

23 $\dfrac{\sqrt{160}+\sqrt{72}}{\sqrt{80}}=\dfrac{\sqrt{4^2\times10}+\sqrt{6^2\times2}}{\sqrt{4^2\times5}}=\dfrac{4\sqrt{10}+6\sqrt{2}}{4\sqrt{5}}$

$=\dfrac{(4\sqrt{10}+6\sqrt{2})\times\sqrt{5}}{4\sqrt{5}\times\sqrt{5}}=\dfrac{4\sqrt{50}+6\sqrt{10}}{20}$

$=\dfrac{4\sqrt{5^2\times2}+6\sqrt{10}}{20}=\dfrac{20\sqrt{2}+6\sqrt{10}}{20}$

$=\dfrac{10\sqrt{2}+3\sqrt{10}}{10}$

24 $\dfrac{5\sqrt{3}-\sqrt{5}}{10\sqrt{2}}=\dfrac{(5\sqrt{3}-\sqrt{5})\times\sqrt{2}}{10\sqrt{2}\times\sqrt{2}}=\dfrac{5\sqrt{6}-\sqrt{10}}{20}$

$=\dfrac{1}{4}\sqrt{6}-\dfrac{1}{20}\sqrt{10}$

따라서 $a=\dfrac{1}{4}$, $b=-\dfrac{1}{20}$이므로

$a+b=\dfrac{1}{4}+\left(-\dfrac{1}{20}\right)=\dfrac{1}{5}$

04 근호를 포함한 식의 혼합 계산 | 44~45쪽 |

01 $11\sqrt{2}$	02 $-5\sqrt{3}$	03 $4\sqrt{6}$
04 $\sqrt{5}$	05 $12\sqrt{3}$	06 $22\sqrt{7}$
07 $\dfrac{17}{2}\sqrt{14}$	08 $3\sqrt{3}$	09 $6\sqrt{2}+5\sqrt{6}$
10 $4\sqrt{6}-18\sqrt{2}$	11 $3-3\sqrt{3}$	12 $27\sqrt{2}$
13 $2\sqrt{6}+22\sqrt{3}$	14 $13\sqrt{3}-5\sqrt{5}$	15 $\sqrt{2}+6$
16 $\sqrt{6}+8$	17 $3\sqrt{10}+5\sqrt{5}$	18 $1-4\sqrt{2}$
19 $11+\sqrt{5}$	20 $-10+4\sqrt{7}$	21 $-4\sqrt{2}$
22 $-10+7\sqrt{6}$	23 $3\sqrt{5}+5\sqrt{30}$	24 $-24-10\sqrt{7}$
25 $4\sqrt{3}-16\sqrt{2}$	26 $-5\sqrt{5}-\dfrac{9}{2}\sqrt{6}$	27 ②

01 $\sqrt{3}\times\sqrt{6}+8\sqrt{2}=\sqrt{3^2\times2}+8\sqrt{2}$

$=3\sqrt{2}+8\sqrt{2}=11\sqrt{2}$

02 $\sqrt{12}-\sqrt{21}\times\sqrt{7}=\sqrt{2^2\times3}-\sqrt{7^2\times3}$

$=2\sqrt{3}-7\sqrt{3}=-5\sqrt{3}$

03 $12\div\sqrt{6}+\sqrt{24}=\dfrac{12}{\sqrt{6}}+\sqrt{24}=\dfrac{12\times\sqrt{6}}{\sqrt{6}\times\sqrt{6}}+\sqrt{2^2\times6}$

$=2\sqrt{6}+2\sqrt{6}=4\sqrt{6}$

04 $\sqrt{15}\times\sqrt{3}-\sqrt{40}\div\sqrt{2}=\sqrt{45}-\dfrac{\sqrt{40}}{\sqrt{2}}$

$=\sqrt{3^2\times5}-\sqrt{20}$

$=3\sqrt{5}-\sqrt{2^2\times5}$

$=3\sqrt{5}-2\sqrt{5}=\sqrt{5}$

05 $\sqrt{96}\div\sqrt{2}+\sqrt{32}\times\sqrt{6}=\dfrac{\sqrt{96}}{\sqrt{2}}+\sqrt{192}$

$=\sqrt{48}+\sqrt{8^2\times3}$

$=\sqrt{4^2\times3}+8\sqrt{3}$

$=4\sqrt{3}+8\sqrt{3}=12\sqrt{3}$

06 $8\sqrt{35}\div2\sqrt{5}+3\sqrt{21}\times\sqrt{12}=\dfrac{8\sqrt{35}}{2\sqrt{5}}+3\sqrt{252}$

$=4\sqrt{7}+3\sqrt{6^2\times7}$

$=4\sqrt{7}+18\sqrt{7}=22\sqrt{7}$

07 $\sqrt{70}\div\dfrac{2}{\sqrt{5}}+3\sqrt{2}\times\sqrt{28}=\sqrt{70}\times\dfrac{\sqrt{5}}{2}+3\sqrt{2}\times\sqrt{2^2\times7}$

$=\dfrac{\sqrt{5^2\times14}}{2}+6\sqrt{14}$

$=\dfrac{5\sqrt{14}}{2}+6\sqrt{14}=\dfrac{17}{2}\sqrt{14}$

08 $\sqrt{18}\times\sqrt{6}-\sqrt{54}\div\sqrt{2}=\sqrt{6^2\times3}-\sqrt{27}$

$=6\sqrt{3}-\sqrt{3^2\times3}$

$=6\sqrt{3}-3\sqrt{3}=3\sqrt{3}$

09 $\dfrac{12}{\sqrt{2}}+2\sqrt{32}\times\sqrt{3}-\sqrt{54}=\dfrac{12\times\sqrt{2}}{\sqrt{2}\times\sqrt{2}}+2\sqrt{4^2\times6}-\sqrt{3^2\times6}$

$=6\sqrt{2}+8\sqrt{6}-3\sqrt{6}$

$=6\sqrt{2}+5\sqrt{6}$

10 $\sqrt{24}-\dfrac{18}{\sqrt{3}}\times\sqrt{6}+\sqrt{72}\div\sqrt{3}$

$=\sqrt{2^2\times6}-18\sqrt{2}+\sqrt{24}$

$=2\sqrt{6}-18\sqrt{2}+\sqrt{2^2\times6}$

$=2\sqrt{6}-18\sqrt{2}+2\sqrt{6}$

$=4\sqrt{6}-18\sqrt{2}$

11 $\dfrac{\sqrt{15}}{\sqrt{5}}+\sqrt{27}\div\sqrt{3}-\sqrt{6}\times\sqrt{8}=\sqrt{3}+\sqrt{9}-\sqrt{4^2\times3}$

$=\sqrt{3}+\sqrt{3^2}-4\sqrt{3}$

$=3+(\sqrt{3}-4\sqrt{3})$

$=3-3\sqrt{3}$

12 $2\sqrt{3}\times5\sqrt{6}-10\sqrt{30}\div2\sqrt{15}+\frac{\sqrt{32}}{2}$

$=10\sqrt{18}-\frac{10\sqrt{30}}{2\sqrt{15}}+\frac{\sqrt{4^2\times2}}{2}$
$=10\sqrt{3^2\times2}-5\sqrt{2}+2\sqrt{2}$
$=30\sqrt{2}-5\sqrt{2}+2\sqrt{2}$
$=27\sqrt{2}$

13 $\sqrt{48}\div\sqrt{2}+3\sqrt{6}\times4\sqrt{2}-\sqrt{60}\div\sqrt{5}$
$=\sqrt{24}+12\sqrt{2^2\times3}-\sqrt{12}$
$=\sqrt{2^2\times6}+24\sqrt{3}-\sqrt{2^2\times3}$
$=2\sqrt{6}+24\sqrt{3}-2\sqrt{3}$
$=2\sqrt{6}+(24\sqrt{3}-2\sqrt{3})$
$=2\sqrt{6}+22\sqrt{3}$

14 $\sqrt{27}-\sqrt{5}(5-2\sqrt{15})=\sqrt{3^2\times3}-5\sqrt{5}+2\sqrt{5^2\times3}$
$=3\sqrt{3}-5\sqrt{5}+10\sqrt{3}$
$=(3\sqrt{3}+10\sqrt{3})-5\sqrt{5}$
$=13\sqrt{3}-5\sqrt{5}$

15 $(\sqrt{12}+\sqrt{6})\sqrt{6}-\sqrt{50}=(\sqrt{2^2\times3}+\sqrt{6})\sqrt{6}-\sqrt{5^2\times2}$
$=(2\sqrt{3}+\sqrt{6})\sqrt{6}-5\sqrt{2}$
$=2\sqrt{3^2\times2}+6-5\sqrt{2}$
$=6\sqrt{2}+6-5\sqrt{2}$
$=(6\sqrt{2}-5\sqrt{2})+6$
$=\sqrt{2}+6$

16 $\sqrt{24}-(\sqrt{18}-4\sqrt{12})\div\sqrt{3}$
$=\sqrt{2^2\times6}-(\sqrt{18}-4\sqrt{12})\times\frac{1}{\sqrt{3}}$
$=2\sqrt{6}-\left(\frac{\sqrt{18}}{\sqrt{3}}-\frac{4\sqrt{12}}{\sqrt{3}}\right)$
$=2\sqrt{6}-(\sqrt{6}-4\sqrt{4})$
$=2\sqrt{6}-\sqrt{6}+8$
$=\sqrt{6}+8$

17 $(3\sqrt{30}-\sqrt{15})\div\sqrt{3}+\sqrt{18}\times\sqrt{10}$
$=(3\sqrt{30}-\sqrt{15})\times\frac{1}{\sqrt{3}}+\sqrt{180}$
$=\frac{3\sqrt{30}}{\sqrt{3}}-\frac{\sqrt{15}}{\sqrt{3}}+\sqrt{6^2\times5}$
$=3\sqrt{10}-\sqrt{5}+6\sqrt{5}$
$=3\sqrt{10}+5\sqrt{5}$

18 $\frac{\sqrt{63}-\sqrt{14}}{\sqrt{7}}-\sqrt{2}(\sqrt{2}+3)$
$=\frac{\sqrt{63}}{\sqrt{7}}-\frac{\sqrt{14}}{\sqrt{7}}-2-3\sqrt{2}$
$=\sqrt{9}-\sqrt{2}-2-3\sqrt{2}$
$=3-4\sqrt{2}-2$
$=1-4\sqrt{2}$

19 $(\sqrt{27}-\sqrt{15})\sqrt{3}+\frac{4\sqrt{10}+\sqrt{8}}{\sqrt{2}}$
$=(\sqrt{3^2\times3}-\sqrt{15})\sqrt{3}+\frac{4\sqrt{10}}{\sqrt{2}}+\frac{\sqrt{8}}{\sqrt{2}}$
$=(3\sqrt{3}-\sqrt{15})\sqrt{3}+4\sqrt{5}+\sqrt{4}$
$=3\sqrt{3^2}-\sqrt{3^2\times5}+4\sqrt{5}+2$
$=9-3\sqrt{5}+4\sqrt{5}+2$
$=11+\sqrt{5}$

20 $\frac{\sqrt{80}+\sqrt{35}}{\sqrt{5}}-\sqrt{7}(\sqrt{28}-3)$
$=\frac{\sqrt{80}}{\sqrt{5}}+\frac{\sqrt{35}}{\sqrt{5}}-\sqrt{7}(\sqrt{2^2\times7}-3)$
$=\sqrt{16}+\sqrt{7}-\sqrt{7}(2\sqrt{7}-3)$
$=\sqrt{4^2}+\sqrt{7}-2\sqrt{7^2}+3\sqrt{7}$
$=(4-14)+(\sqrt{7}+3\sqrt{7})$
$=-10+4\sqrt{7}$

21 $\frac{6\sqrt{15}-9\sqrt{6}}{\sqrt{3}}-\sqrt{5}(6-\sqrt{10})$
$=\frac{6\sqrt{15}}{\sqrt{3}}-\frac{9\sqrt{6}}{\sqrt{3}}-6\sqrt{5}+\sqrt{50}$
$=6\sqrt{5}-9\sqrt{2}-6\sqrt{5}+\sqrt{5^2\times2}$
$=6\sqrt{5}-9\sqrt{2}-6\sqrt{5}+5\sqrt{2}$
$=(6\sqrt{5}-6\sqrt{5})+(-9\sqrt{2}+5\sqrt{2})$
$=-4\sqrt{2}$

22 $\sqrt{12}\left(\frac{1}{\sqrt{3}}-\frac{1}{\sqrt{2}}\right)+4(\sqrt{24}-3)$
$=\sqrt{4}-\sqrt{6}+4(\sqrt{2^2\times6}-3)$
$=\sqrt{2^2}-\sqrt{6}+8\sqrt{6}-12$
$=2-\sqrt{6}+8\sqrt{6}-12$
$=(2-12)+(-\sqrt{6}+8\sqrt{6})$
$=-10+7\sqrt{6}$

23 $-\sqrt{15}(\sqrt{3}-2\sqrt{2})+\sqrt{6}(3\sqrt{5}+\sqrt{30})$
$=-\sqrt{45}+2\sqrt{30}+3\sqrt{30}+\sqrt{180}$
$=-\sqrt{3^2\times5}+5\sqrt{30}+\sqrt{6^2\times5}$
$=-3\sqrt{5}+5\sqrt{30}+6\sqrt{5}$
$=(-3\sqrt{5}+6\sqrt{5})+5\sqrt{30}$
$=3\sqrt{5}+5\sqrt{30}$

24 $\frac{6}{\sqrt{2}}(\sqrt{18}-\sqrt{56})+\sqrt{14}(\sqrt{2}-\sqrt{126})$
$=\frac{6\sqrt{18}}{\sqrt{2}}-\frac{6\sqrt{56}}{\sqrt{2}}+\sqrt{14}(\sqrt{2}-\sqrt{3^2\times14})$
$=6\sqrt{9}-6\sqrt{28}+\sqrt{14}(\sqrt{2}-3\sqrt{14})$
$=6\sqrt{3^2}-6\sqrt{2^2\times7}+\sqrt{28}-42$
$=18-12\sqrt{7}+\sqrt{2^2\times7}-42$
$=(18-42)-12\sqrt{7}+2\sqrt{7}$
$=-24-10\sqrt{7}$

25 $\sqrt{54}\left(\sqrt{2}-\frac{6}{\sqrt{3}}\right)-(\sqrt{72}-\sqrt{48})\div\sqrt{6}$

$=\sqrt{108}-6\sqrt{18}-(\sqrt{72}-\sqrt{48})\times\frac{1}{\sqrt{6}}$

$=\sqrt{6^2\times3}-6\sqrt{3^2\times2}-\frac{\sqrt{72}}{\sqrt{6}}+\frac{\sqrt{48}}{\sqrt{6}}$

$=6\sqrt{3}-18\sqrt{2}-\sqrt{12}+\sqrt{8}$

$=6\sqrt{3}-18\sqrt{2}-\sqrt{2^2\times3}+\sqrt{2^2\times2}$

$=6\sqrt{3}-18\sqrt{2}-2\sqrt{3}+2\sqrt{2}$

$=4\sqrt{3}-16\sqrt{2}$

26 $\frac{15-5\sqrt{30}}{\sqrt{5}}+(8\sqrt{10}-\sqrt{3})\times\left(-\frac{1}{\sqrt{2}}\right)$

$=\frac{(15-5\sqrt{30})\times\sqrt{5}}{\sqrt{5}\times\sqrt{5}}-\frac{8\sqrt{10}}{\sqrt{2}}+\frac{\sqrt{3}}{\sqrt{2}}$

$=\frac{15\sqrt{5}-5\sqrt{150}}{5}-8\sqrt{5}+\frac{\sqrt{3}\times\sqrt{2}}{\sqrt{2}\times\sqrt{2}}$

$=3\sqrt{5}-\sqrt{5^2\times6}-8\sqrt{5}+\frac{\sqrt{6}}{2}$

$=3\sqrt{5}-5\sqrt{6}-8\sqrt{5}+\frac{\sqrt{6}}{2}$

$=-5\sqrt{5}-\frac{9}{2}\sqrt{6}$

27 $\frac{2\sqrt{27}-8\sqrt{2}}{4\sqrt{6}}+\sqrt{7}\div\sqrt{21}$

$=\frac{(2\sqrt{3^2\times3}-8\sqrt{2})\times\sqrt{6}}{4\sqrt{6}\times\sqrt{6}}+\frac{\sqrt{7}}{\sqrt{21}}$

$=\frac{6\sqrt{18}-8\sqrt{12}}{24}+\frac{1}{\sqrt{3}}$

$=\frac{6\sqrt{3^2\times2}-8\sqrt{2^2\times3}}{24}+\frac{\sqrt{3}}{\sqrt{3}\times\sqrt{3}}$

$=\frac{18\sqrt{2}-16\sqrt{3}}{24}+\frac{\sqrt{3}}{3}$

$=\frac{3}{4}\sqrt{2}-\frac{2}{3}\sqrt{3}+\frac{\sqrt{3}}{3}$

$=\frac{3}{4}\sqrt{2}-\frac{1}{3}\sqrt{3}$

따라서 $a=\frac{3}{4}$, $b=-\frac{1}{3}$이므로

$16ab=16\times\frac{3}{4}\times\left(-\frac{1}{3}\right)=-4$

확인문제

| 46쪽 |

01 ① 02 ⑤ 03 ⑤ 04 ① 05 ②
06 ④

01 $7\sqrt{3}-8\sqrt{6}+3\sqrt{3}-4\sqrt{6}=(7\sqrt{3}+3\sqrt{3})+(-8\sqrt{6}-4\sqrt{6})$

$=10\sqrt{3}-12\sqrt{6}$

따라서 $a=10$, $b=-12$

02 $\sqrt{20}-\sqrt{48}-3\sqrt{45}+\sqrt{75}$

$=\sqrt{2^2\times5}-\sqrt{4^2\times3}-3\sqrt{3^2\times5}+\sqrt{5^2\times3}$

$=2\sqrt{5}-4\sqrt{3}-9\sqrt{5}+5\sqrt{3}$

$=(2\sqrt{5}-9\sqrt{5})+(-4\sqrt{3}+5\sqrt{3})$

$=-7\sqrt{5}+\sqrt{3}$

03 $3\sqrt{27}-\frac{\sqrt{60}}{\sqrt{5}}+\sqrt{243}$

$=3\sqrt{3^2\times3}-\sqrt{12}+\sqrt{9^2\times3}$

$=9\sqrt{3}-\sqrt{2^2\times3}+9\sqrt{3}$

$=9\sqrt{3}-2\sqrt{3}+9\sqrt{3}$

$=16\sqrt{3}$

따라서 $k=16$

04 $A=\sqrt{6}-7\sqrt{18}=\sqrt{6}-7\sqrt{3^2\times2}=\sqrt{6}-21\sqrt{2}$

$B=3\sqrt{2}-9\sqrt{24}=3\sqrt{2}-9\sqrt{2^2\times6}=3\sqrt{2}-18\sqrt{6}$

이므로

$\sqrt{6}A-\sqrt{2}B$

$=\sqrt{6}(\sqrt{6}-21\sqrt{2})-\sqrt{2}(3\sqrt{2}-18\sqrt{6})$

$=6-21\sqrt{12}-6+18\sqrt{12}$

$=-3\sqrt{12}=-3\sqrt{2^2\times3}$

$=-6\sqrt{3}$

05 $\frac{\sqrt{108}-2\sqrt{6}}{8\sqrt{8}}=\frac{\sqrt{6^2\times3}-2\sqrt{6}}{8\sqrt{2^2\times2}}=\frac{6\sqrt{3}-2\sqrt{6}}{16\sqrt{2}}$

$=\frac{3\sqrt{3}-\sqrt{6}}{8\sqrt{2}}=\frac{(3\sqrt{3}-\sqrt{6})\times\sqrt{2}}{8\sqrt{2}\times\sqrt{2}}$

$=\frac{3\sqrt{6}-\sqrt{12}}{16}=\frac{3\sqrt{6}-\sqrt{2^2\times3}}{16}$

$=\frac{3\sqrt{6}-2\sqrt{3}}{16}$

$=\frac{3}{16}\sqrt{6}-\frac{1}{8}\sqrt{3}$

따라서 $a=\frac{3}{16}$, $b=-\frac{1}{8}$이므로

$16a+8b=16\times\frac{3}{16}+8\times\left(-\frac{1}{8}\right)$

$=3-1=2$

06 $\frac{\sqrt{96}+20}{\sqrt{12}}-(10\sqrt{2}-4\sqrt{12})\div\sqrt{6}$

$=\frac{\sqrt{4^2\times6}+20}{\sqrt{2^2\times3}}-(10\sqrt{2}-4\sqrt{12})\times\frac{1}{\sqrt{6}}$

$=\frac{4\sqrt{6}+20}{2\sqrt{3}}-\frac{10\sqrt{2}}{\sqrt{6}}+\frac{4\sqrt{12}}{\sqrt{6}}$

$=\frac{2\sqrt{6}+10}{\sqrt{3}}-\frac{10}{\sqrt{3}}+4\sqrt{2}$

$=2\sqrt{2}+\frac{10}{\sqrt{3}}-\frac{10}{\sqrt{3}}+4\sqrt{2}$

$=6\sqrt{2}$

따라서 $p=6$

3 다항식의 곱셈

1. 곱셈 공식

01 다항식과 다항식의 곱셈 | 48~49쪽 |

01 $ab+4a+3b+12$
02 $2xy+3x-2y-3$
03 $3xy-15x+2y-10$
04 $3ac-2ad-3bc+2bd$
05 $-2xy+5x+8y-20$
06 $12ax-4ay-3bx+by$
07 x^2+6x+5
08 $2a^2+13a-7$
09 $3y^2-11y+6$
10 $a^2+3ab+2b^2$
11 $2x^2+5xy-3y^2$
12 $-4x^2-xy+5y^2$
13 $15x^2+2xy-y^2$
14 $-2a^2+17ab-35b^2$
15 $2x^2+xy+x-y^2+y$
16 $3x^2-xy+9x-2y^2+6y$
17 $2a^2+7ab-10a-4b^2+5b$
18 $3x^2+11xy+3x-20y^2-4y$
19 $-6a^2+7ab-2a-2b^2+b$
20 3　21 13　22 -17　23 -6　24 ④

06 $(-3x+y)(-4a+b)=12ax-3bx-4ay+by$
$=12ax-4ay-3bx+by$

07 $(x+1)(x+5)=x^2+5x+x+5$
$=x^2+6x+5$

08 $(2a-1)(a+7)=2a^2+14a-a-7$
$=2a^2+13a-7$

09 $(3y-2)(y-3)=3y^2-9y-2y+6$
$=3y^2-11y+6$

10 $(a+b)(a+2b)=a^2+2ab+ab+2b^2$
$=a^2+3ab+2b^2$

11 $(x+3y)(2x-y)=2x^2-xy+6xy-3y^2$
$=2x^2+5xy-3y^2$

12 $(4x+5y)(-x+y)=-4x^2+4xy-5xy+5y^2$
$=-4x^2-xy+5y^2$

13 $(5x-y)(3x+y)=15x^2+5xy-3xy-y^2$
$=15x^2+2xy-y^2$

14 $(-2a+7b)(a-5b)=-2a^2+10ab+7ab-35b^2$
$=-2a^2+17ab-35b^2$

15 $(x+y)(2x-y+1)=2x^2-xy+x+2xy-y^2+y$
$=2x^2+xy+x-y^2+y$

16 $(3x+2y)(x-y+3)$
$=3x^2-3xy+9x+2xy-2y^2+6y$
$=3x^2-xy+9x-2y^2+6y$

17 $(2a-b)(a+4b-5)$
$=2a^2+8ab-10a-ab-4b^2+5b$
$=2a^2+7ab-10a-4b^2+5b$

18 $(x+5y+1)(3x-4y)$
$=3x^2-4xy+15xy-20y^2+3x-4y$
$=3x^2+11xy+3x-20y^2-4y$

19 $(3a-2b+1)(-2a+b)$
$=-6a^2+3ab+4ab-2b^2-2a+b$
$=-6a^2+7ab-2a-2b^2+b$

20 xy항이 나오는 부분만 전개하면
$x\times(-5y)+4y\times2x=-5xy+8xy=3xy$
따라서 xy의 계수는 3

21 xy항이 나오는 부분만 전개하면
$3x\times3y+y\times4x=9xy+4xy=13xy$
따라서 xy의 계수는 13

22 xy항이 나오는 부분만 전개하면
$5x\times(-2y)+(-y)\times7x=-10xy-7xy=-17xy$
따라서 xy의 계수는 -17

23 xy항이 나오는 부분만 전개하면
$4x\times3y+9y\times(-2x)=12xy-18xy=-6xy$
따라서 xy의 계수는 -6

24 $(3x-5)(-y+4)=-3xy+12x+5y-20$
따라서 $a=-3$, $b=12$, $c=5$이므로
$a+b+c=-3+12+5=14$

02 곱셈 공식 – 합의 제곱, 차의 제곱 | 50~51쪽 |

01 $a^2+10a+25$
02 $4x^2+12x+9$
03 $25b^2+10b+1$
04 $49y^2+56y+16$
05 $x^2+6xy+9y^2$
06 $4x^2+20xy+25y^2$
07 $25a^2+40ab+16b^2$
08 $x^2+12x+36$
09 $4a^2+28a+49$
10 $9x^2+24xy+16y^2$
11 $25a^2+20ab+4b^2$
12 $a^2-8a+16$
13 $9x^2-6x+1$
14 $16y^2-24y+9$
15 $36b^2-60b+25$
16 $x^2-8xy+16y^2$
17 $4a^2-28ab+49b^2$
18 $64x^2-48xy+9y^2$
19 $4x^2-4x+1$
20 $a^2-12a+36$
21 $9x^2-12xy+4y^2$
22 $25a^2-30ab+9b^2$
23 ④

01 $(a+5)^2=a^2+2\times a\times 5+5^2$
$=a^2+10a+25$

02 $(2x+3)^2=(2x)^2+2\times 2x\times 3+3^2$
$=4x^2+12x+9$

03 $(5b+1)^2=(5b)^2+2\times 5b\times 1+1^2$
$=25b^2+10b+1$

04 $(7y+4)^2=(7y)^2+2\times 7y\times 4+4^2$
$=49y^2+56y+16$

05 $(x+3y)^2=x^2+2\times x\times 3y+(3y)^2$
$=x^2+6xy+9y^2$

06 $(2x+5y)^2=(2x)^2+2\times 2x\times 5y+(5y)^2$
$=4x^2+20xy+25y^2$

07 $(5a+4b)^2=(5a)^2+2\times 5a\times 4b+(4b)^2$
$=25a^2+40ab+16b^2$

08 $(-x-6)^2=\{-(x+6)\}^2=(x+6)^2$
$=x^2+2\times x\times 6+6^2$
$=x^2+12x+36$

09 $(-2a-7)^2=\{-(2a+7)\}^2=(2a+7)^2$
$=(2a)^2+2\times 2a\times 7+7^2$
$=4a^2+28a+49$

10 $(-3x-4y)^2=\{-(3x+4y)\}^2=(3x+4y)^2$
$=(3x)^2+2\times 3x\times 4y+(4y)^2$
$=9x^2+24xy+16y^2$

11 $(-5a-2b)^2=\{-(5a+2b)\}^2=(5a+2b)^2$
$=(5a)^2+2\times 5a\times 2b+(2b)^2$
$=25a^2+20ab+4b^2$

12 $(a-4)^2=a^2-2\times a\times 4+4^2$
$=a^2-8a+16$

13 $(3x-1)^2=(3x)^2-2\times 3x\times 1+1^2$
$=9x^2-6x+1$

14 $(4y-3)^2=(4y)^2-2\times 4y\times 3+3^2$
$=16y^2-24y+9$

15 $(6b-5)^2=(6b)^2-2\times 6b\times 5+5^2$
$=36b^2-60b+25$

16 $(x-4y)^2=x^2-2\times x\times 4y+(4y)^2$
$=x^2-8xy+16y^2$

17 $(2a-7b)^2=(2a)^2-2\times 2a\times 7b+(7b)^2$
$=4a^2-28ab+49b^2$

18 $(8x-3y)^2=(8x)^2-2\times 8x\times 3y+(3y)^2$
$=64x^2-48xy+9y^2$

19 $(-2x+1)^2=\{-(2x-1)\}^2=(2x-1)^2$
$=(2x)^2-2\times 2x\times 1+1^2$
$=4x^2-4x+1$

20 $(-a+6)^2=\{-(a-6)\}^2=(a-6)^2$
$=a^2-2\times a\times 6+6^2$
$=a^2-12a+36$

21 $(-3x+2y)^2=\{-(3x-2y)\}^2=(3x-2y)^2$
$=(3x)^2-2\times 3x\times 2y+(2y)^2$
$=9x^2-12xy+4y^2$

22 $(-5a+3b)^2=\{-(5a-3b)\}^2=(5a-3b)^2$
$=(5a)^2-2\times 5a\times 3b+(3b)^2$
$=25a^2-30ab+9b^2$

23 ① $(x+4)^2=x^2+2\times x\times 4+4^2$
$=x^2+8x+16$
② $(2a+b)^2=(2a)^2+2\times 2a\times b+b^2$
$=4a^2+4ab+b^2$
③ $(3x-7y)^2=(3x)^2-2\times 3x\times 7y+(7y)^2$
$=9x^2-42xy+49y^2$
④ $(-2a+5)^2=\{-(2a-5)\}^2=(2a-5)^2$
$=(2a)^2-2\times 2a\times 5+5^2$
$=4a^2-20a+25$
⑤ $(-6x-y)^2=\{-(6x+y)\}^2=(6x+y)^2$
$=(6x)^2+2\times 6x\times y+y^2$
$=36x^2+12xy+y^2$
따라서 옳은 것은 ④이다.

03 곱셈 공식 – 합과 차의 곱 | 52~53쪽 |

01 a^2-25	**02** x^2-16	**03** $1-b^2$
04 $36-y^2$	**05** $4x^2-9$	**06** $9a^2-49$
07 $25-16y^2$	**08** x^2-4y^2	**09** $36a^2-25b^2$
10 a^2-49	**11** $4x^2-81$	**12** $9x^2-64$
13 b^2-81	**14** $25y^2-4$	**15** $16x^2-9y^2$
16 $36a^2-49b^2$	**17** $25-9a^2$	**18** $1-36x^2$
19 y^2-16x^2	**20** $16y^2-9x^2$	**21** $4b^2-49a^2$
22 $81y^2-16x^2$	**23** ⑤	

01 $(a+5)(a-5)=a^2-5^2=a^2-25$

02 $(x-4)(x+4)=x^2-4^2=x^2-16$

03 $(1+b)(1-b)=1^2-b^2=1-b^2$

04 $(6-y)(6+y)=6^2-y^2=36-y^2$

05 $(2x+3)(2x-3)=(2x)^2-3^2=4x^2-9$

06 $(3a+7)(3a-7)=(3a)^2-7^2=9a^2-49$

07 $(5-4y)(5+4y)=5^2-(4y)^2=25-16y^2$

08 $(x+2y)(x-2y)=x^2-(2y)^2=x^2-4y^2$

09 $(6a-5b)(6a+5b)=(6a)^2-(5b)^2=36a^2-25b^2$

10 $(-a+7)(-a-7)=(-a)^2-7^2=a^2-49$

11 $(-2x-9)(-2x+9)=(-2x)^2-9^2=4x^2-81$

12 $(-3x+8)(-3x-8)=(-3x)^2-8^2=9x^2-64$

13 $(-b-9)(-b+9)=(-b)^2-9^2=b^2-81$

14 $(-5y-2)(-5y+2)=(-5y)^2-2^2=25y^2-4$

15 $(-4x+3y)(-4x-3y)=(-4x)^2-(3y)^2$
$=16x^2-9y^2$

16 $(-6a-7b)(-6a+7b)=(-6a)^2-(7b)^2$
$=36a^2-49b^2$

17 $(3a+5)(-3a+5)=(5+3a)(5-3a)$
$=5^2-(3a)^2=25-9a^2$

18 $(6x+1)(-6x+1)=(1+6x)(1-6x)$
$=1^2-(6x)^2=1-36x^2$

19 $(4x+y)(-4x+y)=(y+4x)(y-4x)$
$=y^2-(4x)^2=y^2-16x^2$

20 $(3x+4y)(-3x+4y)=(4y+3x)(4y-3x)$
$=(4y)^2-(3x)^2$
$=16y^2-9x^2$

21 $(-7a+2b)(7a+2b)=(2b-7a)(2b+7a)$
$=(2b)^2-(7a)^2$
$=4b^2-49a^2$

22 $(4x-9y)(-4x-9y)=(-9y+4x)(-9y-4x)$
$=(-9y)^2-(4x)^2$
$=81y^2-16x^2$

23 ① $(x+3)(x-3)=x^2-3^2=x^2-9$
② $(a-4b)(a+4b)=a^2-(4b)^2=a^2-16b^2$
③ $(-3x+y)(-3x-y)=(-3x)^2-y^2=9x^2-y^2$
④ $(4a+5)(-4a+5)=(5+4a)(5-4a)$
$=5^2-(4a)^2=25-16a^2$
⑤ $(8x-3y)(-8x-3y)=(-3y+8x)(-3y-8x)$
$=(-3y)^2-(8x)^2$
$=9y^2-64x^2$
따라서 옳지 않은 것은 ⑤이다.

04 곱셈 공식 – x의 계수가 1인 두 일차식의 곱 | 54~55쪽 |

01 x^2+5x+4 **02** $x^2+8x+12$
03 $x^2+9x+20$ **04** $x^2+5x-14$
05 x^2-7x-8 **06** $x^2-3x-18$
07 $x^2+3x-28$ **08** x^2-7x+6
09 $x^2-7x+12$ **10** $x^2-12x+35$
11 $x^2-11x+18$ **12** $x^2+7xy+6y^2$
13 $x^2+9xy+20y^2$ **14** $x^2+10xy+21y^2$
15 $x^2-2xy-8y^2$ **16** $x^2+xy-30y^2$
17 $x^2+7xy-8y^2$ **18** $x^2-5xy-14y^2$
19 $x^2-12xy+27y^2$ **20** $x^2-8xy+15y^2$
21 $x^2-11xy+28y^2$ **22** $x^2-16xy+60y^2$
23 ③

01 $(x+4)(x+1)=x^2+(4+1)x+4\times1$
$=x^2+5x+4$

02 $(x+2)(x+6)=x^2+(2+6)x+2\times6$
$=x^2+8x+12$

03 $(x+5)(x+4)=x^2+(5+4)x+5\times4$
$=x^2+9x+20$

04 $(x+7)(x-2)=x^2+(7-2)x+7\times(-2)$
$=x^2+5x-14$

05 $(x+1)(x-8)=x^2+(1-8)x+1\times(-8)$
$=x^2-7x-8$

06 $(x-6)(x+3)=x^2+(-6+3)x+(-6)\times3$
$=x^2-3x-18$

07 $(x-4)(x+7)=x^2+(-4+7)x+(-4)\times7$
$=x^2+3x-28$

08 $(x-1)(x-6)=x^2+(-1-6)x+(-1)\times(-6)$
$=x^2-7x+6$

09 $(x-3)(x-4)=x^2+(-3-4)x+(-3)\times(-4)$
$=x^2-7x+12$

10 $(x-7)(x-5)=x^2+(-7-5)x+(-7)\times(-5)$
$=x^2-12x+35$

11 $(x-2)(x-9)=x^2+(-2-9)x+(-2)\times(-9)$
$=x^2-11x+18$

12 $(x+y)(x+6y)=x^2+(y+6y)x+y\times 6y$
$=x^2+7xy+6y^2$

13 $(x+4y)(x+5y)=x^2+(4y+5y)x+4y\times 5y$
$=x^2+9xy+20y^2$

14 $(x+3y)(x+7y)=x^2+(3y+7y)x+3y\times 7y$
$=x^2+10xy+21y^2$

15 $(x+2y)(x-4y)=x^2+(2y-4y)x+2y\times(-4y)$
$=x^2-2xy-8y^2$

16 $(x+6y)(x-5y)=x^2+(6y-5y)x+6y\times(-5y)$
$=x^2+xy-30y^2$

17 $(x-y)(x+8y)=x^2+(-y+8y)x+(-y)\times 8y$
$=x^2+7xy-8y^2$

18 $(x-7y)(x+2y)=x^2+(-7y+2y)x+(-7y)\times 2y$
$=x^2-5xy-14y^2$

19 $(x-3y)(x-9y)=x^2+(-3y-9y)x+(-3y)\times(-9y)$
$=x^2-12xy+27y^2$

20 $(x-5y)(x-3y)=x^2+(-5y-3y)x+(-5y)\times(-3y)$
$=x^2-8xy+15y^2$

21 $(x-4y)(x-7y)=x^2+(-4y-7y)x+(-4y)\times(-7y)$
$=x^2-11xy+28y^2$

22 $(x-6y)(x-10y)=x^2+(-6y-10y)x+(-6y)\times(-10y)$
$=x^2-16xy+60y^2$

23 $(x+a)(x-4)=x^2+(a-4)x-4a$
이므로 $a-4=b$, $-4a=-32$
$-4a=-32$에서 $a=8$
$a-4=b$에서 $b=8-4=4$
따라서 $a+b=8+4=12$

05 곱셈 공식 – x의 계수가 1이 아닌 두 일차식의 곱 | 56~57쪽 |

01 $8x^2+14x+3$	02 $20x^2+23x+6$
03 $6x^2+11x-10$	04 $30x^2-7x-15$
05 $21x^2-x-10$	06 $10x^2+29x-21$
07 $8x^2-10x+3$	08 $32x^2-52x+15$
09 $-3x^2+10x-8$	10 $-14x^2-41x-15$
11 $20x^2+39x+18$	12 $8x^2+10xy+3y^2$
13 $15x^2+26xy+8y^2$	14 $18x^2-9xy-2y^2$
15 $24x^2+26xy-5y^2$	16 $15x^2-26xy-21y^2$
17 $10x^2+41xy-18y^2$	18 $20x^2-59xy+42y^2$
19 $14x^2-41xy+15y^2$	20 $-5x^2+21xy-4y^2$
21 $-24x^2+7xy+6y^2$	22 $8x^2+6xy-35y^2$
23 ⑤	

01 $(2x+3)(4x+1)=8x^2+(2+12)x+3$
$=8x^2+14x+3$

02 $(4x+3)(5x+2)=20x^2+(8+15)x+6$
$=20x^2+23x+6$

03 $(2x+5)(3x-2)=6x^2+(-4+15)x-10$
$=6x^2+11x-10$

04 $(5x+3)(6x-5)=30x^2+(-25+18)x-15$
$=30x^2-7x-15$

05 $(7x-5)(3x+2)=21x^2+(14-15)x-10$
$=21x^2-x-10$

06 $(5x-3)(2x+7)=10x^2+(35-6)x-21$
$=10x^2+29x-21$

07 $(4x-3)(2x-1)=8x^2+(-4-6)x+3$
$=8x^2-10x+3$

08 $(8x-3)(4x-5)=32x^2+(-40-12)x+15$
$=32x^2-52x+15$

09 $(-x+2)(3x-4)=-3x^2+(4+6)x-8$
$=-3x^2+10x-8$

10 $(7x+3)(-2x-5)=-14x^2+(-35-6)x-15$
$=-14x^2-41x-15$

11 $(-5x-6)(-4x-3)=20x^2+(15+24)x+18$
$=20x^2+39x+18$

12 $(2x+y)(4x+3y)=8x^2+(6+4)xy+3y^2$
$=8x^2+10xy+3y^2$

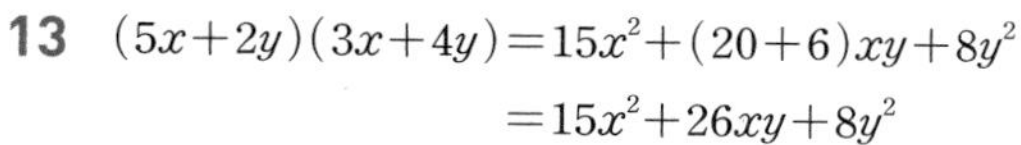

13 $(5x+2y)(3x+4y)=15x^2+(20+6)xy+8y^2$
$=15x^2+26xy+8y^2$

14 $(6x+y)(3x-2y)=18x^2+(-12+3)xy-2y^2$
$=18x^2-9xy-2y^2$

15 $(4x+5y)(6x-y)=24x^2+(-4+30)xy-5y^2$
$=24x^2+26xy-5y^2$

16 $(3x-7y)(5x+3y)=15x^2+(9-35)xy-21y^2$
$=15x^2-26xy-21y^2$

17 $(5x-2y)(2x+9y)=10x^2+(45-4)xy-18y^2$
$=10x^2+41xy-18y^2$

18 $(4x-7y)(5x-6y)=20x^2+(-24-35)xy+42y^2$
$=20x^2-59xy+42y^2$

19 $(7x-3y)(2x-5y)=14x^2+(-35-6)xy+15y^2$
$=14x^2-41xy+15y^2$

20 $(-x+4y)(5x-y)=-5x^2+(1+20)xy-4y^2$
$=-5x^2+21xy-4y^2$

21 $(8x+3y)(-3x+2y)=-24x^2+(16-9)xy+6y^2$
$=-24x^2+7xy+6y^2$

22 $(-2x-5y)(-4x+7y)=8x^2+(-14+20)xy-35y^2$
$=8x^2+6xy-35y^2$

23 $(3x+8)(-x-2)=-3x^2+(-6-8)x-16$
$=-3x^2-14x-16$
따라서 $a=-3$, $b=-14$, $c=-16$이므로
$a+b-c=-3-14-(-16)=-1$

06 곱셈 공식에 관한 종합 문제 | 58~59쪽 |

01 $x^2+4xy+4y^2-2x-4y+1$
02 $16a^2-8ab+b^2+16a-4b+4$
03 $4x^2-12xy+9y^2-12x+18y+9$
04 $x^2-2xy+y^2-2x+2y-8$
05 $a^2+6ab+9b^2-a-3b-2$
06 $3x^2+8xy-20x+4y^2-20y+25$
07 $a^2-6ac+9c^2-b^2$
08 $4x^2+4xz+z^2-6xy-3yz-4y^2$
09 $x^2-25y^2+20y-4$ **10** $16a^2-b^2+10b-25$
11 $25x^2-4y^2-12yz-9z^2$ **12** $2x^2-7x$
13 $11x+26$ **14** $3x^2+x-3$
15 $2x^2-2x+12$ **16** $-x^2-12x-61$
17 $9x^2+19x-34$ **18** $-x^2-42x+3$
19 $2x^2+x-37$ **20** $-5x^2-13x-4$
21 $17x^2-12xy+23y^2$ **22** $-x^2+10xy-12y^2$
23 ⑤

01 $x+2y=A$라 하면
$(x+2y-1)^2=(A-1)^2=A^2-2A+1$
$=(x+2y)^2-2(x+2y)+1$
$=x^2+4xy+4y^2-2x-4y+1$

02 $4a-b=A$라 하면
$(4a-b+2)^2=(A+2)^2=A^2+4A+4$
$=(4a-b)^2+4(4a-b)+4$
$=16a^2-8ab+b^2+16a-4b+4$

03 $2x-3y=A$라 하면
$(2x-3y-3)^2=(A-3)^2=A^2-6A+9$
$=(2x-3y)^2-6(2x-3y)+9$
$=4x^2-12xy+9y^2-12x+18y+9$

04 $x-y=A$라 하면
$(x-y+2)(x-y-4)=(A+2)(A-4)$
$=A^2-2A-8$
$=(x-y)^2-2(x-y)-8$
$=x^2-2xy+y^2-2x+2y-8$

05 $a+3b=A$라 하면
$(a+3b-2)(a+3b+1)=(A-2)(A+1)$
$=A^2-A-2$
$=(a+3b)^2-(a+3b)-2$
$=a^2+6ab+9b^2-a-3b-2$

06 $2y-5=A$라 하면
$(3x+2y-5)(x+2y-5)=(3x+A)(x+A)$
$=3x^2+4Ax+A^2$
$=3x^2+4x(2y-5)+(2y-5)^2$
$=3x^2+8xy-20x+4y^2-20y+25$

07 $a-3c=A$라 하면
$(a+b-3c)(a-b-3c)=(A+b)(A-b)$
$=A^2-b^2$
$=(a-3c)^2-b^2$
$=a^2-6ac+9c^2-b^2$

08 $2x+z=A$라 하면
$(2x-4y+z)(2x+y+z)=(A-4y)(A+y)$
$=A^2-3Ay-4y^2$
$=(2x+z)^2-3y(2x+z)-4y^2$
$=4x^2+4xz+z^2-6xy-3yz-4y^2$

09 $5y-2=A$라 하면

$(x+5y-2)(x-5y+2)=(x+A)(x-A)$
$=x^2-A^2$
$=x^2-(5y-2)^2$
$=x^2-25y^2+20y-4$

10 $b-5=A$라 하면

$(4a-b+5)(4a+b-5)=(4a-A)(4a+A)$
$=16a^2-A^2$
$=16a^2-(b-5)^2$
$=16a^2-b^2+10b-25$

11 $2y+3z=A$라 하면

$(5x-2y-3z)(5x+2y+3z)=(5x-A)(5x+A)$
$=25x^2-A^2$
$=25x^2-(2y+3z)^2$
$=25x^2-4y^2-12yz-9z^2$

12 $(x-2)^2+(x+1)(x-4)=x^2-4x+4+x^2-3x-4$
$=2x^2-7x$

13 $(x+4)^2-(x-5)(x+2)=x^2+8x+16-(x^2-3x-10)$
$=11x+26$

14 $(2x-1)^2-(x-4)(x-1)=4x^2-4x+1-(x^2-5x+4)$
$=3x^2+x-3$

15 $(x+3)(x+1)+(x-3)^2=x^2+4x+3+x^2-6x+9$
$=2x^2-2x+12$

16 $(x+6)(3x-2)-(2x+7)^2$
$=3x^2+16x-12-(4x^2+28x+49)$
$=-x^2-12x-61$

17 $(5x-3)(2x+3)-(x-5)^2$
$=10x^2+9x-9-(x^2-10x+25)$
$=9x^2+19x-34$

18 $(4x-1)(2x-7)-(3x+2)^2$
$=8x^2-30x+7-(9x^2+12x+4)$
$=-x^2-42x+3$

19 $(x+4)(x-3)+(x+5)(x-5)$
$=x^2+x-12+x^2-25$
$=2x^2+x-37$

20 $(x-7)(x+1)-(2x+3)(3x-1)$
$=x^2-6x-7-(6x^2+7x-3)$
$=-5x^2-13x-4$

21 $(5x-y)(3x+y)-2(-x+4y)(x-3y)$
$=15x^2+2xy-y^2-2(-x^2+7xy-12y^2)$
$=15x^2+2xy-y^2+2x^2-14xy+24y^2$
$=17x^2-12xy+23y^2$

22 $3(-2x+3y)(x-2y)-(5x-6y)(-x+y)$
$=3(-2x^2+7xy-6y^2)-(-5x^2+11xy-6y^2)$
$=-6x^2+21xy-18y^2+5x^2-11xy+6y^2$
$=-x^2+10xy-12y^2$

23 $(-2x+5)(x-5)-2(3x-2)^2$
$=-2x^2+15x-25-2(9x^2-12x+4)$
$=-2x^2+15x-25-18x^2+24x-8$
$=-20x^2+39x-33$
따라서 $a=39$, $b=-33$이므로
$a+b=39+(-33)=6$

확인문제

| 60쪽 |

01 ④ **02** ② **03** ③ **04** ⑤ **05** ③
06 $-11x^2-31xy+27y^2$

01 $(2x-y)(Ax+4y)=2Ax^2+(8-A)xy-4y^2$
이므로 $2A=6$, $8-A=B$
따라서 $A=3$, $B=5$이므로
$B-A=5-3=2$

02 $(3x+ay)^2=9x^2+6axy+a^2y^2$
따라서 $6a=-24$이므로
$a=-4$

03 ①, ②, ④ a^2-1
③ $(a-1)(-a+1)=-a^2+a+a-1=-a^2+2a-1$
⑤ $-(1+a)(1-a)=-(1-a^2)=a^2-1$
따라서 전개식이 나머지 넷과 다른 하나는 ③이다.

04 ⑤ $(4x+5y)(-x+3y)=-4x^2+(12-5)xy+15y^2$
$=-4x^2+7xy+15y^2$

05 $x-4y=A$라 하면
$(x-4y-1)^2=(A-1)^2$
$=A^2-2A+1$
$=(x-4y)^2-2(x-4y)+1$
$=x^2-8xy+16y^2-2x+8y+1$
따라서 $a=-8$, $b=8$이므로
$a+b=0$

06 $(2x+3y)(-x+y)-3(x+4y)(3x-2y)$
$=-2x^2-xy+3y^2-3(3x^2+10xy-8y^2)$
$=-2x^2-xy+3y^2-9x^2-30xy+24y^2$
$=-11x^2-31xy+27y^2$

2. 곱셈 공식의 활용

01 곱셈 공식을 이용한 제곱수의 계산 | 61쪽 |

01 10609	02 2704	03 6561
04 41209	05 104.04	06 26.01
07 9604	08 2401	09 5929
10 88804	11 98.01	12 22.09
13 ②		

01 $103^2=(100+3)^2=100^2+2\times100\times3+3^2$
$=10000+600+9=10609$

02 $52^2=(50+2)^2=50^2+2\times50\times2+2^2$
$=2500+200+4=2704$

03 $81^2=(80+1)^2=80^2+2\times80\times1+1^2$
$=6400+160+1=6561$

04 $203^2=(200+3)^2=200^2+2\times200\times3+3^2$
$=40000+1200+9=41209$

05 $10.2^2=(10+0.2)^2=10^2+2\times10\times0.2+0.2^2$
$=100+4+0.04=104.04$

06 $5.1^2=(5+0.1)^2=5^2+2\times5\times0.1+0.1^2$
$=25+1+0.01=26.01$

07 $98^2=(100-2)^2=100^2-2\times100\times2+2^2$
$=10000-400+4=9604$

08 $49^2=(50-1)^2=50^2-2\times50\times1+1^2$
$=2500-100+1=2401$

09 $77^2=(80-3)^2=80^2-2\times80\times3+3^2$
$=6400-480+9=5929$

10 $298^2=(300-2)^2=300^2-2\times300\times2+2^2$
$=90000-1200+4=88804$

11 $9.9^2=(10-0.1)^2=10^2-2\times10\times0.1+0.1^2$
$=100-2+0.01=98.01$

12 $4.7^2=(5-0.3)^2=5^2-2\times5\times0.3+0.3^2$
$=25-3+0.09=22.09$

13 $9.7^2=(10-0.3)^2=10^2-2\times10\times0.3+0.3^2$
$=100-6+0.09=94.09$
따라서 ② $(a-b)^2=a^2-2ab+b^2$을 이용하는 것이 가장 편리하다.

02 곱셈 공식을 이용한 두 수의 곱의 계산 | 62쪽 |

01 9984	02 2475	03 4899
04 8091	05 99.96	06 8.91
07 10403	08 2862	09 1554
10 6004	11 109.2	12 23.03
13 ④		

01 $104\times96=(100+4)(100-4)=100^2-4^2$
$=10000-16=9984$

02 $55\times45=(50+5)(50-5)=50^2-5^2$
$=2500-25=2475$

03 $71\times69=(70+1)(70-1)=70^2-1^2$
$=4900-1=4899$

04 $87\times93=(90-3)(90+3)=90^2-3^2$
$=8100-9=8091$

05 $10.2\times9.8=(10+0.2)(10-0.2)=10^2-0.2^2$
$=100-0.04=99.96$

06 $2.7\times3.3=(3-0.3)(3+0.3)=3^2-0.3^2$
$=9-0.09=8.91$

07 $101\times103=(100+1)(100+3)$
$=100^2+4\times100+3$
$=10000+400+3=10403$

08 $53\times54=(50+3)(50+4)$
$=50^2+7\times50+12$
$=2500+350+12=2862$

09 $37\times42=(40-3)(40+2)$
$=40^2-1\times40-6$
$=1600-40-6=1554$

10 $76\times79=(80-4)(80-1)$
$=80^2-5\times80+4$
$=6400-400+4=6004$

11 $10.4\times10.5=(10+0.4)(10+0.5)$
$=10^2+0.9\times10+0.2$
$=100+9+0.2$
$=109.2$

12 $4.7\times4.9=(5-0.3)(5-0.1)$
$=5^2-0.4\times5+0.03$
$=25-2+0.03$
$=23.03$

13 $102\times98-96\times97$
$=(100+2)(100-2)-(100-4)(100-3)$
$=100^2-2^2-(100^2-7\times100+12)$
$=10000-4-(10000-700+12)$
$=684$

03 곱셈 공식을 이용한 근호를 포함한 식의 계산 | 63쪽 |

01 $5+2\sqrt{6}$	02 $10+2\sqrt{21}$	03 $10+4\sqrt{6}$
04 $21+4\sqrt{5}$	05 $8-2\sqrt{15}$	06 $9-2\sqrt{14}$
07 $19-6\sqrt{10}$	08 $43-30\sqrt{2}$	09 3
10 7	11 -19	12 4
13 ②		

03 $(\sqrt{6}+2)^2=(\sqrt{6})^2+2\times\sqrt{6}\times2+2^2$
$=6+4\sqrt{6}+4=10+4\sqrt{6}$

04 $(1+2\sqrt{5})^2=1^2+2\times1\times2\sqrt{5}+(2\sqrt{5})^2$
$=1+4\sqrt{5}+20=21+4\sqrt{5}$

05 $(\sqrt{5}-\sqrt{3})^2=(\sqrt{5})^2-2\times\sqrt{5}\times\sqrt{3}+(\sqrt{3})^2$
$=5-2\sqrt{15}+3=8-2\sqrt{15}$

06 $(\sqrt{7}-\sqrt{2})^2=(\sqrt{7})^2-2\times\sqrt{7}\times\sqrt{2}+(\sqrt{2})^2$
$=7-2\sqrt{14}+2=9-2\sqrt{14}$

07 $(\sqrt{10}-3)^2=(\sqrt{10})^2-2\times\sqrt{10}\times3+3^2$
$=10-6\sqrt{10}+9=19-6\sqrt{10}$

08 $(5-3\sqrt{2})^2=5^2-2\times5\times3\sqrt{2}+(3\sqrt{2})^2$
$=25-30\sqrt{2}+18=43-30\sqrt{2}$

09 $(\sqrt{5}+\sqrt{2})(\sqrt{5}-\sqrt{2})=(\sqrt{5})^2-(\sqrt{2})^2$
$=5-2=3$

10 $(\sqrt{11}+2)(\sqrt{11}-2)=(\sqrt{11})^2-2^2=11-4=7$

11 $(-3+2\sqrt{7})(-3-2\sqrt{7})=(-3)^2-(2\sqrt{7})^2=9-28=-19$

12 $(2\sqrt{3}+4)(-2\sqrt{3}+4)=(4+2\sqrt{3})(4-2\sqrt{3})$
$=4^2-(2\sqrt{3})^2=16-12=4$

13 $(3\sqrt{2}+2)^2=(3\sqrt{2})^2+2\times3\sqrt{2}\times2+2^2$
$=18+12\sqrt{2}+4=22+12\sqrt{2}$
따라서 $a=22$, $b=12$이므로
$a-b=22-12=10$

04 곱셈 공식을 이용한 분모의 유리화 | 64쪽 |

01 $\sqrt{2}-1$	02 $3-\sqrt{6}$	03 $8+2\sqrt{13}$
04 $-2\sqrt{2}-3$	05 $\frac{\sqrt{6}-\sqrt{2}}{4}$	06 $\sqrt{7}-\sqrt{3}$
07 $\sqrt{5}+\sqrt{3}$	08 $6\sqrt{3}+3\sqrt{10}$	09 $4\sqrt{5}-9$
10 $19+6\sqrt{10}$	11 $11-2\sqrt{30}$	12 $15+4\sqrt{14}$
13 ③		

01 $\frac{1}{\sqrt{2}+1}=\frac{\sqrt{2}-1}{(\sqrt{2}+1)(\sqrt{2}-1)}=\frac{\sqrt{2}-1}{2-1}=\sqrt{2}-1$

02 $\frac{3}{3+\sqrt{6}}=\frac{3(3-\sqrt{6})}{(3+\sqrt{6})(3-\sqrt{6})}=\frac{3(3-\sqrt{6})}{9-6}=3-\sqrt{6}$

03 $\frac{6}{4-\sqrt{13}}=\frac{6(4+\sqrt{13})}{(4-\sqrt{13})(4+\sqrt{13})}=\frac{6(4+\sqrt{13})}{16-13}$
$=2(4+\sqrt{13})=8+2\sqrt{13}$

04 $\frac{1}{2\sqrt{2}-3}=\frac{2\sqrt{2}+3}{(2\sqrt{2}-3)(2\sqrt{2}+3)}=\frac{2\sqrt{2}+3}{8-9}=-2\sqrt{2}-3$

05 $\frac{1}{\sqrt{6}+\sqrt{2}}=\frac{\sqrt{6}-\sqrt{2}}{(\sqrt{6}+\sqrt{2})(\sqrt{6}-\sqrt{2})}=\frac{\sqrt{6}-\sqrt{2}}{6-2}=\frac{\sqrt{6}-\sqrt{2}}{4}$

06 $\frac{4}{\sqrt{7}+\sqrt{3}}=\frac{4(\sqrt{7}-\sqrt{3})}{(\sqrt{7}+\sqrt{3})(\sqrt{7}-\sqrt{3})}=\frac{4(\sqrt{7}-\sqrt{3})}{7-3}=\sqrt{7}-\sqrt{3}$

07 $\frac{2}{\sqrt{5}-\sqrt{3}}=\frac{2(\sqrt{5}+\sqrt{3})}{(\sqrt{5}-\sqrt{3})(\sqrt{5}+\sqrt{3})}=\frac{2(\sqrt{5}+\sqrt{3})}{5-3}=\sqrt{5}+\sqrt{3}$

08 $\frac{6}{2\sqrt{3}-\sqrt{10}}=\frac{6(2\sqrt{3}+\sqrt{10})}{(2\sqrt{3}-\sqrt{10})(2\sqrt{3}+\sqrt{10})}$
$=\frac{6(2\sqrt{3}+\sqrt{10})}{12-10}=3(2\sqrt{3}+\sqrt{10})$
$=6\sqrt{3}+3\sqrt{10}$

09 $\frac{2-\sqrt{5}}{2+\sqrt{5}}=\frac{(2-\sqrt{5})^2}{(2+\sqrt{5})(2-\sqrt{5})}$
$=\frac{4-4\sqrt{5}+5}{4-5}=4\sqrt{5}-9$

10 $\frac{\sqrt{10}+3}{\sqrt{10}-3}=\frac{(\sqrt{10}+3)^2}{(\sqrt{10}-3)(\sqrt{10}+3)}$
$=\frac{10+6\sqrt{10}+9}{10-9}=19+6\sqrt{10}$

11 $\frac{\sqrt{6}-\sqrt{5}}{\sqrt{6}+\sqrt{5}}=\frac{(\sqrt{6}-\sqrt{5})^2}{(\sqrt{6}+\sqrt{5})(\sqrt{6}-\sqrt{5})}$
$=\frac{6-2\sqrt{30}+5}{6-5}=11-2\sqrt{30}$

12 $\frac{2\sqrt{2}+\sqrt{7}}{2\sqrt{2}-\sqrt{7}}=\frac{(2\sqrt{2}+\sqrt{7})^2}{(2\sqrt{2}-\sqrt{7})(2\sqrt{2}+\sqrt{7})}$
$=\frac{8+4\sqrt{14}+7}{8-7}=15+4\sqrt{14}$

13 $\frac{6}{3\sqrt{2}-\sqrt{6}}+\frac{6}{3\sqrt{2}+\sqrt{6}}$
$=\frac{6(3\sqrt{2}+\sqrt{6})}{(3\sqrt{2}-\sqrt{6})(3\sqrt{2}+\sqrt{6})}+\frac{6(3\sqrt{2}-\sqrt{6})}{(3\sqrt{2}+\sqrt{6})(3\sqrt{2}-\sqrt{6})}$
$=\frac{6(3\sqrt{2}+\sqrt{6})}{12}+\frac{6(3\sqrt{2}-\sqrt{6})}{12}$
$=\frac{3\sqrt{2}+\sqrt{6}}{2}+\frac{3\sqrt{2}-\sqrt{6}}{2}$
$=3\sqrt{2}$

05 곱셈 공식의 변형 | 65~67쪽 |

01 13	02 25	03 29	04 4	05 4
06 49	07 29	08 18	09 25	10 36
11 9	12 64	13 ③	14 4	15 25
16 1	17 $\frac{1}{12}$	18 $-\frac{26}{5}$	19 $\frac{13}{6}$	20 49
21 9	22 $\frac{4}{5}$	23 $\frac{9}{14}$	24 $-\frac{13}{6}$	25 $\frac{41}{20}$
26 34	27 14	28 96	29 21	30 8
31 18	32 51	33 40	34 13	35 6
36 ①				

01 $x^2+y^2=(x+y)^2-2xy$
$=(-5)^2-2\times6=13$

02 $x^2+y^2=(x+y)^2-2xy$
$=7^2-2\times12=25$

03 $x^2+y^2=(x+y)^2-2xy$
$=3^2-2\times(-10)=29$

04 $(x-y)^2=(x+y)^2-4xy$
$=4^2-4\times3=4$

05 $(x-y)^2=(x+y)^2-4xy$
$=(-6)^2-4\times8=4$

06 $(x-y)^2=(x+y)^2-4xy$
$=(-1)^2-4\times(-12)=49$

07 $x^2+y^2=(x-y)^2+2xy$
$=3^2+2\times10=29$

08 $x^2+y^2=(x-y)^2+2xy$
$=(-6)^2+2\times(-9)=18$

09 $x^2+y^2=(x-y)^2+2xy$
$=7^2+2\times(-12)=25$

10 $(x+y)^2=(x-y)^2+4xy$
$=4^2+4\times5=36$

11 $(x+y)^2=(x-y)^2+4xy$
$=9^2+4\times(-18)=9$

12 $(x+y)^2=(x-y)^2+4xy$
$=(-2)^2+4\times15=64$

13 $a^2+b^2=(a-b)^2+2ab$
$=8^2+2\times(-15)=34$

14 $(x+y)^2=x^2+y^2+2xy$이므로
$8^2=34+2xy$에서 $2xy=30$
따라서 $xy=15$이므로
$(x-y)^2=(x+y)^2-4xy$
$=8^2-4\times15=4$

15 $(x+y)^2=x^2+y^2+2xy$이므로
$1^2=13+2xy$에서 $2xy=-12$
따라서 $xy=-6$이므로
$(x-y)^2=(x+y)^2-4xy$
$=1^2-4\times(-6)=25$

16 $(x+y)^2=x^2+y^2+2xy$이므로
$4^2=8+2xy$에서 $2xy=8$
따라서 $xy=4$이므로
$\frac{1}{x}+\frac{1}{y}=\frac{x+y}{xy}=\frac{4}{4}=1$

17 $(x+y)^2=x^2+y^2+2xy$이므로
$(-1)^2=25+2xy$에서 $2xy=-24$
따라서 $xy=-12$이므로
$\frac{1}{x}+\frac{1}{y}=\frac{x+y}{xy}=\frac{1}{12}$

18 $(x+y)^2=x^2+y^2+2xy$이므로
$4^2=26+2xy$에서 $2xy=-10$
따라서 $xy=-5$이므로
$\frac{y}{x}+\frac{x}{y}=\frac{x^2+y^2}{xy}=-\frac{26}{5}$

19 $(x+y)^2=x^2+y^2+2xy$이므로
$(-5)^2=13+2xy$에서 $2xy=12$
따라서 $xy=6$이므로
$\frac{y}{x}+\frac{x}{y}=\frac{x^2+y^2}{xy}=\frac{13}{6}$

20 $(x-y)^2=x^2+y^2-2xy$이므로
$(-3)^2=29-2xy$에서 $2xy=20$
따라서 $xy=10$이므로
$(x+y)^2=(x-y)^2+4xy$
$=(-3)^2+4\times10=49$

21 $(x-y)^2=x^2+y^2-2xy$이므로
$5^2=17-2xy$에서 $2xy=-8$
따라서 $xy=-4$이므로
$(x+y)^2=(x-y)^2+4xy$
$=5^2+4\times(-4)=9$

22 $(x-y)^2=x^2+y^2-2xy$이므로
$(-4)^2=26-2xy$에서 $2xy=10$
따라서 $xy=5$이므로
$\frac{1}{x}-\frac{1}{y}=\frac{y-x}{xy}=-\frac{x-y}{xy}=-\frac{-4}{5}=\frac{4}{5}$

23 $(x-y)^2=x^2+y^2-2xy$이므로
$9^2=53-2xy$에서 $2xy=-28$
따라서 $xy=-14$이므로
$\frac{1}{x}-\frac{1}{y}=\frac{y-x}{xy}=-\frac{x-y}{xy}=-\frac{9}{-14}=\frac{9}{14}$

24 $(x-y)^2=x^2+y^2-2xy$이므로
$5^2=13-2xy$에서 $2xy=-12$
따라서 $xy=-6$이므로
$\frac{y}{x}+\frac{x}{y}=\frac{x^2+y^2}{xy}=-\frac{13}{6}$

25 $(x-y)^2=x^2+y^2-2xy$이므로
$(-1)^2=41-2xy$에서 $2xy=40$
따라서 $xy=20$이므로
$\frac{y}{x}+\frac{x}{y}=\frac{x^2+y^2}{xy}=\frac{41}{20}$

26 $x^2+\frac{1}{x^2}=\left(x+\frac{1}{x}\right)^2-2$
$=6^2-2=34$

27 $x^2+\frac{1}{x^2}=\left(x+\frac{1}{x}\right)^2-2$
$=(-4)^2-2=14$

28 $\left(x-\frac{1}{x}\right)^2=\left(x+\frac{1}{x}\right)^2-4$
$=10^2-4=96$

29 $\left(x-\frac{1}{x}\right)^2=\left(x+\frac{1}{x}\right)^2-4$
$=(-5)^2-4=21$

30 $\left(x-\frac{1}{x}\right)^2=\left(x+\frac{1}{x}\right)^2-4$
$=(2\sqrt{3})^2-4=8$

31 $x^2+\frac{1}{x^2}=\left(x-\frac{1}{x}\right)^2+2$
$=4^2+2=18$

32 $x^2+\frac{1}{x^2}=\left(x-\frac{1}{x}\right)^2+2$
$=(-7)^2+2=51$

33 $\left(x+\frac{1}{x}\right)^2=\left(x-\frac{1}{x}\right)^2+4$
$=6^2+4=40$

34 $\left(x+\frac{1}{x}\right)^2=\left(x-\frac{1}{x}\right)^2+4$
$=(-3)^2+4=13$

35 $\left(x+\frac{1}{x}\right)^2=\left(x-\frac{1}{x}\right)^2+4$
$=(\sqrt{2})^2+4=6$

36 $\left(a+\frac{1}{a}\right)^2=\left(a-\frac{1}{a}\right)^2+4$
$=8^2+4=68$

확인문제

| 68쪽 |

01 ③ **02** (가): 1, (나): 97 **03** ③ **04** ②
05 ⑤ **06** ④

01 ① $102^2=(100+2)^2$
→ $(a+b)^2=a^2+2ab+b^2$
② $69^2=(70-1)^2$
→ $(a-b)^2=a^2-2ab+b^2$
③ $82\times78=(80+2)(80-2)$
→ $(a+b)(a-b)=a^2-b^2$
④ $94\times89=(90+4)(90-1)$
→ $(x+a)(x+b)=x^2+(a+b)x+ab$
⑤ $291\times289=(290+1)(290-1)$
→ $(a+b)(a-b)=a^2-b^2$
따라서 옳지 않은 것은 ③이다.

02 $\frac{98\times96+1}{97}=\frac{(97+\boxed{1})(97-\boxed{1})+1}{97}$
$=\frac{97^2-1^2+1}{97}=\frac{97^2}{97}=\boxed{97}$
따라서 (가)에 알맞은 양수는 1, (나)에 알맞은 양수는 97이다.

03 ① $(\sqrt{2}+3)^2=(\sqrt{2})^2+2\times\sqrt{2}\times3+3^2$
$=2+6\sqrt{2}+9=11+6\sqrt{2}$
② $(\sqrt{6}-\sqrt{2})^2=(\sqrt{6})^2-2\times\sqrt{6}\times\sqrt{2}+(\sqrt{2})^2$
$=6-2\sqrt{12}+2=8-4\sqrt{3}$
③ $(4+\sqrt{3})(4-\sqrt{3})=4^2-(\sqrt{3})^2=16-3=13$
④ $(\sqrt{5}-3)(\sqrt{5}-6)=(\sqrt{5})^2+(-3-6)\sqrt{5}+18$
$=5-9\sqrt{5}+18=23-9\sqrt{5}$
⑤ $(3\sqrt{2}-1)(2\sqrt{2}+1)=12+(3-2)\sqrt{2}-1=11+\sqrt{2}$
따라서 유리수인 것은 ③이다.

04 $\frac{\sqrt{7}+\sqrt{3}}{\sqrt{7}-\sqrt{3}}=\frac{(\sqrt{7}+\sqrt{3})^2}{(\sqrt{7}-\sqrt{3})(\sqrt{7}+\sqrt{3})}$
$=\frac{7+2\sqrt{21}+3}{7-3}=\frac{10+2\sqrt{21}}{4}$
$=\frac{5+\sqrt{21}}{2}=\frac{5}{2}+\frac{1}{2}\sqrt{21}$
따라서 $a=\frac{5}{2}$, $b=\frac{1}{2}$이므로
$a-b=\frac{5}{2}-\frac{1}{2}=2$

05 $(x-y)^2=(x+y)^2-4xy$
$=3^2-4\times(-10)$
$=49$
이때 $x>y$, 즉 $x-y>0$이므로
$x-y=\sqrt{49}=7$

06 $\left(x-\frac{1}{x}\right)^2=\left(x+\frac{1}{x}\right)^2-4$
$=(4\sqrt{2})^2-4=28$

4 인수분해

1. 인수분해의 뜻과 공식

01 인수분해 | 70쪽 |

01 x^2+2xy 02 $a^2+10a+25$ 03 $4x^2-12x+9$
04 x^2-16 05 a^2+a-42 06 $12x^2+13x+3$
07 $3x$, $2x+1$에 ○표
08 b, ab, $a(a-4b)$에 ○표
09 1, $x+5$, $(x+5)(x-5)$에 ○표
10 $2x$, $x+2y$, $x(x-y)$에 ○표
11 ④

01 $x(x+2y)=x\times x+x\times 2y=x^2+2xy$

02 $(a+5)^2=a^2+2\times a\times 5+5^2=a^2+10a+25$

03 $(2x-3)^2=(2x)^2-2\times 2x\times 3+3^2$
$=4x^2-12x+9$

04 $(x+4)(x-4)=x^2-4^2=x^2-16$

05 $(a+7)(a-6)=a^2+(7-6)a+7\times(-6)$
$=a^2+a-42$

06 $(3x+1)(4x+3)=3\times 4\times x^2+(3\times 3+1\times 4)x+1\times 3$
$=12x^2+13x+3$

02 공통인수를 이용한 인수분해 | 71쪽 |

01 $x(x-2y)$ 02 $ab(a+5)$ 03 $-3y(2x^2+y)$
04 $a(x+y+z)$ 05 $ab(b-4a+2)$ 06 $(x+5)(x-2)$
07 $(4x-y)(a+6)$ 08 $(a+b)(1-3ab)$
09 $(x-2)(a-b)$ 10 $(a-3b)(x+2y)$
11 $(x-y)(x+9)$ 12 ④

09 $a(x-2)+b(2-x)=a(x-2)-b(x-2)$
$=(x-2)(a-b)$

10 $x(a-3b)-2y(3b-a)=x(a-3b)+2y(a-3b)$
$=(a-3b)(x+2y)$

11 $(2x+5)(x-y)+(y-x)(x-4)$
$=(2x+5)(x-y)-(x-y)(x-4)$
$=(x-y)\{2x+5-(x-4)\}$
$=(x-y)(x+9)$

12 ① $4a+4b=4(a+b)$
② $3x^2-9xy=3x(x-3y)$
③ $ab+a^2b-2ab^2=ab(1+a-2b)$
④ $x(x-4)-5(x-4)=(x-4)(x-5)$
⑤ $(a+b)+(x+1)(a+b)=(a+b)\{1+(x+1)\}$
$=(a+b)(x+2)$
따라서 옳은 것은 ④이다.

03 $a^2\pm 2ab+b^2$의 인수분해 | 72~73쪽 |

01 $(x+2)^2$ 02 $(a+4)^2$ 03 $\left(x+\frac{1}{2}\right)^2$
04 $\left(a+\frac{1}{3}\right)^2$ 05 $(x+5y)^2$ 06 $(a+6b)^2$
07 $(2x+1)^2$ 08 $(7a+1)^2$ 09 $(3x+4)^2$
10 $(5a+2)^2$ 11 $\left(\frac{1}{4}x+1\right)^2$ 12 $(2x+3y)^2$
13 $(4a+7b)^2$ 14 $(x-4)^2$ 15 $(a-7)^2$
16 $\left(x-\frac{1}{4}\right)^2$ 17 $\left(a-\frac{1}{6}\right)^2$ 18 $(x-5y)^2$
19 $(a-9b)^2$ 20 $(3x-1)^2$ 21 $(8a-1)^2$
22 $(4x-3)^2$ 23 $(7a-2)^2$ 24 $\left(\frac{1}{3}x-1\right)^2$
25 $(5x-4y)^2$ 26 $(2a-7b)^2$ 27 ④

01 $x^2+4x+4=x^2+2\times x\times 2+2^2=(x+2)^2$

02 $a^2+8a+16=a^2+2\times a\times 4+4^2=(a+4)^2$

03 $x^2+x+\frac{1}{4}=x^2+2\times x\times\frac{1}{2}+\left(\frac{1}{2}\right)^2=\left(x+\frac{1}{2}\right)^2$

04 $a^2+\frac{2}{3}a+\frac{1}{9}=a^2+2\times a\times\frac{1}{3}+\left(\frac{1}{3}\right)^2=\left(a+\frac{1}{3}\right)^2$

05 $x^2+10xy+25y^2=x^2+2\times x\times 5y+(5y)^2$
$=(x+5y)^2$

06 $a^2+12ab+36b^2=a^2+2\times a\times 6b+(6b)^2$
$=(a+6b)^2$

07 $4x^2+4x+1=(2x)^2+2\times 2x\times 1+1^2$
$=(2x+1)^2$

08 $49a^2+14a+1=(7a)^2+2\times 7a\times 1+1^2$
$=(7a+1)^2$

09 $9x^2+24x+16=(3x)^2+2\times 3x\times 4+4^2$
$=(3x+4)^2$

10 $25a^2+20a+4=(5a)^2+2\times 5a\times 2+2^2$
$=(5a+2)^2$

11 $\frac{1}{16}x^2+\frac{1}{2}x+1=\left(\frac{1}{4}x\right)^2+2\times\frac{1}{4}x\times1+1^2$
$=\left(\frac{1}{4}x+1\right)^2$

12 $4x^2+12xy+9y^2=(2x)^2+2\times2x\times3y+(3y)^2$
$=(2x+3y)^2$

13 $16a^2+56ab+49b^2=(4a)^2+2\times4a\times7b+(7b)^2$
$=(4a+7b)^2$

14 $x^2-8x+16=x^2-2\times x\times4+4^2=(x-4)^2$

15 $a^2-14a+49=a^2-2\times a\times7+7^2=(a-7)^2$

16 $x^2-\frac{1}{2}x+\frac{1}{16}=x^2-2\times x\times\frac{1}{4}+\left(\frac{1}{4}\right)^2$
$=\left(x-\frac{1}{4}\right)^2$

17 $a^2-\frac{1}{3}a+\frac{1}{36}=a^2-2\times a\times\frac{1}{6}+\left(\frac{1}{6}\right)^2=\left(a-\frac{1}{6}\right)^2$

18 $x^2-10xy+25y^2=x^2-2\times x\times5y+(5y)^2$
$=(x-5y)^2$

19 $a^2-18ab+81b^2=a^2-2\times a\times9b+(9b)^2$
$=(a-9b)^2$

20 $9x^2-6x+1=(3x)^2-2\times3x\times1+1^2$
$=(3x-1)^2$

21 $64a^2-16a+1=(8a)^2-2\times8a\times1+1^2$
$=(8a-1)^2$

22 $16x^2-24x+9=(4x)^2-2\times4x\times3+3^2$
$=(4x-3)^2$

23 $49a^2-28a+4=(7a)^2-2\times7a\times2+2^2$
$=(7a-2)^2$

24 $\frac{1}{9}x^2-\frac{2}{3}x+1=\left(\frac{1}{3}x\right)^2-2\times\frac{1}{3}x\times1+1^2$
$=\left(\frac{1}{3}x-1\right)^2$

25 $25x^2-40xy+16y^2=(5x)^2-2\times5x\times4y+(4y)^2$
$=(5x-4y)^2$

26 $4a^2-28ab+49b^2=(2a)^2-2\times2a\times7b+(7b)^2$
$=(2a-7b)^2$

27 ④ $x^2-xy+\frac{1}{4}y^2=x^2-2\times x\times\frac{1}{2}y+\left(\frac{1}{2}y\right)^2$
$=\left(x-\frac{1}{2}y\right)^2$
따라서 옳지 않은 것은 ④이다.

04 완전제곱식이 될 조건 | 74쪽 |

01 16	02 36	03 64	04 25	05 49
06 12	07 14	08 30	09 48	10 ③

01 $x^2+8x+\square=x^2+2\times x\times4+\square$이므로
$\square=4^2=16$

02 $x^2-12x+\square=x^2-2\times x\times6+\square$이므로
$\square=6^2=36$

03 $x^2+16xy+\square y^2=x^2+2\times x\times8y+\square y^2$이므로
$\square=8^2=64$

04 $4x^2+20x+\square=(2x)^2+2\times2x\times5+\square$이므로
$\square=5^2=25$

05 $16x^2+56xy+\square y^2=(4x)^2+2\times4x\times7+\square y^2$이므로
$\square=7^2=49$

06 $x^2+\square x+36=x^2+\square x+6^2$이므로
$\square=2\times6=12$

07 $x^2-\square xy+49y^2=x^2-\square xy+(7y)^2$이므로
$\square=2\times7=14$

08 $9x^2+\square x+25=(3x)^2+\square x+5^2$이므로
$\square=2\times3\times5=30$

09 $64x^2-\square xy+9y^2=(8x)^2-\square xy+(3y)^2$이므로
$\square=2\times8\times3=48$

10 $4x^2+ax+49=(2x)^2+ax+7^2$이므로
$a=2\times2\times7=28$

05 a^2-b^2의 인수분해 | 75쪽 |

01 $(x+5)(x-5)$	02 $(x+9)(x-9)$
03 $\left(x+\frac{1}{6}\right)\left(x-\frac{1}{6}\right)$	04 $(4+x)(4-x)$
05 $(2x+3)(2x-3)$	06 $(5x+8)(5x-8)$
07 $(10+7x)(10-7x)$	08 $(x+2y)(x-2y)$
09 $\left(x+\frac{1}{4}y\right)\left(x-\frac{1}{4}y\right)$	10 $(3x+11y)(3x-11y)$
11 $(6x+5y)(6x-5y)$	12 ⑤

01 $x^2-25=x^2-5^2=(x+5)(x-5)$

02 $x^2-81=x^2-9^2=(x+9)(x-9)$

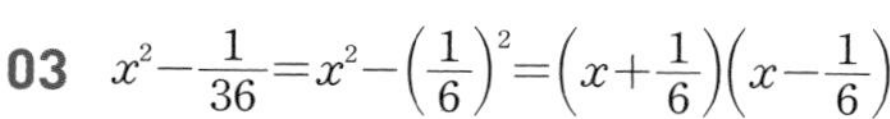

03 $x^2-\frac{1}{36}=x^2-\left(\frac{1}{6}\right)^2=\left(x+\frac{1}{6}\right)\left(x-\frac{1}{6}\right)$

04 $16-x^2=4^2-x^2=(4+x)(4-x)$

05 $4x^2-9=(2x)^2-3^2=(2x+3)(2x-3)$

06 $25x^2-64=(5x)^2-8^2=(5x+8)(5x-8)$

07 $100-49x^2=10^2-(7x)^2=(10+7x)(10-7x)$

08 $x^2-4y^2=x^2-(2y)^2=(x+2y)(x-2y)$

09 $x^2-\frac{1}{16}y^2=x^2-\left(\frac{1}{4}y\right)^2=\left(x+\frac{1}{4}y\right)\left(x-\frac{1}{4}y\right)$

10 $9x^2-121y^2=(3x)^2-(11y)^2=(3x+11y)(3x-11y)$

11 $36x^2-25y^2=(6x)^2-(5y)^2=(6x+5y)(6x-5y)$

12 ⑤ $49x^2-16y^2=(7x)^2-(4y)^2$

$=(7x+4y)(7x-4y)$

따라서 옳지 않은 것은 ⑤이다.

06 x^2의 계수가 1인 이차식의 인수분해 | 76~77쪽 |

01 $-2, -1$ **02** $-1, 5$ **03** $-4, -1$
04 $3, 5$ **05** $-4, 2$
06 $(x+1)(x+2)$ **07** $(x+1)(x+3)$ **08** $(x+7)(x-1)$
09 $(x+1)(x-5)$ **10** $(x+2)(x+3)$ **11** $(x-1)(x-9)$
12 $(x-3)(x-5)$ **13** $(x+2)(x-4)$ **14** $(x+5)(x-2)$
15 $(x+5)(x-4)$ **16** $(x-3)(x-4)$ **17** $(x+7)(x-6)$
18 $(x-3)(x-6)$ **19** $(x+y)(x+7y)$
20 $(x-y)(x-11y)$ **21** $(x-y)(x+8y)$
22 $(x+3y)(x-4y)$ **23** $(x+4y)(x-6y)$
24 ⑤

01

곱이 2인 두 정수	두 정수의 합
1, 2	3
−1, −2	−3

따라서 구하는 두 정수는 −2, −1이다.

02

곱이 −5인 두 정수	두 정수의 합
1, −5	−4
−1, 5	4

따라서 구하는 두 정수는 −1, 5이다.

03

곱이 4인 두 정수	두 정수의 합
1, 4	5
2, 2	4
−1, −4	−5
−2, −2	−4

따라서 구하는 두 정수는 −4, −1이다.

04

곱이 15인 두 정수	두 정수의 합
1, 15	16
3, 5	8
−1, −15	−16
−3, −5	−8

따라서 구하는 두 정수는 3, 5이다.

05

곱이 −8인 두 정수	두 정수의 합
1, −8	−7
2, −4	−2
−1, 8	7
−2, 4	2

따라서 구하는 두 정수는 −4, 2이다.

06 곱이 2이고 합이 3인 두 정수는 1, 2이므로
$x^2+3x+2=(x+1)(x+2)$

07 곱이 3이고 합이 4인 두 정수는 1, 3이므로
$x^2+4x+3=(x+1)(x+3)$

08 곱이 −7이고 합이 6인 두 정수는 7, −1이므로
$x^2+6x-7=(x+7)(x-1)$

09 곱이 −5이고 합이 −4인 두 정수는 1, −5이므로
$x^2-4x-5=(x+1)(x-5)$

10 곱이 6이고 합이 5인 두 정수는 2, 3이므로
$x^2+5x+6=(x+2)(x+3)$

11 곱이 9이고 합이 −10인 두 정수는 −1, −9이므로
$x^2-10x+9=(x-1)(x-9)$

12 곱이 15이고 합이 −8인 두 정수는 −3, −5이므로
$x^2-8x+15=(x-3)(x-5)$

13 곱이 −8이고 합이 −2인 두 정수는 2, −4이므로
$x^2-2x-8=(x+2)(x-4)$

14 곱이 −10이고 합이 3인 두 정수는 5, −2이므로
$x^2+3x-10=(x+5)(x-2)$

15 곱이 −20이고 합이 1인 두 정수는 5, −4이므로
$x^2+x-20=(x+5)(x-4)$

16 곱이 12이고 합이 −7인 두 정수는 −3, −4이므로
$x^2-7x+12=(x-3)(x-4)$

17 곱이 −42이고 합이 1인 두 정수는 7, −6이므로
$x^2+x-42=(x+7)(x-6)$

18 곱이 18이고 합이 −9인 두 정수는 −3, −6이므로
$x^2-9x+18=(x-3)(x-6)$

19 곱이 7이고 합이 8인 두 정수는 1, 7이므로
$x^2+8xy+7y^2=(x+y)(x+7y)$

20 곱이 11이고 합이 −12인 두 정수는 −1, −11이므로
$x^2-12xy+11y^2=(x-y)(x-11y)$

21 곱이 −8이고 합이 7인 두 정수는 −1, 8이므로
$x^2+7xy-8y^2=(x-y)(x+8y)$

22 곱이 −12이고 합이 −1인 두 정수는 3, −4이므로
$x^2-xy-12y^2=(x+3y)(x-4y)$

23 곱이 −24이고 합이 −2인 두 정수는 4, −6이므로
$x^2-2xy-24y^2=(x+4y)(x-6y)$

24 곱이 −36이고 합이 −9인 두 정수는 3, −12이므로
$x^2-9x-36=(x+3)(x-12)$
따라서 $a>b$에서 $a=3$, $b=-12$이므로
$a-b=3-(-12)=15$

07 x^2의 계수가 1이 아닌 이차식의 인수분해 | 78~79쪽 |

01~03 풀이 참조	**04** $(x+7)(2x+1)$
05 $(x+1)(3x+5)$	**06** $(2x-1)(3x-1)$
07 $(x+3)(4x-3)$	**08** $(2x+3)(3x-4)$
09 $(5x+3)(2x-5)$	**10~12** 풀이 참조
13 $(2x+5y)(x-y)$	**14** $(2x-y)(3x-2y)$
15 $(2x+3y)(4x-y)$	**16** $(2x+y)(3x-4y)$
17 $(3x+y)(x-6y)$	**18** $(2x-3y)(2x-5y)$
19 $(4x+3y)(3x-y)$	**20** $(2x+5y)(5x-6y)$
21 ②	

01 $2x^2+7x+3=(x+3)(2x+1)$

1 ╳ [3] → [6]
[2] ╳ [1] → 1 (+
7

02 $3x^2-8x+4=(x-2)(3x-2)$

[1] ╳ [−2] → [−6]
3 ╳ [−2] → −2 (+
−8

03 $9x^2+6x-8=(3x-2)(3x+4)$

[3] ╳ −2 → [−6]
[3] ╳ [4] → [12] (+
6

04 $2x^2+15x+7=(x+7)(2x+1)$

1 ╳ 7 → 14
2 ╳ 1 → 1 (+
15

05 $3x^2+8x+5=(x+1)(3x+5)$

1 ╳ 1 → 3
3 ╳ 5 → 5 (+
8

06 $6x^2-5x+1=(2x-1)(3x-1)$

2 ╳ −1 → −3
3 ╳ −1 → −2 (+
−5

07 $4x^2+9x-9=(x+3)(4x-3)$

1 ╳ 3 → 12
4 ╳ −3 → −3 (+
9

08 $6x^2+x-12=(2x+3)(3x-4)$

2 ╳ 3 → 9
3 ╳ −4 → −8 (+
1

09 $10x^2-19x-15=(5x+3)(2x-5)$

5 ╳ 3 → 6
2 ╳ −5 → −25 (+
−19

10 $4x^2+12xy-7y^2=(2x+7y)(2x-y)$

2 ╳ [7] → [14]
[2] ╳ [−1] → [−2] (+
12

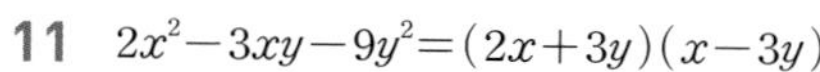

11 $2x^2-3xy-9y^2=(2x+3y)(x-3y)$

$$\begin{array}{ccccc} \boxed{2} & \searrow\!\!\!\!\nearrow & 3 & \rightarrow & \boxed{3} \\ \boxed{1} & & \boxed{-3} & \rightarrow & \boxed{-6} \; (+ \\ \hline & & & & -3 \end{array}$$

12 $8x^2-26xy+15y^2=(2x-5y)(4x-3y)$

$$\begin{array}{ccccc} \boxed{2} & \searrow\!\!\!\!\nearrow & \boxed{-5} & \rightarrow & \boxed{-20} \\ \boxed{4} & & -3 & \rightarrow & \boxed{-6} \; (+ \\ \hline & & & & -26 \end{array}$$

13 $2x^2+3xy-5y^2=(2x+5y)(x-y)$

$$\begin{array}{ccccc} 2 & \searrow\!\!\!\!\nearrow & 5 & \rightarrow & 5 \\ 1 & & -1 & \rightarrow & -2 \; (+ \\ \hline & & & & 3 \end{array}$$

14 $6x^2-7xy+2y^2=(2x-y)(3x-2y)$

$$\begin{array}{ccccc} 2 & \searrow\!\!\!\!\nearrow & -1 & \rightarrow & -3 \\ 3 & & -2 & \rightarrow & -4 \; (+ \\ \hline & & & & -7 \end{array}$$

15 $8x^2+10xy-3y^2=(2x+3y)(4x-y)$

$$\begin{array}{ccccc} 2 & \searrow\!\!\!\!\nearrow & 3 & \rightarrow & 12 \\ 4 & & -1 & \rightarrow & -2 \; (+ \\ \hline & & & & 10 \end{array}$$

16 $6x^2-5xy-4y^2=(2x+y)(3x-4y)$

$$\begin{array}{ccccc} 2 & \searrow\!\!\!\!\nearrow & 1 & \rightarrow & 3 \\ 3 & & -4 & \rightarrow & -8 \; (+ \\ \hline & & & & -5 \end{array}$$

17 $3x^2-17xy-6y^2=(3x+y)(x-6y)$

$$\begin{array}{ccccc} 3 & \searrow\!\!\!\!\nearrow & 1 & \rightarrow & 1 \\ 1 & & -6 & \rightarrow & -18 \; (+ \\ \hline & & & & -17 \end{array}$$

18 $4x^2-16xy+15y^2=(2x-3y)(2x-5y)$

$$\begin{array}{ccccc} 2 & \searrow\!\!\!\!\nearrow & -3 & \rightarrow & -6 \\ 2 & & -5 & \rightarrow & -10 \; (+ \\ \hline & & & & -16 \end{array}$$

19 $12x^2+5xy-3y^2=(4x+3y)(3x-y)$

$$\begin{array}{ccccc} 4 & \searrow\!\!\!\!\nearrow & 3 & \rightarrow & 9 \\ 3 & & -1 & \rightarrow & -4 \; (+ \\ \hline & & & & 5 \end{array}$$

20 $10x^2+13xy-30y^2=(2x+5y)(5x-6y)$

$$\begin{array}{ccccc} 2 & \searrow\!\!\!\!\nearrow & 5 & \rightarrow & 25 \\ 5 & & -6 & \rightarrow & -12 \; (+ \\ \hline & & & & 13 \end{array}$$

21 $4x^2+3x-10=(x+2)(4x-5)$

$$\begin{array}{ccccc} 1 & \searrow\!\!\!\!\nearrow & 2 & \rightarrow & 8 \\ 4 & & -5 & \rightarrow & -5 \; (+ \\ \hline & & & & 3 \end{array}$$

따라서 $a=2$, $b=-5$이므로

$a+b=2+(-5)=-3$

확인문제

| 80쪽 |

01 ③ **02** ④ **03** 26 **04** ⑤ **05** ⑤
06 ④

01 $3x^2y-9xy^2=3xy(x-3y)$

이므로 인수가 아닌 것은 ③이다.

02 ㄴ. $49x^2+28xy+4y^2=(7x)^2+2\times7x\times2y+(2y)^2$

$=(7x+2y)^2$

ㄹ. $16a^2-8ab+b^2=(4a)^2-2\times4a\times b+b^2$

$=(4a-b)^2$

따라서 완전제곱식으로 인수분해할 수 있는 것은 ㄴ, ㄹ이다.

03 $9x^2-12x+a=(3x)^2-2\times3x\times2+a$이므로

$a=2^2=4$

$x^2+bx+121=x^2+bx+11^2$이므로

$b=2\times11=22$

따라서 $a+b=4+22=26$

04 $16x^2-81y^2=(4x)^2-(9y)^2$

$=(4x+9y)(4x-9y)$

따라서 $A=4$, $B=9$이므로

$B-A=9-4=5$

05 ① $x^2+2x-3=(x+3)(x-1)$

② $x^2-3x-4=(x+1)(x-4)$

③ $x^2-5x+6=(x-2)(x-3)$

④ $x^2+xy-12y^2=(x+4y)(x-3y)$

따라서 옳은 것은 ⑤이다.

06 ① $2x^2+3x-2=(x+2)(2x-1)$
② $3x^2+10x+8=(x+2)(3x+4)$
③ $5x^2+7x-6=(x+2)(5x-3)$
④ $4x^2-x-14=(4x+7)(x-2)$
⑤ $6x^2+11x-2=(x+2)(6x-1)$
따라서 $x+2$를 인수로 갖지 않는 다항식은 ④이다.

2. 인수분해의 활용

01 복잡한 식의 인수분해(1) | 81~82쪽 |

01 $2(x+5)^2$
02 $3(x-3y)^2$
03 $-2(x-4)^2$
04 $4(x+2y)^2$
05 $5(x+3y)(x-3y)$
06 $2(x+3)(x+5)$
07 $3(x+6y)(x-2y)$
08 $3(x+1)(4x-5)$
09 $-2(x+3y)(2x-7y)$
10 $y(x+3)^2$
11 $x(y-7)^2$
12 $a(x+1)(x-6)$
13 $2y(5x+4)(2x-1)$
14 $(x+5)^2$
15 $(x-6)^2$
16 $(x+5y+1)(x+5y+3)$
17 $(8x-1)(4x-5)$
18 $(3x+y+5)(18x+6y-1)$
19 $(x+y+6)(x+y-1)$
20 $(2x-y+4)(2x-y-5)$
21 $(x+y-1)(x-y+7)$
22 $(2x+3y-4)(2x-3y-6)$
23 $(3x-y)(3y-x)$
24 $(2x+3)^2$
25 $(4-x)(2x+1)$
26 ③

01 $2x^2+20x+50=2(x^2+10x+25)$
$=2(x+5)^2$

02 $3x^2-18xy+27y^2=3(x^2-6xy+9y^2)$
$=3(x-3y)^2$

03 $-2x^2+16x-32=-2(x^2-8x+16)$
$=-2(x-4)^2$

04 $4x^2+16xy+16y^2=4(x^2+4xy+4y^2)$
$=4(x+2y)^2$

05 $5x^2-45y^2=5(x^2-9y^2)$
$=5(x+3y)(x-3y)$

06 $2x^2+16x+30=2(x^2+8x+15)$
$=2(x+3)(x+5)$

07 $3x^2+12xy-36y^2=3(x^2+4xy-12y^2)$
$=3(x+6y)(x-2y)$

08 $12x^2-3x-15=3(4x^2-x-5)$
$=3(x+1)(4x-5)$

09 $-4x^2+2xy+42y^2=-2(2x^2-xy-21y^2)$
$=-2(x+3y)(2x-7y)$

10 $x^2y+6xy+9y=y(x^2+6x+9)$
$=y(x+3)^2$

11 $xy^2-14xy+49x=x(y^2-14y+49)$
$=x(y-7)^2$

12 $ax^2-5ax-6a=a(x^2-5x-6)$
$=a(x+1)(x-6)$

13 $20x^2y+6xy-8y=2y(10x^2+3x-4)$
$=2y(5x+4)(2x-1)$

14 $x+2=A$로 놓으면
$(x+2)^2+6(x+2)+9=A^2+6A+9$
$=(A+3)^2$
$=(x+2+3)^2=(x+5)^2$

15 $x-1=A$로 놓으면
$(x-1)^2-10(x-1)+25=A^2-10A+25$
$=(A-5)^2$
$=(x-1-5)^2=(x-6)^2$

16 $x+5y=A$로 놓으면
$(x+5y)^2+4(x+5y)+3=A^2+4A+3$
$=(A+1)(A+3)$
$=(x+5y+1)(x+5y+3)$

17 $4x-1=A$로 놓으면
$2(4x-1)^2-7(4x-1)-4$
$=2A^2-7A-4$
$=(2A+1)(A-4)$
$=\{2(4x-1)+1\}(4x-1-4)$
$=(8x-1)(4x-5)$

18 $3x+y=A$로 놓으면
$6(3x+y)^2+29(3x+y)-5$
$=6A^2+29A-5$
$=(A+5)(6A-1)$
$=(3x+y+5)\{6(3x+y)-1\}$
$=(3x+y+5)(18x+6y-1)$

19 $x+y=A$로 놓으면
$(x+y)(x+y+5)-6=A(A+5)-6$
$=A^2+5A-6$
$=(A+6)(A-1)$
$=(x+y+6)(x+y-1)$

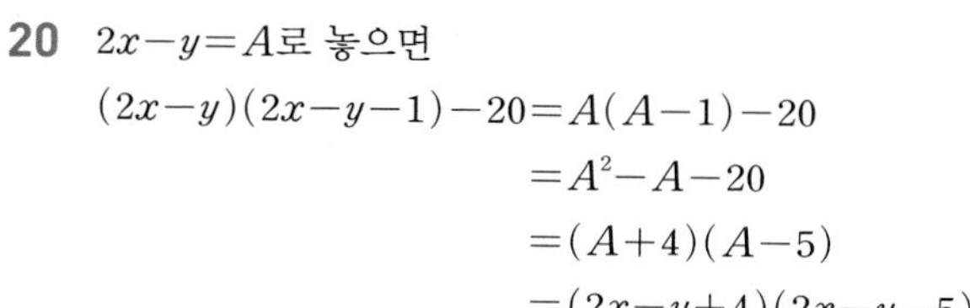

20 $2x-y=A$로 놓으면

$$\begin{aligned}(2x-y)(2x-y-1)-20&=A(A-1)-20\\&=A^2-A-20\\&=(A+4)(A-5)\\&=(2x-y+4)(2x-y-5)\end{aligned}$$

21 $x+3=A$, $y-4=B$로 놓으면

$$\begin{aligned}&(x+3)^2-(y-4)^2\\&=A^2-B^2\\&=(A+B)(A-B)\\&=\{(x+3)+(y-4)\}\{(x+3)-(y-4)\}\\&=(x+y-1)(x-y+7)\end{aligned}$$

22 $2x-5=A$, $3y+1=B$로 놓으면

$$\begin{aligned}&(2x-5)^2-(3y+1)^2\\&=A^2-B^2\\&=(A+B)(A-B)\\&=\{(2x-5)+(3y+1)\}\{(2x-5)-(3y+1)\}\\&=(2x+3y-4)(2x-3y-6)\end{aligned}$$

23 $x+y=A$, $x-y=B$로 놓으면

$$\begin{aligned}&(x+y)^2-4(x-y)^2\\&=A^2-4B^2\\&=(A+2B)(A-2B)\\&=\{(x+y)+2(x-y)\}\{(x+y)-2(x-y)\}\\&=(3x-y)(3y-x)\end{aligned}$$

24 $x-3=A$, $x+6=B$로 놓으면

$$\begin{aligned}&(x-3)^2+2(x-3)(x+6)+(x+6)^2\\&=A^2+2AB+B^2\\&=(A+B)^2\\&=\{(x-3)+(x+6)\}^2\\&=(2x+3)^2\end{aligned}$$

25 $x+2=A$, $x-1=B$로 놓으면

$$\begin{aligned}&(x+2)^2-(x+2)(x-1)-2(x-1)^2\\&=A^2-AB-2B^2\\&=(A-2B)(A+B)\\&=\{(x+2)-2(x-1)\}\{(x+2)+(x-1)\}\\&=(4-x)(2x+1)\end{aligned}$$

26 $3x+5=A$로 놓으면

$$\begin{aligned}(3x+5)^2-6(3x+5)+9&=A^2-6A+9\\&=(A-3)^2\\&=(3x+5-3)^2\\&=(3x+2)^2\end{aligned}$$

이므로 $a=2$

02 복잡한 식의 인수분해 (2)

| 83~84쪽 |

01 $(x+2)(y+1)$	**02** $(a-b)(x-y)$
03 $(x+4)(y+1)$	**04** $(x-1)(y-5)$
05 $(x^2+3)(x+1)$	**06** $(x+1)(x-1)^2$
07 $(x+y+1)(x-y)$	**08** $(x+y-7)(x-y)$
09 $(x+2y)(x-2y+1)$	**10** $(3x+y)(3x-y-1)$
11 $(x+y+5)(x-y)$	**12** ⑤
13 $(x+3+y)(x+3-y)$	**14** $(x-4+2y)(x-4-2y)$
15 $(2x-1+3y)(2x-1-3y)$	**16** $(x+y+1)(x-y-1)$
17 $(x+y-5)(x-y+5)$	**18** $(x-4y+6)(x-4y-6)$
19 $(3+7x-y)(3-7x+y)$	**20** $(x+2)(y+x+2)$
21 $(x-3)(y+x-3)$	**22** $(x+1)(y+x-2)$
23 $(x-4)(y+x+1)$	**24** ①, ③

01 $\begin{aligned}xy+x+2y+2&=x(y+1)+2(y+1)\\&=(x+2)(y+1)\end{aligned}$

02 $\begin{aligned}ax-ay-bx+by&=a(x-y)-b(x-y)\\&=(a-b)(x-y)\end{aligned}$

03 $\begin{aligned}xy+4y+x+4&=y(x+4)+x+4\\&=(x+4)(y+1)\end{aligned}$

04 $\begin{aligned}xy-5x+5-y&=x(y-5)-(y-5)\\&=(x-1)(y-5)\end{aligned}$

05 $\begin{aligned}x^3+x^2+3x+3&=x^2(x+1)+3(x+1)\\&=(x^2+3)(x+1)\end{aligned}$

06 $\begin{aligned}x^3-x^2-x+1&=x^2(x-1)-(x-1)\\&=(x^2-1)(x-1)\\&=(x+1)(x-1)(x-1)\\&=(x+1)(x-1)^2\end{aligned}$

07 $\begin{aligned}x^2-y^2+x-y&=(x+y)(x-y)+(x-y)\\&=(x+y+1)(x-y)\end{aligned}$

08 $\begin{aligned}x^2-y^2-7x+7y&=(x+y)(x-y)-7(x-y)\\&=(x+y-7)(x-y)\end{aligned}$

09 $\begin{aligned}x^2-4y^2+x+2y&=(x+2y)(x-2y)+(x+2y)\\&=(x+2y)(x-2y+1)\end{aligned}$

10 $\begin{aligned}9x^2-y^2-3x-y&=(3x+y)(3x-y)-(3x+y)\\&=(3x+y)(3x-y-1)\end{aligned}$

11 $\begin{aligned}x^2+5x-y^2-5y&=x^2-y^2+5x-5y\\&=(x+y)(x-y)+5(x-y)\\&=(x+y+5)(x-y)\end{aligned}$

12 $xy-8x+8-y=x(y-8)-(y-8)$
$=(x-1)(y-8)$

13 $x^2+6x+9-y^2=(x^2+6x+9)-y^2$
$=(x+3)^2-y^2$
$=(x+3+y)(x+3-y)$

14 $x^2-8x+16-4y^2=(x^2-8x+16)-4y^2$
$=(x-4)^2-(2y)^2$
$=(x-4+2y)(x-4-2y)$

15 $4x^2-4x+1-9y^2=(4x^2-4x+1)-9y^2$
$=(2x-1)^2-(3y)^2$
$=(2x-1+3y)(2x-1-3y)$

16 $x^2-y^2-2y-1=x^2-(y^2+2y+1)$
$=x^2-(y+1)^2$
$=(x+y+1)(x-y-1)$

17 $x^2-y^2+10y-25=x^2-(y^2-10y+25)$
$=x^2-(y-5)^2$
$=(x+y-5)(x-y+5)$

18 $x^2-8xy+16y^2-36=(x^2-8xy+16y^2)-36$
$=(x-4y)^2-6^2$
$=(x-4y+6)(x-4y-6)$

19 $9-49x^2+14xy-y^2=9-(49x^2-14xy+y^2)$
$=3^2-(7x-y)^2$
$=(3+7x-y)(3-7x+y)$

20 $x^2+xy+4x+2y+4=xy+2y+x^2+4x+4$
$=y(x+2)+(x+2)^2$
$=(x+2)(y+x+2)$

21 $x^2+xy-6x-3y+9=xy-3y+x^2-6x+9$
$=y(x-3)+(x-3)^2$
$=(x-3)(y+x-3)$

22 $x^2+xy-x+y-2=xy+y+x^2-x-2$
$=y(x+1)+(x+1)(x-2)$
$=(x+1)(y+x-2)$

23 $x^2+xy-3x-4y-4=xy-4y+x^2-3x-4$
$=y(x-4)+(x+1)(x-4)$
$=(x-4)(y+x+1)$

24 $9x^2-y^2+6x+1=(9x^2+6x+1)-y^2$
$=(3x+1)^2-y^2$
$=(3x+1+y)(3x+1-y)$
따라서 $9x^2-y^2+6x+1$의 인수인 것은 ①, ③이다.

03 인수분해 공식의 활용

| 85~87쪽 |

01 1700	**02** 5900	**03** 630	**04** 8600	**05** 640
06 760	**07** 2500	**08** 10000	**09** 6400	**10** 2500
11 10000	**12** 3600	**13** 99	**14** 2400	**15** 22000
16 9600	**17** 2200	**18** 10	**19** 40	**20** 3600
21 90000	**22** 9000	**23** 74	**24** 394	**25** ④
26 2500	**27** 2500	**28** 2350	**29** 10900	**30** 2
31 3	**32** 1380	**33** $12\sqrt{2}$	**34** 400	**35** 20
36 7	**37** ⑤			

01 $17\times62+17\times38=17\times(62+38)=17\times100=1700$

02 $59\times76+59\times24=59\times(76+24)=59\times100=5900$

03 $63\times29-63\times19=63\times(29-19)=63\times10=630$

04 $86\times115-86\times15=86\times(115-15)=86\times100=8600$

05 $32\times9+32\times7+32\times4=32\times(9+7+4)=32\times20=640$

06 $76\times11+76\times8-76\times9=76\times(11+8-9)=76\times10=760$

07 $49^2+2\times49+1=49^2+2\times49\times1+1^2=(49+1)^2$
$=50^2=2500$

08 $98^2+4\times98+4=98^2+2\times98\times2+2^2=(98+2)^2$
$=100^2=10000$

09 $76^2+8\times76+16=76^2+2\times76\times4+4^2=(76+4)^2$
$=80^2=6400$

10 $55^2-10\times55+25=55^2-2\times55\times5+5^2=(55-5)^2$
$=50^2=2500$

11 $103^2-6\times103+9=103^2-2\times103\times3+3^2=(103-3)^2$
$=100^2=10000$

12 $67^2-14\times67+49=67^2-2\times67\times7+7^2=(67-7)^2$
$=60^2=3600$

13 $50^2-49^2=(50+49)(50-49)=99\times1=99$

14 $62^2-38^2=(62+38)(62-38)=100\times24=2400$

15 $155^2-45^2=(155+45)(155-45)=200\times110=22000$

16 $98^2-4=98^2-2^2=(98+2)(98-2)$
$=100\times96=9600$

17 $47^2-9=47^2-3^2=(47+3)(47-3)$
$=50\times44=2200$

18 $\sqrt{26^2-24^2}=\sqrt{(26+24)(26-24)}$
$=\sqrt{50\times2}=\sqrt{100}=10$

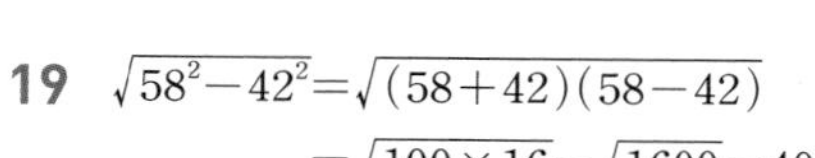

19 $\sqrt{58^2-42^2}=\sqrt{(58+42)(58-42)}$
$=\sqrt{100\times16}=\sqrt{1600}=40$

20 $18\times51^2-18\times49^2=18\times(51^2-49^2)$
$=18\times(51+49)(51-49)$
$=18\times100\times2=3600$

21 $15\times80^2-15\times20^2=15\times(80^2-20^2)$
$=15\times(80+20)(80-20)$
$=15\times100\times60=90000$

22 $5\times153^2-5\times147^2=5\times(153^2-147^2)$
$=5\times(153+147)(153-147)$
$=5\times300\times6=9000$

23 $20^2-19^2+18^2-17^2$
$=(20+19)(20-19)+(18+17)(18-17)$
$=39\times1+35\times1=74$

24 $100^2-99^2+98^2-97^2$
$=(100+99)(100-99)+(98+97)(98-97)$
$=199\times1+195\times1=394$

25 $20\times75^2-20\times25^2=20\times(75^2-25^2)$
$=20\times(75+25)(75-25)$
$=20\times100\times50=100000$

26 $x^2+4x+4=(x+2)^2=(48+2)^2=50^2=2500$

27 $x^2-8x+16=(x-4)^2=(54-4)^2=50^2=2500$

28 $x^2+7x+10=(x+2)(x+5)=(45+2)(45+5)$
$=47\times50=2350$

29 $x^2-3x-18=(x+3)(x-6)=(106+3)(106-6)$
$=109\times100=10900$

30 $x^2+10x+25=(x+5)^2=\{(\sqrt{2}-5)+5\}^2$
$=(\sqrt{2})^2=2$

31 $x^2-12x+36=(x-6)^2=\{(6+\sqrt{3})-6\}^2$
$=(\sqrt{3})^2=3$

32 $x^2-y^2=(x+y)(x-y)=(74+64)(74-64)$
$=138\times10=1380$

33 $x^2-y^2=(x+y)(x-y)$
$=\{(3+\sqrt{2})+(3-\sqrt{2})\}\{(3+\sqrt{2})-(3-\sqrt{2})\}$
$=6\times2\sqrt{2}=12\sqrt{2}$

34 $x^2-2xy+y^2=(x-y)^2=(91-71)^2$
$=20^2=400$

35 $x^2+2xy+y^2=(x+y)^2=\{(\sqrt{5}+\sqrt{3})+(\sqrt{5}-\sqrt{3})\}^2$
$=(2\sqrt{5})^2=20$

36 $xy+x-y-1=x(y+1)-(y+1)$
$=(x-1)(y+1)$
$=\{(\sqrt{7}+1)-1\}\{(\sqrt{7}-1)+1\}$
$=\sqrt{7}\times\sqrt{7}=7$

37 $x^2+2xy+y^2=(x+y)^2$
$=(55+25)^2$
$=80^2=6400$

확인문제

| 88쪽 |

01 ①, ③ **02** ④ **03** ① **04** ⑤ **05** 2300
06 ④

01 $x^3y-2x^2y+xy=xy(x^2-2x+1)=xy(x-1)^2$
따라서 x^3y-2x^2y+xy의 인수인 것은 ①, ③이다.

02 $x-6=A$로 놓으면
$(x-6)^2+3(x-6)-40=A^2+3A-40$
$=(A+8)(A-5)$
$=(x-6+8)(x-6-5)$
$=(x+2)(x-11)$
따라서 두 일차식은 $x+2$, $x-11$이므로 구하는 합은
$(x+2)+(x-11)=2x-9$

03 $4x^2-2x-y^2+y=4x^2-y^2-2x+y$
$=(2x+y)(2x-y)-(2x-y)$
$=(2x+y-1)(2x-y)$
따라서 $a=1$, $b=-1$, $c=-1$이므로
$a+b+c=1+(-1)+(-1)=-1$

04 $9x^2+24xy+16y^2-81=(9x^2+24xy+16y^2)-81$
$=(3x+4y)^2-9^2$
$=(3x+4y+9)(3x+4y-9)$

05 $A=41^2+18\times41+81=41^2+2\times41\times9+9^2$
$=(41+9)^2=50^2=2500$
$B=27^2-23^2=(27+23)(27-23)$
$=50\times4=200$
따라서 $A-B=2500-200=2300$

06 $x=\dfrac{1}{\sqrt{5}+2}=\dfrac{\sqrt{5}-2}{(\sqrt{5}+2)(\sqrt{5}-2)}=\dfrac{\sqrt{5}-2}{5-4}=\sqrt{5}-2$
$y=\dfrac{1}{\sqrt{5}-2}=\dfrac{\sqrt{5}+2}{(\sqrt{5}-2)(\sqrt{5}+2)}=\dfrac{\sqrt{5}+2}{5-4}=\sqrt{5}+2$
따라서
$x^2-2xy+y^2=(x-y)^2$
$=\{(\sqrt{5}-2)-(\sqrt{5}+2)\}^2$
$=(-4)^2=16$

5 이차방정식

1. 이차방정식의 풀이 (1)

01 이차방정식의 뜻 | 90~91쪽 |

01 × 02 ○ 03 × 04 × 05 ○
06 × 07 ○ 08 ○ 09 × 10 ○
11 × 12 $a\neq0$ 13 $a\neq0$ 14 $a\neq0$ 15 $a\neq2$
16 $a\neq-5$ 17 $a\neq4$ 18 $a=4$, $b=-3$, $c=-1$
19 $a=1$, $b=7$, $c=10$ 20 $a=1$, $b=4$, $c=9$
21 $a=1$, $b=-3$, $c=3$ 22 $a=2$, $b=-15$, $c=5$
23 ②

07 $3x-1=x^2$에서 $-x^2+3x-1=0$이므로 이차방정식이다.

08 $2x^2+4x=x^2-3$에서 $x^2+4x+3=0$이므로 이차방정식이다.

09 $x^2+1=6-5x+x^2$에서 $5x-5=0$이므로
이차방정식이 아니다.

10 $x(x-1)=4-x^2$에서 $x^2-x=4-x^2$
즉, $2x^2-x-4=0$이므로 이차방정식이다.

11 $2x^2+7=2(x+1)(x-2)$에서 $2x^2+7=2x^2-2x-4$
즉, $2x+11=0$이므로 이차방정식이 아니다.

15 $a-2\neq0$이어야 하므로 $a\neq2$

16 $a+5\neq0$이어야 하므로 $a\neq-5$

17 $ax^2+3x+3=4x^2-x$에서 $(a-4)x^2+4x+3=0$
따라서 $a-4\neq0$이어야 하므로 $a\neq4$

18 $4x^2-x=2x+1$에서 $4x^2-3x-1=0$이므로
$a=4$, $b=-3$, $c=-1$

19 $(x+2)(x+5)=0$에서 $x^2+7x+10=0$이므로
$a=1$, $b=7$, $c=10$

20 $(x+3)^2-2x=0$에서 $x^2+6x+9-2x=0$
즉, $x^2+4x+9=0$이므로 $a=1$, $b=4$, $c=9$

21 $x(x+1)=4x-3$에서 $x^2+x=4x-3$
즉, $x^2-3x+3=0$이므로 $a=1$, $b=-3$, $c=3$

22 $3(x-1)(x-4)=x^2+7$에서 $3x^2-15x+12=x^2+7$
즉, $2x^2-15x+5=0$이므로 $a=2$, $b=-15$, $c=5$

23 $ax^2+x+8=7x-3x^2$에서 $(a+3)x^2-6x+8=0$
따라서 $a+3\neq0$이어야 하므로 $a\neq-3$

02 이차방정식의 해 | 92~94쪽 |

01 ○ 02 ○ 03 × 04 × 05 ○
06 × 07 × 08 ○ 09 ○ 10 ×
11 × 12 $x=0$ 13 $x=-1$ 또는 $x=2$
14 $x=-2$ 또는 $x=-1$ 15 $x=1$ 16 $x=1$
17 $x=-2$ 또는 $x=2$ 18 $x=0$ 19 $x=1$ 20 $x=-2$
21 $x=2$ 22 ⑤ 23 -6 24 1 25 2
26 -12 27 2 28 -1 29 4 30 -1
31 $\frac{3}{2}$ 32 $-\frac{5}{3}$ 33 -8 34 ②

01 $x=0$을 $3x^2=0$에 대입하면 $3\times0^2=0$

02 $x=2$를 $x^2-2x=0$에 대입하면 $2^2-2\times2=0$

03 $x=4$를 $x(x+4)=0$에 대입하면 $4\times(4+4)=32\neq0$

04 $x=-3$을 $(x-3)(x-5)=0$에 대입하면
$(-3-3)(-3-5)=48\neq0$

05 $x=-2$를 $(x+2)(x-1)=0$에 대입하면
$(-2+2)(-2-1)=0$

06 $x=\frac{1}{2}$을 $(2x+1)(x+1)=0$에 대입하면
$\left(2\times\frac{1}{2}+1\right)\left(\frac{1}{2}+1\right)=3\neq0$

07 $x=-1$을 $x^2+3x-1=0$에 대입하면
$(-1)^2+3\times(-1)-1=-3\neq0$

08 $x=3$을 $x^2-4x+3=0$에 대입하면 $3^2-4\times3+3=0$

09 $x=1$을 $x^2+x=6x-4$에 대입하면 $1^2+1=6\times1-4$

10 $x=-1$을 $2x^2+5x-2=0$에 대입하면
$2\times(-1)^2+5\times(-1)-2=-5\neq0$

11 $x=2$를 $3x^2-4x=1$에 대입하면 $3\times2^2-4\times2=4\neq1$

12 $x=-2$일 때, $(-2)^2-5\times(-2)=14$
$x=-1$일 때, $(-1)^2-5\times(-1)=6$
$x=0$일 때, $0^2-5\times0=0$
$x=1$일 때, $1^2-5\times1=-4$
$x=2$일 때, $2^2-5\times2=-6$
따라서 이차방정식의 해는 $x=0$이다.

13 $x=-2$일 때, $(-2)^2-(-2)-2=4$
$x=-1$일 때, $(-1)^2-(-1)-2=0$
$x=0$일 때, $0^2-0-2=-2$
$x=1$일 때, $1^2-1-2=-2$
$x=2$일 때, $2^2-2-2=0$
따라서 이차방정식의 해는 $x=-1$ 또는 $x=2$이다.

14 $x=-2$일 때, $(-2)^2+3\times(-2)+2=0$
$x=-1$일 때, $(-1)^2+3\times(-1)+2=0$
$x=0$일 때, $0^2+3\times0+2=2$
$x=1$일 때, $1^2+3\times1+2=6$
$x=2$일 때, $2^2+3\times2+2=12$
따라서 이차방정식의 해는 $x=-2$ 또는 $x=-1$이다.

15 $x=-2$일 때, $(-2)^2-2\times(-2)+1=9$
$x=-1$일 때, $(-1)^2-2\times(-1)+1=4$
$x=0$일 때, $0^2-2\times0+1=1$
$x=1$일 때, $1^2-2\times1+1=0$
$x=2$일 때, $2^2-2\times2+1=1$
따라서 이차방정식의 해는 $x=1$이다.

16 $x=-2$일 때, $(-2)^2+6\times(-2)-7=-15$
$x=-1$일 때, $(-1)^2+6\times(-1)-7=-12$
$x=0$일 때, $0^2+6\times0-7=-7$
$x=1$일 때, $1^2+6\times1-7=0$
$x=2$일 때, $2^2+6\times2-7=9$
따라서 이차방정식의 해는 $x=1$이다.

17 $x=-2$일 때, $(-2)^2-4=0$
$x=-1$일 때, $(-1)^2-4=-3$
$x=0$일 때, $0^2-4=-4$
$x=1$일 때, $1^2-4=-3$
$x=2$일 때, $2^2-4=0$
따라서 이차방정식의 해는 $x=-2$ 또는 $x=2$이다.

18 $x=-2$일 때, $2\times(-2)^2-(-2)=10$
$x=-1$일 때, $2\times(-1)^2-(-1)=3$
$x=0$일 때, $2\times0^2-0=0$
$x=1$일 때, $2\times1^2-1=1$
$x=2$일 때, $2\times2^2-2=6$
따라서 이차방정식의 해는 $x=0$이다.

19 $x=-2$일 때, $2\times(-2)^2+3\times(-2)-5=-3$
$x=-1$일 때, $2\times(-1)^2+3\times(-1)-5=-6$
$x=0$일 때, $2\times0^2+3\times0-5=-5$
$x=1$일 때, $2\times1^2+3\times1-5=0$
$x=2$일 때, $2\times2^2+3\times2-5=9$
따라서 이차방정식의 해는 $x=1$이다.

20 $x=-2$일 때, $3\times(-2)^2+7\times(-2)+2=0$
$x=-1$일 때, $3\times(-1)^2+7\times(-1)+2=-2$
$x=0$일 때, $3\times0^2+7\times0+2=2$
$x=1$일 때, $3\times1^2+7\times1+2=12$
$x=2$일 때, $3\times2^2+7\times2+2=28$
따라서 이차방정식의 해는 $x=-2$이다.

21 $x=-2$일 때, $3\times(-2)^2-8\times(-2)+4=32$
$x=-1$일 때, $3\times(-1)^2-8\times(-1)+4=15$
$x=0$일 때, $3\times0^2-8\times0+4=4$
$x=1$일 때, $3\times1^2-8\times1+4=-1$
$x=2$일 때, $3\times2^2-8\times2+4=0$
따라서 이차방정식의 해는 $x=2$이다.

22 $x=-1$일 때, $2\times(-1)^2+5\times(-1)+3=0$
$x=0$일 때, $2\times0^2+5\times0+3=3$
$x=1$일 때, $2\times1^2+5\times1+3=10$
$x=2$일 때, $2\times2^2+5\times2+3=21$
따라서 이차방정식의 해는 $x=-1$이다.

23 $x=1$을 $x^2+ax+5=0$에 대입하면 $1^2+a\times1+5=0$
따라서 $a+6=0$이므로 $a=-6$

24 $x=3$을 $x^2-ax-6=0$에 대입하면 $3^2-a\times3-6=0$
따라서 $3-3a=0$이므로 $a=1$

25 $x=-1$을 $x^2+3x+a=0$에 대입하면
$(-1)^2+3\times(-1)+a=0$
따라서 $a-2=0$이므로 $a=2$

26 $x=4$를 $x^2-x+a=0$에 대입하면 $4^2-4+a=0$
따라서 $12+a=0$이므로 $a=-12$

27 $x=-2$를 $ax^2+5x+a=0$에 대입하면
$a\times(-2)^2+5\times(-2)+a=0$
따라서 $5a-10=0$이므로 $a=2$

28 $x=2$를 $ax^2-ax+2=0$에 대입하면 $a\times2^2-a\times2+2=0$
따라서 $2a+2=0$이므로 $a=-1$

29 $x=m$을 $x^2+3x-4=0$에 대입하면
$m^2+3m-4=0$이므로 $m^2+3m=4$

30 $x=m$을 $x^2-5x+1=0$에 대입하면
$m^2-5m+1=0$이므로 $m^2-5m=-1$

31 $x=m$을 $2x^2-4x-3=0$에 대입하면
$2m^2-4m-3=0$이므로 $2(m^2-2m)=3$, $m^2-2m=\frac{3}{2}$

32 $x=m$을 $3x^2+3x+5=0$에 대입하면
$3m^2+3m+5=0$이므로
$3(m^2+m)=-5$, $m^2+m=-\frac{5}{3}$

33 $x=m$을 $\frac{1}{2}x^2-2x+4=0$에 대입하면
$\frac{1}{2}m^2-2m+4=0$이므로
$\frac{1}{2}(m^2-4m)=-4$, $m^2-4m=-8$

34 $x=-3$을 $2x^2-ax+3=0$에 대입하면
$2\times(-3)^2-a\times(-3)+3=0$
따라서 $3a+21=0$이므로 $a=-7$

03 인수분해를 이용한 이차방정식의 풀이 | 95~99쪽 |

01 $x=0$ 또는 $x=6$
02 $x=1$ 또는 $x=4$
03 $x=-3$ 또는 $x=5$
04 $x=-1$ 또는 $x=-2$
05 $x=-4$ 또는 $x=-7$
06 $x=-\frac{1}{2}$ 또는 $x=3$
07 $x=\frac{1}{2}$ 또는 $x=\frac{2}{3}$
08 $x=-\frac{3}{4}$ 또는 $x=\frac{5}{2}$
09 $x=2$ 또는 $x=-\frac{3}{5}$
10 $x=\frac{1}{3}$ 또는 $x=\frac{7}{2}$
11 ②
12 $x=0$ 또는 $x=5$
13 $x=0$ 또는 $x=-6$
14 $x=0$ 또는 $x=4$
15 $x=0$ 또는 $x=-2$
16 $x=0$ 또는 $x=7$
17 $x=0$ 또는 $x=-3$
18 $x=-2$ 또는 $x=2$
19 $x=-5$ 또는 $x=5$
20 $x=-\frac{8}{3}$ 또는 $x=\frac{8}{3}$
21 $x=-\frac{7}{2}$ 또는 $x=\frac{7}{2}$
22 $x=-\frac{9}{4}$ 또는 $x=\frac{9}{4}$
23 $x=-\frac{5}{6}$ 또는 $x=\frac{5}{6}$
24 $x=1$ 또는 $x=4$
25 $x=-2$ 또는 $x=1$
26 $x=-4$ 또는 $x=2$
27 $x=-1$ 또는 $x=7$
28 $x=-2$ 또는 $x=-5$
29 $x=2$ 또는 $x=6$
30 $x=-\frac{1}{2}$ 또는 $x=2$
31 $x=-1$ 또는 $x=-\frac{2}{3}$
32 $x=-\frac{1}{2}$ 또는 $x=\frac{5}{2}$
33 $x=-\frac{4}{3}$ 또는 $x=\frac{1}{2}$
34 $x=-\frac{1}{3}$ 또는 $x=\frac{5}{3}$
35 $x=\frac{3}{2}$ 또는 $x=\frac{3}{4}$
36 $x=-4$
37 $x=-1$
38 $x=3$
39 $x=\frac{3}{2}$
40 $x=-\frac{5}{2}$
41 $x=4$
42 $x=3$
43 $x=1$
44 $x=1$
45 $x=\frac{3}{2}$
46 7
47 4
48 12
49 7
50 7
51 $a=0$, $b=2$
52 $a=-3$, $b=-2$
53 $a=5$, $b=1$
54 $a=-6$, $b=-7$
55 ⑤

01 $x(x-6)=0$에서 $x=0$ 또는 $x-6=0$이므로
$x=0$ 또는 $x=6$

02 $(x-1)(x-4)=0$에서 $x-1=0$ 또는 $x-4=0$이므로
$x=1$ 또는 $x=4$

03 $(x+3)(x-5)=0$에서 $x+3=0$ 또는 $x-5=0$이므로
$x=-3$ 또는 $x=5$

04 $(x+1)(x+2)=0$에서 $x+1=0$ 또는 $x+2=0$이므로
$x=-1$ 또는 $x=-2$

05 $(x+4)(x+7)=0$에서 $x+4=0$ 또는 $x+7=0$이므로
$x=-4$ 또는 $x=-7$

06 $(2x+1)(x-3)=0$에서 $2x+1=0$ 또는 $x-3=0$이므로
$x=-\frac{1}{2}$ 또는 $x=3$

07 $(2x-1)(3x-2)=0$에서 $2x-1=0$ 또는 $3x-2=0$이므로
$x=\frac{1}{2}$ 또는 $x=\frac{2}{3}$

08 $(4x+3)(2x-5)=0$에서 $4x+3=0$ 또는 $2x-5=0$이므로
$x=-\frac{3}{4}$ 또는 $x=\frac{5}{2}$

09 $(-x+2)(5x+3)=0$에서 $-x+2=0$ 또는 $5x+3=0$이므로
$x=2$ 또는 $x=-\frac{3}{5}$

10 $(-3x+1)(2x-7)=0$에서 $-3x+1=0$ 또는 $2x-7=0$이므로 $x=\frac{1}{3}$ 또는 $x=\frac{7}{2}$

11 ① $(2x+3)(x+2)=0$에서 $2x+3=0$ 또는 $x+2=0$이므로
$x=-\frac{3}{2}$ 또는 $x=-2$
② $(2x+3)(x-2)=0$에서 $2x+3=0$ 또는 $x-2=0$이므로
$x=-\frac{3}{2}$ 또는 $x=2$
③ $(2x-3)(x+2)=0$에서 $2x-3=0$ 또는 $x+2=0$이므로
$x=\frac{3}{2}$ 또는 $x=-2$
④ $(2x-3)(x-2)=0$에서 $2x-3=0$ 또는 $x-2=0$이므로
$x=\frac{3}{2}$ 또는 $x=2$
⑤ $\frac{1}{2}(x+2)(2x-3)=0$에서 $x+2=0$ 또는 $2x-3=0$이므로
$x=-2$ 또는 $x=\frac{3}{2}$
따라서 해가 $x=-\frac{3}{2}$ 또는 $x=2$인 것은 ②이다.

12 $x^2-5x=0$에서 $x(x-5)=0$
즉, $x=0$ 또는 $x-5=0$이므로 $x=0$ 또는 $x=5$

13 $x^2+6x=0$에서 $x(x+6)=0$
즉, $x=0$ 또는 $x+6=0$이므로 $x=0$ 또는 $x=-6$

14 $2x^2-8x=0$에서 $2x(x-4)=0$
즉, $x=0$ 또는 $x-4=0$이므로 $x=0$ 또는 $x=4$

15 $3x^2+6x=0$에서 $3x(x+2)=0$
즉, $x=0$ 또는 $x+2=0$이므로 $x=0$ 또는 $x=-2$

16 $2x^2=14x$에서 $2x^2-14x=0$이므로
$2x(x-7)=0$
즉, $x=0$ 또는 $x-7=0$이므로 $x=0$ 또는 $x=7$

17 $-9x=3x^2$에서 $3x^2+9x=0$이므로
$3x(x+3)=0$
즉, $x=0$ 또는 $x+3=0$이므로 $x=0$ 또는 $x=-3$

18 $x^2-4=0$에서 $(x+2)(x-2)=0$
즉, $x+2=0$ 또는 $x-2=0$이므로 $x=-2$ 또는 $x=2$

19 $x^2-25=0$에서 $(x+5)(x-5)=0$
즉, $x+5=0$ 또는 $x-5=0$이므로 $x=-5$ 또는 $x=5$

20 $9x^2-64=0$에서 $(3x+8)(3x-8)=0$
즉, $3x+8=0$ 또는 $3x-8=0$이므로 $x=-\frac{8}{3}$ 또는 $x=\frac{8}{3}$

21 $4x^2-49=0$에서 $(2x+7)(2x-7)=0$
즉, $2x+7=0$ 또는 $2x-7=0$이므로 $x=-\frac{7}{2}$ 또는 $x=\frac{7}{2}$

22 $16x^2=81$에서 $16x^2-81=0$이므로
$(4x+9)(4x-9)=0$
즉, $4x+9=0$ 또는 $4x-9=0$이므로 $x=-\frac{9}{4}$ 또는 $x=\frac{9}{4}$

23 $36x^2=25$에서 $36x^2-25=0$이므로
$(6x+5)(6x-5)=0$
즉, $6x+5=0$ 또는 $6x-5=0$이므로 $x=-\frac{5}{6}$ 또는 $x=\frac{5}{6}$

24 $x^2-5x+4=0$에서 $(x-1)(x-4)=0$
즉, $x-1=0$ 또는 $x-4=0$이므로 $x=1$ 또는 $x=4$

25 $x^2+x-2=0$에서 $(x+2)(x-1)=0$
즉, $x+2=0$ 또는 $x-1=0$이므로
$x=-2$ 또는 $x=1$

26 $x^2+2x-8=0$에서 $(x+4)(x-2)=0$
즉, $x+4=0$ 또는 $x-2=0$이므로 $x=-4$ 또는 $x=2$

27 $x^2-6x-7=0$에서 $(x+1)(x-7)=0$
즉, $x+1=0$ 또는 $x-7=0$이므로 $x=-1$ 또는 $x=7$

28 $x^2+7x+10=0$에서 $(x+2)(x+5)=0$
즉, $x+2=0$ 또는 $x+5=0$이므로
$x=-2$ 또는 $x=-5$

29 $x^2-8x+12=0$에서 $(x-2)(x-6)=0$
즉, $x-2=0$ 또는 $x-6=0$이므로 $x=2$ 또는 $x=6$

30 $2x^2-3x-2=0$에서 $(2x+1)(x-2)=0$
즉, $2x+1=0$ 또는 $x-2=0$이므로 $x=-\frac{1}{2}$ 또는 $x=2$

31 $3x^2+5x+2=0$에서 $(x+1)(3x+2)=0$
즉, $x+1=0$ 또는 $3x+2=0$이므로
$x=-1$ 또는 $x=-\frac{2}{3}$

32 $4x^2-8x-5=0$에서 $(2x+1)(2x-5)=0$
즉, $2x+1=0$ 또는 $2x-5=0$이므로
$x=-\frac{1}{2}$ 또는 $x=\frac{5}{2}$

33 $6x^2+5x-4=0$에서 $(3x+4)(2x-1)=0$
즉, $3x+4=0$ 또는 $2x-1=0$이므로
$x=-\frac{4}{3}$ 또는 $x=\frac{1}{2}$

34 $9x^2-12x-5=0$에서 $(3x+1)(3x-5)=0$
즉, $3x+1=0$ 또는 $3x-5=0$이므로
$x=-\frac{1}{3}$ 또는 $x=\frac{5}{3}$

35 $8x^2-18x+9=0$에서 $(2x-3)(4x-3)=0$
즉, $2x-3=0$ 또는 $4x-3=0$이므로
$x=\frac{3}{2}$ 또는 $x=\frac{3}{4}$

36 $x^2+4x=0$에서 $x(x+4)=0$이므로
$x=0$ 또는 $x=-4$
$x^2+3x-4=0$에서 $(x+4)(x-1)=0$이므로
$x=-4$ 또는 $x=1$
따라서 두 이차방정식의 공통인 근은 $x=-4$이다.

37 $x^2-1=0$에서 $(x+1)(x-1)=0$이므로
$x=-1$ 또는 $x=1$
$x^2+6x+5=0$에서 $(x+1)(x+5)=0$이므로
$x=-1$ 또는 $x=-5$
따라서 두 이차방정식의 공통인 근은 $x=-1$이다.

38 $x^2-7x+12=0$에서 $(x-3)(x-4)=0$이므로
$x=3$ 또는 $x=4$
$x^2+3x-18=0$에서 $(x+6)(x-3)=0$이므로
$x=-6$ 또는 $x=3$
따라서 두 이차방정식의 공통인 근은 $x=3$이다.

39 $4x^2-9=0$에서 $(2x+3)(2x-3)=0$이므로
$x=-\frac{3}{2}$ 또는 $x=\frac{3}{2}$
$2x^2+x-6=0$에서 $(x+2)(2x-3)=0$이므로
$x=-2$ 또는 $x=\frac{3}{2}$
따라서 두 이차방정식의 공통인 근은 $x=\frac{3}{2}$이다.

40 $2x^2-x-15=0$에서 $(2x+5)(x-3)=0$이므로
$x=-\frac{5}{2}$ 또는 $x=3$
$4x^2+12x+5=0$에서 $(2x+1)(2x+5)=0$이므로
$x=-\frac{1}{2}$ 또는 $x=-\frac{5}{2}$
따라서 두 이차방정식의 공통인 근은 $x=-\frac{5}{2}$이다.

41 $x=-1$을 $x^2+ax-4=0$에 대입하면
$(-1)^2+a\times(-1)-4=0$이므로 $a=-3$
즉, 주어진 이차방정식은 $x^2-3x-4=0$이므로
$(x+1)(x-4)=0$에서 $x=-1$ 또는 $x=4$
따라서 다른 한 근은 $x=4$이다.

42 $x=2$를 $x^2+ax+6=0$에 대입하면
$2^2+a\times2+6=0$이므로 $a=-5$
즉, 주어진 이차방정식은 $x^2-5x+6=0$이므로
$(x-2)(x-3)=0$에서 $x=2$ 또는 $x=3$
따라서 다른 한 근은 $x=3$이다.

43 $x=-2$를 $x^2+x+a=0$에 대입하면
$(-2)^2+(-2)+a=0$이므로 $a=-2$
즉, 주어진 이차방정식은 $x^2+x-2=0$이므로
$(x+2)(x-1)=0$에서 $x=-2$ 또는 $x=1$
따라서 다른 한 근은 $x=1$이다.

44 $x=3$을 $x^2-4x+a=0$에 대입하면
$3^2-4\times3+a=0$이므로 $a=3$
즉, 주어진 이차방정식은 $x^2-4x+3=0$이므로
$(x-1)(x-3)=0$에서 $x=1$ 또는 $x=3$
따라서 다른 한 근은 $x=1$이다.

45 $x=1$을 $2x^2-5x+a=0$에 대입하면
$2\times1^2-5\times1+a=0$이므로 $a=3$
즉, 주어진 이차방정식은 $2x^2-5x+3=0$이므로
$(x-1)(2x-3)=0$에서 $x=1$ 또는 $x=\frac{3}{2}$
따라서 다른 한 근은 $x=\frac{3}{2}$이다.

46 $x^2+x-6=0$에서 $(x+3)(x-2)=0$이므로
$x=-3$ 또는 $x=2$
$x=-3$을 $x^2+ax+12=0$에 대입하면
$(-3)^2+a\times(-3)+12=0$
따라서 $21-3a=0$이므로 $a=7$

47 $x^2-3x+2=0$에서 $(x-1)(x-2)=0$이므로
$x=1$ 또는 $x=2$
$x=1$을 $x^2-5x+a=0$에 대입하면
$1^2-5\times1+a=0$
따라서 $-4+a=0$이므로 $a=4$

48 $x^2-3x-10=0$에서 $(x+2)(x-5)=0$이므로
$x=-2$ 또는 $x=5$
$x=-2$를 $x^2+8x+a=0$에 대입하면
$(-2)^2+8\times(-2)+a=0$
따라서 $-12+a=0$이므로 $a=12$

49 $2x^2+x-10=0$에서 $(2x+5)(x-2)=0$이므로
$x=-\frac{5}{2}$ 또는 $x=2$
$x=-\frac{5}{2}$를 $2x^2+ax+5=0$에 대입하면
$2\times\left(-\frac{5}{2}\right)^2+a\times\left(-\frac{5}{2}\right)+5=0$
따라서 양변에 2를 곱하면
$35-5a=0$이므로 $a=7$

50 $3x^2-5x-28=0$에서 $(3x+7)(x-4)=0$이므로
$x=-\frac{7}{3}$ 또는 $x=4$
$x=-\frac{7}{3}$을 $6x^2+17x+a=0$에 대입하면
$6\times\left(-\frac{7}{3}\right)^2+17\times\left(-\frac{7}{3}\right)+a=0$
따라서 양변에 3을 곱하면
$-21+3a=0$이므로 $a=7$

51 $x=2$를 $x^2+ax-4=0$에 대입하면
$2^2+a\times2-4=0$이므로 $a=0$
$x=2$를 $x^2-x-b=0$에 대입하면
$2^2-2-b=0$이므로 $b=2$

52 $x=-1$을 $x^2-2x+a=0$에 대입하면
$(-1)^2-2\times(-1)+a=0$이므로 $a=-3$
$x=-1$을 $x^2+3x-b=0$에 대입하면
$(-1)^2+3\times(-1)-b=0$이므로 $b=-2$

53 $x=3$을 $x^2-ax+6=0$에 대입하면
$3^2-a\times3+6=0$이므로 $a=5$
$x=3$을 $x^2+bx-12=0$에 대입하면
$3^2+b\times3-12=0$이므로 $b=1$

54 $x=-2$를 $x^2+5x-a=0$에 대입하면
$(-2)^2+5\times(-2)-a=0$이므로 $a=-6$
$x=-2$를 $x^2-bx+10=0$에 대입하면
$(-2)^2-b\times(-2)+10=0$이므로 $b=-7$

55 $x=7$을 $x^2-5x+a=0$에 대입하면
$7^2-5\times7+a=0$이므로 $a=-14$
즉, 주어진 이차방정식은 $x^2-5x-14=0$이므로
$(x+2)(x-7)=0$에서 $x=-2$ 또는 $x=7$
따라서 $b=-2$이므로 $ab=(-14)\times(-2)=28$

04 이차방정식의 중근 | 100~101쪽 |

01 $x=3$	02 $x=-6$	03 $x=4$
04 $x=\frac{2}{5}$	05 $x=-\frac{5}{4}$	06 $x=-5$
07 $x=6$	08 $x=-\frac{1}{2}$	09 $x=\frac{1}{4}$
10 $x=-\frac{8}{3}$	11 $x=\frac{2}{7}$	12 1
13 16	14 49	15 18
16 75	17 49	18 4
19 12	20 7	21 20
22 12	23 2	24 ②, ④

06 $x^2+10x+25=0$에서 $(x+5)^2=0$이므로 $x=-5$ (중근)

07 $x^2-12x+36=0$에서 $(x-6)^2=0$이므로 $x=6$ (중근)

08 $4x^2+4x+1=0$에서 $(2x+1)^2=0$이므로 $x=-\frac{1}{2}$ (중근)

09 $16x^2-8x+1=0$에서 $(4x-1)^2=0$이므로 $x=\frac{1}{4}$ (중근)

10 $9x^2+48x+64=0$에서 $(3x+8)^2=0$이므로 $x=-\frac{8}{3}$ (중근)

11 $49x^2-28x+4=0$에서 $(7x-2)^2=0$이므로 $x=\frac{2}{7}$ (중근)

12 $x^2+2x+a=0$에서 $a=\left(\frac{2}{2}\right)^2=1^2=1$

13 $x^2-8x+a=0$에서 $a=\left(-\frac{8}{2}\right)^2=4^2=16$

14 $x^2-14x+a=0$에서 $a=\left(-\frac{14}{2}\right)^2=7^2=49$

15 $2x^2+12x+a=0$, 즉 $x^2+6x+\frac{a}{2}=0$에서
$\frac{a}{2}=\left(\frac{6}{2}\right)^2=3^2=9$이므로 $a=18$

16 $3x^2-30x+a=0$, 즉 $x^2-10x+\frac{a}{3}=0$에서
$\frac{a}{3}=\left(-\frac{10}{2}\right)^2=5^2=25$이므로 $a=75$

17 $4x^2-28x+a=0$, 즉 $x^2-7x+\frac{a}{4}=0$에서
$\frac{a}{4}=\left(-\frac{7}{2}\right)^2=\frac{49}{4}$이므로 $a=49$

18 $x^2+ax+4=0$에서 $\left(\frac{a}{2}\right)^2=4$
따라서 $a^2=16$이므로 양수 a는 $a=4$

19 $x^2-ax+36=0$에서 $\left(-\frac{a}{2}\right)^2=36$
따라서 $a^2=144$이므로 양수 a는 $a=12$

20 $x^2-2ax+49=0$에서 $\left(-\frac{2a}{2}\right)^2=49$
따라서 $a^2=49$이므로 양수 a는 $a=7$

21 $2x^2+ax+50=0$, 즉 $x^2+\frac{a}{2}x+25=0$에서 $\left(\frac{a}{2}\times\frac{1}{2}\right)^2=25$
따라서 $a^2=400$이므로 양수 a는 $a=20$

22 $9x^2+2ax+16=0$, 즉 $x^2+\frac{2a}{9}x+\frac{16}{9}=0$에서
$\left(\frac{2a}{9}\times\frac{1}{2}\right)^2=\frac{16}{9}$
따라서 $a^2=144$이므로 양수 a는 $a=12$

23 $4x^2-ax+\frac{1}{4}=0$, 즉 $x^2-\frac{a}{4}x+\frac{1}{16}=0$에서
$\left(-\frac{a}{4}\times\frac{1}{2}\right)^2=\frac{1}{16}$
따라서 $a^2=4$이므로 양수 a는 $a=2$

24 $4x^2+2ax+9=0$, 즉 $x^2+\frac{a}{2}x+\frac{9}{4}=0$에서
$\left(\frac{a}{2}\times\frac{1}{2}\right)^2=\frac{9}{4}$
따라서 $a^2=36$에서 $(a+6)(a-6)=0$이므로
$a=-6$ 또는 $a=6$

확인문제 | 102쪽 |

01 ③ 02 ④ 03 ④ 04 $x=7$ 05 ①
06 ⑤

01 ㄷ. $x^2+3x+5=x^2$에서 $3x+5=0$이므로
이차방정식이 아니다.
ㄹ. $3(x^2-x)=x^2+6x$에서 $3x^2-3x=x^2+6x$
즉, $2x^2-9x=0$이므로 이차방정식이다.
따라서 이차방정식인 것은 ㄴ, ㄹ, ㅁ이다.

02 $(a-4)x^2-5x=6-2x^2$에서 $(a-2)x^2-5x-6=0$
따라서 $a-2\neq0$이어야 하므로 $a\neq2$

03 ① $x=1$을 $(x+1)(x+4)=0$에 대입하면
$(1+1)(1+4)=10\neq0$
② $x=-2$를 $x^2-8=0$에 대입하면
$(-2)^2-8=-4\neq0$
③ $x=-1$을 $x^2+2x-1=0$에 대입하면
$(-1)^2+2\times(-1)-1=-2\neq0$
④ $x=2$를 $x^2-2x=3(x-2)$에 대입하면
$2^2-2\times2=3(2-2)$
⑤ $x=-\frac{1}{2}$을 $(2x-3)(x-1)=1$에 대입하면
$\left\{2\times\left(-\frac{1}{2}\right)-3\right\}\left(-\frac{1}{2}-1\right)=6\neq1$
따라서 [ ] 안의 수가 주어진 이차방정식의 해인 것은 ④이다.

04 $x^2-5x-14=0$에서 $(x+2)(x-7)=0$이므로
$x=-2$ 또는 $x=7$
$3x^2-16x-35=0$에서 $(3x+5)(x-7)=0$이므로
$x=-\frac{5}{3}$ 또는 $x=7$
따라서 두 이차방정식의 공통인 근은 $x=7$이다.

05 $x^2-x-12=0$에서 $(x+3)(x-4)=0$이므로
$x=-3$ 또는 $x=4$
$x=-3$을 $x^2-2ax+3=0$에 대입하면
$(-3)^2-2a\times(-3)+3=0$
따라서 $12+6a=0$이므로 $a=-2$

06 ① $(x-5)^2=0$에서 $x=5$ (중근)
② $3(x+1)^2=0$에서 $x=-1$ (중근)
③ $x^2-8x+16=0$에서 $(x-4)^2=0$이므로
$x=4$ (중근)
④ $2x^2-4x+2=0$에서 $2(x-1)^2=0$이므로
$x=1$ (중근)
⑤ $3x^2-9x+6=0$에서 $3(x^2-3x+2)=0$
$3(x-1)(x-2)=0$이므로 $x=1$ 또는 $x=2$
따라서 중근을 갖지 않는 것은 ⑤이다.

2. 이차방정식의 풀이 (2)

01 제곱근을 이용한 이차방정식의 풀이 | 103~104쪽 |

01 $x=\pm\sqrt{3}$	**02** $x=\pm\sqrt{6}$	**03** $x=\pm3$
04 $x=\pm2\sqrt{3}$	**05** $x=\pm\sqrt{7}$	**06** $x=\pm3\sqrt{2}$
07 $x=\pm\sqrt{5}$	**08** $x=\pm\sqrt{2}$	**09** $x=\pm4$
10 $x=\pm\sqrt{10}$	**11** $x=\pm2$	**12** $x=\pm2\sqrt{5}$
13 $x=2\pm\sqrt{6}$	**14** $x=-4\pm\sqrt{3}$	**15** $x=-3\pm2\sqrt{2}$
16 $x=2$ 또는 $x=8$	**17** $x=1\pm\sqrt{7}$	**18** $x=-2\pm2\sqrt{5}$
19 $x=3\pm\sqrt{2}$	**20** $x=-1\pm\sqrt{6}$	**21** $x=4\pm2\sqrt{3}$
22 $x=1$ 또는 $x=-5$		**23** $x=1\pm\sqrt{10}$
24 $x=-7\pm2\sqrt{2}$	**25** ④	

03 $x^2=9$에서 $x=\pm\sqrt{9}=\pm3$

04 $x^2=12$에서 $x=\pm\sqrt{12}=\pm2\sqrt{3}$

05 $x^2-7=0$, 즉 $x^2=7$에서 $x=\pm\sqrt{7}$

06 $x^2-18=0$, 즉 $x^2=18$에서
$x=\pm\sqrt{18}=\pm3\sqrt{2}$

07 $2x^2=10$, 즉 $x^2=5$에서 $x=\pm\sqrt{5}$

08 $3x^2=6$, 즉 $x^2=2$에서 $x=\pm\sqrt{2}$

09 $5x^2=80$, 즉 $x^2=16$에서 $x=\pm\sqrt{16}=\pm4$

10 $7x^2=70$, 즉 $x^2=10$에서 $x=\pm\sqrt{10}$

11 $6x^2-24=0$, 즉 $6x^2=24$
$x^2=4$이므로 $x=\pm\sqrt{4}=\pm2$

12 $8x^2-160=0$, 즉 $8x^2=160$
$x^2=20$이므로 $x=\pm\sqrt{20}=\pm2\sqrt{5}$

13 $(x-2)^2=6$에서 $x-2=\pm\sqrt{6}$이므로
$x=2\pm\sqrt{6}$

14 $(x+4)^2=3$에서 $x+4=\pm\sqrt{3}$이므로
$x=-4\pm\sqrt{3}$

15 $(x+3)^2=8$에서 $x+3=\pm\sqrt{8}=\pm2\sqrt{2}$이므로
$x=-3\pm2\sqrt{2}$

16 $(x-5)^2=9$에서 $x-5=\pm\sqrt{9}=\pm3$이므로
$x=2$ 또는 $x=8$

17 $(x-1)^2-7=0$, 즉 $(x-1)^2=7$에서
$x-1=\pm\sqrt{7}$이므로 $x=1\pm\sqrt{7}$

18 $(x+2)^2-20=0$, 즉 $(x+2)^2=20$에서
$x+2=\pm\sqrt{20}=\pm2\sqrt{5}$이므로 $x=-2\pm2\sqrt{5}$

19 $2(x-3)^2=4$, 즉 $(x-3)^2=2$에서
$x-3=\pm\sqrt{2}$이므로 $x=3\pm\sqrt{2}$

20 $4(x+1)^2=24$, 즉 $(x+1)^2=6$에서
$x+1=\pm\sqrt{6}$이므로 $x=-1\pm\sqrt{6}$

21 $3(x-4)^2=36$, 즉 $(x-4)^2=12$에서
$x-4=\pm\sqrt{12}=\pm2\sqrt{3}$이므로 $x=4\pm2\sqrt{3}$

22 $5(x+2)^2=45$, 즉 $(x+2)^2=9$에서
$x+2=\pm\sqrt{9}=\pm3$이므로 $x=1$ 또는 $x=-5$

23 $4(x-1)^2-40=0$, 즉 $(x-1)^2=10$에서
$x-1=\pm\sqrt{10}$이므로 $x=1\pm\sqrt{10}$

24 $6(x+7)^2-48=0$, 즉 $(x+7)^2=8$에서
$x+7=\pm\sqrt{8}=\pm2\sqrt{2}$이므로 $x=-7\pm2\sqrt{2}$

25 $2(x+5)^2=30$, 즉 $(x+5)^2=15$에서
$x+5=\pm\sqrt{15}$이므로 $x=-5\pm\sqrt{15}$
따라서 $a=-5$, $b=15$이므로
$a+b=-5+15=10$

02 완전제곱식을 이용한 이차방정식의 풀이 | 105~106쪽 |

01 $p=3$, $q=3$
02 $p=-2$, $q=5$
03 $p=-4$, $q=15$
04 $p=1$, $q=12$
05 $p=-\frac{1}{2}$, $q=\frac{13}{4}$
06 $p=-1$, $q=2$
07 $p=-3$, $q=6$
08 $p=2$, $q=10$
09 $p=4$, $q=8$
10 $p=-\frac{3}{2}$, $q=\frac{17}{4}$
11 $x=-2\pm\sqrt{5}$
12 $x=-3\pm\sqrt{7}$
13 $x=-8\pm2\sqrt{2}$
14 $x=5\pm3\sqrt{2}$
15 $x=7\pm5\sqrt{2}$
16 $x=-1\pm\sqrt{2}$
17 $x=4\pm\sqrt{10}$
18 $x=-6\pm2\sqrt{3}$
19 $x=3\pm2\sqrt{5}$
20 $x=-5\pm4\sqrt{2}$
21 ⑤

01 $x^2+6x+6=0$에서 $x^2+6x=-6$
$x^2+6x+9=-6+9$, $(x+3)^2=3$
따라서 $p=3$, $q=3$이다.

02 $x^2-4x-1=0$에서 $x^2-4x=1$
$x^2-4x+4=1+4$, $(x-2)^2=5$
따라서 $p=-2$, $q=5$이다.

03 $x^2-8x+1=0$에서 $x^2-8x=-1$
$x^2-8x+16=-1+16$, $(x-4)^2=15$
따라서 $p=-4$, $q=15$이다.

04 $x^2+2x-11=0$에서 $x^2+2x=11$
$x^2+2x+1=11+1$, $(x+1)^2=12$
따라서 $p=1$, $q=12$이다.

05 $x^2-x-3=0$에서 $x^2-x=3$
$x^2-x+\frac{1}{4}=3+\frac{1}{4}$, $\left(x-\frac{1}{2}\right)^2=\frac{13}{4}$
따라서 $p=-\frac{1}{2}$, $q=\frac{13}{4}$이다.

06 $2x^2-4x-2=0$, 즉 $x^2-2x-1=0$에서
$x^2-2x=1$, $x^2-2x+1=1+1$, $(x-1)^2=2$
따라서 $p=-1$, $q=2$이다.

07 $2x^2-12x+6=0$, 즉 $x^2-6x+3=0$에서
$x^2-6x=-3$, $x^2-6x+9=-3+9$, $(x-3)^2=6$
따라서 $p=-3$, $q=6$이다.

08 $3x^2+12x-18=0$, 즉 $x^2+4x-6=0$에서
$x^2+4x=6$, $x^2+4x+4=6+4$, $(x+2)^2=10$
따라서 $p=2$, $q=10$이다.

09 $4x^2+32x+32=0$, 즉 $x^2+8x+8=0$에서
$x^2+8x=-8$, $x^2+8x+16=-8+16$, $(x+4)^2=8$
따라서 $p=4$, $q=8$이다.

10 $3x^2-9x-6=0$, 즉 $x^2-3x-2=0$에서
$x^2-3x=2$, $x^2-3x+\frac{9}{4}=2+\frac{9}{4}$, $\left(x-\frac{3}{2}\right)^2=\frac{17}{4}$
따라서 $p=-\frac{3}{2}$, $q=\frac{17}{4}$이다.

11 $x^2+4x-1=0$에서 $x^2+4x=1$
$x^2+4x+4=1+4$, $(x+2)^2=5$
따라서 $x+2=\pm\sqrt{5}$이므로 $x=-2\pm\sqrt{5}$

12 $x^2+6x+2=0$에서 $x^2+6x=-2$
$x^2+6x+9=-2+9$, $(x+3)^2=7$
따라서 $x+3=\pm\sqrt{7}$이므로 $x=-3\pm\sqrt{7}$

13 $x^2+16x+56=0$에서 $x^2+16x=-56$
$x^2+16x+64=-56+64$, $(x+8)^2=8$
따라서 $x+8=\pm\sqrt{8}=\pm2\sqrt{2}$이므로 $x=-8\pm2\sqrt{2}$

14 $x^2-10x+7=0$에서 $x^2-10x=-7$
$x^2-10x+25=-7+25$, $(x-5)^2=18$
따라서 $x-5=\pm\sqrt{18}=\pm3\sqrt{2}$이므로 $x=5\pm3\sqrt{2}$

15 $x^2-14x-1=0$에서 $x^2-14x=1$
$x^2-14x+49=1+49$, $(x-7)^2=50$
따라서 $x-7=\pm\sqrt{50}=\pm5\sqrt{2}$이므로 $x=7\pm5\sqrt{2}$

16 $3x^2+6x-3=0$, 즉 $x^2+2x-1=0$에서
$x^2+2x=1$, $x^2+2x+1=1+1$, $(x+1)^2=2$
따라서 $x+1=\pm\sqrt{2}$이므로 $x=-1\pm\sqrt{2}$

17 $2x^2-16x+12=0$, 즉 $x^2-8x+6=0$에서
$x^2-8x=-6$, $x^2-8x+16=-6+16$, $(x-4)^2=10$
따라서 $x-4=\pm\sqrt{10}$이므로 $x=4\pm\sqrt{10}$

18 $-2x^2-24x-48=0$, 즉 $x^2+12x+24=0$에서
$x^2+12x=-24$, $x^2+12x+36=-24+36$, $(x+6)^2=12$
따라서 $x+6=\pm\sqrt{12}=\pm2\sqrt{3}$이므로 $x=-6\pm2\sqrt{3}$

19 $4x^2-24x-44=0$, 즉 $x^2-6x-11=0$에서
$x^2-6x=11$, $x^2-6x+9=11+9$, $(x-3)^2=20$
따라서 $x-3=\pm\sqrt{20}=\pm2\sqrt{5}$이므로 $x=3\pm2\sqrt{5}$

20 $5x^2+50x-35=0$, 즉 $x^2+10x-7=0$에서
$x^2+10x=7$, $x^2+10x+25=7+25$, $(x+5)^2=32$
따라서 $x+5=\pm\sqrt{32}=\pm4\sqrt{2}$이므로 $x=-5\pm4\sqrt{2}$

21 $x^2-12x-4=0$에서 $x^2-12x=4$
$x^2-12x+36=4+36$, $(x-6)^2=40$
즉, $x-6=\pm\sqrt{40}=\pm2\sqrt{10}$이므로 $x=6\pm2\sqrt{10}$
따라서 $a=6$, $b=2$이므로
$a-b=6-2=4$

03 이차방정식의 근의 공식 (1)

| 107~108쪽 |

01 $x=\frac{-1\pm\sqrt{13}}{2}$	02 $x=\frac{3\pm\sqrt{5}}{2}$	03 $x=\frac{-5\pm\sqrt{17}}{2}$
04 $x=\frac{7\pm\sqrt{13}}{2}$	05 $x=\frac{9\pm\sqrt{85}}{2}$	06 $x=\frac{-11\pm5\sqrt{5}}{2}$
07 $x=-1\pm\sqrt{6}$	08 $x=-2\pm\sqrt{5}$	09 $x=3\pm\sqrt{5}$
10 $x=5\pm4\sqrt{2}$	11 $x=\frac{-3\pm\sqrt{17}}{4}$	12 $x=\frac{-7\pm\sqrt{13}}{6}$
13 $x=\frac{3\pm\sqrt{29}}{10}$	14 $x=\frac{5\pm\sqrt{57}}{4}$	15 $x=\frac{9\pm\sqrt{21}}{6}$
16 $x=\frac{-1\pm\sqrt{33}}{8}$	17 $x=\frac{11\pm\sqrt{73}}{12}$	18 $x=\frac{-3\pm\sqrt{3}}{2}$
19 $x=\frac{1\pm\sqrt{5}}{4}$	20 $x=\frac{-4\pm\sqrt{10}}{3}$	21 $x=\frac{3\pm2\sqrt{6}}{5}$
22 ⑤		

01 $x=\frac{-1\pm\sqrt{1^2-4\times1\times(-3)}}{2\times1}=\frac{-1\pm\sqrt{13}}{2}$

02 $x=\frac{-(-3)\pm\sqrt{(-3)^2-4\times1\times1}}{2\times1}=\frac{3\pm\sqrt{5}}{2}$

03 $x=\frac{-5\pm\sqrt{5^2-4\times1\times2}}{2\times1}=\frac{-5\pm\sqrt{17}}{2}$

04 $x=\frac{-(-7)\pm\sqrt{(-7)^2-4\times1\times9}}{2\times1}=\frac{7\pm\sqrt{13}}{2}$

05 $x=\frac{-(-9)\pm\sqrt{(-9)^2-4\times1\times(-1)}}{2\times1}=\frac{9\pm\sqrt{85}}{2}$

06 $x=\frac{-11\pm\sqrt{11^2-4\times1\times(-1)}}{2\times1}$

$=\frac{-11\pm\sqrt{125}}{2}=\frac{-11\pm5\sqrt{5}}{2}$

07 $x=\frac{-2\pm\sqrt{2^2-4\times1\times(-5)}}{2\times1}$

$=\frac{-2\pm\sqrt{24}}{2}=\frac{-2\pm2\sqrt{6}}{2}$

$=-1\pm\sqrt{6}$

08 $x=\frac{-4\pm\sqrt{4^2-4\times1\times(-1)}}{2\times1}$

$=\frac{-4\pm\sqrt{20}}{2}=\frac{-4\pm2\sqrt{5}}{2}$

$=-2\pm\sqrt{5}$

09 $x=\frac{-(-6)\pm\sqrt{(-6)^2-4\times1\times4}}{2\times1}$

$=\frac{6\pm\sqrt{20}}{2}=\frac{6\pm2\sqrt{5}}{2}$

$=3\pm\sqrt{5}$

10 $x=\frac{-(-10)\pm\sqrt{(-10)^2-4\times1\times(-7)}}{2\times1}$

$=\frac{10\pm\sqrt{128}}{2}=\frac{10\pm8\sqrt{2}}{2}$

$=5\pm4\sqrt{2}$

11 $x=\frac{-3\pm\sqrt{3^2-4\times2\times(-1)}}{2\times2}=\frac{-3\pm\sqrt{17}}{4}$

12 $x=\frac{-7\pm\sqrt{7^2-4\times3\times3}}{2\times3}=\frac{-7\pm\sqrt{13}}{6}$

13 $x=\frac{-(-3)\pm\sqrt{(-3)^2-4\times5\times(-1)}}{2\times5}=\frac{3\pm\sqrt{29}}{10}$

14 $x=\frac{-(-5)\pm\sqrt{(-5)^2-4\times2\times(-4)}}{2\times2}=\frac{5\pm\sqrt{57}}{4}$

15 $x=\frac{-(-9)\pm\sqrt{(-9)^2-4\times3\times5}}{2\times3}=\frac{9\pm\sqrt{21}}{6}$

16 $x=\frac{-1\pm\sqrt{1^2-4\times4\times(-2)}}{2\times4}=\frac{-1\pm\sqrt{33}}{8}$

17 $x=\frac{-(-11)\pm\sqrt{(-11)^2-4\times6\times2}}{2\times6}=\frac{11\pm\sqrt{73}}{12}$

18 $x=\frac{-6\pm\sqrt{6^2-4\times2\times3}}{2\times2}=\frac{-6\pm\sqrt{12}}{4}$

$=\frac{-6\pm2\sqrt{3}}{4}=\frac{-3\pm\sqrt{3}}{2}$

19 $x=\frac{-(-2)\pm\sqrt{(-2)^2-4\times4\times(-1)}}{2\times4}=\frac{2\pm\sqrt{20}}{8}$

$=\frac{2\pm2\sqrt{5}}{8}=\frac{1\pm\sqrt{5}}{4}$

20 $x=\frac{-8\pm\sqrt{8^2-4\times3\times2}}{2\times3}=\frac{-8\pm\sqrt{40}}{6}$

$=\frac{-8\pm2\sqrt{10}}{6}=\frac{-4\pm\sqrt{10}}{3}$

21 $x=\frac{-(-6)\pm\sqrt{(-6)^2-4\times5\times(-3)}}{2\times5}=\frac{6\pm\sqrt{96}}{10}$

$=\frac{6\pm4\sqrt{6}}{10}=\frac{3\pm2\sqrt{6}}{5}$

22 $x=\frac{-(-5)\pm\sqrt{(-5)^2-4\times1\times(-2)}}{2\times1}=\frac{5\pm\sqrt{33}}{2}$

따라서 $A=5$, $B=33$이므로

$A+B=5+33=38$

04 이차방정식의 근의 공식 (2)

| 109쪽 |

01 $x=-1\pm\sqrt{5}$ 02 $x=3\pm\sqrt{7}$ 03 $x=-4\pm2\sqrt{3}$
04 $x=7\pm5\sqrt{2}$ 05 $x=\frac{-3\pm\sqrt{15}}{2}$ 06 $x=\frac{2\pm\sqrt{19}}{3}$
07 $x=\frac{4\pm\sqrt{6}}{5}$ 08 $x=\frac{-6\pm2\sqrt{2}}{7}$ 09 $x=\frac{-1\pm\sqrt{5}}{3}$
10 ④

01 $x=\frac{-1\pm\sqrt{1^2-1\times(-4)}}{1}=-1\pm\sqrt{5}$

02 $x=\frac{-(-3)\pm\sqrt{(-3)^2-1\times2}}{1}=3\pm\sqrt{7}$

03 $x=\frac{-4\pm\sqrt{4^2-1\times4}}{1}$
$=-4\pm\sqrt{12}=-4\pm2\sqrt{3}$

04 $x=\frac{-(-7)\pm\sqrt{(-7)^2-1\times(-1)}}{1}$
$=7\pm\sqrt{50}=7\pm5\sqrt{2}$

05 $x=\frac{-3\pm\sqrt{3^2-2\times(-3)}}{2}=\frac{-3\pm\sqrt{15}}{2}$

06 $x=\frac{-(-2)\pm\sqrt{(-2)^2-3\times(-5)}}{3}$
$=\frac{2\pm\sqrt{19}}{3}$

07 $x=\frac{-(-4)\pm\sqrt{(-4)^2-5\times2}}{5}=\frac{4\pm\sqrt{6}}{5}$

08 $x=\frac{-6\pm\sqrt{6^2-7\times4}}{7}=\frac{-6\pm\sqrt{8}}{7}$
$=\frac{-6\pm2\sqrt{2}}{7}$

09 $x=\frac{-3\pm\sqrt{3^2-9\times(-4)}}{9}=\frac{-3\pm\sqrt{45}}{9}$
$=\frac{-3\pm3\sqrt{5}}{9}=\frac{-1\pm\sqrt{5}}{3}$

10 $x=\frac{-1\pm\sqrt{1^2-3\times(-2)}}{3}=\frac{-1\pm\sqrt{7}}{3}$
따라서 $\alpha=\frac{-1+\sqrt{7}}{3}$, $\beta=\frac{-1-\sqrt{7}}{3}$이므로
$\alpha-\beta=\frac{-1+\sqrt{7}}{3}-\frac{-1-\sqrt{7}}{3}$
$=\frac{-1+\sqrt{7}-(-1-\sqrt{7})}{3}$
$=\frac{2\sqrt{7}}{3}$

05 복잡한 이차방정식의 풀이

| 110~112쪽 |

01 $x=-3$ 또는 $x=1$ 02 $x=-5$ 또는 $x=1$
03 $x=-4$ 또는 $x=2$ 04 $x=-1$ 또는 $x=\frac{1}{2}$
05 $x=1\pm\sqrt{5}$ 06 $x=-3\pm\sqrt{7}$
07 $x=4\pm\sqrt{22}$ 08 $x=\frac{3\pm\sqrt{21}}{2}$
09 $x=\frac{-1\pm\sqrt{5}}{2}$ 10 $x=\frac{2\pm\sqrt{7}}{3}$
11 $x=-1$ 또는 $x=6$ 12 $x=-2$ 또는 $x=\frac{3}{4}$
13 $x=\frac{4\pm\sqrt{37}}{3}$ 14 $x=\frac{-5\pm\sqrt{35}}{5}$
15 $x=\frac{2\pm\sqrt{19}}{3}$ 16 $x=-8\pm2\sqrt{6}$
17 $x=-\frac{1}{2}$ 또는 $x=3$ 18 $x=-\frac{2}{3}$ 또는 $x=\frac{1}{2}$
19 $x=\frac{2\pm\sqrt{19}}{3}$ 20 $x=-3\pm\sqrt{29}$
21 $x=\frac{4\pm\sqrt{10}}{2}$ 22 $x=\frac{7\pm\sqrt{13}}{6}$
23 $x=1$ 또는 $x=5$ 24 $x=-4$ 또는 $x=-\frac{4}{5}$
25 $x=\frac{5\pm\sqrt{13}}{6}$ 26 $x=\frac{-2\pm\sqrt{19}}{3}$
27 $x=\frac{2\pm\sqrt{10}}{3}$ 28 $x=\frac{-5\pm\sqrt{5}}{5}$
29 $x=-1$ 또는 $x=2$ 30 $x=2$ 또는 $x=-2$
31 $x=-2$ 또는 $x=7$ 32 $x=\frac{1}{2}$ 또는 $x=4$
33 $x=4$ 또는 $x=\frac{19}{4}$ 34 ③

01 $x(x+2)=3$에서 괄호를 풀면
$x^2+2x=3$, $x^2+2x-3=0$
따라서 $(x+3)(x-1)=0$이므로
$x=-3$ 또는 $x=1$

02 $(x+1)(x+3)-8=0$에서 괄호를 풀면
$x^2+4x+3-8=0$, $x^2+4x-5=0$
따라서 $(x+5)(x-1)=0$이므로
$x=-5$ 또는 $x=1$

03 $(x+5)(x-3)=-7$에서 괄호를 풀면
$x^2+2x-15=-7$, $x^2+2x-8=0$
따라서 $(x+4)(x-2)=0$이므로
$x=-4$ 또는 $x=2$

04 $(2x+1)(x-3)=-6x-2$에서 괄호를 풀면
$2x^2-5x-3=-6x-2$, $2x^2+x-1=0$
따라서 $(x+1)(2x-1)=0$이므로
$x=-1$ 또는 $x=\frac{1}{2}$

05 $(x+4)(x-1)=5x$에서 괄호를 풀면 $x^2+3x-4=5x$
따라서 $x^2-2x-4=0$이므로
$x=\frac{-(-1)\pm\sqrt{(-1)^2-1\times(-4)}}{1}=1\pm\sqrt{5}$

06 $(x+2)(x+5)=x+8$에서 괄호를 풀면 $x^2+7x+10=x+8$
따라서 $x^2+6x+2=0$이므로
$x=\frac{-3\pm\sqrt{3^2-1\times2}}{1}=-3\pm\sqrt{7}$

07 $(x-3)(3x+2)=x+2x^2$에서 괄호를 풀면
$3x^2-7x-6=x+2x^2$
따라서 $x^2-8x-6=0$이므로
$x=\frac{-(-4)\pm\sqrt{(-4)^2-1\times(-6)}}{1}=4\pm\sqrt{22}$

08 $(x+4)(2x-1)=x^2+10x-1$에서 괄호를 풀면
$2x^2+7x-4=x^2+10x-1$
따라서 $x^2-3x-3=0$이므로
$x=\frac{-(-3)\pm\sqrt{(-3)^2-4\times1\times(-3)}}{2\times1}=\frac{3\pm\sqrt{21}}{2}$

09 $(x-4)^2=17-9x$에서 괄호를 풀면 $x^2-8x+16=17-9x$
따라서 $x^2+x-1=0$이므로
$x=\frac{-1\pm\sqrt{1^2-4\times1\times(-1)}}{2\times1}=\frac{-1\pm\sqrt{5}}{2}$

10 $2(x+1)^2=5x^2+1$에서 괄호를 풀면 $2x^2+4x+2=5x^2+1$
따라서 $3x^2-4x-1=0$이므로
$x=\frac{-(-2)\pm\sqrt{(-2)^2-3\times(-1)}}{3}=\frac{2\pm\sqrt{7}}{3}$

11 $0.1x^2-0.5x-0.6=0$의 양변에 10을 곱하면 $x^2-5x-6=0$
따라서 $(x+1)(x-6)=0$이므로
$x=-1$ 또는 $x=6$

12 $0.4x^2+0.5x-0.6=0$의 양변에 10을 곱하면 $4x^2+5x-6=0$
따라서 $(x+2)(4x-3)=0$이므로
$x=-2$ 또는 $x=\frac{3}{4}$

13 $0.3x^2-0.8x-0.7=0$의 양변에 10을 곱하면
$3x^2-8x-7=0$이므로
$x=\frac{-(-4)\pm\sqrt{(-4)^2-3\times(-7)}}{3}=\frac{4\pm\sqrt{37}}{3}$

14 $0.5x^2+x-0.2=0$의 양변에 10을 곱하면
$5x^2+10x-2=0$이므로
$x=\frac{-5\pm\sqrt{5^2-5\times(-2)}}{5}=\frac{-5\pm\sqrt{35}}{5}$

15 $0.06x^2-0.08x-0.1=0$의 양변에 100을 곱하면
$6x^2-8x-10=0$, 즉 $3x^2-4x-5=0$이므로
$x=\frac{-(-2)\pm\sqrt{(-2)^2-3\times(-5)}}{3}=\frac{2\pm\sqrt{19}}{3}$

16 $0.01x^2+0.16x+0.4=0$의 양변에 100을 곱하면
$x^2+16x+40=0$이므로
$x=\frac{-8\pm\sqrt{8^2-1\times40}}{1}$
$=-8\pm\sqrt{24}=-8\pm2\sqrt{6}$

17 $\frac{1}{2}x^2-\frac{5}{4}x-\frac{3}{4}=0$의 양변에 4를 곱하면
$2x^2-5x-3=0$
따라서 $(2x+1)(x-3)=0$이므로
$x=-\frac{1}{2}$ 또는 $x=3$

18 $x^2+\frac{1}{6}x-\frac{1}{3}=0$의 양변에 6을 곱하면
$6x^2+x-2=0$
따라서 $(3x+2)(2x-1)=0$이므로
$x=-\frac{2}{3}$ 또는 $x=\frac{1}{2}$

19 $\frac{1}{3}x^2-\frac{4}{9}x-\frac{5}{9}=0$의 양변에 9를 곱하면
$3x^2-4x-5=0$이므로
$x=\frac{-(-2)\pm\sqrt{(-2)^2-3\times(-5)}}{3}=\frac{2\pm\sqrt{19}}{3}$

20 $\frac{1}{10}x^2+\frac{3}{5}x-2=0$의 양변에 10을 곱하면
$x^2+6x-20=0$이므로
$x=\frac{-3\pm\sqrt{3^2-1\times(-20)}}{1}=-3\pm\sqrt{29}$

21 $\frac{1}{6}x^2-\frac{2}{3}x+\frac{1}{4}=0$의 양변에 12를 곱하면
$2x^2-8x+3=0$이므로
$x=\frac{-(-4)\pm\sqrt{(-4)^2-2\times3}}{2}=\frac{4\pm\sqrt{10}}{2}$

22 $\frac{x^2+1}{7}-\frac{1}{3}x=0$의 양변에 21을 곱하면
$3x^2-7x+3=0$이므로
$x=\frac{-(-7)\pm\sqrt{(-7)^2-4\times3\times3}}{2\times3}=\frac{7\pm\sqrt{13}}{6}$

23 $0.1x^2-\frac{3}{5}x+\frac{1}{2}=0$의 양변에 10을 곱하면 $x^2-6x+5=0$
따라서 $(x-1)(x-5)=0$이므로
$x=1$ 또는 $x=5$

24 $\frac{1}{4}x^2+\frac{6}{5}x+0.8=0$의 양변에 20을 곱하면
$5x^2+24x+16=0$
따라서 $(x+4)(5x+4)=0$이므로
$x=-4$ 또는 $x=-\frac{4}{5}$

25 $0.3x^2-\frac{1}{2}x+0.1=0$의 양변에 10을 곱하면
$3x^2-5x+1=0$이므로
$x=\frac{-(-5)\pm\sqrt{(-5)^2-4\times3\times1}}{2\times3}=\frac{5\pm\sqrt{13}}{6}$

26 $0.5x^2+\frac{2}{3}x-\frac{5}{6}=0$의 양변에 6을 곱하면
$3x^2+4x-5=0$이므로
$x=\frac{-2\pm\sqrt{2^2-3\times(-5)}}{3}=\frac{-2\pm\sqrt{19}}{3}$

27 $\frac{3}{4}x^2-x-0.5=0$의 양변에 4를 곱하면
$3x^2-4x-2=0$이므로
$x=\frac{-(-2)\pm\sqrt{(-2)^2-3\times(-2)}}{3}=\frac{2\pm\sqrt{10}}{3}$

28 $\frac{1}{8}x^2+\frac{1}{4}x+0.1=0$의 양변에 40을 곱하면
$5x^2+10x+4=0$이므로
$x=\frac{-5\pm\sqrt{5^2-5\times4}}{5}=\frac{-5\pm\sqrt{5}}{5}$

29 $x+2=A$로 놓으면 $A^2-5A+4=0$
즉, $(A-1)(A-4)=0$에서 $A=1$ 또는 $A=4$
따라서 $x+2=1$ 또는 $x+2=4$이므로
$x=-1$ 또는 $x=2$

30 $x-3=A$로 놓으면 $A^2+6A+5=0$
즉, $(A+1)(A+5)=0$에서 $A=-1$ 또는 $A=-5$
따라서 $x-3=-1$ 또는 $x-3=-5$이므로
$x=2$ 또는 $x=-2$

31 $x+1=A$로 놓으면 $A^2-7A-8=0$
즉, $(A+1)(A-8)=0$에서 $A=-1$ 또는 $A=8$
따라서 $x+1=-1$ 또는 $x+1=8$이므로
$x=-2$ 또는 $x=7$

32 $x-2=A$로 놓으면 $2A^2-A-6=0$
즉, $(2A+3)(A-2)=0$에서
$A=-\frac{3}{2}$ 또는 $A=2$
따라서 $x-2=-\frac{3}{2}$ 또는 $x-2=2$이므로
$x=\frac{1}{2}$ 또는 $x=4$

33 $x-5=A$로 놓으면 $4A^2+5A+1=0$
즉, $(A+1)(4A+1)=0$에서
$A=-1$ 또는 $A=-\frac{1}{4}$
따라서 $x-5=-1$ 또는 $x-5=-\frac{1}{4}$이므로
$x=4$ 또는 $x=\frac{19}{4}$

34 $0.5x^2-\frac{x+2}{3}=0$의 양변에 6을 곱하면
$3x^2-2(x+2)=0$, 즉 $3x^2-2x-4=0$이므로
$x=\frac{-(-1)\pm\sqrt{(-1)^2-3\times(-4)}}{3}=\frac{1\pm\sqrt{13}}{3}$
따라서 두 근의 차는
$\frac{1+\sqrt{13}}{3}-\frac{1-\sqrt{13}}{3}=\frac{2\sqrt{13}}{3}$

확인문제

| 113쪽 |

01 ⑤　02 ③　03 ②　04 -3　05 ④
06 ①

01 $2(x-a)^2-20=0$, 즉 $(x-a)^2=10$에서
$x-a=\pm\sqrt{10}$이므로 $x=a\pm\sqrt{10}$
따라서 $a=5$, $b=10$이므로
$a+b=5+10=15$

02 $2x^2-12x+2=0$, 즉 $x^2-6x+1=0$에서
$x^2-6x=-1$, $x^2-6x+9=-1+9$, $(x-3)^2=8$
따라서 $x-3=\pm\sqrt{8}=\pm2\sqrt{2}$이므로 $x=3\pm2\sqrt{2}$
따라서 $a=-1$, $b=9$, $c=8$, $d=2$, $e=3\pm2\sqrt{2}$이므로 잘못 구한 것은 ③이다.

03 $x^2-8x+2=0$에서
$x=\frac{-(-4)\pm\sqrt{(-4)^2-1\times2}}{1}=4\pm\sqrt{14}$
이므로 두 근의 곱은
$(4+\sqrt{14})(4-\sqrt{14})=4^2-(\sqrt{14})^2=2$
따라서 $x=2$를 $x^2+mx-2=0$에 대입하면
$2^2+m\times2-2=0$이므로 $m=-1$

04 $2x^2+3x+m=0$에서
$x=\frac{-3\pm\sqrt{3^2-4\times2\times m}}{2\times2}=\frac{-3\pm\sqrt{9-8m}}{4}=\frac{-3\pm\sqrt{33}}{4}$
따라서 $9-8m=33$이므로 $m=-3$

05 $0.5x^2+x-\frac{1}{2}=0$의 양변에 2를 곱하면
$x^2+2x-1=0$이므로
$x=\frac{-1\pm\sqrt{1^2-1\times(-1)}}{1}=-1\pm\sqrt{2}$
따라서 $a=-1$, $b=2$이므로 $b-a=2-(-1)=3$

06 $x+4=A$로 놓으면 $5A^2+7A-6=0$
즉, $(A+2)(5A-3)=0$에서 $A=-2$ 또는 $A=\frac{3}{5}$
따라서 $x+4=-2$ 또는 $x+4=\frac{3}{5}$이므로
$x=-6$ 또는 $x=-\frac{17}{5}$

3. 이차방정식의 활용

01 이차방정식의 근의 개수

| 114~116쪽 |

01 2개	02 2개	03 0개	04 0개	05 1개
06 0개	07 2개	08 1개	09 2개	10 0개
11 ④	12 $m<\frac{9}{4}$	13 $m<\frac{25}{4}$	14 $m<2$	15 $m<3$
16 $m<\frac{49}{8}$	17 $m>-\frac{1}{16}$		18 16	19 36
20 1	21 ±4	22 ±12	23 ±20	24 $m\le\frac{25}{4}$
25 $m\le4$	26 $m\ge-4$	27 $m\le\frac{1}{8}$	28 $m\ge-\frac{9}{4}$	
29 $m\le\frac{2}{5}$	30 $m>\frac{49}{4}$	31 $m>4$	32 $m>\frac{27}{4}$	33 $m>\frac{9}{2}$
34 $m<-\frac{25}{12}$		35 ②		

01 $b^2-4ac=(-6)^2-4\times1\times4=20>0$
따라서 주어진 이차방정식의 근의 개수는 2개이다.

02 $b^2-4ac=1^2-4\times1\times(-7)=29>0$
따라서 주어진 이차방정식의 근의 개수는 2개이다.

03 $b^2-4ac=(-3)^2-4\times1\times6=-15<0$
따라서 주어진 이차방정식의 근의 개수는 0개이다.

04 $b^2-4ac=(-4)^2-4\times1\times5=-4<0$
따라서 주어진 이차방정식의 근의 개수는 0개이다.

05 $b^2-4ac=20^2-4\times4\times25=0$
따라서 주어진 이차방정식의 근의 개수는 1개이다.

06 $b^2-4ac=8^2-4\times5\times4=-16<0$
따라서 주어진 이차방정식의 근의 개수는 0개이다.

07 $b^2-4ac=5^2-4\times10\times(-1)=65>0$
따라서 주어진 이차방정식의 근의 개수는 2개이다.

08 $b^2-4ac=(-12)^2-4\times36\times1=0$
따라서 주어진 이차방정식의 근의 개수는 1개이다.

09 $b^2-4ac=(-7)^2-4\times3\times(-2)=73>0$
따라서 주어진 이차방정식의 근의 개수는 2개이다.

10 $b^2-4ac=(-2)^2-4\times2\times9=-68<0$
따라서 주어진 이차방정식의 근의 개수는 0개이다.

11 ① $b^2-4ac=5^2-4\times1\times2=17>0$
② $b^2-4ac=(-4)^2-4\times4\times1=0$
③ $b^2-4ac=(-7)^2-4\times2\times4=17>0$
④ $b^2-4ac=1^2-4\times3\times3=-35<0$
⑤ $b^2-4ac=(-5)^2-4\times4\times(-1)=41>0$
따라서 근을 갖지 않는 것은 ④이다.

12 $b^2-4ac=(-3)^2-4\times1\times m=9-4m$
따라서 $9-4m>0$이어야 하므로 $m<\frac{9}{4}$

13 $b^2-4ac=(-5)^2-4\times1\times m=25-4m$
따라서 $25-4m>0$이어야 하므로 $m<\frac{25}{4}$

14 $b^2-4ac=4^2-4\times1\times2m=16-8m$
따라서 $16-8m>0$이어야 하므로 $m<2$

15 $b^2-4ac=6^2-4\times3\times m=36-12m$
따라서 $36-12m>0$이어야 하므로 $m<3$

16 $b^2-4ac=(-7)^2-4\times2\times m=49-8m$
따라서 $49-8m>0$이어야 하므로 $m<\frac{49}{8}$

17 $b^2-4ac=(-1)^2-4\times4\times(-m)=1+16m$
따라서 $1+16m>0$이어야 하므로 $m>-\frac{1}{16}$

18 $b^2-4ac=(-8)^2-4\times1\times m=64-4m$
따라서 $64-4m=0$이어야 하므로 $m=16$

19 $b^2-4ac=12^2-4\times1\times m=144-4m$
따라서 $144-4m=0$이어야 하므로 $m=36$

20 $b^2-4ac=(-4)^2-4\times2\times(m+1)=8-8m$
따라서 $8-8m=0$이어야 하므로 $m=1$

21 $b^2-4ac=m^2-4\times1\times4=m^2-16$
따라서 $m^2-16=0$이어야 하므로
$(m+4)(m-4)=0$에서 $m=\pm4$

22 $b^2-4ac=m^2-4\times1\times36=m^2-144$
따라서 $m^2-144=0$이어야 하므로
$(m+12)(m-12)=0$에서 $m=\pm12$

23 $b^2-4ac=m^2-4\times4\times25=m^2-400$
따라서 $m^2-400=0$이어야 하므로
$(m+20)(m-20)=0$에서 $m=\pm20$

24 $b^2-4ac=5^2-4\times1\times m=25-4m$
따라서 $25-4m\ge0$이어야 하므로 $m\le\frac{25}{4}$

25 $b^2-4ac=(-4)^2-4\times1\times m=16-4m$
따라서 $16-4m\ge0$이어야 하므로 $m\le4$

26 $b^2-4ac=8^2-4\times1\times(-4m)=64+16m$
따라서 $64+16m\ge0$이어야 하므로 $m\ge-4$

27 $b^2-4ac=1^2-4\times2\times m=1-8m$

따라서 $1-8m\geq0$이어야 하므로 $m\leq\frac{1}{8}$

28 $b^2-4ac=(-6)^2-4\times4\times(-m)=36+16m$

따라서 $36+16m\geq0$이어야 하므로 $m\geq-\frac{9}{4}$

29 $b^2-4ac=4^2-4\times5\times2m=16-40m$

따라서 $16-40m\geq0$이어야 하므로 $m\leq\frac{2}{5}$

30 $b^2-4ac=7^2-4\times1\times m=49-4m$

따라서 $49-4m<0$이어야 하므로 $m>\frac{49}{4}$

31 $b^2-4ac=4^2-4\times1\times m=16-4m$

따라서 $16-4m<0$이어야 하므로 $m>4$

32 $b^2-4ac=(-9)^2-4\times1\times3m=81-12m$

따라서 $81-12m<0$이어야 하므로 $m>\frac{27}{4}$

33 $b^2-4ac=6^2-4\times2\times m=36-8m$

따라서 $36-8m<0$이어야 하므로 $m>\frac{9}{2}$

34 $b^2-4ac=(-5)^2-4\times3\times(-m)=25+12m$

따라서 $25+12m<0$이어야 하므로 $m<-\frac{25}{12}$

35 $b^2-4ac=10^2-4\times1\times(m-1)=104-4m$

따라서 $104-4m\geq0$이어야 하므로 $m\leq26$

즉, m의 값 중에서 가장 큰 정수는 26이다.

02 이차방정식 구하기

| 117~119쪽 |

01 $x^2-7x+10=0$		**02** $x^2-x-12=0$	
03 $x^2+7x+6=0$		**04** $2x^2-16x+14=0$	
05 $3x^2-3x-18=0$		**06** $-x^2+x+30=0$	
07 $x^2-4x+4=0$		**08** $x^2+14x+49=0$	
09 $2x^2-24x+72=0$		**10** $-3x^2-18x-27=0$	
11 $\frac{1}{2}x^2+2x+2=0$		**12** 2	**13** 6
14 24	**15** 9	**16** 6	**17** 7
18 2	**19** 10	**20** 21	**21** 30
22 3	**23** 30	**24** $1-\sqrt{5}$	**25** $\sqrt{7}$
26 $2+\sqrt{3}$	**27** $-4-3\sqrt{5}$	**28** $-7+\sqrt{2}$	
29 $\frac{-1-\sqrt{6}}{2}$		**30** $x^2-2x-5=0$	
31 $x^2-4x-1=0$		**32** $2x^2-12x-6=0$	
33 $3x^2+6x-18=0$		**34** $-x^2+8x-14=0$	
35 ①			

01 $(x-2)(x-5)=0$이므로 $x^2-7x+10=0$

02 $(x+3)(x-4)=0$이므로 $x^2-x-12=0$

03 $(x+1)(x+6)=0$이므로 $x^2+7x+6=0$

04 $2(x-1)(x-7)=0$이므로 $2x^2-16x+14=0$

05 $3(x+2)(x-3)=0$이므로 $3x^2-3x-18=0$

06 $-(x+5)(x-6)=0$이므로 $-x^2+x+30=0$

07 $(x-2)^2=0$이므로 $x^2-4x+4=0$

08 $(x+7)^2=0$이므로 $x^2+14x+49=0$

09 $2(x-6)^2=0$이므로 $2x^2-24x+72=0$

10 $-3(x+3)^2=0$이므로 $-3x^2-18x-27=0$

11 $\frac{1}{2}(x+2)^2=0$이므로 $\frac{1}{2}x^2+2x+2=0$

12 두 근을 α, 2α로 놓으면 $(x-\alpha)(x-2\alpha)=0$

$x^2-3\alpha x+2\alpha^2=0$

따라서 $-3\alpha=-3$에서 $\alpha=1$이므로

$m=2\alpha^2=2\times1^2=2$

13 두 근을 2α, 3α로 놓으면 $(x-2\alpha)(x-3\alpha)=0$

$x^2-5\alpha x+6\alpha^2=0$

따라서 $-5\alpha=5$에서 $\alpha=-1$이므로

$m=6\alpha^2=6\times(-1)^2=6$

14 두 근을 3α, 4α로 놓으면 $2(x-3\alpha)(x-4\alpha)=0$

$2x^2-14\alpha x+24\alpha^2=0$

따라서 $-14\alpha=-14$에서 $\alpha=1$이므로

$m=24\alpha^2=24\times1^2=24$

15 두 근을 α, 3α로 놓으면 $3(x-\alpha)(x-3\alpha)=0$

$3x^2-12\alpha x+9\alpha^2=0$

따라서 $-12\alpha=12$에서 $\alpha=-1$이므로

$m=9\alpha^2=9\times(-1)^2=9$

16 두 근을 α, 5α로 놓으면 $(x-\alpha)(x-5\alpha)=0$

$x^2-6\alpha x+5\alpha^2=0$

따라서 $5\alpha^2=5$에서 $\alpha=\pm1$

$\alpha=1$일 때, $m=-6\alpha=-6\times1=-6$

$\alpha=-1$일 때, $m=-6\alpha=-6\times(-1)=6$

이때 $m>0$이므로 $m=6$

17 두 근을 2α, 5α로 놓으면 $(x-2\alpha)(x-5\alpha)=0$
$x^2-7\alpha x+10\alpha^2=0$
따라서 $10\alpha^2=10$에서 $\alpha=\pm1$
$\alpha=1$일 때, $m=7\alpha=7\times1=7$
$\alpha=-1$일 때, $m=7\alpha=7\times(-1)=-7$
이때 $m>0$이므로 $m=7$

18 두 근을 α, $\alpha+1$로 놓으면
$(x-\alpha)\{x-(\alpha+1)\}=0$
$x^2-(2\alpha+1)x+\alpha^2+\alpha=0$
따라서 $-(2\alpha+1)=-3$에서 $\alpha=1$이므로
$m=\alpha^2+\alpha=1^2+1=2$

19 두 근을 α, $\alpha+3$으로 놓으면
$(x-\alpha)\{x-(\alpha+3)\}=0$
$x^2-(2\alpha+3)x+\alpha^2+3\alpha=0$
따라서 $-(2\alpha+3)=7$에서 $\alpha=-5$이므로
$m=\alpha^2+3\alpha=(-5)^2+3\times(-5)=10$

20 두 근을 α, $\alpha+4$로 놓으면
$(x-\alpha)\{x-(\alpha+4)\}=0$
$x^2-(2\alpha+4)x+\alpha^2+4\alpha=0$
따라서 $-(2\alpha+4)=10$에서 $\alpha=-7$이므로
$m=\alpha^2+4\alpha=(-7)^2+4\times(-7)=21$

21 두 근을 α, $\alpha+2$로 놓으면
$2(x-\alpha)\{x-(\alpha+2)\}=0$
$2x^2-2(2\alpha+2)x+2\alpha^2+4\alpha=0$
따라서 $-2(2\alpha+2)=-16$에서 $\alpha=3$이므로
$m=2\alpha^2+4\alpha=2\times3^2+4\times3=30$

22 두 근을 α, $\alpha+1$로 놓으면
$4(x-\alpha)\{x-(\alpha+1)\}=0$
$4x^2-4(2\alpha+1)x+4\alpha^2+4\alpha=0$
따라서 $-4(2\alpha+1)=-8$에서 $\alpha=\frac{1}{2}$이므로
$m=4\alpha^2+4\alpha=4\times\left(\frac{1}{2}\right)^2+4\times\left(\frac{1}{2}\right)=3$

23 두 근을 α, $\alpha+3$으로 놓으면
$3(x-\alpha)\{x-(\alpha+3)\}=0$
$3x^2-3(2\alpha+3)x+3\alpha^2+9\alpha=0$
따라서 $-3(2\alpha+3)=21$에서 $\alpha=-5$이므로
$m=3\alpha^2+9\alpha=3\times(-5)^2+9\times(-5)=30$

30 다른 한 근은 $1-\sqrt{6}$이므로
$\{x-(1+\sqrt{6})\}\{x-(1-\sqrt{6})\}=0$
$\{(x-1)-\sqrt{6}\}\{(x-1)+\sqrt{6}\}=0$
$(x-1)^2-(\sqrt{6})^2=0$
따라서 구하는 이차방정식은 $x^2-2x-5=0$

31 다른 한 근은 $2+\sqrt{5}$이므로
$\{x-(2-\sqrt{5})\}\{x-(2+\sqrt{5})\}=0$
$\{(x-2)+\sqrt{5}\}\{(x-2)-\sqrt{5}\}=0$
$(x-2)^2-(\sqrt{5})^2=0$
따라서 구하는 이차방정식은 $x^2-4x-1=0$

32 다른 한 근은 $3+2\sqrt{3}$이므로
$2\{x-(3-2\sqrt{3})\}\{x-(3+2\sqrt{3})\}=0$
$2\{(x-3)+2\sqrt{3}\}\{(x-3)-2\sqrt{3}\}=0$
$2\{(x-3)^2-(2\sqrt{3})^2\}=0$
따라서 구하는 이차방정식은 $2x^2-12x-6=0$

33 다른 한 근은 $-1+\sqrt{7}$이므로
$3\{x-(-1-\sqrt{7})\}\{x-(-1+\sqrt{7})\}=0$
$3\{(x+1)+\sqrt{7}\}\{(x+1)-\sqrt{7}\}=0$
$3\{(x+1)^2-(\sqrt{7})^2\}=0$
따라서 구하는 이차방정식은 $3x^2+6x-18=0$

34 다른 한 근은 $4-\sqrt{2}$이므로
$-\{x-(4+\sqrt{2})\}\{x-(4-\sqrt{2})\}=0$
$-\{(x-4)-\sqrt{2}\}\{(x-4)+\sqrt{2}\}=0$
$-\{(x-4)^2-(\sqrt{2})^2\}=0$
따라서 구하는 이차방정식은 $-x^2+8x-14=0$

35 $2(x+3)(x-5)=0$이므로 $2x^2-4x-30=0$
따라서 $a=-4$, $b=-30$이다.

03 이차방정식의 활용 | 120~123쪽 |

01 (1) x^2, $4x+12$, $4x+12$ (2) $x=-2$ 또는 $x=6$ (3) 6
02 8 **03** 5
04 (1) $x+2$, $x+2$ (2) $x=-16$ 또는 $x=14$ (3) 14, 16
05 13, 15
06 (1) $x-1$, $x+1$, $x-1$, $x+1$ (2) $x=\pm7$ (3) 6, 7, 8
07 (1) $x-3$, $x-3$ (2) $x=15$ 또는 $x=-12$ (3) 15살
08 (1) $x+5$, $x+5$ (2) $x=-18$ 또는 $x=13$ (3) 13살
09 16살
10 (1) $x+6$, $x+6$ (2) $x=-15$ 또는 $x=9$ (3) 9
11 20 **12** 12
13 (1) $x+1$, $x+1$ (2) $x=-12$ 또는 $x=11$ (3) 11, 12
14 15, 16 **15** 13, 14
16 (1) 0 (2) $x=0$ 또는 $x=8$ (3) 8초 후
17 (1) 40 (2) $x=2$ 또는 $x=4$ (3) 2초 후
18 5초 후
19 (1) $8+x$, $6+x$, $8+x$ (2) $x=-16$ 또는 $x=2$ (3) 2 cm
20 3 cm
21 (1) $x+2$, $x-4$, $x-4$ (2) $x=-7$ 또는 $x=9$ (3) 9 cm
22 7 cm

01 (2) $x^2=4x+12$에서 $x^2-4x-12=0$
따라서 $(x+2)(x-6)=0$이므로
$x=-2$ 또는 $x=6$
(3) x는 자연수이므로 $x=6$

02 어떤 자연수를 x라 하면
$x^2=5x+24$에서 $x^2-5x-24=0$
따라서 $(x+3)(x-8)=0$이므로 $x=-3$ 또는 $x=8$
이때 x는 자연수이므로 $x=8$

03 어떤 자연수를 x라 하면
$(x+2)^2=3x^2-26$에서 $x^2+4x+4=3x^2-26$
$2x^2-4x-30=0$, $x^2-2x-15=0$
따라서 $(x+3)(x-5)=0$이므로 $x=-3$ 또는 $x=5$
이때 x는 자연수이므로 $x=5$

04 (2) $x(x+2)=224$에서 $x^2+2x-224=0$
따라서 $(x+16)(x-14)=0$이므로
$x=-16$ 또는 $x=14$
(3) x는 자연수이므로 $x=14$
즉, 구하는 두 짝수는 14, 16이다.

05 연속하는 두 홀수 중에서 작은 수를 x라 하면
$x(x+2)=195$에서 $x^2+2x-195=0$
따라서 $(x+15)(x-13)=0$이므로
$x=-15$ 또는 $x=13$
이때 x는 자연수이므로 $x=13$
즉, 구하는 두 홀수는 13, 15이다.

06 (2) $(x-1)^2+x^2+(x+1)^2=149$에서
$3x^2+2=149$
따라서 $x^2=49$이므로 $x=\pm7$
(3) x는 자연수이므로 $x=7$
즉, 구하는 세 자연수는 6, 7, 8이다.

07 (2) $x(x-3)=180$에서 $x^2-3x-180=0$
따라서 $(x-15)(x+12)=0$이므로
$x=15$ 또는 $x=-12$
(3) x는 자연수이므로 $x=15$
즉, 형준이의 나이는 15살이다.

08 (2) $x^2+(x+5)^2=493$에서
$2x^2+10x+25=493$, $x^2+5x-234=0$
따라서 $(x+18)(x-13)=0$이므로
$x=-18$ 또는 $x=13$
(3) x는 자연수이므로 $x=13$
즉, 진만이의 나이는 13살이다.

09 유라의 나이를 x살이라 하면
$x^2+(x-4)^2=400$에서
$2x^2-8x+16=400$, $x^2-4x-192=0$
따라서 $(x-16)(x+12)=0$이므로
$x=16$ 또는 $x=-12$
이때 x는 자연수이므로 $x=16$
즉, 유라의 나이는 16살이다.

10 (2) $x(x+6)=135$에서 $x^2+6x-135=0$
따라서 $(x+15)(x-9)=0$이므로
$x=-15$ 또는 $x=9$
(3) x는 자연수이므로 $x=9$
즉, 한 상자에 들어 있는 사탕의 개수는 9이다.

11 한 바구니에 들어 있는 귤의 개수를 x라 하면
$x(x-7)=260$에서 $x^2-7x-260=0$
따라서 $(x+13)(x-20)=0$이므로
$x=-13$ 또는 $x=20$
이때 x는 자연수이므로 $x=20$
즉, 한 바구니에 들어 있는 귤의 개수는 20이다.

12 전체 학생 수를 x라 하면
$x(x-4)=96$에서 $x^2-4x-96=0$
따라서 $(x-12)(x+8)=0$이므로
$x=12$ 또는 $x=-8$
이때 x는 자연수이므로 $x=12$
즉, 전체 학생 수는 12이다.

13 (2) $x(x+1)=132$에서 $x^2+x-132=0$
따라서 $(x+12)(x-11)=0$이므로
$x=-12$ 또는 $x=11$
(3) x는 자연수이므로 $x=11$
즉, 펼쳐진 두 면의 쪽수는 11, 12이다.

14 펼쳐진 두 면 중에서 더 작은 쪽수를 x라 하면
$x(x+1)=240$에서 $x^2+x-240=0$
따라서 $(x+16)(x-15)=0$이므로
$x=-16$ 또는 $x=15$
이때 x는 자연수이므로 $x=15$
즉, 펼쳐진 두 면의 쪽수는 15, 16이다.

15 펼쳐진 두 면 중에서 더 작은 쪽수를 x라 하면
$x^2+(x+1)^2=365$에서
$2x^2+2x+1=365$, $x^2+x-182=0$
따라서 $(x+14)(x-13)=0$이므로
$x=-14$ 또는 $x=13$
이때 x는 자연수이므로 $x=13$
즉, 펼쳐진 두 면의 쪽수는 13, 14이다.

16 (2) $40x-5x^2=0$에서 $x^2-8x=0$
따라서 $x(x-8)=0$이므로 $x=0$ 또는 $x=8$
(3) $x>0$이므로 $x=8$
즉, 던진 공이 지면에 떨어지는 것은 공을 던져 올린 지 8초 후이다.

17 (2) $30x-5x^2=40$에서 $x^2-6x+8=0$
따라서 $(x-2)(x-4)=0$이므로
$x=2$ 또는 $x=4$
(3) 던진 공의 지면으로부터의 높이가 처음으로 40 m가 되는 것은 공을 던져 올린 지 2초 후이다.

18 $80+20x-5x^2=55$에서 $x^2-4x-5=0$
따라서 $(x+1)(x-5)=0$이므로
$x=-1$ 또는 $x=5$
이때 $x>0$이므로 $x=5$
즉, 던진 공의 지면으로부터의 높이가 55 m가 되는 것은 공을 던져 올린 지 5초 후이다.

19 (2) $(8+x)(6+x)=8\times6+32$에서
$x^2+14x+48=80$, $x^2+14x-32=0$
따라서 $(x+16)(x-2)=0$이므로
$x=-16$ 또는 $x=2$
(3) $x>0$이므로 $x=2$
즉, 가로, 세로의 길이를 각각 2 cm씩 늘였다.

20 늘인 길이를 x cm라 하면 늘인 직사각형의 가로의 길이는 $(10+x)$ cm, 세로의 길이는 $(12+x)$ cm이다.
$(10+x)(12+x)=10\times12+75$에서
$x^2+22x+120=195$, $x^2+22x-75=0$
따라서 $(x+25)(x-3)=0$이므로
$x=-25$ 또는 $x=3$
이때 $x>0$이므로 $x=3$
즉, 가로, 세로의 길이를 각각 3 cm씩 늘였다.

21 (2) $(x+2)(x-4)=55$에서
$x^2-2x-8=55$, $x^2-2x-63=0$
따라서 $(x+7)(x-9)=0$이므로
$x=-7$ 또는 $x=9$
(3) $x>0$이므로 $x=9$
즉, 처음 정사각형의 한 변의 길이는 9 cm이다.

22 처음 정사각형의 한 변의 길이를 x cm라 하면
$(x-3)(x+1)=32$에서
$x^2-2x-3=32$, $x^2-2x-35=0$
따라서 $(x+5)(x-7)=0$이므로
$x=-5$ 또는 $x=7$
이때 $x>0$이므로 $x=7$
즉, 처음 정사각형의 한 변의 길이는 7 cm이다.

확인문제

| 124쪽 |

01 ④	02 ④	03 ②	04 ③	05 ①
06 10초 후				

01 ① $b^2-4ac=(-4)^2-4\times1\times1=12>0$
② $b^2-4ac=7^2-4\times1\times3=37>0$
③ $b^2-4ac=0^2-4\times2\times(-8)=64>0$
④ $b^2-4ac=(-1)^2-4\times3\times2=-23<0$
⑤ $b^2-4ac=5^2-4\times4\times(-2)=57>0$
따라서 근의 개수가 나머지 넷과 다른 하나는 ④이다.

02 $b^2-4ac=(-2m)^2-4\times m\times8=4m^2-32m$
따라서 $4m^2-32m=0$이어야 하므로
$4m(m-8)=0$에서 $m=0$ 또는 $m=8$
이때 $m\neq0$이므로 $m=8$

03 $x^2-3x+2=0$에서 $(x-1)(x-2)=0$이므로
$x=1$ 또는 $x=2$
즉, $\alpha=1$, $\beta=2$이므로 $\frac{1}{4}$, 1을 두 근으로 하고 x^2의 계수가 4인 이차방정식은
$4\left(x-\frac{1}{4}\right)(x-1)=0$
따라서 $4\left(x^2-\frac{5}{4}x+\frac{1}{4}\right)=0$이므로 $4x^2-5x+1=0$

04 $\frac{n(n-3)}{2}=35$에서
$n(n-3)=70$, $n^2-3n-70=0$
따라서 $(n+7)(n-10)=0$이므로 $n=-7$ 또는 $n=10$
이때 n은 자연수이므로 $n=10$
즉, 대각선의 개수가 35개인 다각형은 십각형이다.

05 전체 학생 수를 x라 하면
$x(x+3)=550$에서 $x^2+3x-550=0$
따라서 $(x+25)(x-22)=0$이므로
$x=-25$ 또는 $x=22$
이때 x는 자연수이므로 $x=22$
즉, 전체 학생 수는 22이다.

06 $150+35x-5x^2=0$에서 $x^2-7x-30=0$
따라서 $(x+3)(x-10)=0$이므로
$x=-3$ 또는 $x=10$
이때 $x>0$이므로 $x=10$
즉, 던진 공이 지면에 떨어지는 것은 공을 던져 올린 지 10초 후이다.

6 이차함수와 그 그래프

1. 이차함수 $y=ax^2$의 그래프

01 이차함수 | 126~127쪽 |

01 ○ 02 × 03 × 04 ○ 05 ×
06 ○ 07 ○ 08 ×
09 $y=800x$, 이차함수가 아니다.
10 $y=\pi x^2$, 이차함수이다.
11 $y=3x$, 이차함수가 아니다.
12 $y=2x^2$, 이차함수이다.
13 $y=60x$, 이차함수가 아니다.
14 3 15 18 16 11 17 $\frac{9}{4}$ 18 -21
19 -7 20 6 21 0 22 1 23 4
24 9 25 -1 26 3 27 1 28 ⑤

01~05 함수 $y=f(x)$에서 y가 x의 이차식으로 나타내어진 함수를 x에 대한 이차함수라 한다.

06 $y=x(x-1)=x^2-x$
→ x^2-x가 이차식이므로 이차함수이다.

07 $y=(x+2)(x-4)=x^2-2x-8$
→ x^2-2x-8이 이차식이므로 이차함수이다.

08 $y=x^2-x(x+2)=-2x$
→ $-2x$가 이차식이 아니므로 이차함수가 아니다.

09 $y=800x$ → $800x$가 이차식이 아니므로 이차함수가 아니다.

10 $y=\pi x^2$ → πx^2이 이차식이므로 이차함수이다.

11 $y=3x$ → $3x$가 이차식이 아니므로 이차함수가 아니다.

12 $y=x^2+x^2=2x^2$ → $2x^2$이 이차식이므로 이차함수이다.

13 $y=60x$ → $60x$가 이차식이 아니므로 이차함수가 아니다.

14 $f(0)=0^2-2\times0+3=3$

15 $f(-3)=(-3)^2-2\times(-3)+3=18$

16 $f(4)=4^2-2\times4+3=11$

17 $f\left(\frac{1}{2}\right)=\left(\frac{1}{2}\right)^2-2\times\frac{1}{2}+3=\frac{9}{4}$

18 $f(5)=-5^2+5-1=-21$

19 $f\left(-\frac{1}{2}\right)=4\times\left(-\frac{1}{2}\right)^2-2\times\left(-\frac{1}{2}\right)-9=-7$

20 $f(-6)=\frac{1}{3}\times(-6)^2+(-6)=6$

21 $f(1)=-5\times1^2-2\times1+7=0$

22 $f(4)=\frac{1}{4}\times4^2+\frac{1}{2}\times4-5=1$

23 $f(0)=4\times0^2+5\times0+a=4$, $a=4$

24 $f(3)=-\frac{1}{3}\times3^2-4\times3+a=-6$
$-3-12+a=-6$, $a=9$

25 $f(-1)=-2\times(-1)^2+a\times(-1)+6=5$
$-2-a+6=5$, $-a=1$, $a=-1$

26 $f(4)=\frac{1}{2}\times4^2-a\times4+1=-3$
$8-4a+1=-3$, $-4a=-12$, $a=3$

27 $f(-3)=a\times(-3)^2+7\times(-3)+11=-1$
$9a-21+11=-1$, $9a=9$, $a=1$

28 $f(1)=2\times1^2+3\times1-1=4$
$f(-2)=2\times(-2)^2+3\times(-2)-1=1$
따라서 $f(1)+f(-2)=4+1=5$

02 이차함수 $y=x^2$의 그래프 | 128~129쪽 |

01~04 풀이 참조 05 0 06 아래
07 y 08 1, 2 09 감소 10 증가
11 0 12 위 13 y 14 3, 4
15 증가 16 감소

01

x	…	-3	-2	-1	0	1	2	3	…
y	…	9	4	1	0	1	4	9	…

02

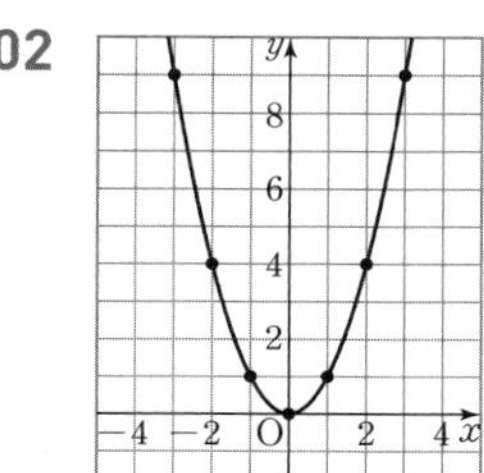

03

x	…	-3	-2	-1	0	1	2	3	…
y	…	-9	-4	-1	0	-1	-4	-9	…

04

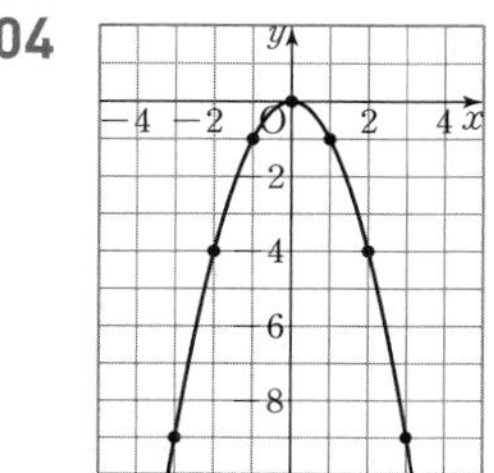

03 이차함수 $y=ax^2$의 그래프 | 130~131쪽 |

01 풀이 참조, 2, $\frac{1}{3}$　02~03 풀이 참조　04 $x=0$
05 0, 0　06 1, 2　07 $<$
08 풀이 참조, 2, $\frac{1}{2}$　09~10 풀이 참조　11 $x=0$
12 0, 0　13 3, 4　14 증가　15 감소　16 ③

01

x	$\cdots$	-3	-2	-1	0	1	2	3	$\cdots$
x^2	$\cdots$	9	4	1	0	1	4	9	$\cdots$
$2x^2$	$\cdots$	18	8	2	0	2	8	18	$\cdots$
$\frac{1}{3}x^2$	$\cdots$	3	$\frac{4}{3}$	$\frac{1}{3}$	0	$\frac{1}{3}$	$\frac{4}{3}$	3	$\cdots$

02

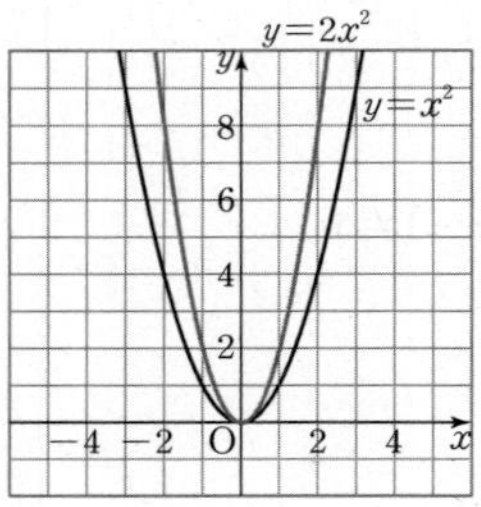

$y=2x^2$, $y=x^2$

03

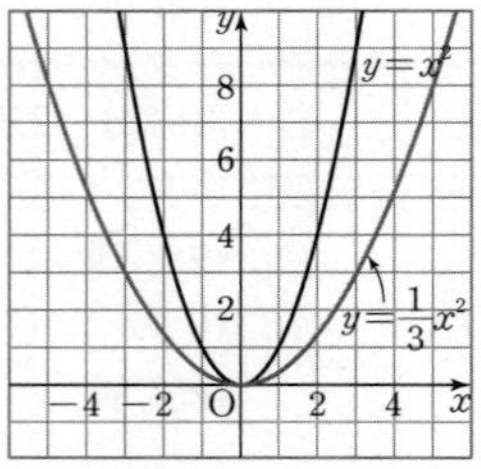

$y=x^2$, $y=\frac{1}{3}x^2$

08

x	$\cdots$	-3	-2	-1	0	1	2	3	$\cdots$
$-x^2$	$\cdots$	-9	-4	-1	0	-1	-4	-9	$\cdots$
$-2x^2$	$\cdots$	-18	-8	-2	0	-2	-8	-18	$\cdots$
$-\frac{1}{2}x^2$	$\cdots$	$-\frac{9}{2}$	-2	$-\frac{1}{2}$	0	$-\frac{1}{2}$	-2	$-\frac{9}{2}$	$\cdots$

09

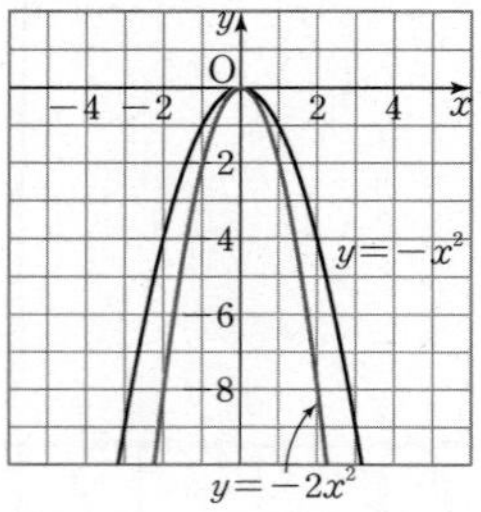

$y=-x^2$, $y=-2x^2$

10

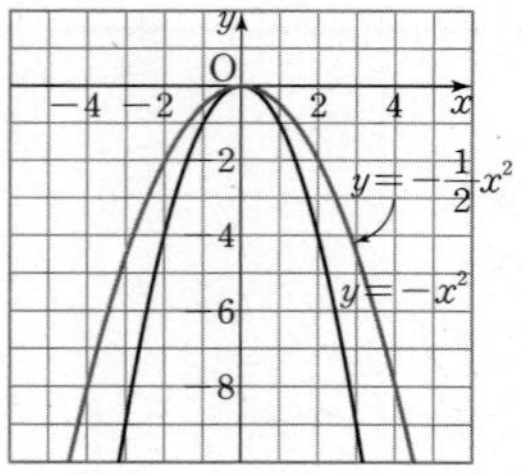

$y=-\frac{1}{2}x^2$, $y=-x^2$

16 ③ 축의 방정식은 $x=0$이다.

04 이차함수 $y=ax^2$의 그래프의 성질 | 132~134쪽 |

01 ㄱ, ㄴ, ㄷ, ㄹ　02 ㅁ, ㅂ　03 ㄴ과 ㅁ
04 ×　05 ○　06 ○　07 ×
08 아래　09 y　10 24　11 x
12 위　13 y　14 -12　15 $y=3x^2$
16 $y=x^2$에 ○표　17 $y=-4x^2$에 ○표
18 $y=\frac{10}{3}x^2$에 ○표　19 $y=-\frac{7}{2}x^2$에 ○표
20 ㅂ　21 ㄷ　22 ㄴ, ㄷ　23 ㄱ, ㅂ
24 ㄷ, ㄴ, ㄱ　25 ㄱ, ㄴ, ㄷ　26 ㄴ, ㄱ, ㄷ　27 ③
28 $-\frac{1}{4}$　29 1　30 16　31 -3
32 $a=-5$, $b=-20$　33 $a=3$, $b=27$
34 $a=2$, $b=2$　35 2　36 $\frac{5}{4}$　37 $-\frac{2}{3}$
38 ④

01 이차함수 $y=ax^2$의 그래프에서 $a<0$이면 그래프가 위로 볼록하므로 ㄱ, ㄴ, ㄷ, ㄹ이다.

02 이차함수 $y=ax^2$의 그래프에서 $a>0$이면 그래프가 아래로 볼록하므로 ㅁ, ㅂ이다.

03 이차함수 $y=ax^2$의 그래프는 $y=-ax^2$의 그래프와 x축에 서로 대칭이므로 두 이차함수 $y=-\frac{2}{3}x^2$과 $y=\frac{2}{3}x^2$의 그래프가 x축에 서로 대칭이다.

04~07 두 이차함수 $y=ax^2$과 $y=-ax^2$의 그래프는 x축에 서로 대칭이다.

16 $|1|>\left|\frac{1}{2}\right|$이므로 이차함수 $y=x^2$의 그래프는 이차함수 $y=\frac{1}{2}x^2$의 그래프보다 폭이 더 좁다.

17 $|-2|<|-4|$이므로 이차함수 $y=-4x^2$의 그래프는 이차함수 $y=-2x^2$의 그래프보다 폭이 더 좁다.

18 $\left|\frac{10}{3}\right|>|-3|$이므로 이차함수 $y=\frac{10}{3}x^2$의 그래프는 이차함수 $y=-3x^2$의 그래프보다 폭이 더 좁다.

19 $\left|-\frac{7}{2}\right|>\left|\frac{16}{5}\right|$이므로 이차함수 $y=-\frac{7}{2}x^2$의 그래프는 이차함수 $y=\frac{16}{5}x^2$의 그래프보다 폭이 더 좁다.

20 이차함수 $y=ax^2$의 그래프는 a의 절댓값이 클수록 폭이 좁으므로 ㅂ이다.

21 이차함수 $y=ax^2$의 그래프는 a의 절댓값이 작을수록 폭이 넓으므로 ㄷ이다.

22 이차함수 $y=ax^2$의 그래프에서 $|a|<1$이면 $y=-x^2$의 그래프보다 폭이 넓으므로 ㄴ, ㄷ이다.

23 이차함수 $y=ax^2$의 그래프에서 $|a|>2$이면 $y=2x^2$의 그래프보다 폭이 좁으므로 ㄱ, ㅂ이다.

24 그래프가 아래로 볼록하므로 $a>0$이고, 그래프의 폭이 가장 좁은 것은 ㄷ이므로 상수 a의 값이 큰 것부터 차례로 기호를 쓰면 ㄷ, ㄴ, ㄱ이다.

25 그래프가 위로 볼록하므로 $a<0$이고, 그래프의 폭이 가장 좁은 것은 ㄷ이므로 상수 a의 값이 큰 것부터 차례로 기호를 쓰면 ㄱ, ㄴ, ㄷ이다.

26 ㄱ, ㄴ은 아래로 볼록하므로 $a>0$이고, 이 중 그래프의 폭이 더 좁은 것은 ㄴ이다.
ㄷ은 위로 볼록하므로 $a<0$이다.
따라서 상수 a의 값이 큰 것부터 차례로 기호를 쓰면 ㄴ, ㄱ, ㄷ이다.

27 이차항의 계수가 음수인 것은 ①, ②, ③이고,
$|-4|>\left|-\frac{5}{3}\right|>\left|-\frac{1}{4}\right|$이므로 그래프가 위로 볼록하면서 폭이 가장 넓은 것은 ③이다.

28 $y=ax^2$에 $x=-2$, $y=-1$을 대입하면
$-1=a\times(-2)^2$이므로 $a=-\frac{1}{4}$

29 $y=ax^2$에 $x=3$, $y=9$를 대입하면
$9=a\times3^2$이므로 $a=1$

30 $y=ax^2$에 $x=-\frac{1}{2}$, $y=4$를 대입하면
$4=a\times\left(-\frac{1}{2}\right)^2$이므로 $a=16$

31 $y=ax^2$에 $x=\frac{1}{3}$, $y=-\frac{1}{3}$을 대입하면
$-\frac{1}{3}=a\times\left(\frac{1}{3}\right)^2$이므로 $a=-3$

32 $y=ax^2$에 $x=1$, $y=-5$를 대입하면
$-5=a\times1^2$이므로 $a=-5$
즉, $y=-5x^2$에 $x=2$, $y=b$를 대입하면
$b=-5\times2^2=-20$

33 $y=ax^2$에 $x=-2$, $y=12$를 대입하면
$12=a\times(-2)^2$이므로 $a=3$
즉, $y=3x^2$에 $x=-3$, $y=b$를 대입하면
$b=3\times(-3)^2=27$

34 $y=ax^2$에 $x=\frac{1}{4}$, $y=\frac{1}{8}$을 대입하면
$\frac{1}{8}=a\times\left(\frac{1}{4}\right)^2$이므로 $a=2$
즉, $y=2x^2$에 $x=1$, $y=b$를 대입하면
$b=2\times1^2=2$

35 그래프가 점 $(-1, 2)$를 지나므로
$y=ax^2$에 $x=-1$, $y=2$를 대입하면
$2=a\times(-1)^2$이므로 $a=2$

36 그래프가 점 $(2, 5)$를 지나므로
$y=ax^2$에 $x=2$, $y=5$를 대입하면
$5=a\times2^2$이므로 $a=\frac{5}{4}$

37 그래프가 점 $(3, -6)$을 지나므로
$y=ax^2$에 $x=3$, $y=-6$을 대입하면
$-6=a\times3^2$이므로 $a=-\frac{2}{3}$

38 $y=ax^2$에 $x=-2$, $y=3$을 대입하면
$3=a\times(-2)^2$이므로 $a=\frac{3}{4}$
즉, $y=\frac{3}{4}x^2$에 $x=4$, $y=b$를 대입하면
$b=\frac{3}{4}\times4^2=12$
따라서 $ab=\frac{3}{4}\times12=9$

확인문제

| 135쪽 |

01 ④ **02** ④ **03** ① **04** ㄹ **05** ⑤
06 ②, ④

01 ④ $y=(x+2)(x-5)=x^2-3x-10$
⑤ $y=(x+1)^2-x^2=2x+1$
따라서 이차함수인 것은 ④이다.

02 $f(-1)=-(-1)^2+5\times(-1)+13$
$=-1-5+13$
$=7$

03 이차항의 계수의 절댓값의 크기를 비교해 보면
$\left|-\frac{1}{5}\right|<\left|\frac{2}{3}\right|<\left|-\frac{3}{2}\right|<|2|<|-4|$이므로 폭이 가장 좁은 것은 ① $y=-4x^2$이다.

04 ㄱ, ㄴ, ㄷ은 아래로 볼록하므로 $a>0$이다.
ㄹ, ㅁ은 위로 볼록하므로 $a<0$이고, 이 중 그래프의 폭이 더 좁은 것은 ㄹ이다.
따라서 상수 a의 값이 가장 작은 것은 ㄹ이다.

05 ⑤ 이차함수 $y=-\frac{5}{6}x^2$의 그래프는 이차함수 $y=\frac{5}{6}x^2$의 그래프와 x축에 서로 대칭이다.

06 $y=-\frac{1}{2}x^2$에 $x=k$, $y=-8$을 대입하면
$-8=-\frac{1}{2}\times k^2$이므로 $k^2=16$
따라서 $k=4$ 또는 $k=-4$

2. 이차함수 $y=a(x-p)^2+q$의 그래프

01 이차함수 $y=ax^2+q$의 그래프 | 136~139쪽 |

01 2 **02** -5 **03** 7 **04** $-\frac{1}{3}$ **05** 1
06 $\frac{1}{2}$ **07** -4 **08** $-\frac{2}{5}$ **09** $y=6x^2-1$
10 $y=\frac{2}{3}x^2+\frac{1}{4}$ **11** $y=-7x^2+2$
12 $y=-4x^2+\frac{1}{5}$ **13** $y=-\frac{3}{5}x^2-\frac{2}{7}$
14~16 풀이 참조 **17** $x=0$, $(0, -7)$
18 $x=0$, $(0, 3)$ **19** $x=0$, $\left(0, -\frac{1}{2}\right)$
20 $x=0$, $(0, 1)$ **21** $x=0$, $(0, -8)$ **22** ②
23 × **24** ○ **25** × **26** × **27** ○
28 × **29** × **30** 아래 **31** 0, -7 **32** -7
33 0 **34** $x=0$ **35** 0, -5 **36** -5 **37** 3, 4
38 $\frac{1}{2}$, 4, 0, 4 **39** -2, 9, 0, 9
40 $-\frac{2}{3}$, -1, 0, -1 **41** 10 **42** -7 **43** -2
44 9 **45** 2 **46** 5 **47** ②

14 이차함수 $y=x^2-4$의 그래프는 이차함수 $y=x^2$의 그래프를 y축의 방향으로 -4만큼 평행이동한 것이다.
따라서 $y=x^2$의 그래프 위의 각 점에서 y좌표가 4만큼 작은 점을 잡아서 이 점들을 매끄러운 곡선으로 연결하면 다음 그림과 같다.

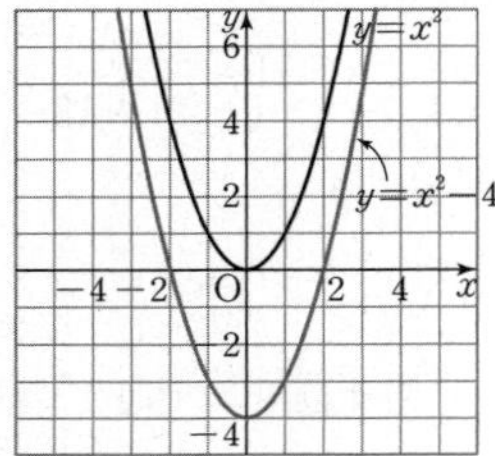

15 이차함수 $y=\frac{1}{2}x^2+3$의 그래프는 이차함수 $y=\frac{1}{2}x^2$의 그래프를 y축의 방향으로 3만큼 평행이동한 것이다.
따라서 $y=\frac{1}{2}x^2$의 그래프 위의 각 점에서 y좌표가 3만큼 큰 점을 잡아서 이 점들을 매끄러운 곡선으로 연결하면 다음 그림과 같다.

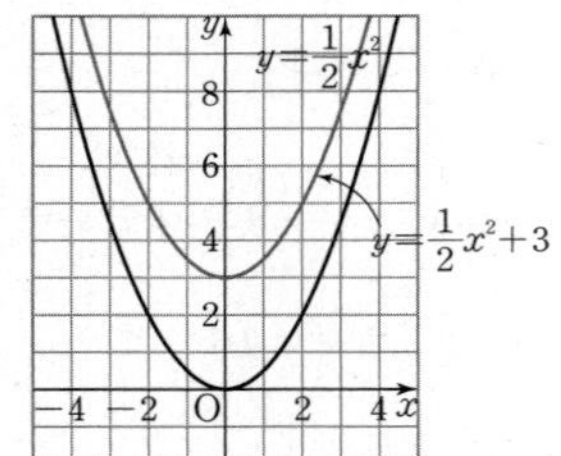

16 이차함수 $y=-2x^2-2$의 그래프는 이차함수 $y=-2x^2$의 그래프를 y축의 방향으로 -2만큼 평행이동한 것이다.
따라서 $y=-2x^2$의 그래프 위의 각 점에서 y좌표가 2만큼 작은 점을 잡아서 이 점들을 매끄러운 곡선으로 연결하면 다음 그림과 같다.

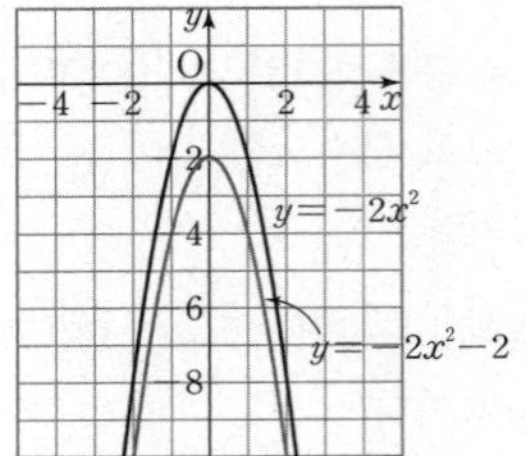

22 이차함수 $y=4x^2$의 그래프를 y축의 방향으로 -2만큼 평행이동한 그래프를 나타내는 이차함수의 식은
$y=4x^2-2$
즉, 축의 방정식은 $x=0$, 꼭짓점의 좌표는 $(0, -2)$이므로
$a=0$, $b=0$, $c=-2$
따라서 $a+b+c=-2$

23 이차함수 $y=\frac{1}{5}x^2-2$의 그래프는 아래로 볼록하다.

25 이차함수 $y=-x^2+\frac{1}{6}$의 그래프의 축의 방정식은 $x=0$이다.

26 이차함수 $y=-4x^2-\frac{1}{2}$의 그래프의 꼭짓점의 좌표는 $\left(0, -\frac{1}{2}\right)$이다.

28 이차함수 $y=3x^2-9$의 그래프는 이차함수 $y=3x^2$의 그래프를 y축의 방향으로 -9만큼 평행이동한 것이다.

29 이차함수 $y=7x^2-5$의 그래프는 모든 사분면을 지난다.

38 이차함수 $y=\frac{1}{2}x^2$의 그래프를 y축의 방향으로 4만큼 평행이동한 그래프이므로
$a=\frac{1}{2}$, $q=4$
y축에 대칭이므로 축의 방정식은 $x=0$이고,
꼭짓점의 좌표는 $(0, 4)$이다.

39 이차함수 $y=-2x^2$의 그래프를 y축의 방향으로 9만큼 평행이동한 그래프이므로
$a=-2$, $q=9$
y축에 대칭이므로 축의 방정식은 $x=0$이고,
꼭짓점의 좌표는 $(0, 9)$이다.

40 이차함수 $y=-\frac{2}{3}x^2$의 그래프를 y축의 방향으로 -1만큼 평행이동한 그래프이므로
$a=-\frac{2}{3}$, $q=-1$
y축에 대칭이므로 축의 방정식은 $x=0$이고,
꼭짓점의 좌표는 $(0, -1)$이다.

41 $y=-x^2+k$에 $x=3$, $y=1$을 대입하면
$1=-3^2+k$이므로 $k=10$

42 $y=3x^2+k$에 $x=-1$, $y=-4$를 대입하면
$-4=3\times(-1)^2+k$이므로 $k=-7$

43 $y=-\frac{1}{5}x^2+k$에 $x=5$, $y=-7$을 대입하면
$-7=-\frac{1}{5}\times5^2+k$이므로 $k=-2$

44 $y=kx^2-3$에 $x=\frac{1}{3}$, $y=-2$를 대입하면
$-2=k\times\left(\frac{1}{3}\right)^2-3$이므로 $\frac{1}{9}k=1$, $k=9$

45 $y=kx^2-10$에 $x=-3$, $y=8$을 대입하면
$8=k\times(-3)^2-10$이므로
$9k=18$, $k=2$

46 $y=kx^2-\frac{1}{4}$에 $x=\frac{1}{2}$, $y=1$을 대입하면
$1=k\times\left(\frac{1}{2}\right)^2-\frac{1}{4}$이므로
$\frac{1}{4}k=\frac{5}{4}$, $k=5$

47 $y=\frac{1}{3}x^2+q$에 $x=-3$, $y=-2$를 대입하면
$-2=\frac{1}{3}\times(-3)^2+q$이므로 $q=-5$

02 이차함수 $y=a(x-p)^2$의 그래프 | 140~143쪽 |

01 -3 **02** 7 **03** $-\frac{1}{5}$ **04** $\frac{3}{4}$ **05** -1
06 8 **07** $-\frac{1}{3}$ **08** $\frac{5}{8}$ **09** $y=5(x+7)^2$
10 $y=\frac{1}{2}\left(x-\frac{1}{4}\right)^2$ **11** $y=-3(x+5)^2$
12 $y=-9(x-1)^2$ **13** $y=-\frac{5}{7}\left(x+\frac{3}{2}\right)^2$
14~16 풀이 참조 **17** $x=-4$, $(-4, 0)$
18 $x=1$, $(1, 0)$ **19** $x=-3$, $(-3, 0)$
20 $x=6$, $(6, 0)$ **21** $x=\frac{1}{2}$, $\left(\frac{1}{2}, 0\right)$
22 ④ **23** ○ **24** × **25** × **26** ○
27 ○ **28** × **29** ○ **30** $x=2$ **31** 2, 0
32 2 **33** 1, 2 **34** 위 **35** -8, 0 **36** -2
37 -8 **38** $\frac{3}{2}$, -4, -4, -4 **39** -1, 3, 3, 3
40 $-\frac{4}{5}$, -7, -7, -7 **41** 1 **42** -7 **43** -2
44 9 **45** $k=-4$ 또는 $k=2$ **46** $k=1$ 또는 $k=3$
47 ①, ④

14 이차함수 $y=(x-2)^2$의 그래프는 이차함수 $y=x^2$의 그래프를 x축의 방향으로 2만큼 평행이동한 것이다.
따라서 $y=x^2$의 그래프 위의 각 점에서 x좌표가 2만큼 큰 점을 잡아서 이 점들을 매끄러운 곡선으로 연결하면 다음 그림과 같다.

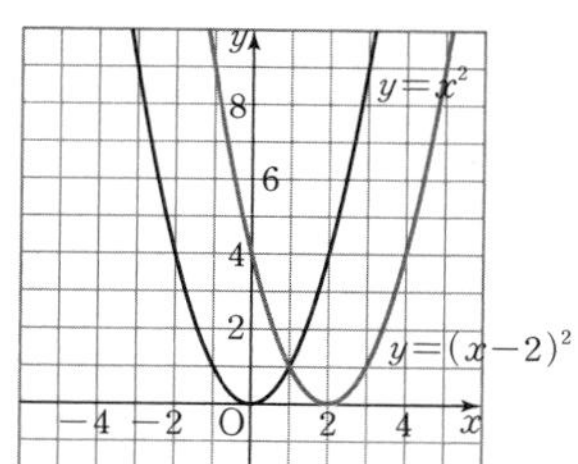

15 이차함수 $y=2(x+3)^2$의 그래프는 이차함수 $y=2x^2$의 그래프를 x축의 방향으로 -3만큼 평행이동한 것이다.
따라서 $y=2x^2$의 그래프 위의 각 점에서 x좌표가 3만큼 작은 점을 잡아서 이 점들을 매끄러운 곡선으로 연결하면 다음 그림과 같다.

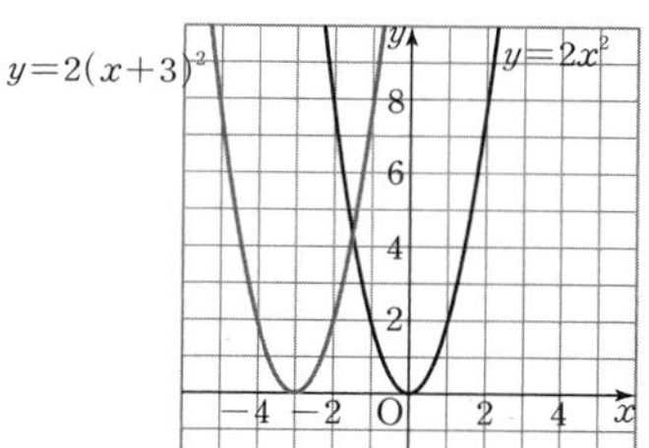

16 이차함수 $y=-3(x+4)^2$의 그래프는 이차함수 $y=-3x^2$의 그래프를 x축의 방향으로 -4만큼 평행이동한 것이다.
따라서 $y=-3x^2$의 그래프 위의 각 점에서 x좌표가 4만큼 작은 작은 점을 잡아서 이 점들을 매끄러운 곡선으로 연결하면 다음 그림과 같다.

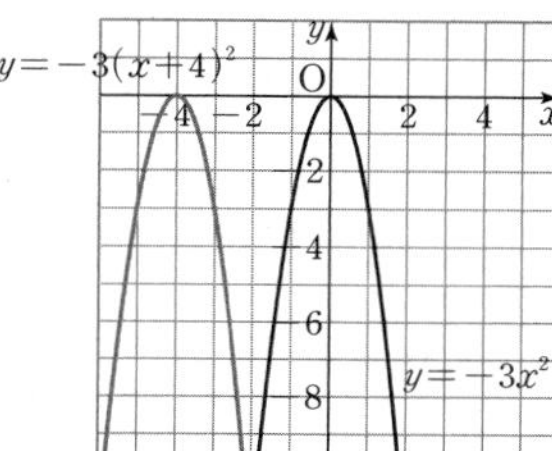

22 이차함수 $y=6x^2$의 그래프를 x축의 방향으로 3만큼 평행이동한 그래프를 나타내는 이차함수의 식은
$y=6(x-3)^2$
즉, 축의 방정식은 $x=3$, 꼭짓점의 좌표는 $(3, 0)$이므로
$a=3$, $b=3$, $c=0$
따라서 $a+b+c=3+3+0=6$

24 이차함수 $y=3(x+4)^2$의 그래프의 축의 방정식은 $x=-4$이다.

25 이차함수 $y=-2(x-5)^2$의 그래프의 꼭짓점의 좌표는 $(5, 0)$이다.

28 이차함수 $y=-4(x+7)^2$의 그래프는 위로 볼록하고, 축이 직선 $x=-7$이므로 $x<-7$일 때, x의 값이 증가하면 y의 값도 증가한다.

38 이차함수 $y=\frac{3}{2}x^2$의 그래프를 x축의 방향으로 -4만큼 평행이동한 그래프이므로
$a=\frac{3}{2}$, $p=-4$
y축에 평행한 직선에 대칭이므로 축의 방정식은 $x=-4$이고, 꼭짓점의 좌표는 $(-4, 0)$이다.

39 이차함수 $y=-x^2$의 그래프를 x축의 방향으로 3만큼 평행이동한 그래프이므로
$a=-1$, $p=3$
y축에 평행한 직선에 대칭이므로 축의 방정식은 $x=3$이고, 꼭짓점의 좌표는 $(3, 0)$이다.

40 이차함수 $y=-\frac{4}{5}x^2$의 그래프를 x축의 방향으로 -7만큼 평행이동한 그래프이므로
$a=-\frac{4}{5}$, $p=-7$
y축에 평행한 직선에 대칭이므로 축의 방정식은 $x=-7$이고, 꼭짓점의 좌표는 $(-7, 0)$이다.

41 $y=k(x-1)^2$에 $x=-2$, $y=9$를 대입하면
$9=k(-2-1)^2$이므로
$9k=9$, $k=1$

42 $y=k(x+4)^2$에 $x=-3$, $y=-7$을 대입하면
$-7=k(-3+4)^2$이므로 $k=-7$

43 $y=k\left(x+\frac{3}{2}\right)^2$에 $x=\frac{1}{2}$, $y=-8$을 대입하면
$-8=k\left(\frac{1}{2}+\frac{3}{2}\right)^2$이므로
$4k=-8$, $k=-2$

44 $y=k\left(x-\frac{1}{3}\right)^2$에 $x=-\frac{1}{3}$, $y=4$를 대입하면
$4=k\left(-\frac{1}{3}-\frac{1}{3}\right)^2$이므로
$\frac{4}{9}k=4$, $k=9$

45 $y=(x+k)^2$에 $x=1$, $y=9$를 대입하면
$9=(1+k)^2$이므로
$1+k=-3$ 또는 $1+k=3$
따라서 $k=-4$ 또는 $k=2$

46 $y=2(x-k)^2$에 $x=2$, $y=2$를 대입하면
$2=2(2-k)^2$이므로
$2-k=-1$ 또는 $2-k=1$
따라서 $k=1$ 또는 $k=3$

47 $y=-3(x-p)^2$에 $x=-1$, $y=-12$를 대입하면
$-12=-3(-1-p)^2$이므로 $(p+1)^2=4$
$p+1=-2$ 또는 $p+1=2$
따라서 $p=-3$ 또는 $p=1$

03 이차함수 $y=a(x-p)^2+q$의 그래프 | 144~147쪽 |

01 $p=-2$, $q=3$ **02** $p=5$, $q=1$ **03** $p=-\frac{1}{3}$, $q=-2$
04 $p=4$, $q=-9$ **05** $p=-3$, $q=-5$ **06** $p=1$, $q=8$
07 $p=-\frac{1}{2}$, $q=4$ **08** $p=\frac{1}{5}$, $q=-\frac{2}{3}$
09 $y=(x+2)^2+5$ **10** $y=8(x-4)^2-3$
11 $y=3\left(x-\frac{1}{2}\right)^2+\frac{1}{3}$ **12** $y=-4(x-1)^2-6$
13 $y=-\frac{2}{3}(x+6)^2-\frac{2}{5}$ **14~16** 풀이 참조
17 $x=-1$, $(-1, -4)$ **18** $x=3$, $(3, 7)$
19 $x=-2$, $(-2, 5)$ **20** $x=8$, $(8, -1)$
21 $x=\frac{1}{3}$, $\left(\frac{1}{3}, \frac{1}{6}\right)$ **22** ④ **23** ○
24 × **25** × **26** ○ **27** $x=-1$
28 -1, 5 **29** -1, 5 **30** -1
31 $\frac{3}{2}$, 5, 4, 5, 5, 4 **32** -1, 2, -4, 2, 2, -4
33 -2, -3, 6, -3, -3, 6 **34** 5 **35** 4
36 7 **37** -4 **38** $k=-5$ 또는 $k=-1$
39 $k=-4$ 또는 $k=6$ **40** ③ **41** $>$, $>$, $>$
42 $<$, $>$, $<$ **43** $<$, $<$, $<$ **44** $>$, $=$, $>$

14 이차함수 $y=(x-2)^2-1$의 그래프는 이차함수 $y=x^2$의 그래프를 x축의 방향으로 2만큼, y축의 방향으로 -1만큼 평행이동한 것이다.
따라서 $y=x^2$의 그래프 위의 각 점에서 x좌표가 2만큼 크고, y좌표가 1만큼 작은 점을 잡아서 이 점들을 매끄러운 곡선으로 연결하면 다음 그림과 같다.

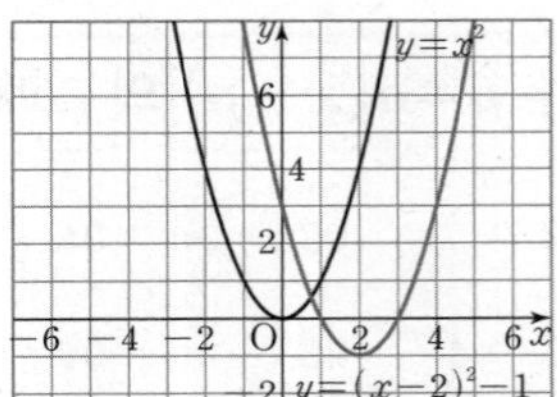

15 이차함수 $y=-\frac{1}{2}(x-3)^2+2$의 그래프는 이차함수 $y=-\frac{1}{2}x^2$의 그래프를 x축의 방향으로 3만큼, y축의 방향으로 2만큼 평행이동한 것이다.
따라서 $y=-\frac{1}{2}x^2$의 그래프 위의 각 점에서 x좌표가 3만큼 크고, y좌표가 2만큼 큰 점을 잡아서 이 점들을 매끄러운 곡선으로 연결하면 다음 그림과 같다.

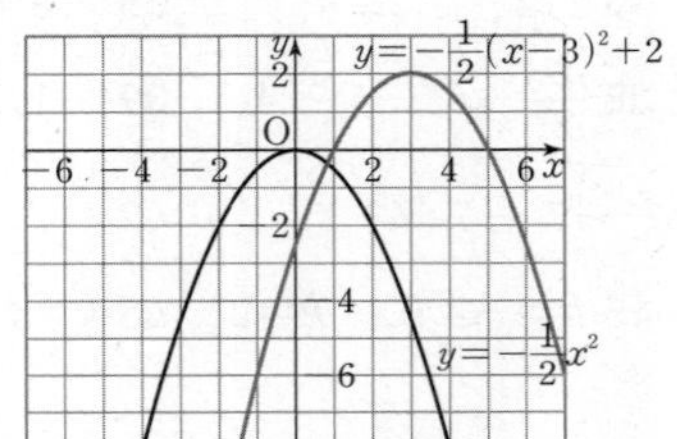

16 이차함수 $y=-3(x+4)^2-3$의 그래프는 이차함수 $y=-3x^2$의 그래프를 x축의 방향으로 -4만큼, y축의 방향으로 -3만큼 평행이동한 것이다.

따라서 $y=-3x^2$의 그래프 위의 각 점에서 x좌표가 4만큼 작고, y좌표가 3만큼 작은 점을 잡아서 이 점들을 매끄러운 곡선으로 연결하면 다음 그림과 같다.

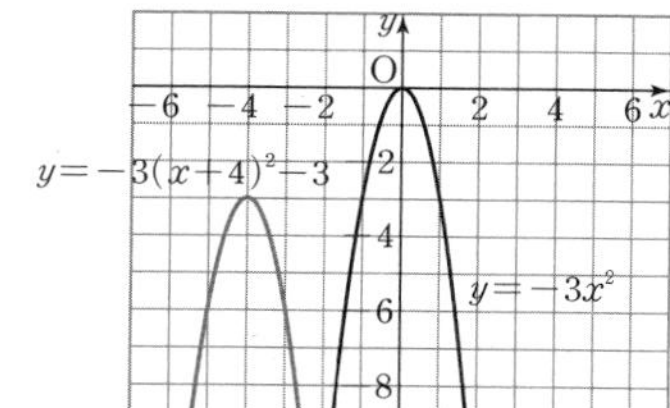

22 이차함수 $y=5x^2$의 그래프를 x축의 방향으로 4만큼, y축의 방향으로 -2만큼 평행이동한 그래프를 나타내는 이차함수의 식은 $y=5(x-4)^2-2$이므로 꼭짓점의 좌표는 $(4,\ -2)$이다.

24 이차함수 $y=\frac{1}{3}(x-4)^2+9$의 그래프의 꼭짓점의 좌표는 $(4,\ 9)$이다.

25 이차함수 $y=6(x+8)^2-1$의 그래프는 이차함수 $y=6x^2$의 그래프를 x축의 방향으로 -8만큼, y축의 방향으로 -1만큼 평행이동한 것이다.

30 이차함수 $y=-4(x+1)^2+5$의 그래프는 위로 볼록하고, 축이 직선 $x=-1$이므로 $x<-1$일 때, x의 값이 증가하면 y의 값도 증가한다.

31 이차함수 $y=\frac{3}{2}x^2$의 그래프를 x축의 방향으로 5만큼, y축의 방향으로 4만큼 평행이동한 그래프이므로

$a=\frac{3}{2}$, $p=5$, $q=4$

y축에 평행한 직선에 대칭이므로 축의 방정식은 $x=5$이고,

꼭짓점의 좌표는 $(5,\ 4)$이다.

32 이차함수 $y=-x^2$의 그래프를 x축의 방향으로 2만큼, y축의 방향으로 -4만큼 평행이동한 그래프이므로

$a=-1$, $p=2$, $q=-4$

y축에 평행한 직선에 대칭이므로 축의 방정식은 $x=2$이고,

꼭짓점의 좌표는 $(2,\ -4)$이다.

33 이차함수 $y=-2x^2$의 그래프를 x축의 방향으로 -3만큼, y축의 방향으로 6만큼 평행이동한 그래프이므로

$a=-2$, $p=-3$, $q=6$

y축에 평행한 직선에 대칭이므로 축의 방정식은

$x=-3$이고,

꼭짓점의 좌표는 $(-3,\ 6)$이다.

34 $6=k(-1+2)^2+1$이므로 $k=5$

35 $10=k(3-5)^2-6$이므로 $4k=16$, $k=4$

36 $-9=-(1+3)^2+k$이므로 $k=7$

37 $8=\frac{1}{3}(-2-4)^2+k$이므로 $k=-4$

38 $7=-(3+k)^2+11$이므로 $(3+k)^2=4$

$3+k=-2$ 또는 $3+k=2$

따라서 $k=-5$ 또는 $k=-1$

39 $-4=\frac{1}{5}(1-k)^2-9$이므로 $(1-k)^2=25$

$1-k=-5$ 또는 $1-k=5$

따라서 $k=-4$ 또는 $k=6$

40 $y=k(x-5)^2+2k$에 $x=4$, $y=-6$을 대입하면

$-6=k(4-5)^2+2k$이므로

$3k=-6$, $k=-2$

확인문제

| 148쪽 |

01 ② **02** ① **03** ④ **04** ③ **05** ⑤
06 ②

01 이차함수 $y=2x^2$의 그래프를 y축의 방향으로 -5만큼 평행이동한 그래프를 나타내는 이차함수의 식은

$y=2x^2-5$

$x=-1$, $y=a$를 대입하면

$a=2\times(-1)^2-5=-3$

02 이차함수 $y=(x+2)^2$의 그래프는 아래로 볼록한 포물선이고, 축의 방정식이 $x=-2$이므로 $x<-2$일 때, x의 값이 증가하면 y의 값은 감소한다.

03 ① 위로 볼록한 포물선이다.

② 축의 방정식은 $x=1$이다.

③ 꼭짓점의 좌표는 $(1,\ 0)$이다

⑤ $y=-3x^2$의 그래프를 x축의 방향으로 1만큼 평행이동한 것이다.

따라서 옳은 것은 ④이다.

04 x^2의 계수가 같으면 평행이동하여 완전히 포갤 수 있다.

05 이차함수 $y=-6x^2$의 그래프를 x축의 방향으로 -3만큼, y축의 방향으로 -4만큼 평행이동한 그래프를 나타내는 이차함수의 식은 $y=-6(x+3)^2-4$

따라서 $a=-6$, $p=-3$, $q=-4$이므로

$a+pq=-6+(-3)\times(-4)=6$

06 그래프가 위로 볼록하므로 $a<0$

꼭짓점 $(p,\ q)$가 제2사분면 위에 있으므로 $p<0$, $q>0$

3. 이차함수 $y=ax^2+bx+c$의 그래프

01 이차함수 $y=ax^2+bx+c$의 그래프 | 149~151쪽 |

01 $y=(x+1)^2+3$ **02** $y=-2(x-2)^2+1$
03 $y=\frac{1}{3}(x-3)^2-4$ **04** $y=-(x+5)^2+10$
05 $x=1$, $(1, 4)$, $(0, 5)$
06 $x=-3$, $(-3, 7)$, $(0, -11)$
07 $x=6$, $(6, 9)$, $(0, -9)$
08 $y=(x+1)^2+2$, 그래프는 풀이 참조
09 $y=-2(x-2)^2+3$, 그래프는 풀이 참조
10 $y=\frac{3}{2}(x+2)^2-4$, 그래프는 풀이 참조
11 $(-2, 0)$, $(-5, 0)$ **12** $(0, 0)$, $(3, 0)$
13 $(1, 0)$, $(7, 0)$ **14** $(-1, 0)$, $(4, 0)$
15 $(-6, 0)$, $(2, 0)$ **16** ○ **17** ○
18 × **19** × **20** ○ **21** ○ **22** ×
23 × **24** -2 **25** -2, -1 **26** 3
27 -3, -1(또는 -1, -3) **28** 4 **29** -2
30 ④

01 $y=x^2+2x+4=(x^2+2x+1-1)+4$
$=(x^2+2x+1)-1+4$
$=(x+1)^2+3$

02 $y=-2x^2+8x-7=-2(x^2-4x)-7$
$=-2(x^2-4x+4-4)-7$
$=-2(x^2-4x+4)+8-7$
$=-2(x-2)^2+1$

03 $y=\frac{1}{3}x^2-2x-1$
$=\frac{1}{3}(x^2-6x)-1$
$=\frac{1}{3}(x^2-6x+9-9)-1$
$=\frac{1}{3}(x^2-6x+9)-3-1$
$=\frac{1}{3}(x-3)^2-4$

04 $y=-x^2-10x-15$
$=-(x^2+10x)-15$
$=-(x^2+10x+25-25)-15$
$=-(x^2+10x+25)+25-15$
$=-(x+5)^2+10$

05 $y=x^2-2x+5=(x^2-2x+1-1)+5$
$=(x^2-2x+1)-1+5$
$=(x-1)^2+4$
따라서 축의 방정식은 $x=1$, 꼭짓점의 좌표는 $(1, 4)$이고, $y=x^2-2x+5$에 $x=0$을 대입하면 $y=5$이므로 y축과의 교점의 좌표는 $(0, 5)$이다.

06 $y=-2x^2-12x-11$
$=-2(x^2+6x)-11$
$=-2(x^2+6x+9-9)-11$
$=-2(x^2+6x+9)+18-11$
$=-2(x+3)^2+7$
따라서 축의 방정식은 $x=-3$,
꼭짓점의 좌표는 $(-3, 7)$이고,
$y=-2x^2-12x-11$에 $x=0$을 대입하면 $y=-11$이므로 y축과의 교점의 좌표는 $(0, -11)$이다.

07 $y=-\frac{1}{2}x^2+6x-9$
$=-\frac{1}{2}(x^2-12x)-9$
$=-\frac{1}{2}(x^2-12x+36-36)-9$
$=-\frac{1}{2}(x^2-12x+36)+18-9$
$=-\frac{1}{2}(x-6)^2+9$
따라서 축의 방정식은 $x=6$, 꼭짓점의 좌표는 $(6, 9)$이고,
$y=-\frac{1}{2}x^2+6x-9$에 $x=0$을 대입하면 $y=-9$이므로 y축과의 교점의 좌표는 $(0, -9)$이다.

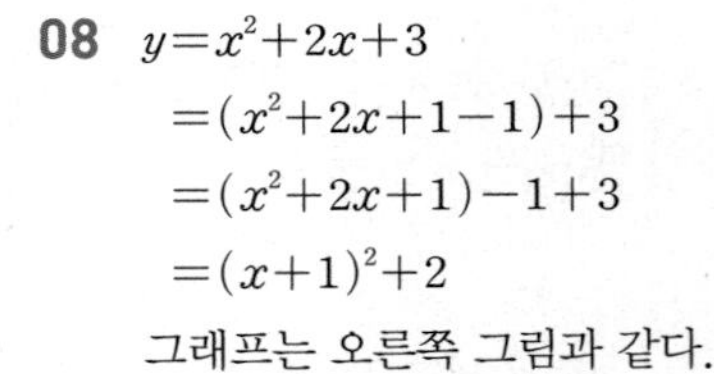

08 $y=x^2+2x+3$
$=(x^2+2x+1-1)+3$
$=(x^2+2x+1)-1+3$
$=(x+1)^2+2$
그래프는 오른쪽 그림과 같다.

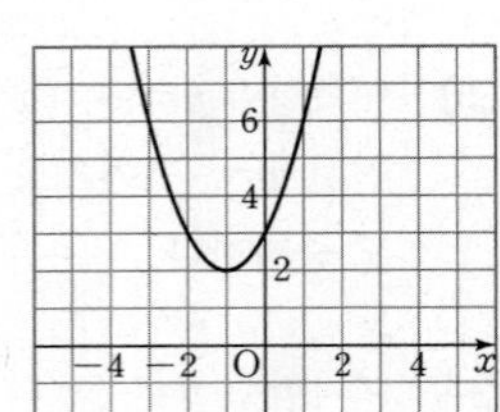

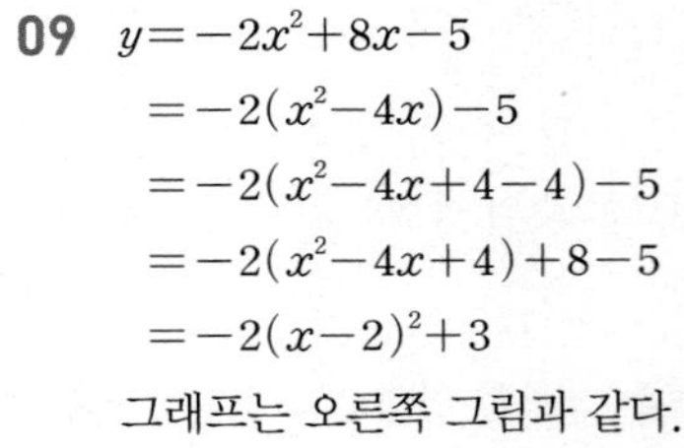

09 $y=-2x^2+8x-5$
$=-2(x^2-4x)-5$
$=-2(x^2-4x+4-4)-5$
$=-2(x^2-4x+4)+8-5$
$=-2(x-2)^2+3$
그래프는 오른쪽 그림과 같다.

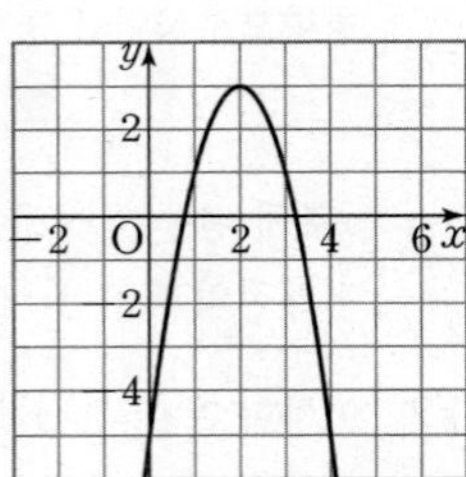

10 $y=\frac{3}{2}x^2+6x+2$
$=\frac{3}{2}(x^2+4x)+2$
$=\frac{3}{2}(x^2+4x+4-4)+2$
$=\frac{3}{2}(x^2+4x+4)-6+2$
$=\frac{3}{2}(x+2)^2-4$
그래프는 오른쪽 그림과 같다.

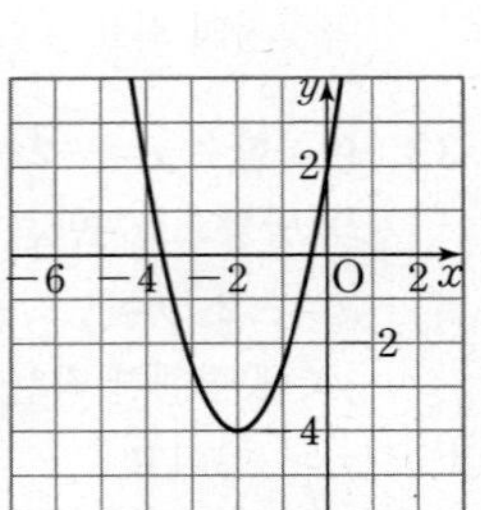

11 $y=0$을 대입하면 $x^2+7x+10=0$,
$(x+2)(x+5)=0$, $x=-2$ 또는 $x=-5$
따라서 x축과의 교점의 좌표는 $(-2, 0)$, $(-5, 0)$이다.

12 $y=0$을 대입하면 $x^2-3x=0$
$x(x-3)=0$, $x=0$ 또는 $x=3$
따라서 x축과의 교점의 좌표는 $(0, 0)$, $(3, 0)$이다.

13 $y=0$을 대입하면 $-x^2+8x-7=0$, $x^2-8x+7=0$
$(x-1)(x-7)=0$, $x=1$ 또는 $x=7$
따라서 x축과의 교점의 좌표는 $(1, 0)$, $(7, 0)$이다.

14 $y=0$을 대입하면 $-2x^2+6x+8=0$, $x^2-3x-4=0$
$(x+1)(x-4)=0$, $x=-1$ 또는 $x=4$
따라서 x축과의 교점의 좌표는 $(-1, 0)$, $(4, 0)$이다.

15 $y=0$을 대입하면 $3x^2+12x-36=0$, $x^2+4x-12=0$
$(x+6)(x-2)=0$, $x=-6$ 또는 $x=2$
따라서 x축과의 교점의 좌표는 $(-6, 0)$, $(2, 0)$이다.

17~18 $y=x^2-6x+5$
$=(x^2-6x+9-9)+5$
$=(x^2-6x+9)-9+5$
$=(x-3)^2-4$
따라서 축의 방정식은 $x=3$이고,
이차함수 $y=x^2$의 그래프를 x축의 방향으로 3만큼, y축의 방향으로 -4만큼 평행이동한 것이다.

19 $y=0$을 대입하면 $x^2-6x+5=0$
$(x-1)(x-5)=0$, $x=1$ 또는 $x=5$
따라서 x축과 두 점 $(1, 0)$, $(5, 0)$에서 만난다.

20 $y=-x^2+8x-7$
$=-(x^2-8x)-7$
$=-(x^2-8x+16-16)-7$
$=-(x^2-8x+16)+16-7$
$=-(x-4)^2+9$
따라서 꼭짓점의 좌표는 $(4, 9)$이다.

22~23 이차함수 $y=-x^2+8x-7$의 그래프는 오른쪽 그림과 같으므로 $x>4$일 때, x의 값이 증가하면 y의 값은 감소하고, 제2사분면을 지나지 않는다.

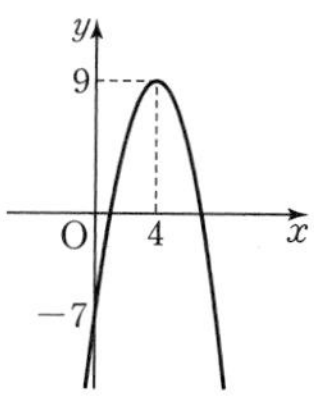

24~25 $y=x^2+4x+3$
$=(x^2+4x)+3$
$=(x^2+4x+4-4)+3$
$=(x^2+4x+4)-4+3$
$=(x+2)^2-1$
따라서 축의 방정식은 $x=-2$이고,
꼭짓점의 좌표는 $(-2, -1)$이다.

26 $y=x^2+4x+3$에 $x=0$을 대입하면 $y=3$
따라서 y축과의 교점의 좌표는 $(0, 3)$이다.

27 $y=x^2+4x+3$에 $y=0$을 대입하면 $x^2+4x+3=0$
$(x+3)(x+1)=0$, $x=-3$ 또는 $x=-1$
따라서 x축과의 교점의 좌표는 $(-3, 0)$, $(-1, 0)$이다.

28~29 이차함수 $y=x^2+4x+3$의 그래프는 오른쪽 그림과 같으므로 제4사분면을 지나지 않고, $x<-2$일 때, x의 값이 증가하면 y의 값은 감소한다.

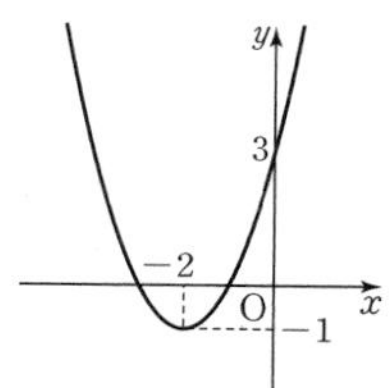

30 $y=-x^2+10x-16$
$=-(x^2-10x)-16$
$=-(x^2-10x+25-25)-16$
$=-(x^2-10x+25)+25-16$
$=-(x-5)^2+9$
④ $x<5$일 때, x의 값이 증가하면 y의 값도 증가한다.

02 이차함수 $y=ax^2+bx+c$의 그래프의 a, b, c의 부호 | 152~153쪽 |

01 <, >, <	02 >, <, >	03 >, >, >
04 <, >, >	05 <, =, <	06 >, >, =
07~14 풀이 참조	15 ③	

01 그래프가 위로 볼록하므로 $a<0$
축이 y축의 오른쪽에 있으므로 $ab<0$이고, $a<0$이므로 $b>0$
y축과의 교점이 x축보다 아래쪽에 있으므로 $c<0$

02 그래프가 아래로 볼록하므로 $a>0$
축이 y축의 오른쪽에 있으므로 $ab<0$이고, $a>0$이므로 $b<0$
y축과의 교점이 x축보다 위쪽에 있으므로 $c>0$

03 그래프가 아래로 볼록하므로 $a>0$
축이 y축의 왼쪽에 있으므로 $ab>0$이고, $a>0$이므로 $b>0$
y축과의 교점이 x축보다 위쪽에 있으므로 $c>0$

04 그래프가 위로 볼록하므로 $a<0$
축이 y축의 오른쪽에 있으므로 $ab<0$이고, $a<0$이므로 $b>0$
y축과의 교점이 x축보다 위쪽에 있으므로 $c>0$

05 그래프가 위로 볼록하므로 $a<0$
축이 y축이므로 $b=0$
y축과의 교점이 x축보다 아래쪽에 있으므로 $c<0$

06 그래프가 아래로 볼록하므로 $a>0$
축이 y축의 왼쪽에 있으므로 $ab>0$이고, $a>0$이므로 $b>0$
y축과의 교점이 원점이므로 $c=0$

07 $a>0$이면 그래프가 아래로 볼록하고,
$b>0$이면 a와 b의 부호가 같으므로 축은 y축의 왼쪽에 있고,
$c<0$이면 y축과의 교점이 x축보다 아래쪽에 있다.
따라서 그래프의 개형은 오른쪽 그림과 같다.

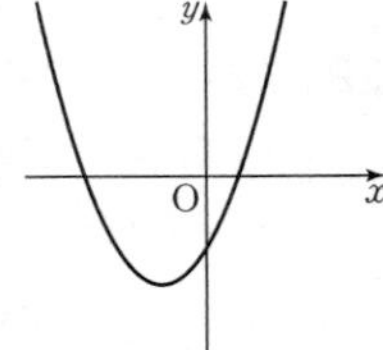

08 $a<0$이면 그래프가 위로 볼록하고,
$b<0$이면 a와 b의 부호가 같으므로 축은 y축의 왼쪽에 있고,
$c>0$이면 y축과의 교점이 x축보다 위쪽에 있다.
따라서 그래프의 개형은 오른쪽 그림과 같다.

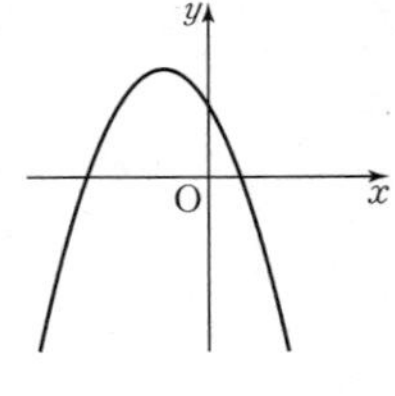

09 $a>0$이면 그래프가 아래로 볼록하고,
$b=0$이면 축은 y축이고,
$c<0$이면 y축과의 교점이 x축보다 아래쪽에 있다.
따라서 그래프의 개형은 오른쪽 그림과 같다.

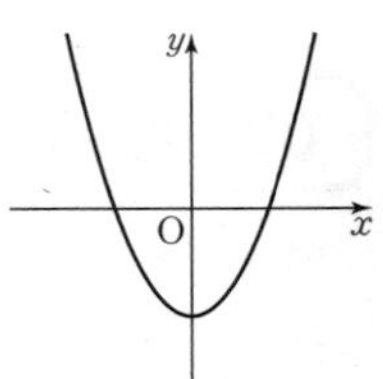

10 $a<0$이면 그래프가 위로 볼록하고,
$b>0$이면 a와 b의 부호가 다르므로 축은 y축의 오른쪽에 있고,
$c=0$이면 y축과의 교점이 원점이다.
따라서 그래프의 개형은 오른쪽 그림과 같다.

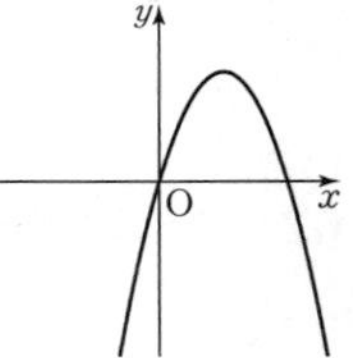

11 $a>0$이면 그래프가 아래로 볼록하고,
$b>0$이면 a와 b의 부호가 같으므로 축은 y축의 왼쪽에 있고,
$c=0$이면 y축과의 교점이 원점이다.
따라서 그래프의 개형은 오른쪽 그림과 같다.

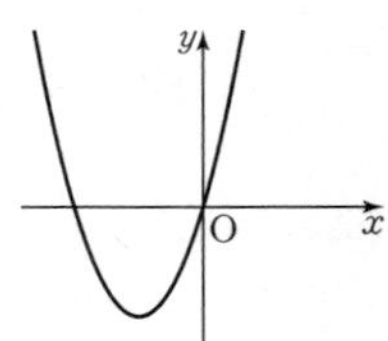

12 $a<0$이면 그래프가 위로 볼록하고,
$b<0$이면 a와 b의 부호가 같으므로 축은 y축의 왼쪽에 있고,
$c=0$이면 y축과의 교점이 원점이다.
따라서 그래프의 개형은 오른쪽 그림과 같다.

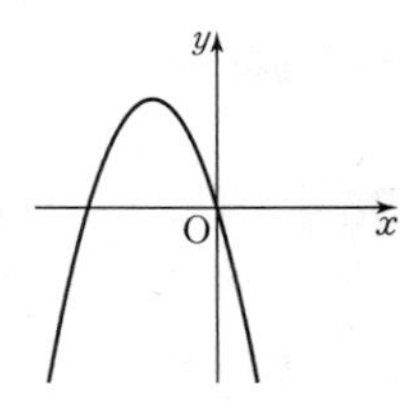

13 $a<0$이면 그래프가 위로 볼록하고,
$b>0$이면 a와 b의 부호가 다르므로 축은 y축의 오른쪽에 있고,
$c>0$이면 y축과의 교점이 x축보다 위쪽에 있다.
따라서 그래프의 개형은 오른쪽 그림과 같다.

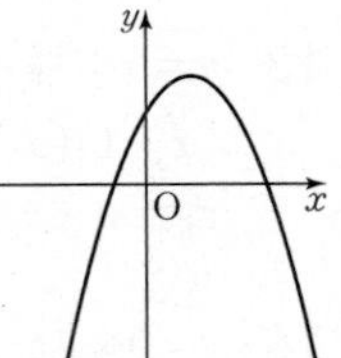

14 $a>0$이면 그래프가 아래로 볼록하고,
$b=0$이면 축은 y축이고,
$c>0$이면 y축과의 교점이 x축보다 위쪽에 있다.
따라서 그래프의 개형은 오른쪽 그림과 같다.

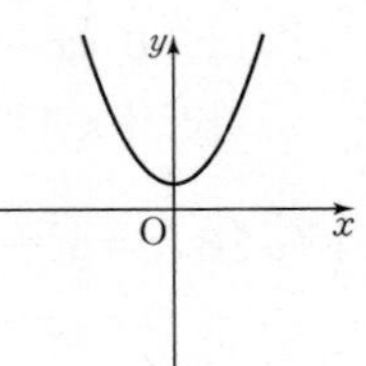

15 그래프가 아래로 볼록하므로 $a>0$
축이 y축의 오른쪽에 있으므로 $ab<0$이고, $a>0$이므로 $b<0$
y축과의 교점이 x축보다 아래쪽에 있으므로 $c<0$
따라서 옳은 것은 ③이다.

03 이차함수의 식 구하기 (1) – 꼭짓점의 좌표가 주어질 때 | 154~155쪽 |

01 $y=4x^2$ **02** $y=-\frac{3}{5}x^2$
03 $y=2x^2-2$ **04** $y=-x^2+3$
05 $y=(x-4)^2+1$ **06** $y=2(x+1)^2-10$
07 $y=-3(x-2)^2+5$ **08** $y=-(x-8)^2$
09 $y=(x-1)^2-2$ **10** $y=-(x+2)^2+4$
11 $y=3(x-3)^2+1$ **12** $y=-2(x+1)^2+3$
13 $y=\frac{1}{3}x^2$ **14** $y=-\frac{1}{2}x^2+6$
15 $y=\frac{2}{5}(x-5)^2$ **16** $y=-\frac{1}{2}(x-4)^2+7$
17 ⑤

01 이차함수의 식을 $y=ax^2$으로 놓고
$x=1$, $y=4$를 대입하면 $a=4$
따라서 이차함수의 식은 $y=4x^2$

02 이차함수의 식을 $y=ax^2$으로 놓고
$x=-5$, $y=-15$를 대입하면
$-15=25a$, $a=-\frac{3}{5}$
따라서 이차함수의 식은 $y=-\frac{3}{5}x^2$

03 이차함수의 식을 $y=ax^2-2$로 놓고
$x=2$, $y=6$을 대입하면
$6=4a-2$, $4a=8$, $a=2$
따라서 이차함수의 식은 $y=2x^2-2$

04 이차함수의 식을 $y=ax^2+3$으로 놓고
$x=-1$, $y=2$를 대입하면 $2=a+3$, $a=-1$
따라서 이차함수의 식은 $y=-x^2+3$

05 이차함수의 식을 $y=a(x-4)^2+1$로 놓고
$x=5$, $y=2$를 대입하면 $2=a+1$, $a=1$
따라서 이차함수의 식은 $y=(x-4)^2+1$

06 이차함수의 식을 $y=a(x+1)^2-10$으로 놓고
$x=-3$, $y=-2$를 대입하면
$-2=4a-10$, $4a=8$, $a=2$
따라서 이차함수의 식은 $y=2(x+1)^2-10$

07 이차함수의 식을 $y=a(x-2)^2+5$로 놓고
$x=0$, $y=-7$을 대입하면
$-7=4a+5$, $4a=-12$, $a=-3$
따라서 이차함수의 식은 $y=-3(x-2)^2+5$

08 이차함수의 식을 $y=a(x-8)^2$으로 놓고
$x=9$, $y=-1$을 대입하면 $a=-1$
따라서 이차함수의 식은 $y=-(x-8)^2$

09 이차함수의 식을 $y=a(x-1)^2-2$로 놓고
$x=3$, $y=2$를 대입하면
$2=4a-2$, $4a=4$, $a=1$
따라서 이차함수의 식은 $y=(x-1)^2-2$

10 이차함수의 식을 $y=a(x+2)^2+4$로 놓고
그래프가 원점을 지나므로 $x=0$, $y=0$을 대입하면
$0=4a+4$, $a=-1$
따라서 이차함수의 식은 $y=-(x+2)^2+4$

11 이차함수의 식을 $y=a(x-3)^2+1$로 놓고
$x=2$, $y=4$를 대입하면 $4=a+1$, $a=3$
따라서 이차함수의 식은 $y=3(x-3)^2+1$

12 이차함수의 식을 $y=a(x+1)^2+3$으로 놓고
$x=0$, $y=1$을 대입하면 $1=a+3$, $a=-2$
따라서 이차함수의 식은 $y=-2(x+1)^2+3$

13 꼭짓점이 원점이므로 이차함수의 식을 $y=ax^2$으로 놓고
$x=6$, $y=12$를 대입하면 $12=36a$, $a=\frac{1}{3}$
따라서 이차함수의 식은 $y=\frac{1}{3}x^2$

14 이차함수의 식을 $y=ax^2+6$으로 놓고
$x=4$, $y=-2$를 대입하면
$-2=16a+6$, $16a=-8$, $a=-\frac{1}{2}$
따라서 이차함수의 식은 $y=-\frac{1}{2}x^2+6$

15 이차함수의 식을 $y=a(x-5)^2$으로 놓고
$x=0$, $y=10$을 대입하면 $10=25a$, $a=\frac{2}{5}$
따라서 이차함수의 식은 $y=\frac{2}{5}(x-5)^2$

16 이차함수의 식을 $y=a(x-4)^2+7$로 놓고
$x=0$, $y=-1$을 대입하면
$-1=16a+7$, $16a=-8$, $a=-\frac{1}{2}$
따라서 이차함수의 식은 $y=-\frac{1}{2}(x-4)^2+7$

17 이차함수의 식을 $y=a\left(x+\frac{1}{2}\right)^2-1$로 놓고
$x=0$, $y=0$을 대입하면
$0=\frac{1}{4}a-1$, $\frac{1}{4}a=1$, $a=4$
따라서 이차함수의 식은 $y=4\left(x+\frac{1}{2}\right)^2-1$

04 이차함수의 식 구하기 (2) – 축의 방정식이 주어질 때 | 156~157쪽 |

01 $y=-2x^2+10$　**02** $y=x^2-7$
03 $y=-4x^2+8$　**04** $y=5x^2-14$
05 $y=4(x+1)^2-3$　**06** $y=-(x-3)^2+5$
07 $y=(x-2)^2-8$　**08** $y=-2(x+4)^2+1$
09 $y=-(x-4)^2+6$　**10** $y=(x-1)^2-3$
11 $y=\frac{1}{2}x^2+5$　**12** $y=-\frac{1}{3}x^2+4$
13 $y=(x+2)^2+2$　**14** $y=-2(x+3)^2-1$
15 $y=\frac{1}{4}(x-2)^2+3$　**16** $y=\frac{1}{5}(x+2)^2-\frac{9}{5}$
17 ①

01 이차함수의 식을 $y=ax^2+10$으로 놓고
$x=-2$, $y=2$를 대입하면
$2=4a+10$, $4a=-8$, $a=-2$
따라서 이차함수의 식은 $y=-2x^2+10$

02 이차함수의 식을 $y=ax^2+q$로 놓고
$x=3$, $y=2$를 대입하면 $2=9a+q$ …… ㉠
$x=-4$, $y=9$를 대입하면 $9=16a+q$ …… ㉡
㉠, ㉡을 연립하여 풀면 $a=1$, $q=-7$
따라서 이차함수의 식은 $y=x^2-7$

03 이차함수의 식을 $y=ax^2+8$로 놓고
$x=1$, $y=4$를 대입하면
$4=a+8$, $a=-4$
따라서 이차함수의 식은 $y=-4x^2+8$

04 이차함수의 식을 $y=ax^2+q$로 놓고
$x=-1$, $y=-9$를 대입하면
$-9=a+q$ …… ㉠
$x=2$, $y=6$을 대입하면
$6=4a+q$ …… ㉡
㉠, ㉡을 연립하여 풀면 $a=5$, $q=-14$
따라서 이차함수의 식은 $y=5x^2-14$

05 이차함수의 식을 $y=a(x+1)^2+q$로 놓고
$x=0$, $y=1$을 대입하면
$1=a+q$ …… ㉠
$x=1$, $y=13$을 대입하면
$13=4a+q$ …… ㉡
㉠, ㉡을 연립하여 풀면 $a=4$, $q=-3$
따라서 이차함수의 식은 $y=4(x+1)^2-3$

06 이차함수의 식을 $y=a(x-3)^2+q$로 놓고
$x=-1$, $y=-11$을 대입하면
$-11=16a+q$ …… ㉠
$x=4$, $y=4$를 대입하면
$4=a+q$ …… ㉡
㉠, ㉡을 연립하여 풀면 $a=-1$, $q=5$
따라서 이차함수의 식은 $y=-(x-3)^2+5$

07 이차함수의 식을 $y=a(x-2)^2+q$로 놓고
$x=1$, $y=-7$을 대입하면
$-7=a+q$ …… ㉠
$x=5$, $y=1$을 대입하면
$1=9a+q$ …… ㉡
㉠, ㉡을 연립하여 풀면 $a=1$, $q=-8$
따라서 이차함수의 식은 $y=(x-2)^2-8$

08 이차함수의 식을 $y=a(x+4)^2+q$로 놓고
$x=-6$, $y=-7$을 대입하면
$-7=4a+q$ …… ㉠
$x=-3$, $y=-1$을 대입하면
$-1=a+q$ …… ㉡
㉠, ㉡을 연립하여 풀면 $a=-2$, $q=1$
따라서 이차함수의 식은 $y=-2(x+4)^2+1$

09 이차함수의 식을 $y=a(x-4)^2+q$로 놓고
$x=2$, $y=2$를 대입하면
$2=4a+q$ …… ㉠
$x=7$, $y=-3$을 대입하면
$-3=9a+q$ …… ㉡
㉠, ㉡을 연립하여 풀면 $a=-1$, $q=6$
따라서 이차함수의 식은 $y=-(x-4)^2+6$

10 이차함수의 식을 $y=a(x-1)^2+q$로 놓고
$x=0$, $y=-2$를 대입하면
$-2=a+q$ …… ㉠
$x=3$, $y=1$을 대입하면
$1=4a+q$ …… ㉡
㉠, ㉡을 연립하여 풀면 $a=1$, $q=-3$
따라서 이차함수의 식은 $y=(x-1)^2-3$

11 이차함수의 식을 $y=ax^2+q$로 놓고
$x=-4$, $y=13$을 대입하면
$13=16a+q$ …… ㉠
$x=2$, $y=7$을 대입하면
$7=4a+q$ …… ㉡
㉠, ㉡을 연립하여 풀면 $a=\frac{1}{2}$, $q=5$
따라서 이차함수의 식은 $y=\frac{1}{2}x^2+5$

12 이차함수의 식을 $y=ax^2+q$로 놓고
$x=-6$, $y=-8$을 대입하면
$-8=36a+q$ …… ㉠
$x=3$, $y=1$을 대입하면
$1=9a+q$ …… ㉡
㉠, ㉡을 연립하여 풀면 $a=-\frac{1}{3}$, $q=4$
따라서 이차함수의 식은 $y=-\frac{1}{3}x^2+4$

13 이차함수의 식을 $y=a(x+2)^2+q$로 놓고
$x=-4$, $y=6$을 대입하면
$6=4a+q$ …… ㉠
$x=-1$, $y=3$을 대입하면
$3=a+q$ …… ㉡
㉠, ㉡을 연립하여 풀면 $a=1$, $q=2$
따라서 이차함수의 식은 $y=(x+2)^2+2$

14 이차함수의 식을 $y=a(x+3)^2+q$로 놓고
$x=-4$, $y=-3$을 대입하면
$-3=a+q$ …… ㉠
$x=-1$, $y=-9$를 대입하면
$-9=4a+q$ …… ㉡
㉠, ㉡을 연립하여 풀면 $a=-2$, $q=-1$
따라서 이차함수의 식은 $y=-2(x+3)^2-1$

15 이차함수의 식을 $y=a(x-2)^2+q$로 놓고
$x=0$, $y=4$를 대입하면
$4=4a+q$ …… ㉠
$x=6$, $y=7$을 대입하면
$7=16a+q$ …… ㉡
㉠, ㉡을 연립하여 풀면 $a=\frac{1}{4}$, $q=3$
따라서 이차함수의 식은 $y=\frac{1}{4}(x-2)^2+3$

16 이차함수의 식을 $y=a(x+2)^2+q$로 놓고
$x=1$, $y=0$을 대입하면
$0=9a+q$ …… ㉠
$x=0$, $y=-1$을 대입하면
$-1=4a+q$ …… ㉡
㉠, ㉡을 연립하여 풀면 $a=\frac{1}{5}$, $q=-\frac{9}{5}$
따라서 이차함수의 식은 $y=\frac{1}{5}(x+2)^2-\frac{9}{5}$

17 이차함수의 식을 $y=a(x-6)^2+q$로 놓고
$x=4$, $y=-11$을 대입하면 $-11=4a+q$ …… ㉠
$x=5$, $y=1$을 대입하면 $1=a+q$ …… ㉡
㉠, ㉡을 연립하여 풀면 $a=-4$, $q=5$
이차함수의 식은 $y=-4(x-6)^2+5$
따라서 $a=-4$, $p=-6$, $q=5$이므로
$a+p+q=-4+(-6)+5=-5$

05 이차함수의 식 구하기 (3) – 세 점의 좌표가 주어질 때 | 158쪽 |

01 $y=x^2+2x+1$
02 $y=2x^2-x-5$
03 $y=-x^2+3x+6$
04 $y=3x^2+5x-2$
05 $y=-4x^2-7x+11$
06 $y=x^2-2x-4$
07 $y=-x^2+4x+2$

01 이차함수의 식을 $y=ax^2+bx+c$로 놓고
$x=0$, $y=1$을 대입하면 $c=1$
$x=-1$, $y=0$을 대입하면 $0=a-b+1$ …… ㉠
$x=1$, $y=4$를 대입하면 $4=a+b+1$ …… ㉡
㉠, ㉡을 연립하여 풀면 $a=1$, $b=2$
따라서 이차함수의 식은 $y=x^2+2x+1$

02 이차함수의 식을 $y=ax^2+bx+c$로 놓고
$x=0$, $y=-5$를 대입하면 $c=-5$
$x=-2$, $y=5$를 대입하면 $5=4a-2b-5$ …… ㉠
$x=1$, $y=-4$를 대입하면 $-4=a+b-5$ …… ㉡
㉠, ㉡을 연립하여 풀면 $a=2$, $b=-1$
따라서 이차함수의 식은 $y=2x^2-x-5$

03 이차함수의 식을 $y=ax^2+bx+c$로 놓고
$x=0$, $y=6$을 대입하면 $c=6$
$x=-1$, $y=2$를 대입하면 $2=a-b+6$ …… ㉠
$x=3$, $y=6$을 대입하면 $6=9a+3b+6$ …… ㉡
㉠, ㉡을 연립하여 풀면 $a=-1$, $b=3$
따라서 이차함수의 식은 $y=-x^2+3x+6$

04 이차함수의 식을 $y=ax^2+bx+c$로 놓고
$x=0$, $y=-2$를 대입하면 $c=-2$
$x=-3$, $y=10$을 대입하면 $10=9a-3b-2$ …… ㉠
$x=-2$, $y=0$을 대입하면 $0=4a-2b-2$ …… ㉡
㉠, ㉡을 연립하여 풀면 $a=3$, $b=5$
따라서 이차함수의 식은 $y=3x^2+5x-2$

05 이차함수의 식을 $y=ax^2+bx+c$로 놓고
$x=0$, $y=11$을 대입하면 $c=11$
$x=-2$, $y=9$를 대입하면 $9=4a-2b+11$ …… ㉠
$x=1$, $y=0$을 대입하면 $0=a+b+11$ …… ㉡
㉠, ㉡을 연립하여 풀면 $a=-4$, $b=-7$
따라서 이차함수의 식은 $y=-4x^2-7x+11$

06 이차함수의 식을 $y=ax^2+bx+c$로 놓고
$x=0$, $y=-4$를 대입하면 $c=-4$
$x=-2$, $y=4$를 대입하면 $4=4a-2b-4$ …… ㉠
$x=3$, $y=-1$을 대입하면 $-1=9a+3b-4$ …… ㉡
㉠, ㉡을 연립하여 풀면 $a=1$, $b=-2$
따라서 이차함수의 식은 $y=x^2-2x-4$

07 이차함수의 식을 $y=ax^2+bx+c$로 놓고
$x=0$, $y=2$를 대입하면 $c=2$
$x=-1$, $y=-3$을 대입하면 $-3=a-b+2$ …… ㉠
$x=3$, $y=5$를 대입하면 $5=9a+3b+2$ …… ㉡
㉠, ㉡을 연립하여 풀면 $a=-1$, $b=4$
따라서 이차함수의 식은 $y=-x^2+4x+2$

06 이차함수의 식 구하기 (4) – x축과의 교점의 좌표가 주어질 때 | 159쪽 |

01 $y=-x^2+6x-5$
02 $y=x^2-8x+12$
03 $y=-2x^2-8x-6$
04 $y=-3x^2+9x-6$
05 $y=3x^2-6x-24$
06 $y=3x^2+15x+18$
07 $y=-x^2+7x-6$
08 $y=-\frac{1}{4}x^2-\frac{1}{2}x+2$

01 이차함수의 식을 $y=a(x-1)(x-5)$로 놓고
$x=0$, $y=-5$를 대입하면 $-5=5a$, $a=-1$
따라서 이차함수의 식은
$y=-(x-1)(x-5)=-x^2+6x-5$

02 이차함수의 식을 $y=a(x-2)(x-6)$으로 놓고

$x=0$, $y=12$를 대입하면 $12=12a$, $a=1$

따라서 이차함수의 식은

$y=(x-2)(x-6)$

$=x^2-8x+12$

03 이차함수의 식을 $y=a(x+1)(x+3)$으로 놓고

$x=-4$, $y=-6$을 대입하면 $-6=3a$, $a=-2$

따라서 이차함수의 식은

$y=-2(x+1)(x+3)$

$=-2x^2-8x-6$

04 이차함수의 식을 $y=a(x-1)(x-2)$로 놓고

$x=3$, $y=-6$을 대입하면 $-6=2a$, $a=-3$

따라서 이차함수의 식은

$y=-3(x-1)(x-2)$

$=-3x^2+9x-6$

05 이차함수의 식을 $y=a(x+2)(x-4)$로 놓고

$x=-1$, $y=-15$를 대입하면 $-15=-5a$, $a=3$

따라서 이차함수의 식은

$y=3(x+2)(x-4)$

$=3x^2-6x-24$

06 이차함수의 식을 $y=a(x+2)(x+3)$으로 놓고

$x=-4$, $y=6$을 대입하면 $6=2a$, $a=3$

따라서 이차함수의 식은

$y=3(x+2)(x+3)$

$=3x^2+15x+18$

07 이차함수의 식을 $y=a(x-1)(x-6)$으로 놓고

$x=7$, $y=-6$을 대입하면 $-6=6a$, $a=-1$

따라서 이차함수의 식은

$y=-(x-1)(x-6)$

$=-x^2+7x-6$

08 이차함수의 식을 $y=a(x+4)(x-2)$로 놓고

$x=0$, $y=2$를 대입하면 $2=-8a$, $a=-\frac{1}{4}$

따라서 이차함수의 식은

$y=-\frac{1}{4}(x+4)(x-2)$

$=-\frac{1}{4}x^2-\frac{1}{2}x+2$

확인문제

| 160쪽 |

01 ② 02 ③ 03 ② 04 ③ 05 ②
06 ⑤

01 $y=-\frac{1}{3}x^2+2x-2$

$=-\frac{1}{3}(x^2-6x+9-9)-2$

$=-\frac{1}{3}(x^2-6x+9)+3-2$

$=-\frac{1}{3}(x-3)^2+1$

따라서 그래프는 오른쪽 그림과 같으므로 제2사분면을 지나지 않는다.

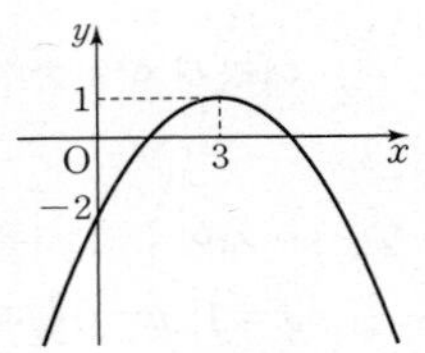

02 그래프가 위로 볼록하므로 $a<0$

축이 y축의 오른쪽에 있으므로 $ab<0$이고,

$a<0$이므로 $b>0$

y축과의 교점이 x축보다 아래쪽에 있으므로 $c<0$

③ (음수)×(음수)=(양수)이므로 $ac>0$이다.

03 이차함수의 식을 $y=a(x+2)^2-5$로 놓고

$x=1$, $y=1$을 대입하면 $1=9a-5$

$9a=6$, $a=\frac{2}{3}$

즉, 이차함수의 식은 $y=\frac{2}{3}(x+2)^2-5$

따라서 $a=\frac{2}{3}$, $p=-2$, $q=-5$이므로

$a+p+q=\frac{2}{3}+(-2)+(-5)=-\frac{19}{3}$

04 이차함수의 식을 $y=a(x-3)^2+q$로 놓고

$x=0$, $y=13$을 대입하면

$13=9a+q$ ...... ㉠

$x=1$, $y=3$을 대입하면

$3=4a+q$ ...... ㉡

㉠, ㉡을 연립하여 풀면 $a=2$, $q=-5$

따라서 이차함수의 식은 $y=2(x-3)^2-5$이므로

꼭짓점의 좌표는 $(3, -5)$이다.

05 이차함수의 식을 $y=ax^2+bx+c$로 놓고

$x=0$, $y=3$를 대입하면 $c=3$

$x=3$, $y=0$을 대입하면 $0=9a+3b+3$ ...... ㉠

$x=2$, $y=7$을 대입하면 $7=4a+2b+3$ ...... ㉡

㉠, ㉡을 연립하여 풀면 $a=-3$, $b=8$

따라서 이차함수의 식은 $y=-3x^2+8x+3$

06 이차함수의 식을 $y=a(x+5)(x-1)$로 놓고

$x=-1$, $y=8$을 대입하면 $8=-8a$, $a=-1$

즉, 이차함수의 식은

$y=-(x+5)(x-1)=-x^2-4x+5$

따라서 $a=-1$, $b=-4$, $c=5$이므로

$abc=(-1)\times(-4)\times5=20$

수학
마스터
중학 수학의 기초력 강화
연산 ε
엡실론

교육부와 함께 더 완벽해진 EBS중학

수준별 맞춤 학습

"수준별 맞춤 학습"이란?

수준별 콘텐츠 제공을 통한 **개인 맞춤형 교육 환경 실현**을 위해
교육부와 EBS가 함께 제작하는 **학습 콘텐츠 및 서비스**를 뜻합니다.

1

수준별 강의

#기초, 기본, 발전, 단계별

개인 학습 수준에 따른 수준별, 단계별 학습 콘텐츠 제작 EBS 중학을 활용한 개별 맞춤 학습 가능

2

대규모 신규 제작

#기존 4배

2021년 약 3,000편의 '수준별 맞춤 학습' 콘텐츠 제작 예정

3

교재 활용 지원

#PDF 뷰어 서비스

'수준별 맞춤 학습'의 모든 교재 콘텐츠를 대상으로 교재 뷰어 서비스 제공

4

자막 제공

#청각장애 학생 학습권 보장

'수준별 맞춤 학습'의 모든 강좌에 자막을 제공

5

화면해설

#시각장애 학생 학습권 보장

기본 개념 강좌에 화면 해설 제공

6

학습 관리 멘토

#학습 관리 서비스 지원

가정 내 학습 지원을 받기 어려운 학생을 대상으로 학습 관리 멘토를 지원